人民法院标准化工作丛书

人民法院案件信息业务标准（2015）依据与说明

主　　编：沈德咏

副 主 编：胡云腾

执行主编：颜茂昆

严　戈

编　　辑：马　剑　冉　丹　刘　泽

袁春湘　袁晓峰　黄彩相

覃　丹（以姓氏笔画为序）

法律出版社

LAW PRESS · CHINA

目 录
Contents

基础信息

当事人或主要涉案人信息

信息采集的案件范围
一、管辖案件
（二）民事管辖案件
05. 民事管辖上诉案件
（三）行政管辖案件
03. 行政管辖上诉案件
（四）行政赔偿管辖案件
03. 行政赔偿管辖上诉案件
二、刑事案件
（一）刑事一审案件
（二）刑事二审案件
（三）刑事审判监督案件
02. 刑事申诉再审审查案件
04. 刑事再审案件
（四）申请没收违法所得案件
（五）刑事复核案件
（六）强制医疗案件
01. 申请强制医疗审查案件
02. 解除强制医疗审查案件
03. 强制医疗复议案件
04. 强制医疗监督案件

续表

三、民事案件
(一)民事一审案件
(二)民事二审案件
(三)民事审判监督案件
02. 民事申请再审审查案件
04. 民事再审案件
(四)第三人撤销之诉案件
(五)特别程序案件
01. 选民资格案件 02. 宣告失踪、死亡案件 03. 财产代管人申请变更代管案件 04. 行为能力认定案件 05. 监护人指定异议案件 06. 监护关系变更案件 07. 财产无主认定案件 08. 实现担保物权案件 09. 调解协议司法确认案件 10. 设立海事赔偿责任限制基金案件 11. 海事债权登记与受偿案件 12. 撤销仲裁裁决案件
13. 民事特别程序监督案件
(六)催告案件
01. 船舶优先权催告案件 02. 公示催告案件
(七)督促案件
01. 申请支付令审查案件
02. 支付令监督案件

续表

（八）破产案件
01. 破产清算案件 02. 破产重整案件 03. 破产和解案件
（九）强制清算案件
四、行政案件
（一）行政一审案件
（二）行政二审案件
（三）行政审判监督案件
02. 行政申请再审审查案件
04. 行政再审案件
（四）行政非诉审查案件
01. 非诉行政行为申请执行审查案件
02. 非诉行政行为申请执行审查复议案件
五、国家赔偿与司法救助案件
（一）行政赔偿案件
01. 行政赔偿一审案件
02. 行政赔偿二审案件
04. 行政赔偿申请再审审查案件
06. 行政赔偿再审案件
（二）司法赔偿案件
01. 法院作为赔偿义务机关自赔案件
02. 赔偿委员会审理赔偿案件
03. 司法赔偿监督审查案件
04. 司法赔偿监督上级法院赔偿委员会重审案件
05. 司法赔偿监督本院赔偿委员会重审案件

续表

(四)司法救助案件
01. 刑事司法救助案件
02. 民事司法救助案件
03. 行政司法救助案件
04. 国家赔偿司法救助案件
05. 执行司法救助案件
06. 涉诉信访司法救助案件
六、区际司法协助案件
(一)认可与执行申请审查案件
01. 认可与执行台湾地区法院裁判审查案件 02. 认可与执行台湾地区仲裁裁决审查案件
03. 认可与执行香港特区法院裁判审查案件 04. 认可与执行香港特区仲裁裁决审查案件
05. 认可与执行澳门特区法院裁判审查案件 06. 认可与执行澳门特区仲裁裁决审查案件
(四)被判刑人移管案件
01. 接收在台湾地区被判刑人案件
02. 向台湾地区移管被判刑人案件
(五)罪赃移交案件
01. 接收台湾地区移交罪赃案件
02. 向台湾地区移交罪赃案件
七、国际司法协助案件
(一)承认与执行申请审查案件
01. 承认与执行外国法院裁判审查案件 02. 承认与执行国外仲裁裁决审查案件

续表

（四）被判刑人移管案件
01. 接收在外国被判刑人案件
02. 向外国移管被判刑人案件
（五）引渡案件
01. 请求外国引渡案件
02. 协助外国引渡案件
八、司法制裁案件
（一）司法制裁审查案件
01. 司法拘留案件 02. 司法罚款案件
（二）司法制裁复议案件
九、非诉保全审查案件
（一）非诉财产保全审查案件
（二）非诉行为保全审查案件
（三）非诉行为保全复议案件
（四）非诉证据保全审查案件
十、执行类案件
（一）执行实施类案件
01. 首次执行案件
02. 恢复执行案件
03. 财产保全执行案件
（二）执行审查类案件
01. 执行异议案件
02. 执行复议案件
03. 执行监督案件
04. 执行协调案件

当事人或主要涉案人类型信息

当事人及主要涉案人类型❶	01. 当事人 02. 法定代理人 03. 代理人 04. 辩护人 05. 法定代表人 06. 负责人 07. 诉讼代表人 08. 证人 09. 鉴定人 10. 有专门知识的人 11. 勘验人员 12. 参与分配申请人 13. 担保人 14. 协助执行义务人 15. 到期债权的债务人 16. 直接责任人 17. 翻译人员 255. 其他
代理人类型❷	01. 执业律师 02. 基层法律服务工作者 03. 当事人的近亲属或工作人员 04. 当事人所在社区、单位以及有关社会团体推荐的公民 05. 经赔偿委员会许可的其他公民
辩护人类型❸	01. 执业律师 02. 人民团体或者被告人所在单位推荐的人 03. 被告人的监护人、亲友

① 当事人及主要涉案人类型

《刑事诉讼法》(2012年)

第一百零六条　本法下列用语的含意是：

(一)“侦查”是指公安机关、人民检察院在办理案件过程中，依照法律进行的专门调查工作和有关的强制性措施；

(二)“当事人”是指被害人、自诉人、犯罪嫌疑人、被告人、附带民事诉讼的原告人和被告人；

(三)“法定代理人”是指被代理人的父母、养父母、监护人和负有保护责任的机关、团体的代表；

(四)“诉讼参与人”是指当事人、法定代理人、诉讼代理人、辩护人、证人、鉴定人和翻译人员；

(五)“诉讼代理人”是指公诉案件的被害人及其法定代理人或者近亲属、自诉案件的自诉人及其法定代理人委托代为参加诉讼的人和附带民事诉讼的当事人及其法定代理人委托代为参加诉讼的人；

(六)“近亲属”是指夫、妻、父、母、子、女、同胞兄弟姊妹。

《民事诉讼法》(2012年)

第四十八条第二款　法人由其法定代表人进行诉讼。其他组织由其主要负责人进行诉讼。

第五十三条　当事人一方人数众多的共同诉讼，可以由当事人推选代表人进行诉讼。代表人的诉讼行为对其所代表的当事人发生效力，但代表人变更、放弃诉讼请求或者承认对方当事人的诉讼请求，进行和解，必须经被代表的当事人同意。

第五十七条　无诉讼行为能力人由他的监护人作为法定代理人代为诉讼。法定代理人之间互相推诿代理责任的，由人民法院指定其中一人代为诉讼。

第七十二条　凡是知道案件情况的单位和个人，都有义务出庭作证。有关单位的负责人应当支持证人作证。

不能正确表达意思的人，不能作证。

第七十九条　当事人可以申请人民法院通知有专门知识的人出庭，就鉴定人作出的鉴定意见或者专业问题提出意见。

最高人民法院《关于适用〈中华人民共和国民事诉讼法〉的解释》[2015年2月4日起施行，以下简称《民事诉讼法解释》(2015年)]

第五百二十八条　涉外民事诉讼中的外籍当事人，可以委托本国人为诉讼代理人,也可以委托本国律师以非律师身份担任诉讼代理人;外国驻华使领馆官员,受本国公民的委托,可以以个人名义担任诉讼代理人,但在诉讼中不享有外交或者领事特权和豁免。

《行政诉讼法》(2014 年)

第二十八条　当事人一方人数众多的共同诉讼,可以由当事人推选代表人进行诉讼。代表人的诉讼行为对其所代表的当事人发生效力,但代表人变更、放弃诉讼请求或者承认对方当事人的诉讼请求,应当经被代表的当事人同意。

第三十条　没有诉讼行为能力的公民,由其法定代理人代为诉讼。法定代理人互相推诿代理责任的,由人民法院指定其中一人代为诉讼。

最高人民法院《关于执行〈中华人民共和国行政诉讼法〉若干问题的解释》[2000 年 3 月 10 日起施行,以下简称《行政诉讼法解释》(2000 年)]

第十七条　非国有企业被行政机关注销、撤销、合并、强令兼并、出售、分立或者改变企业隶属关系的,该企业或者其法定代表人可以提起诉讼。

② 代理人类型

《民事诉讼法》(2012 年)

第五十八条　当事人、法定代理人可以委托一至二人作为诉讼代理人。

下列人员可以被委托为诉讼代理人:

(一)律师、基层法律服务工作者;

(二)当事人的近亲属或者工作人员;

(三)当事人所在社区、单位以及有关社会团体推荐的公民。

最高人民法院《关于适用〈中华人民共和国刑事诉讼法〉的解释》[2013 年 1 月 1 日起施行,以下简称《刑事诉讼法解释》(2013 年)]

第四百零二条　外国籍被告人委托律师辩护,或者外国籍附带民事诉讼原告人、自诉人委托律师代理诉讼的,应当委托具有中华人民共和国律师资格并依法取得执业证书的律师。

外国籍被告人在押的,其监护人、近亲属或者其国籍国驻华使、领馆可以代为委托辩护人。其监护人、近亲属代为委托的,应当提供与被告人关系的有效证明。

外国籍当事人委托其监护人、近亲属担任辩护人、诉讼代理人的,被委托人应当提供与当事人关系的有效证明。经审查,符合刑事诉讼法、有关司法解释规定的,人民法院应当准许。

外国籍被告人没有委托辩护人的,人民法院可以通知法律援助机构为其指派律师提供辩护。被告人拒绝辩护人辩护的,应当由其出具书面声明,或者将其口头声明记录在案。被告人属于应当提供法律援助情形的,依照本解释第四十五条规定处理。

《行政诉讼法》(2014年)

第三十一条　当事人、法定代理人,可以委托一至二人作为诉讼代理人。

下列人员可以被委托为诉讼代理人:

(一)律师、基层法律服务工作者;

(二)当事人的近亲属或者工作人员;

(三)当事人所在社区、单位以及有关社会团体推荐的公民。

第一百条　外国人、无国籍人、外国组织在中华人民共和国进行行政诉讼,委托律师代理诉讼的,应当委托中华人民共和国律师机构的律师。

最高人民法院《关于人民法院赔偿委员会审理国家赔偿案件程序的规定》(2011年)

第五条　赔偿请求人可以委托一至二人作为代理人。律师、提出申请的公民近亲属、有关的社会团体或者所在单位推荐的人、经赔偿委员会许可的其他公民,都可以被委托为代理人。

赔偿义务机关、复议机关可以委托本机关工作人员一至二人作为代理人。

③ 辩护人类型

《刑事诉讼法》(2012年)

第三十二条　犯罪嫌疑人、被告人除自己行使辩护权以外,还可以委托一至二人作为辩护人。下列的人可以被委托为辩护人:

(一)律师;

(二)人民团体或者犯罪嫌疑人、被告人所在单位推荐的人;

(三)犯罪嫌疑人、被告人的监护人、亲友。

正在被执行刑罚或者依法被剥夺、限制人身自由的人,不得担任辩护人。

《刑事诉讼法解释》(2013年)

第四百零二条　外国籍被告人委托律师辩护,或者外国籍附带民事诉讼原告人、自诉人委托律师代理诉讼的,应当委托具有中华人民共和国律师资格并依法取得执业证书的律师。

外国籍被告人在押的,其监护人、近亲属或者其国籍国驻华使、领馆可以代为委托辩护人。其监护人、近亲属代为委托的,应当提供与被告人关系的有效证明。

外国籍当事人委托其监护人、近亲属担任辩护人、诉讼代理人的,被委托人应当提供与当事人关系的有效证明。经审查,符合刑事诉讼法、有关司法解释规定的,人民法院应当准许。

外国籍被告人没有委托辩护人的,人民法院可以通知法律援助机构为其指派律师提供辩护。被告人拒绝辩护人辩护的,应当由其出具书面声明,或者将其口头声明记录在案。被告人属于应当提供法律援助情形的,依照本解释第四十五条规定处理。

自然人信息

◆ 基本信息

姓名	
别名	
曾用名	
国别或地区	(参照国标,无国籍人为“无”)
身份证件类型	01. 居民身份证 02. 中国公民护照 03. 台湾居民来往大陆通行证 04. 港澳居民来往内地通行证 05. 外国公民护照 06. 户口簿 255. 其他
其他身份证件名称	
身份证号码	
身份证件号码	(除身份证以外证件)
性别	01. 男 02. 女 255. 不详
出生日期	
年龄	(周岁)

续表

民族	（本国民族，参照国标）
政治面貌	01. 中共党员 02. 中共预备党员 03. 共青团员 04. 民革委员 05. 民盟盟员 06. 民建会员 07. 民进会员 08. 农工党党员 09. 致公党党员 10. 九三学社社员 11. 台盟盟员 12. 无党派民主人士 13. 群众
行为能力状况	01. 完全行为能力 02. 限制行为能力 03. 无行为能力
刑事责任能力	01. 完全刑事责任能力 02. 限制刑事责任能力 03. 无刑事责任能力 （仅适用于刑事案件）
婚姻状况	01. 未婚 02. 已婚 03. 离异 04. 丧偶
户籍所在地	（到县级行政区划层级）
经常居住地	（到县级行政区划层级）

续表

现住址	(到乡镇行政区划层级)
文化程度	(参照国标)
身份	(参照国标)
军衔	01. 列兵 02. 上等兵 03. 一级士官 04. 二级士官 05. 三级士官 06. 四级士官 07. 五级士官 08. 六级士官 09. 少尉 10. 中尉 11. 上尉 12. 少校 13. 中校 14. 上校 15. 大校 16. 少将 17. 中将 18. 上将

◆ **工作单位信息**

工作单位类型	01. 机关 02. 事业单位 03. 企业 04. 社会团体 05. 民办非企业单位 255. 其他

续表

机关类型	01. 党组织机关 02. 人大机关 03. 政府机关 04. 法院机关 05. 检察机关 06. 政协机关 07. 军队机关 255. 其他机关
是否中央国家机关	01. 是　02. 否
工作单位名称	
职务	
职级	01. 国家主席、副主席、总理级 02. 副总理、国务委员级 03. 部、省级 04. 副部、副省级 05. 司、局、地、厅级 06. 副司、局、地、厅级 07. 县、处级 08. 副县、处级 09. 正科级 10. 副科级 11. 科员级 12. 办事员级

◈ 涉人大代表/政协委员信息

是否人大代表	01. 是　02. 否
是否政协委员	01. 是　02. 否

续表

人大/政协层级	01. 县级 02. 地市级 03. 省级 04. 国家级
职务层级	01. 人大常委会正职领导 02. 政协正职领导 03. 人大常委会副职领导 04. 政协副职领导 05. 人大常委会委员 06. 政协常委

◆ **涉侨信息**

是否涉侨	01. 是　02. 否
涉侨类型	01. 华侨 02. 归侨 03. 侨眷
涉侨国别或地区	(参考国标)

单位信息

单位名称	
单位类型	01. 机关 02. 事业单位 03. 企业 04. 社会团体 05. 民办非企业单位 255. 其他
是否法人单位	01. 是　02. 否

续表

证照类型	01. 营业执照 02. 组织机构代码证 03. 事业法人登记证 255. 其他
证照号码	
单位状态	01. 正常 02. 吊销 03. 注销 255. 其他
注册登记地国别或地区	(参照国标)
注册登记地	(到县级行政区划一级)
主要办事机构所在地	(到县级行政区划一级)

律师基本信息

律师	(姓名)
律所名称	(全称)
律所注册地	(到县级行政区划一级)
是否法律援助❶	01. 是　02. 否

❶ 是否法律援助

《刑事诉讼法》(2012年)

第三十四条　犯罪嫌疑人、被告人因经济困难或者其他原因没有委托辩护人的，本人及其近亲属可以向法律援助机构提出申请。对符合法律援助条件的，法律援助机构应当指派律师为其提供辩护。

犯罪嫌疑人、被告人是盲、聋、哑人，或者是尚未完全丧失辨认或者控制自己行为能力的精神病人，没有委托辩护人的，人民法院、人民检察院和公安机关应当通知法律援助机构指派律师为其提供辩护。

犯罪嫌疑人、被告人可能被判处无期徒刑、死刑,没有委托辩护人的,人民法院、人民检察院和公安机关应当通知法律援助机构指派律师为其提供辩护。

当事人送达地址信息

当事人	(姓名或名称)
联系方式类型	01. 移动电话 02. 固定电话 03. 电子邮件 04. 传真 05. 微信 255. 其他
联系方式内容	
指定签收人	
确认送达地址	

当事人追加/变更信息

信息采集的案件范围
一、管辖案件
(二)民事管辖案件
05. 民事管辖上诉案件
(三)行政管辖案件
03. 行政管辖上诉案件
(四)行政赔偿管辖案件
03. 行政赔偿管辖上诉案件
二、刑事案件

续表

(一)刑事一审案件
(二)刑事二审案件
(三)刑事审判监督案件
01. 刑事依职权再审审查案件
02. 刑事申诉再审审查案件
03. 刑事抗诉再审审查案件
04. 刑事再审案件
(八)刑罚与执行变更案件
01. 刑罚与执行变更审查案件
02. 刑罚与执行变更监督案件
三、民事案件
(一)民事一审案件
(二)民事二审案件
(三)民事审判监督案件
01. 民事依职权再审审查案件
02. 民事申请再审审查案件
03. 民事抗诉再审审查案件
04. 民事再审案件
(四)第三人撤销之诉案件
(五)特别程序案件
07. 财产无主认定案件 08. 实现担保物权案件 09. 调解协议司法确认案件 10. 设立海事赔偿责任限制基金案件 11. 海事债权登记与受偿案件 12. 撤销仲裁裁决案件

续表

13. 民事特别程序监督案件
(六)催告案件
01. 船舶优先权催告案件
02. 公示催告案件
(七)督促案件
01. 申请支付令审查案件
02. 支付令监督案件
(八)破产案件
01. 破产清算案件 02. 破产重整案件 03. 破产和解案件
(九)强制清算案件
四、行政案件
(一)行政一审案件
(二)行政二审案件
(三)行政审判监督案件
01. 行政依职权再审审查案件
02. 行政申请再审审查案件
03. 行政抗诉再审审查案件
04. 行政再审案件
(四)行政非诉审查案件
01. 非诉行政行为申请执行审查案件
02. 非诉行政行为申请执行审查复议案件
五、国家赔偿与司法救助案件
(一)行政赔偿案件
01. 行政赔偿一审案件

续表

02. 行政赔偿二审案件
03. 行政赔偿依职权再审审查案件
04. 行政赔偿申请再审审查案件
05. 行政赔偿抗诉再审审查案件
06. 行政赔偿再审案件
(二)司法赔偿案件
01. 法院作为赔偿义务机关自赔案件
02. 赔偿委员会审理赔偿案件
03. 司法赔偿监督审查案件
04. 司法赔偿监督上级法院赔偿委员会重审案件
05. 司法赔偿监督本院赔偿委员会重审案件
六、区际司法协助案件
(一)认可与执行申请审查案件
01. 认可与执行台湾地区法院裁判审查案件 02. 认可与执行台湾地区仲裁裁决审查案件
03. 认可与执行香港特区法院裁判审查案件 04. 认可与执行香港特区仲裁裁决审查案件
05. 认可与执行澳门特区法院裁判审查案件 06. 认可与执行澳门特区仲裁裁决审查案件
07. 认可与执行审查复议案件
七、国际司法协助案件
(一)承认与执行申请审查案件
01. 承认与执行外国法院裁判审查案件 02. 承认与执行国外仲裁裁决审查案件
八、司法制裁案件
(一)司法制裁审查案件

续表

01. 司法拘留案件 02. 司法罚款案件
(二)司法制裁复议案件
九、非诉保全审查案件
(一)非诉财产保全审查案件
(二)非诉行为保全审查案件
(三)非诉行为保全复议案件
(四)非诉证据保全审查案件
十、执行类案件
(二)执行审查类案件
01. 执行异议案件
02. 执行复议案件
03. 执行监督案件

启动方式	01. 当事人申请 02. 法院依职权
申请日期	
追加/变更事由❶	01. 因原当事人死亡或终止、撤销 02. 因原当事人分立或合并 03. 代位求偿 04. 债权受让 05. 其他适格主体申请参加公益诉讼 06. 因撤诉等事由发生转换
审查意见❷	01. 准许 02. 不予准许
变更类型	01. 当事人主体变更 02. 当事人案件地位变更

续表

审定日期	
追加当事人	(名称或姓名)
变更前当事人❸	(名称或姓名)
变更后当事人	(名称或姓名)
当事人	
变更前案件地位	01. 原告 02. 被告 03. 反诉原告 04. 反诉被告 05. 第三人 06. 被告人 07. 自诉人 08. 反诉人 09. 反诉被告人 10. 附带民事诉讼原告 11. 附带民事诉讼被告 12. 附带民事诉讼反诉原告 13. 附带民事诉讼反诉被告
变更后案件地位	01. 原告 02. 被告 03. 被告人 04. 自诉人 05. 附带民事诉讼原告 06. 附带民事诉讼被告

❶ 追加/变更事由

《海事诉讼特别程序法》(1999 年)

第九十五条　保险人行使代位请求赔偿权利时,被保险人已经向造成保险事故的第三人提起诉讼的,保险人可以向受理该案的法院提出变更当事人的请求,代位行使被保险人对第三人请求赔偿的权利。

被保险人取得的保险赔偿不能弥补第三人造成的全部损失的,保险人和被保险人可以作为共同原告向第三人请求赔偿。

最高人民法院《关于适用〈中华人民共和国海事诉讼特别程序法〉若干问题的解释》[2003 年 2 月 1 日起施行,以下简称《海事诉讼特别程序法解释》(2003 年)]

第六十五条　保险人依据海事诉讼特别程序法第九十五条规定行使代位请求赔偿权利,应当以自己的名义进行;以他人名义提起诉讼的,海事法院应不予受理或者驳回起诉。

《民事诉讼法解释》(2015 年)

第二百三十七条　有独立请求权的第三人参加诉讼后,原告申请撤诉,人民法院在准许原告撤诉后,有独立请求权的第三人作为另案原告,原案原告、被告作为另案被告,诉讼继续进行。

第二百三十八条　当事人申请撤诉或者依法可以按撤诉处理的案件,如果当事人有违反法律的行为需要依法处理的,人民法院可以不准许撤诉或者不按撤诉处理。

法庭辩论终结后原告申请撤诉,被告不同意的,人民法院可以不予准许。

第二百三十九条　人民法院准许本诉原告撤诉的,应当对反诉继续审理;被告申请撤回反诉的,人民法院应予准许。

第二百四十九条　在诉讼中,争议的民事权利义务转移的,不影响当事人的诉讼主体资格和诉讼地位。人民法院作出的发生法律效力的判决、裁定对受让人具有拘束力。

受让人申请以无独立请求权的第三人身份参加诉讼的,人民法院可予准许。受让人申请替代当事人承担诉讼的,人民法院可以根据案件的具体情况决定是否准许;不予准许的,可以追加其为无独立请求权的第三人。

第二百五十条　依照本解释第二百四十九条规定,人民法院准许受让人替代当事人承担诉讼的,裁定变更当事人。

变更当事人后,诉讼程序以受让人为当事人继续进行,原当事人应当退出诉讼。原当事人已经完成的诉讼行为对受让人具有拘束力。

第二百八十七条　人民法院受理公益诉讼案件后,依法可以提起诉讼的其他机关和有关组织,可以在开庭前向人民法院申请参加诉讼。人民法院准许参加诉讼的,列为共同原告。

② 审查意见

《海事诉讼特别程序法解释》(2003 年)

第六十六条　保险人依据海事诉讼特别程序法第九十五条的规定请求变更当事人或者请求作为共同原告参加诉讼的,海事法院应当予以审查并作出是否准予的裁定。当事人对裁定不服的,可以提起上诉。

③ 变更前当事人

《民事诉讼法解释》(2015 年)

第三百三十六条　在第二审程序中,作为当事人的法人或者其他组织分立的,人民法院可以直接将分立后的法人或者其他组织列为共同诉讼人;合并的,将合并后的法人或者其他组织列为当事人。

审判组织信息

信息采集的案件范围
所有案件

审判执行组织成员构成信息

审判执行组织成员类型	01. 审判长 02. 审判员 03. 执行员 04. 人民陪审员 05. 法官助理 06. 书记员 07. 司法警察 255. 其他
审判执行组织成员	(姓名)
是否承办人	01. 是　02. 否

审判执行组织成员变更信息

变更前成员	(姓名)
变更原因	01. 回避 02. 调岗 03. 调动 04. 辞职 05. 辞退 06. 开除 07. 退休 08. 解任 09. 辞任 255. 其他
变更后成员	
变更日期	

回避信息

信息采集的案件范围
所有案件

回避决定信息

回避类型❶	01. 自行要求回避 02. 依职权决定回避 03. 因当事人申请回避
被申请回避人类型❷	01. 审判长 02. 审判员 03. 执行员 04. 人民陪审员

续表

被申请回避人类型❷	05. 法官助理 06. 书记员 07. 翻译人员 08. 鉴定人 09. 公诉人 10. 勘验人 255. 其他
被申请回避人	(姓名)
回避申请人	(姓名或名称)
审查意见	01. 决定回避 02. 驳回回避申请 03. 准予撤回回避申请
决定回避事由❸	01. 参与过本案侦查、审查起诉工作 02. 是本案的当事人或者是当事人的近亲属的 03. 本人或者他的近亲属和本案有利害关系的 04. 与本案的辩护人、诉讼代理人有近亲属关系的 05. 担任过本案的证人、鉴定人、辩护人、诉讼代理人、翻译人员 06. 违反规定会见本案当事人、辩护人、诉讼代理人 07. 为本案当事人推荐、介绍辩护人、诉讼代理人,或者为律师、其他人员介绍办理本案 08. 索取、接受本案当事人及其委托人的财物或者其他利益 09. 接受本案当事人及其委托人的宴请,或者参加由其支付费用的活动 10. 向本案当事人及其委托人借用款物 11. 曾参加本案其他审判程序工作 12. 违反规定会见本案当事人、诉讼代理人 255. 与本案当事人有其他关系或有其他不正当行为,可能影响公正审判

续表

回避决定人❹	01. 院长 02. 审判委员会 03. 审判长 04. 检察长 05. 检察委员会
回避决定日期	

❶ 回避类型

《刑事诉讼法》(2012年)

第二十八条　审判人员、检察人员、侦查人员有下列情形之一的,应当自行回避,当事人及其法定代理人也有权要求他们回避:

(一)是本案的当事人或者是当事人的近亲属的;

(二)本人或者他的近亲属和本案有利害关系的;

(三)担任过本案的证人、鉴定人、辩护人、诉讼代理人的;

(四)与本案当事人有其他关系,可能影响公正处理案件的。

第二十九条　审判人员、检察人员、侦查人员不得接受当事人及其委托的人的请客送礼,不得违反规定会见当事人及其委托的人。

审判人员、检察人员、侦查人员违反前款规定的,应当依法追究法律责任。当事人及其法定代理人有权要求他们回避。

《刑事诉讼法解释》(2013年)

第二十七条第一款　审判人员自行申请回避,或者当事人及其法定代理人申请审判人员回避的,可以口头或者书面提出,并说明理由,由院长决定。

第二十九条　应当回避的审判人员没有自行回避,当事人及其法定代理人也没有申请其回避的,院长或者审判委员会应当决定其回避。

《民事诉讼法》(2012年)

第四十四条　审判人员有下列情形之一的,应当自行回避,当事人有权用口头或者书面方式申请他们回避:

(一)是本案当事人或者当事人、诉讼代理人近亲属的;

(二)与本案有利害关系的;

（三）与本案当事人、诉讼代理人有其他关系，可能影响对案件公正审理的。

审判人员接受当事人、诉讼代理人请客送礼，或者违反规定会见当事人、诉讼代理人的，当事人有权要求他们回避。

审判人员有前款规定的行为的，应当依法追究法律责任。

前三款规定，适用于书记员、翻译人员、鉴定人、勘验人。

《行政诉讼法》(2014年)

第五十五条　当事人认为审判人员与本案有利害关系或者有其他关系可能影响公正审判，有权申请审判人员回避。

审判人员认为自己与本案有利害关系或者有其他关系，应当申请回避。

前两款规定，适用于书记员、翻译人员、鉴定人、勘验人。

院长担任审判长时的回避，由审判委员会决定；审判人员的回避，由院长决定；其他人员的回避，由审判长决定。当事人对决定不服的，可以申请复议一次。

② 被申请回避人类型

《刑事诉讼法》(2012年)

第三十一条　本章关于回避的规定适用于书记员、翻译人员和鉴定人。

辩护人、诉讼代理人可以依照本章的规定要求回避、申请复议。

《民事诉讼法解释》(2015年)

第四十八条　民事诉讼法第四十四条所称的审判人员，包括参与本案审理的人民法院院长、副院长、审判委员会委员、庭长、副庭长、审判员、助理审判员和人民陪审员。

第四十九条　书记员和执行员适用审判人员回避的有关规定。

③ 决定回避事由

《刑事诉讼法解释》(2013年)

第二十三条　审判人员具有下列情形之一的，应当自行回避，当事人及其法定代理人有权申请其回避：

（一）是本案的当事人或者是当事人的近亲属的；

（二）本人或者其近亲属与本案有利害关系的；

（三）担任过本案的证人、鉴定人、辩护人、诉讼代理人、翻译人员的；

（四）与本案的辩护人、诉讼代理人有近亲属关系的；

（五）与本案当事人有其他利害关系，可能影响公正审判的。

第二十四条　审判人员违反规定，具有下列情形之一的，当事人及其法定代理人

有权申请其回避:

(一)违反规定会见本案当事人、辩护人、诉讼代理人的;

(二)为本案当事人推荐、介绍辩护人、诉讼代理人,或者为律师、其他人员介绍办理本案的;

(三)索取、接受本案当事人及其委托人的财物或者其他利益的;

(四)接受本案当事人及其委托人的宴请,或者参加由其支付费用的活动的;

(五)向本案当事人及其委托人借用款物的;

(六)有其他不正当行为,可能影响公正审判的。

第二十五条　参与过本案侦查、审查起诉工作的侦查、检察人员,调至人民法院工作的,不得担任本案的审判人员。

在一个审判程序中参与过本案审判工作的合议庭组成人员或者独任审判员,不得再参与本案其他程序的审判。但是,发回重新审判的案件,在第一审人民法院作出裁判后又进入第二审程序或者死刑复核程序的,原第二审程序或者死刑复核程序中的合议庭组成人员不受本款规定的限制。

《民事诉讼法解释》(2015 年)

第四十三条　审判人员有下列情形之一的,应当自行回避,当事人有权申请其回避:

(一)是本案当事人或者当事人近亲属的;

(二)本人或者其近亲属与本案有利害关系的;

(三)担任过本案的证人、鉴定人、辩护人、诉讼代理人、翻译人员的;

(四)是本案诉讼代理人近亲属的;

(五)本人或者其近亲属持有本案非上市公司当事人的股份或者股权的;

(六)与本案当事人或者诉讼代理人有其他利害关系,可能影响公正审理的。

第四十四条　审判人员有下列情形之一的,当事人有权申请其回避:

(一)接受本案当事人及其受托人宴请,或者参加由其支付费用的活动的;

(二)索取、接受本案当事人及其受托人财物或者其他利益的;

(三)违反规定会见本案当事人、诉讼代理人的;

(四)为本案当事人推荐、介绍诉讼代理人,或者为律师、其他人员介绍代理本案的;

(五)向本案当事人及其受托人借用款物的;

(六)有其他不正当行为,可能影响公正审理的。

第四十五条　在一个审判程序中参与过本案审判工作的审判人员,不得再参与该案其他程序的审判。

发回重审的案件，在一审法院作出裁判后又进入第二审程序的，原第二审程序中合议庭组成人员不受前款规定的限制。

④ 回避决定人

《刑事诉讼法》(2012年)

第三十条 审判人员、检察人员、侦查人员的回避，应当分别由院长、检察长、公安机关负责人决定；院长的回避，由本院审判委员会决定；检察长和公安机关负责人的回避，由同级人民检察院检察委员会决定。

对侦查人员的回避作出决定前，侦查人员不能停止对案件的侦查。

对驳回申请回避的决定，当事人及其法定代理人可以申请复议一次。

第三十一条 本章关于回避的规定适用于书记员、翻译人员和鉴定人。

辩护人、诉讼代理人可以依照本章的规定要求回避、申请复议。

《刑事诉讼法解释》(2013年)

第二十七条 审判人员自行申请回避，或者当事人及其法定代理人申请审判人员回避的，可以口头或者书面提出，并说明理由，由院长决定。

院长自行申请回避，或者当事人及其法定代理人申请院长回避的，由审判委员会讨论决定。审判委员会讨论时，由副院长主持，院长不得参加。

第三十三条 书记员、翻译人员和鉴定人适用审判人员回避的有关规定，其回避问题由院长决定。

《民事诉讼法》(2012年)

第四十六条 院长担任审判长时的回避，由审判委员会决定；审判人员的回避，由院长决定；其他人员的回避，由审判长决定。

回避复议信息

复议申请人❶	
复议申请日期	
审查机关	01. 法院 02. 检察机关
审查意见	01. 维持原决定 02. 决定回避

续表

审查意见	03. 准予撤回复议申请 04. 终结
审定日期	
复议决定书	(文本)

① 复议申请人

《刑事诉讼法》(2012 年)

第三十一条　本章关于回避的规定适用于书记员、翻译人员和鉴定人。

辩护人、诉讼代理人可以依照本章的规定要求回避、申请复议。

《刑事诉讼法解释》(2013 年)

第三十条　对当事人及其法定代理人提出的回避申请,人民法院可以口头或者书面作出决定,并将决定告知申请人。

当事人及其法定代理人申请回避被驳回的,可以在接到决定时申请复议一次。不属于刑事诉讼法第二十八条、第二十九条规定情形的回避申请,由法庭当庭驳回,并不得申请复议。

《民事诉讼法》(2012 年)

第四十七条　人民法院对当事人提出的回避申请,应当在申请提出的三日内,以口头或者书面形式作出决定。申请人对决定不服的,可以在接到决定时申请复议一次。复议期间,被申请回避的人员,不停止参与本案的工作。人民法院对复议申请,应当在三日内作出复议决定,并通知复议申请人。

送达信息

信息采集的案件范围
所有案件

文书类型	01. 诉辩状 02. 传票 03. 通知书 04. 裁判文书 255. 其他文书

续表

文书	（文本）
受送达人	
送达方式❶	01. 直接送达 02. 留置送达 03. 委托其他法院送达 04. 转交送达 05. 邮寄送达 06. 通过外交途径送达 07. 委托我国使领馆代为送达 08. 区际司法协助方式送达 09. 国际司法协助方式送达 10. 传真送达 11. 电子邮件送达 12. 公告送达
指定代收人	
直接送达日期	
拒签日期	
留置日期	
转交日期	
转交单位送达日期	
委托其他法院日期	
受托法院	（人民法院）
受托法院送达日期	
交邮日期	
退邮日期	
签收邮件日期	
拒收邮件日期	
公告发布日期	
公告期限（月）	

续表

公告期限(天)	
电子邮件发送日期	
邮件到达特定系统日期	
传真发送日期	

① 送达方式

《刑事诉讼法》(2012年)

第一百零五条　送达传票、通知书和其他诉讼文件应当交给收件人本人;如果本人不在,可以交给他的成年家属或者所在单位的负责人员代收。

收件人本人或者代收人拒绝接收或者拒绝签名、盖章的时候,送达人可以邀请他的邻居或者其他见证人到场,说明情况,把文件留在他的住处,在送达证上记明拒绝的事由、送达的日期,由送达人签名,即认为已经送达。

《刑事诉讼法解释》(2013年)

第一百六十七条　送达诉讼文书,应当由收件人签收。收件人不在的,可以由其成年家属或者所在单位负责收件的人员代收。

收件人或者代收人在送达回证上签收的日期为送达日期。

收件人或者代收人拒绝签收的,送达人可以邀请见证人到场,说明情况,在送达回证上注明拒收的事由和日期,由送达人、见证人签名或者盖章,将诉讼文书留在收件人、代收人的住处或者单位;也可以把诉讼文书留在受送达人的住处,并采用拍照、录像等方式记录送达过程,即视为送达。

第一百六十八条　直接送达诉讼文书有困难的,可以委托收件人所在地的人民法院代为送达,或者邮寄送达。

第一百六十九条　委托送达的,应当将委托函、委托送达的诉讼文书及送达回证寄送受托法院。受托法院收到后,应当登记,在十日内送达收件人,并将送达回证寄送委托法院;无法送达的,应当告知委托法院,并将诉讼文书及送达回证退回。

第一百七十条　邮寄送达的,应当将诉讼文书、送达回证挂号邮寄给收件人。挂号回执上注明的日期为送达日期。

第一百七十一条　诉讼文书的收件人是军人的,可以通过其所在部队团级以上单位的政治部门转交。

收件人正在服刑的,可以通过执行机关转交。

收件人正在被采取强制性教育措施的,可以通过强制性教育机构转交。

由有关部门、单位代为转交诉讼文书的,应当请有关部门、单位收到后立即交收件人签收,并将送达回证及时寄送人民法院。

《民事诉讼法》(2012 年)

第八十五条　送达诉讼文书,应当直接送交受送达人。受送达人是公民的,本人不在交他的同住成年家属签收;受送达人是法人或者其他组织的,应当由法人的法定代表人、其他组织的主要负责人或者该法人、组织负责收件的人签收;受送达人有诉讼代理人的,可以送交其代理人签收;受送达人已向人民法院指定代收人的,送交代收人签收。

受送达人的同住成年家属,法人或者其他组织的负责收件的人,诉讼代理人或者代收人在送达回证上签收的日期为送达日期。

第八十六条　受送达人或者他的同住成年家属拒绝接收诉讼文书的,送达人可以邀请有关基层组织或者所在单位的代表到场,说明情况,在送达回证上记明拒收事由和日期,由送达人、见证人签名或者盖章,把诉讼文书留在受送达人的住所;也可以把诉讼文书留在受送达人的住所,并采用拍照、录像等方式记录送达过程,即视为送达。

第八十七条　经受送达人同意,人民法院可以采用传真、电子邮件等能够确认其收悉的方式送达诉讼文书,但判决书、裁定书、调解书除外。

采用前款方式送达的,以传真、电子邮件等到达受送达人特定系统的日期为送达日期。

第八十九条　受送达人是军人的,通过其所在部队团以上单位的政治机关转交。

第九十条　受送达人被监禁的,通过其所在监所转交。

受送达人被采取强制性教育措施的,通过其所在强制性教育机构转交。

第九十一条　代为转交的机关、单位收到诉讼文书后,必须立即交受送达人签收,以在送达回证上的签收日期,为送达日期。

第九十二条第一款　受送达人下落不明,或者用本节规定的其他方式无法送达的,公告送达。自发出公告之日起,经过六十日,即视为送达。

第二百六十七条　人民法院对在中华人民共和国领域内没有住所的当事人送达诉讼文书,可以采用下列方式:

(一)依照受送达人所在国与中华人民共和国缔结或者共同参加的国际条约中规定的方式送达;

(二)通过外交途径送达;

(三)对具有中华人民共和国国籍的受送达人,可以委托中华人民共和国驻受送达人所在国的使领馆代为送达;

(四)向受送达人委托的有权代其接受送达的诉讼代理人送达;

(五)向受送达人在中华人民共和国领域内设立的代表机构或者有权接受送达的分支机构、业务代办人送达;

(六)受送达人所在国的法律允许邮寄送达的,可以邮寄送达,自邮寄之日起满三个月,送达回证没有退回,但根据各种情况足以认定已经送达的,期间届满之日视为送达;

(七)采用传真、电子邮件等能够确认受送达人收悉的方式送达;

(八)不能用上述方式送达的,公告送达,自公告之日起满三个月,即视为送达。

《民事诉讼法解释》(2015 年)

第五百三十五条　外国人或者外国企业、组织的代表人、主要负责人在中华人民共和国领域内的,人民法院可以向该自然人或者外国企业、组织的代表人、主要负责人送达。

外国企业、组织的主要负责人包括该企业、组织的董事、监事、高级管理人员等。

第五百三十七条　人民法院一审时采取公告方式向当事人送达诉讼文书的,二审时可径行采取公告方式向其送达诉讼文书,但人民法院能够采取公告方式之外的其他方式送达的除外。

审理方式信息

信息采集的案件范围
一、管辖案件
(二)民事管辖案件
05. 民事管辖上诉案件
(三)行政管辖案件
03. 行政管辖上诉案件
(四)行政赔偿管辖案件
03. 行政赔偿管辖上诉案件

续表

二、刑事案件
（一）刑事一审案件
（二）刑事二审案件
（三）刑事审判监督案件
02. 刑事申诉再审审查案件
04. 刑事再审案件
（四）申请没收违法所得案件
（五）刑事复核案件
01. 死刑复核案件 02. 法定刑以下判处刑罚复核案件 03. 特殊假释复核案件
（六）强制医疗案件
01. 申请强制医疗审查案件
02. 解除强制医疗审查案件
03. 强制医疗复议案件
04. 强制医疗监督案件
（七）停止执行死刑案件
04. 停止执行死刑调查审核案件
（八）刑罚与执行变更案件
01. 刑罚与执行变更审查案件
02. 刑罚与执行变更监督案件
03. 刑罚与执行变更备案案件
三、民事案件
（一）民事一审案件
（二）民事二审案件
（三）民事审判监督案件

续表

02. 民事申请再审审查案件
04. 民事再审案件
(四)第三人撤销之诉案件
(五)特别程序案件
01. 选民资格案件 02. 宣告失踪、死亡案件 03. 财产代管人申请变更代管案件 04. 行为能力认定案件 05. 监护人指定异议案件 06. 监护关系变更案件 07. 财产无主认定案件 08. 实现担保物权案件 09. 调解协议司法确认案件 10. 设立海事赔偿责任限制基金案件 11. 海事债权登记与受偿案件 12. 撤销仲裁裁决案件
13. 民事特别程序监督案件
(六)催告案件
01. 船舶优先权催告案件 02. 公示催告案件
(七)督促案件
01. 申请支付令审查案件
02. 支付令监督案件
(八)破产案件
01. 破产清算案件 02. 破产重整案件 03. 破产和解案件

续表

(九)强制清算案件
四、行政案件
(一)行政一审案件
(二)行政二审案件
(三)行政审判监督案件
02. 行政申请再审审查案件
04. 行政再审案件
(四)行政非诉审查案件
01. 非诉行政行为申请执行审查案件
02. 非诉行政行为申请执行审查复议案件
五、国家赔偿与司法救助案件
(一)行政赔偿案件
01. 行政赔偿一审案件
02. 行政赔偿二审案件
04. 行政赔偿申请再审审查案件
06. 行政赔偿再审案件
(二)司法赔偿案件
01. 法院作为赔偿义务机关自赔案件
02. 赔偿委员会审理赔偿案件
03. 司法赔偿监督审查案件
04. 司法赔偿监督上级法院赔偿委员会重审案件
05. 司法赔偿监督本院赔偿委员会重审案件
(四)司法救助案件
01. 刑事司法救助案件
02. 民事司法救助案件

续表

03. 行政司法救助案件
04. 国家赔偿司法救助案件
05. 执行司法救助案件
06. 涉诉信访司法救助案件
六、区际司法协助案件
(一)认可与执行申请审查案件
01. 认可与执行台湾地区法院裁判审查案件 02. 认可与执行台湾地区仲裁裁决审查案件
03. 认可与执行香港特区法院裁判审查案件 04. 认可与执行香港特区仲裁裁决审查案件
05. 认可与执行澳门特区法院裁判审查案件 06. 认可与执行澳门特区仲裁裁决审查案件
07. 认可与执行审查复议案件
七、国际司法协助案件
(一)承认与执行申请审查案件
01. 承认与执行外国法院裁判审查案件 02. 承认与执行国外仲裁裁决审查案件
八、司法制裁案件
(二)司法制裁复议案件
九、非诉保全审查案件
(三)非诉行为保全复议案件
十、执行类案件
(二)执行审查类案件
01. 执行异议案件
02. 执行复议案件

公开审理	01. 是　02. 否
不公开审理原因❶	01. 涉及国家秘密 02. 涉及个人隐私 03. 涉及商业秘密且当事人申请 04. 被告人不满 18 周岁 05. 离婚案件且当事人申请不公开 255. 法律另有规定的其他情形
审理方式	01. 开庭 02. 询问 03. 提讯 04. 听证
就地审理	01. 是　02. 否
巡回审理❷	01. 是　02. 否
远程视频审理	01. 是　02. 否
出庭人员类型❸	01. 证人 02. 鉴定人 03. 侦查人员 04. 有专门知识的人 05. 翻译人员 06. 勘验人员 07. 被诉行政机关负责人 08. 被诉行政机关负责人委托的工作人员 255. 其他
出庭人员	(姓名)

① 不公开审理原因

《刑事诉讼法》(2012 年)

第一百八十三条　人民法院审判第一审案件应当公开进行。但是有关国家秘密或者个人隐私的案件,不公开审理;涉及商业秘密的案件,当事人申请不公开审理的,可以不公开审理。

不公开审理的案件,应当当庭宣布不公开审理的理由。

第二百七十四条　审判的时候被告人不满十八周岁的案件,不公开审理。但是,经未成年被告人及其法定代理人同意,未成年被告人所在学校和未成年人保护组织可以派代表到场。

《刑事诉讼法解释》(2013年)

第四百六十七条　开庭审理时被告人不满十八周岁的案件,一律不公开审理。经未成年被告人及其法定代理人同意,未成年被告人所在学校和未成年人保护组织可以派代表到场。到场代表的人数和范围,由法庭决定。到场代表经法庭同意,可以参与对未成年被告人的法庭教育工作。

对依法公开审理,但可能需要封存犯罪记录的案件,不得组织人员旁听。

《民事诉讼法》(2012年)

第一百三十四条　人民法院审理民事案件,除涉及国家秘密、个人隐私或者法律另有规定的以外,应当公开进行。

离婚案件,涉及商业秘密的案件,当事人申请不公开审理的,可以不公开审理。

《行政诉讼法》(2014年)

第五十四条　人民法院公开审理行政案件,但涉及国家秘密、个人隐私和法律另有规定的除外。

涉及商业秘密的案件,当事人申请不公开审理的,可以不公开审理。

② 巡回审理

《民事诉讼法》(2012年)

第一百三十五条　人民法院审理民事案件,根据需要进行巡回审理,就地办案。

③ 出庭人员类型

《刑事诉讼法》(2012年)

第一百九十二条　法庭审理过程中,当事人和辩护人、诉讼代理人有权申请通知新的证人到庭,调取新的物证,申请重新鉴定或者勘验。

公诉人、当事人和辩护人、诉讼代理人可以申请法庭通知有专门知识的人出庭,就鉴定人作出的鉴定意见提出意见。

法庭对于上述申请,应当作出是否同意的决定。

第二款规定的有专门知识的人出庭,适用鉴定人的有关规定。

《行政诉讼法》(2014 年)

第三条　人民法院应当保障公民、法人和其他组织的起诉权利,对应当受理的行政案件依法受理。

行政机关及其工作人员不得干预、阻碍人民法院受理行政案件。

被诉行政机关负责人应当出庭应诉。不能出庭的,应当委托行政机关相应的工作人员出庭。

先予执行审查信息

信息采集的案件范围
二、刑事案件
(一)刑事一审案件
(二)刑事二审案件
(三)刑事审判监督案件
04. 刑事再审案件
三、民事案件
(一)民事一审案件
(二)民事二审案件
(三)民事审判监督案件
04. 民事再审案件
(四)第三人撤销之诉案件
四、行政案件
(一)行政一审案件
(二)行政二审案件
(三)行政审判监督案件
04. 行政再审案件

续表

五、国家赔偿与司法救助案件
(一)行政赔偿案件
01. 行政赔偿一审案件
02. 行政赔偿二审案件
06. 行政赔偿再审案件

申请人	
被申请人	
申请日期	
申请事由❶	01. 追索赡养费 02. 追索抚育费 03. 追索抚恤金 04. 追索医疗费用 05. 追索劳动报酬 06. 追索扶养费 07. 需要立即停止侵害、排除妨碍 08. 需要立即制止某项行为 09. 追索恢复生产、经营急需的保险理赔费 10. 需要立即返还社会保险金、社会救助资金 11. 不立即返还款项,将严重影响权利人生活和生产经营 12. 行政机关没有依法发给抚恤金 13. 没有依法发给最低生活保障金 14. 没有依法支付工伤、医疗社会保险金 255. 其他紧急需要 (仅适用于民事案件中的先予执行)
审查意见	01. 裁定先予执行 02. 裁定驳回申请 03. 准予撤回申请
审定日期	
裁定书	(文本)

① 申请事由

《民事诉讼法》(2012 年)

第一百零六条　人民法院对下列案件,根据当事人的申请,可以裁定先予执行:

(一)追索赡养费、扶养费、抚育费、抚恤金、医疗费用的;

(二)追索劳动报酬的;

(三)因情况紧急需要先予执行的。

《民事诉讼法解释》(2015 年)

第一百六十九条　民事诉讼法规定的先予执行,人民法院应当在受理案件后终审判决作出前采取。先予执行应当限于当事人诉讼请求的范围,并以当事人的生活、生产经营的急需为限。

第一百七十条　民事诉讼法第一百零六条第三项规定的情况紧急,包括:

(一)需要立即停止侵害、排除妨碍的;

(二)需要立即制止某项行为的;

(三)追索恢复生产、经营急需的保险理赔费的;

(四)需要立即返还社会保险金、社会救助资金的;

(五)不立即返还款项,将严重影响权利人生活和生产经营的。

《行政诉讼法》(2014 年)

第五十七条　人民法院对起诉行政机关没有依法支付抚恤金、最低生活保障金和工伤、医疗社会保险金的案件,权利义务关系明确、不先予执行将严重影响原告生活的,可以根据原告的申请,裁定先予执行。

当事人对先予执行裁定不服的,可以申请复议一次。复议期间不停止裁定的执行。

《行政诉讼法解释》(2000 年)

第四十八条第二款　人民法院审理起诉行政机关没有依法发给抚恤金、社会保险金、最低生活保障费等案件,可以根据原告的申请,依法书面裁定先予执行。

保全信息

信息采集的案件范围
二、刑事案件
(一)刑事一审案件

续表

(二)刑事二审案件
(三)刑事审判监督案件
04. 刑事再审案件
(四)申请没收违法所得案件
三、民事案件
(一)民事一审案件
(二)民事二审案件
(三)民事审判监督案件
04. 民事再审案件
(四)第三人撤销之诉案件
四、行政案件
(一)行政一审案件
(二)行政二审案件
(三)行政审判监督案件
04. 行政再审案件
(四)行政非诉审查案件
01. 非诉行政行为申请执行审查案件
02. 非诉行政行为申请执行审查复议案件
五、国家赔偿与司法救助案件
(一)行政赔偿案件
01. 行政赔偿一审案件
02. 行政赔偿二审案件
06. 行政赔偿再审案件

续表

六、区际司法协助案件
(一)认可与执行申请审查案件
01.认可与执行台湾地区法院裁判审查案件 02.认可与执行台湾地区仲裁裁决审查案件
03.认可与执行香港特区法院裁判审查案件 04.认可与执行香港特区仲裁裁决审查案件
05.认可与执行澳门特区法院裁判审查案件 06.认可与执行澳门特区仲裁裁决审查案件
07.认可与执行审查复议案件

保全审查信息

诉讼保全类型❶	01.财产保全 02.证据保全 03.行为保全
是否续保❷	01.是　02.否
保全启动方式	01.依申请 02.依职权
申请人	(姓名或名称,含检察机关)
被申请人	
申请财产保全数额	
申请行为保全事项	
海事请求保全事项❸	01.申请扣押船舶 02.申请扣押船载货物 03.申请扣押船用燃油 04.申请扣押船用物料
申请扣押海事请求类型❹	01.船舶营运造成的财产灭失或者损坏 02.与船舶营运直接有关的人身伤亡

续表

申请扣押海事请求类型❹	03. 海难救助 04. 船舶对环境、海岸或者有关利益方造成的损害或者损害威胁;为预防、减少或者消除此种损害而采取的措施;为此种损害而支付的赔偿;为恢复环境而实际采取或者准备采取的合理措施的费用;第三方因此种损害而蒙受或者可能蒙受的损失;以及与本项所指的性质类似的损害、费用或者损失 05. 与起浮、清除、回收或者摧毁沉船、残骸、搁浅船、被弃船或者使其无害有关的费用,包括与起浮、清除、回收或者摧毁仍在或者曾在该船上的物件或者使其无害的费用,以及与维护放弃的船舶和维持其船员有关的费用 06. 船舶的使用或者租用的协议 07. 货物运输或者旅客运输的协议 08. 船载货物(包括行李)或者与其有关的灭失或者损坏 09. 共同海损 10. 拖航 11. 引航 12. 为船舶营运、管理、维护、维修提供物资或者服务 13. 船舶的建造、改建、修理、改装或者装备 14. 港口、运河、码头、港湾以及其他水道规费和费用 15. 船员的工资和其他款项,包括应当为船员支付的遣返费和社会保险费 16. 为船舶或者船舶所有人支付的费用 17. 船舶所有人或者光船承租人应当支付或者他人为其支付的船舶保险费(包括互保会费) 18. 船舶所有人或者光船承租人应当支付的或者他人为其支付的与船舶有关的佣金、经纪费或者代理费 19. 有关船舶所有权或者占有的纠纷

续表

申请扣押海事请求类型❹	20. 船舶共有人之间有关船舶的使用或者收益的纠纷 21. 船舶抵押权或者同样性质的权利 22. 因船舶买卖合同产生的纠纷
审查意见❺	01. 裁定保全财产 02. 裁定保全证据 03. 裁定责令被申请人作出特定作为 04. 裁定禁止被申请人作出特定行为 05. 裁定驳回申请 06. 准予撤回申请 255. 其他
审定日期	
裁定书	（文本）

❶ 诉讼保全类型

《刑事诉讼法》(2012 年)

第一百条　人民法院在必要的时候，可以采取保全措施，查封、扣押或者冻结被告人的财产。附带民事诉讼原告人或者人民检察院可以申请人民法院采取保全措施。人民法院采取保全措施，适用民事诉讼法的有关规定。

《刑事诉讼法解释》(2013 年)

第一百五十二条　人民法院对可能因被告人的行为或者其他原因，使附带民事判决难以执行的案件，根据附带民事诉讼原告人的申请，可以裁定采取保全措施，查封、扣押或者冻结被告人的财产；附带民事诉讼原告人未提出申请的，必要时，人民法院也可以采取保全措施。

有权提起附带民事诉讼的人因情况紧急，不立即申请保全将会使其合法权益受到难以弥补的损害的，可以在提起附带民事诉讼前，向被保全财产所在地、被申请人居住地或者对案件有管辖权的人民法院申请采取保全措施。申请人在人民法院受理刑事案件后十五日内未提起附带民事诉讼的，人民法院应当解除保全措施。

人民法院采取保全措施，适用民事诉讼法第一百条至第一百零五条的有关规定，但民事诉讼法第一百零一条第三款的规定除外。

《民事诉讼法》(2012年)

第八十一条　在证据可能灭失或者以后难以取得的情况下,当事人可以在诉讼过程中向人民法院申请保全证据,人民法院也可以主动采取保全措施。

因情况紧急,在证据可能灭失或者以后难以取得的情况下,利害关系人可以在提起诉讼或者申请仲裁前向证据所在地、被申请人住所地或者对案件有管辖权的人民法院申请保全证据。

证据保全的其他程序,参照适用本法第九章保全的有关规定。

第一百条　人民法院对于可能因当事人一方的行为或者其他原因,使判决难以执行或者造成当事人其他损害的案件,根据对方当事人的申请,可以裁定对其财产进行保全、责令其作出一定行为或者禁止其作出一定行为;当事人没有提出申请的,人民法院在必要时也可以裁定采取保全措施。

人民法院采取保全措施,可以责令申请人提供担保,申请人不提供担保的,裁定驳回申请。

人民法院接受申请后,对情况紧急的,必须在四十八小时内作出裁定;裁定采取保全措施的,应当立即开始执行。

《海事诉讼特别程序法》(1999年)

第十二条　海事请求保全是指海事法院根据海事请求人的申请,为保障其海事请求的实现,对被请求人的财产所采取的强制措施。

第五十一条　海事强制令是指海事法院根据海事请求人的申请,为使其合法权益免受侵害,责令被请求人作为或者不作为的强制措施。

第六十二条　海事证据保全是指海事法院根据海事请求人的申请,对有关海事请求的证据予以提取、保存或者封存的强制措施。

《行政诉讼法》(2014年)

第四十二条　在证据可能灭失或者以后难以取得的情况下,诉讼参加人可以向人民法院申请保全证据,人民法院也可以主动采取保全措施。

第一百零一条　人民法院审理行政案件,关于期间、送达、财产保全、开庭审理、调解、中止诉讼、终结诉讼、简易程序、执行等,以及人民检察院对行政案件受理、审理、裁判、执行的监督,本法没有规定的,适用《中华人民共和国民事诉讼法》的相关规定。

《民事诉讼法解释》(2015 年)

第一百六十一条　对当事人不服一审判决提起上诉的案件,在第二审人民法院接到报送的案件之前,当事人有转移、隐匿、出卖或者毁损财产等行为,必须采取保全措施的,由第一审人民法院依当事人申请或者依职权采取。第一审人民法院的保全裁定,应当及时报送第二审人民法院。

第一百六十三条　法律文书生效后,进入执行程序前,债权人因对方当事人转移财产等紧急情况,不申请保全将可能导致生效法律文书不能执行或者难以执行的,可以向执行法院申请采取保全措施。债权人在法律文书指定的履行期间届满后五日内不申请执行的,人民法院应当解除保全。

《海事诉讼特别程序法解释》(2003 年)

第二十一条　诉讼或者仲裁前申请海事请求保全适用海事诉讼特别程序法第十四条的规定。

外国法院已受理相关海事案件或者有关纠纷已经提交仲裁,但涉案财产在中华人民共和国领域内,当事人向财产所在地的海事法院提出海事请求保全申请的,海事法院应当受理。

《行政诉讼法解释》(2000 年)

第九十二条　行政机关或者具体行政行为确定的权利人申请人民法院强制执行前,有充分理由认为被执行人可能逃避执行的,可以申请人民法院采取财产保全措施。后者申请强制执行的,应当提供相应的财产担保。

最高人民法院《关于认可和执行台湾地区法院民事判决的规定》(2015 年)

第十条　人民法院受理认可台湾地区法院民事判决的申请之前或者之后,可以按照民事诉讼法及相关司法解释的规定,根据申请人的申请,裁定采取保全措施。

最高人民法院《关于认可和执行台湾地区仲裁裁决的规定》(2015 年)

第十条　人民法院受理认可台湾地区仲裁裁决的申请之前或者之后,可以按照民事诉讼法及相关司法解释的规定,根据申请人的申请,裁定采取保全措施。

最高人民法院《关于内地与香港特别行政区法院相互认可和执行当事人协议管辖的民商事案件判决的安排》(2008 年)

第十四条　法院受理认可和执行判决的申请之前或者之后,可以按照执行地法律关于财产保全或者禁制资产转移的规定,根据申请人的申请,对被申请人的财产采取保全或强制措施。

最高人民法院《关于内地与澳门特别行政区相互认可和执行民商事判决的安排》(2006年)

第十五条　法院受理认可和执行判决的申请之前或者之后,可以按照被请求方法律关于财产保全的规定,根据申请人的申请,对被申请人的财产采取保全措施。

最高人民法院《关于内地与澳门特别行政区相互认可和执行仲裁裁决的安排》(2008年)

第十一条　法院在受理认可和执行仲裁裁决申请之前或者之后,可以依当事人的申请,按照法院地法律规定,对被申请人的财产采取保全措施。

② 是否续保

《民事诉讼法解释》(2015年)

第一百六十二条　第二审人民法院裁定对第一审人民法院采取的保全措施予以续保或者采取新的保全措施的,可以自行实施,也可以委托第一审人民法院实施。

再审人民法院裁定对原保全措施予以续保或者采取新的保全措施的,可以自行实施,也可以委托原审人民法院或者执行法院实施。

③ 海事请求保全事项

《海事诉讼特别程序法》(1999年)

第四十四条　海事请求人为保障其海事请求的实现,可以申请扣押船载货物。

申请扣押的船载货物,应当属于被请求人所有。

《海事诉讼特别程序法解释》(2003年)

第十八条　海事诉讼特别程序法第十二条规定的被请求人的财产包括船舶、船载货物、船用燃油以及船用物料。对其他财产的海事请求保全适用民事诉讼法有关财产保全的规定。

第三十九条　二十总吨以下小型船艇的扣押和拍卖,可以依照民事诉讼法规定的扣押和拍卖程序进行。

④ 申请扣押海事请求类型

《海事诉讼特别程序法》(1999年)

第二十一条　下列海事请求,可以申请扣押船舶:

(一)船舶营运造成的财产灭失或者损坏;

（二）与船舶营运直接有关的人身伤亡；

（三）海难救助；

（四）船舶对环境、海岸或者有关利益方造成的损害或者损害威胁；为预防、减少或者消除此种损害而采取的措施；为此种损害而支付的赔偿；为恢复环境而实际采取或者准备采取的合理措施的费用；第三方因此种损害而蒙受或者可能蒙受的损失；以及与本项所指的性质类似的损害、费用或者损失；

（五）与起浮、清除、回收或者摧毁沉船、残骸、搁浅船、被弃船或者使其无害有关的费用，包括与起浮、清除、回收或者摧毁仍在或者曾在该船上的物件或者使其无害的费用，以及与维护放弃的船舶和维持其船员有关的费用；

（六）船舶的使用或者租用的协议；

（七）货物运输或者旅客运输的协议；

（八）船载货物（包括行李）或者与其有关的灭失或者损坏；

（九）共同海损；

（十）拖航；

（十一）引航；

（十二）为船舶营运、管理、维护、维修提供物资或者服务；

（十三）船舶的建造、改建、修理、改装或者装备；

（十四）港口、运河、码头、港湾以及其他水道规费和费用；

（十五）船员的工资和其他款项，包括应当为船员支付的遣返费和社会保险费；

（十六）为船舶或者船舶所有人支付的费用；

（十七）船舶所有人或者光船承租人应当支付或者他人为其支付的船舶保险费（包括互保会费）；

（十八）船舶所有人或者光船承租人应当支付的或者他人为其支付的与船舶有关的佣金、经纪费或者代理费；

（十九）有关船舶所有权或者占有的纠纷；

（二十）船舶共有人之间有关船舶的使用或者收益的纠纷；

（二十一）船舶抵押权或者同样性质的权利；

（二十二）因船舶买卖合同产生的纠纷。

⑤ 审查意见

《民事诉讼法》(2012年)

第一百条　人民法院对于可能因当事人一方的行为或者其他原因,使判决难以执行或者造成当事人其他损害的案件,根据对方当事人的申请,可以裁定对其财产进行保全、责令其作出一定行为或者禁止其作出一定行为;当事人没有提出申请的,人民法院在必要时也可以裁定采取保全措施。

人民法院采取保全措施,可以责令申请人提供担保,申请人不提供担保的,裁定驳回申请。

人民法院接受申请后,对情况紧急的,必须在四十八小时内作出裁定;裁定采取保全措施的,应当立即开始执行。

《海事诉讼特别程序法》(1999年)

第十六条　海事法院受理海事请求保全申请,可以责令海事请求人提供担保。海事请求人不提供的,驳回其申请。

第十七条第一款　海事法院接受申请后,应当在四十八小时内作出裁定。裁定采取海事请求保全措施的,应当立即执行;对不符合海事请求保全条件的,裁定驳回其申请。

第五十五条　海事法院受理海事强制令申请,可以责令海事请求人提供担保。海事请求人不提供的,驳回其申请。

第五十七条　海事法院接受申请后,应当在四十八小时内作出裁定。裁定作出海事强制令的,应当立即执行;对不符合海事强制令条件的,裁定驳回其申请。

第六十六条　海事法院受理海事证据保全申请,可以责令海事请求人提供担保。海事请求人不提供的,驳回其申请。

第六十八条　海事法院接受申请后,应当在四十八小时内作出裁定。裁定采取海事证据保全措施的,应当立即执行;对不符合海事证据保全条件的,裁定驳回其申请。

证据保全执行与解除信息

证据保全措施	01. 提取原件 02. 复制 03. 封存

续表

证据保全措施	04. 拍照 05. 录像 06. 录音 07. 鉴定 08. 勘验 09. 制作节录本 10. 调查笔录 255. 其他
保全执行日期	
解除保全措施日期	

保全解除信息

解除保全类型	01. 财产保全 02. 行为保全 03. 证据保全
解除保全事由❶	01. 保全错误 02. 申请人撤回保全申请 03. 被申请人提供担保 04. 未在规定期限内起诉或仲裁 255. 应当解除保全的其他情形
解除保全裁定日期	

❶ 解除保全事由

《民事诉讼法》(2012 年)

第一百零四条　财产纠纷案件,被申请人提供担保的,人民法院应当裁定解除保全。

《民事诉讼法解释》(2015 年)

第一百六十六条　裁定采取保全措施后,有下列情形之一的,人民法院应当作出解除保全裁定:

(一)保全错误的;

(二)申请人撤回保全申请的;

(三)申请人的起诉或者诉讼请求被生效裁判驳回的;

(四)人民法院认为应当解除保全的其他情形。

解除以登记方式实施的保全措施的,应当向登记机关发出协助执行通知书。

《海事诉讼特别程序法》(1999 年)

第十八条　被请求人提供担保,或者当事人有正当理由申请解除海事请求保全的,海事法院应当及时解除保全。

海事请求人在本法规定的期间内,未提起诉讼或者未按照仲裁协议申请仲裁的,海事法院应当及时解除保全或者返还担保。

《海事诉讼特别程序法解释》(2003 年)

第二十六条　申请人为申请扣押船舶提供限额担保,在扣押船舶期限届满时,未按照海事法院的通知追加担保的,海事法院可以解除扣押。

《破产法》(2007 年)

第十九条　人民法院受理破产申请后,有关债务人财产的保全措施应当解除,执行程序应当中止。

利害关系人异议审查信息

异议人	
异议日期	
审查意见❶	01. 驳回异议 02. 撤销海事强制令 03. 解除对其财产的保全 04. 撤销海事证据保全(即解除证据保全) 255. 其他
审定日期	
裁定书	(文本)

❶ 审查意见

《海事诉讼特别程序法》(1999 年)

第十七条第三款　利害关系人对海事请求保全提出异议,海事法院经审查,认为理由成立的,应当解除对其财产的保全。

第五十八条第二款　利害关系人对海事强制令提出异议,海事法院经审查,认为理由成立的,应当裁定撤销海事强制令。

第六十九条第二款　利害关系人对海事证据保全提出异议,海事法院经审查,认为理由成立的,应当裁定撤销海事证据保全;已经执行的,应当将与利害关系人有关的证据返还利害关系人。

担保信息

信息采集的案件范围
二、刑事案件
(一)刑事一审案件
(二)刑事二审案件
(三)刑事审判监督案件
04.刑事再审案件
(四)申请没收违法所得案件
三、民事案件
(一)民事一审案件
(二)民事二审案件
(三)民事审判监督案件
04.民事再审案件
(四)第三人撤销之诉案件
(五)特别程序案件
10.设立海事赔偿责任限制基金案件
四、行政案件
(一)行政一审案件
(二)行政二审案件
(三)行政审判监督案件

续表

04. 行政再审案件
(四)行政非诉审查案件
01. 非诉行政行为申请执行审查案件
02. 非诉行政行为申请执行审查复议案件
五、国家赔偿与司法救助案件
(一)行政赔偿案件
01. 行政赔偿一审案件
02. 行政赔偿二审案件
06. 行政赔偿再审案件
六、区际司法协助案件
(一)认可与执行申请审查案件
01. 认可与执行台湾地区法院裁判审查案件 02. 认可与执行台湾地区仲裁裁决审查案件
03. 认可与执行香港特区法院裁判审查案件 04. 认可与执行香港特区仲裁裁决审查案件
05. 认可与执行澳门特区法院裁判审查案件 06. 认可与执行澳门特区仲裁裁决审查案件
07. 认可与执行审查复议案件

担保设立信息

担保事由❶	01. 财产保全 02. 证据保全 03. 行为保全 04. 先予执行 05. 设立海事赔偿责任限制基金 06. 停止执行

续表

担保事由❶	07. 继续执行 08. 暂缓执行 255. 其他
担保方式❷	01. 交纳保证金 02. 提供保证 03. 设定抵押 04. 设定质押
担保人	(每个担保方式都有对应的担保人,含保证人)
担保物名称	(抵押、质押物)
担保物价值	
保证金数额	
担保财产保全措施❸	01. 查封 02. 扣押 03. 冻结 255. 其他
担保财产保全裁定日期	
裁定书	

① 担保事由

《民事诉讼法》(2012 年)

第一百零七条　人民法院裁定先予执行的,应当符合下列条件:

(一)当事人之间权利义务关系明确,不先予执行将严重影响申请人的生活或者生产经营的;

(二)被申请人有履行能力。

人民法院可以责令申请人提供担保,申请人不提供担保的,驳回申请。申请人败诉的,应当赔偿被申请人因先予执行遭受的财产损失。

《海事诉讼特别程序法》(1999 年)

第十六条　海事法院受理海事请求保全申请,可以责令海事请求人提供担保。海事请求人不提供的,驳回其申请。

第五十五条 海事法院受理海事强制令申请,可以责令海事请求人提供担保。海事请求人不提供的,驳回其申请。

第六十六条 海事法院受理海事证据保全申请,可以责令海事请求人提供担保。海事请求人不提供的,驳回其申请。

《民事诉讼法解释》(2015 年)

第四百七十条 根据民事诉讼法第二百三十一条规定向人民法院提供执行担保的,可以由被执行人或者他人提供财产担保,也可以由他人提供保证。担保人应当具有代为履行或者代为承担赔偿责任的能力。

他人提供执行保证的,应当向执行法院出具保证书,并将保证书副本送交申请执行人。被执行人或者他人提供财产担保的,应当参照物权法、担保法的有关规定办理相应手续。

最高人民法院《关于人民法院执行工作若干问题的规定(试行)》(1998 年)

第八十四条 被执行人或其担保人以财产向人民法院提供执行担保的,应当依据《中华人民共和国担保法》的有关规定,按照担保物的种类、性质,将担保物移交执行法院,或依法到有关机关办理登记手续。

② 担保方式

《民事诉讼法解释》(2015 年)

第一百六十四条 对申请保全人或者他人提供的担保财产,人民法院应当依法办理查封、扣押、冻结等手续。

《海事诉讼特别程序法》(1999 年)

第七十三条 海事担保包括本法规定的海事请求保全、海事强制令、海事证据保全等程序中所涉及的担保。

担保的方式为提供现金或者保证、设置抵押或者质押。

③ 担保财产保全措施

《民事诉讼法解释》(2015 年)

第一百六十四条 对申请保全人或者他人提供的担保财产,人民法院应当依法办理查封、扣押、冻结等手续。

担保变更信息

担保变更事项❶	01. 申请减少担保 02. 申请变更担保 03. 申请取消担保
审查意见	01. 同意 02. 不同意
担保变更裁定日期	
变更前担保方式	01. 交纳保证金 02. 提供保证 03. 设定抵押 04. 设定质押
变更后担保方式	01. 交纳保证金 02. 提供保证 03. 设定抵押 04. 设定质押
变更后担保物名称❷	
变更后担保物价值	
变更后保证金数额	
变更后保证人	

❶ 担保变更事项

《海事诉讼特别程序法》(1999 年)

第七十七条　担保提供后,提供担保的人有正当理由的,可以向海事法院申请减少、变更或者取消该担保。

最高人民法院《关于扣押与拍卖船舶适用法律若干问题的规定》(2015 年)

第五条　海事诉讼特别程序法第七十六条第二款规定的海事请求人提供担保的具体数额,应当相当于船舶扣押期间可能产生的各项维持费用与支出、因扣押造成的船期损失和被请求人为使船舶解除扣押而提供担保所支出的费用。

船舶扣押后,海事请求人提供的担保不足以赔偿可能给被请求人造成损失的,海事法院应责令其追加担保。

② 变更后担保物名称

《民事诉讼法解释》(2015 年)

第一百六十四条　对申请保全人或者他人提供的担保财产,人民法院应当依法办理查封、扣押、冻结等手续。

担保物和保证金返还信息

担保物名称	
返还事由	01. 案件终审后被申请人未提起相关索赔诉讼 02. 担保解除 03. 被申请人同意返还 255. 其他
担保物返还日期❶	
保证金返还日期	

① 担保物返还日期

《海事诉讼特别程序法解释》(2003 年)

第二十七条　海事诉讼特别程序法第十八条第二款、第七十四条规定的提供给海事请求人的担保,除被请求人和海事请求人有约定的外,海事请求人应当返还;海事请求人不返还担保的,该担保至海事请求保全期间届满之次日失效。

最高人民法院《关于扣押与拍卖船舶适用法律若干问题的规定》(2015 年)

第六条　案件终审后,海事请求人申请返还其所提供担保的,海事法院应将该申请告知被请求人,被请求人在三十日内未提起相关索赔诉讼的,海事法院可以准许海事请求人返还担保的申请。

被请求人同意返还,或生效法律文书认定被请求人负有责任,且赔偿或给付金额与海事请求人要求被请求人提供担保的数额基本相当的,海事法院可以直接准许海事请求人返还担保的申请。

复议信息

信息采集的案件范围
二、刑事案件
（一）刑事一审案件
（二）刑事二审案件
（三）刑事审判监督案件
04. 刑事再审案件
（四）申请没收违法所得案件
三、民事案件
（一）民事一审案件
（二）民事二审案件
（三）民事审判监督案件
04. 民事再审案件
（四）第三人撤销之诉案件
（五）特别程序案件
10. 设立海事赔偿责任限制基金案件
四、行政案件
（一）行政一审案件
（二）行政二审案件
（三）行政审判监督案件
04. 行政再审案件
（四）行政非诉审查案件
01. 非诉行政行为申请执行审查案件
02. 非诉行政行为申请执行审查复议案件
五、国家赔偿与司法救助案件

续表

(一)行政赔偿案件
01.行政赔偿一审案件
02.行政赔偿二审案件
06.行政赔偿再审案件
六、区际司法协助案件
(一)认可与执行申请审查案件
01.认可与执行台湾地区法院裁判审查案件 02.认可与执行台湾地区仲裁裁决审查案件
03.认可与执行香港特区法院裁判审查案件 04.认可与执行香港特区仲裁裁决审查案件
05.认可与执行澳门特区法院裁判审查案件 06.认可与执行澳门特区仲裁裁决审查案件
07.认可与执行审查复议案件

复议事项❶	01.财产保全审查的裁定 02.行为保全审查的裁定 03.证据保全审查的裁定 04.先予执行审查的裁定 05.是否准予拍卖海事请求保全财产的裁定
复议申请人❷	
复议申请人类型❸	01.利害关系人 02.申请人 03.被申请人
复议申请日期	
审查意见❹	01.驳回复议申请 02.撤销原裁定并驳回原申请

续表

审查意见❹	03.撤销原裁定并支持原申请 04.变更原裁定 05.准予撤回复议申请 06.按撤回复议申请处理 255.其他
审定日期	
复议决定书	(文本)

❶ 复议事项

《海事诉讼特别程序法》(1999年)

第十七条　海事法院接受申请后,应当在四十八小时内作出裁定。裁定采取海事请求保全措施的,应当立即执行;对不符合海事请求保全条件的,裁定驳回其申请。

当事人对裁定不服的,可以在收到裁定书之日起五日内申请复议一次。海事法院应当在收到复议申请之日起五日内作出复议决定。复议期间不停止裁定的执行。

利害关系人对海事请求保全提出异议,海事法院经审查,认为理由成立的,应当解除对其财产的保全。

第三十条　海事法院收到拍卖船舶的申请后,应当进行审查,作出准予或者不准予拍卖船舶的裁定。

当事人对裁定不服的,可以在收到裁定书之日起五日内申请复议一次。海事法院应当在收到复议申请之日起五日内作出复议决定。复议期间停止裁定的执行。

第四十八条　海事法院收到拍卖船载货物的申请后,应当进行审查,在七日内作出准予或者不准予拍卖船载货物的裁定。

当事人对裁定不服的,可以在收到裁定书之日起五日内申请复议一次。海事法院应当在收到复议申请之日起五日内作出复议决定。复议期间停止裁定的执行。

❷ 复议申请人

《民事诉讼法解释》(2015年)

第一百七十二条　利害关系人对保全或者先予执行的裁定不服申请复议的,由作出裁定的人民法院依照民事诉讼法第一百零八条规定处理。

③ 复议申请人类型

《民事诉讼法》(2012 年)

第一百零八条　当事人对保全或者先予执行的裁定不服的,可以申请复议一次。复议期间不停止裁定的执行。

《民事诉讼法解释》(2015 年)

第一百七十二条　利害关系人对保全或者先予执行的裁定不服申请复议的,由作出裁定的人民法院依照民事诉讼法第一百零八条规定处理。

《行政诉讼法解释》(2000 年)

第九十二条　行政机关或者具体行政行为确定的权利人申请人民法院强制执行前,有充分理由认为被执行人可能逃避执行的,可以申请人民法院采取财产保全措施。后者申请强制执行的,应当提供相应的财产担保。

《行政诉讼法》(2014 年)

第五十七条　人民法院对起诉行政机关没有依法支付抚恤金、最低生活保障金和工伤、医疗社会保险金的案件,权利义务关系明确、不先予执行将严重影响原告生活的,可以根据原告的申请,裁定先予执行。

当事人对先予执行裁定不服的,可以申请复议一次。复议期间不停止裁定的执行。

④ 审查意见

《民事诉讼法》(2012 年)

第一百零八条　当事人对保全或者先予执行的裁定不服的,可以申请复议一次。复议期间不停止裁定的执行。

《民事诉讼法解释》(2015 年)

第一百七十一条　当事人对保全或者先予执行裁定不服的,可以自收到裁定书之日起五日内向作出裁定的人民法院申请复议。人民法院应当在收到复议申请后十日内审查。裁定正确的,驳回当事人的申请;裁定不当的,变更或者撤销原裁定。

第一百七十二条　利害关系人对保全或者先予执行的裁定不服申请复议的,由作出裁定的人民法院依照民事诉讼法第一百零八条规定处理。

《海事诉讼特别程序法》(1999 年)

第五十八条　当事人对裁定不服的,可以在收到裁定书之日起五日内申请复议一次。海事法院应当在收到复议申请之日起五日内作出复议决定。复议期间不停止裁定的执行。

利害关系人对海事强制令提出异议,海事法院经审查,认为理由成立的,应当裁定撤销海事强制令。

第六十九条　当事人对裁定不服的,可以在收到裁定书之日起五日内申请复议一次。海事法院应当在收到复议申请之日起五日内作出复议决定。复议期间不停止裁定的执行。被请求人申请复议的理由成立的,应当将保全的证据返还被请求人。

利害关系人对海事证据保全提出异议,海事法院经审查,认为理由成立的,应当裁定撤销海事证据保全;已经执行的,应当将与利害关系人有关的证据返还利害关系人。

利害关系人对海事强制令提出异议,海事法院经审查,认为理由成立的,应当裁定撤销海事强制令。

上诉/抗诉/复议移送信息

信息采集的案件范围
一、管辖案件
(二)民事管辖案件
05. 民事管辖上诉案件
(三)行政管辖案件
03. 行政管辖上诉案件
(四)行政赔偿管辖案件
03. 行政赔偿管辖上诉案件
二、刑事案件
(二)刑事二审案件
(六)强制医疗案件
03. 强制医疗复议案件
三、民事案件
(二)民事二审案件
四、行政案件
(二)行政二审案件
(四)行政非诉审查案件
02. 非诉行政行为申请执行审查复议案件

续表

五、国家赔偿与司法救助案件
(一)行政赔偿案件
02. 行政赔偿二审案件
六、区际司法协助案件
(一)认可与执行申请审查案件
07. 认可与执行审查复议案件
八、司法制裁案件
(二)司法制裁复议案件
九、非诉保全审查案件
(三)非诉行为保全复议案件
十、执行类案件
(二)执行审查类案件
02. 执行复议案件

提出上诉日期❶	
提出抗诉日期	
复议申请日期	
接收法院❷	01. 一审、审查法院 02. 二审、复议法院
二审移交审查日期❸	
撤回日期❹	(撤回上诉、抗诉、复议申请日期)
审查意见	01. 移送二审或复议审查法院 02. 视为未上诉 03. 视为未抗诉 04. 视为未申请复议 05. 准予撤回
移送日期	
原审提出原判有误日期❺	

① 提出上诉日期

《民事诉讼法》(2012 年)

第一百六十四条　当事人不服地方人民法院第一审判决的,有权在判决书送达之日起十五日内向上一级人民法院提起上诉。

当事人不服地方人民法院第一审裁定的,有权在裁定书送达之日起十日内向上一级人民法院提起上诉。

② 接收法院

《刑事诉讼法》(2012 年)

第二百二十条　被告人、自诉人、附带民事诉讼的原告人和被告人通过原审人民法院提出上诉的,原审人民法院应当在三日以内将上诉状连同案卷、证据移送上一级人民法院,同时将上诉状副本送交同级人民检察院和对方当事人。

被告人、自诉人、附带民事诉讼的原告人和被告人直接向第二审人民法院提出上诉的,第二审人民法院应当在三日以内将上诉状交原审人民法院送交同级人民检察院和对方当事人。

第二百二十一条第一款　地方各级人民检察院对同级人民法院第一审判决、裁定的抗诉,应当通过原审人民法院提出抗诉书,并且将抗诉书抄送上一级人民检察院。原审人民法院应当将抗诉书连同案卷、证据移送上一级人民法院,并且将抗诉书副本送交当事人。

《刑事诉讼法解释》(2013 年)

第三百零二条　上诉人通过第一审人民法院提出上诉的,第一审人民法院应当审查。上诉符合法律规定的,应当在上诉期满后三日内将上诉状连同案卷、证据移送上一级人民法院,并将上诉状副本送交同级人民检察院和对方当事人。

第三百零三条　上诉人直接向第二审人民法院提出上诉的,第二审人民法院应当在收到上诉状后三日内将上诉状交第一审人民法院。第一审人民法院应当审查上诉是否符合法律规定。符合法律规定的,应当在接到上诉状后三日内将上诉状连同案卷、证据移送上一级人民法院,并将上诉状副本送交同级人民检察院和对方当事人。

③ 二审移交审查日期

《民事诉讼法》(2012 年)

第一百六十六条　上诉状应当通过原审人民法院提出,并按照对方当事人或者代表人的人数提出副本。

当事人直接向第二审人民法院上诉的,第二审人民法院应当在五日内将上诉状移交原审人民法院。

④ 撤回日期

《刑事诉讼法解释》(2013 年)

第三百零七条　人民检察院在抗诉期限内撤回抗诉的,第一审人民法院不再向上一级人民法院移送案件;在抗诉期满后第二审人民法院宣告裁判前撤回抗诉的,第二审人民法院可以裁定准许,并通知第一审人民法院和当事人。

⑤ 原审提出原判有误日期

《民事诉讼法解释》(2015 年)

第二百四十二条　一审宣判后,原审人民法院发现判决有错误,当事人在上诉期内提出上诉的,原审人民法院可以提出原判决有错误的意见,报送第二审人民法院,由第二审人民法院按照第二审程序进行审理;当事人不上诉的,按照审判监督程序处理。

司法协助信息

信息采集的案件范围
一、管辖案件
(二)民事管辖案件
05.民事管辖上诉案件
06.民事管辖监督案件
(三)行政管辖案件
03.行政管辖上诉案件
(四)行政赔偿管辖案件
03.行政赔偿管辖上诉案件
二、刑事案件
(一)刑事一审案件

续表

（二）刑事二审案件
（三）刑事审判监督案件
01. 刑事依职权再审审查案件
02. 刑事申诉再审审查案件
03. 刑事抗诉再审审查案件
04. 刑事再审案件
（四）申请没收违法所得案件
三、民事案件
（一）民事一审案件
（二）民事二审案件
（三）民事审判监督案件
01. 民事依职权再审审查案件
02. 民事申请再审审查案件
03. 民事抗诉再审审查案件
04. 民事再审案件
（四）第三人撤销之诉案件
（五）特别程序案件
02. 宣告失踪、死亡案件 03. 财产代管人申请变更代管案件 04. 行为能力认定案件 05. 监护人指定异议案件 06. 监护关系变更案件 08. 实现担保物权案件 09. 调解协议司法确认案件 10. 设立海事赔偿责任限制基金案件 11. 海事债权登记与受偿案件 12. 撤销仲裁裁决案件
13. 民事特别程序监督案件

续表

(六)催告案件
01. 船舶优先权催告案件 02. 公示催告案件
(七)督促案件
01. 申请支付令审查案件
02. 支付令监督案件
(八)破产案件
01. 破产清算案件 02. 破产重整案件 03. 破产和解案件
(九)强制清算案件
四、行政案件
(一)行政一审案件
(二)行政二审案件
(三)行政审判监督案件
01. 行政依职权再审审查案件
02. 行政申请再审审查案件
03. 行政抗诉再审审查案件
04. 行政再审案件
(四)行政非诉审查案件
01. 非诉行政行为申请执行审查案件
02. 非诉行政行为申请执行审查复议案件
五、国家赔偿与司法救助案件
(一)行政赔偿案件
01. 行政赔偿一审案件
02. 行政赔偿二审案件

续表

03. 行政赔偿依职权再审审查案件
04. 行政赔偿申请再审审查案件
05. 行政赔偿抗诉再审审查案件
06. 行政赔偿再审案件
(二)司法赔偿案件
01. 法院作为赔偿义务机关自赔案件
02. 赔偿委员会审理赔偿案件
03. 司法赔偿监督审查案件
04. 司法赔偿监督上级法院赔偿委员会重审案件
05. 司法赔偿监督本院赔偿委员会重审案件
(四)司法救助案件
01. 刑事司法救助案件
02. 民事司法救助案件
03. 行政司法救助案件
04. 国家赔偿司法救助案件
05. 执行司法救助案件
06. 涉诉信访司法救助案件
六、区际司法协助案件
(一)认可与执行申请审查案件
01. 认可与执行台湾地区法院裁判审查案件 02. 认可与执行台湾地区仲裁裁决审查案件
03. 认可与执行香港特区法院裁判审查案件 04. 认可与执行香港特区仲裁裁决审查案件
05. 认可与执行澳门特区法院裁判审查案件 06. 认可与执行澳门特区仲裁裁决审查案件
07. 认可与执行审查复议案件

续表

七、国际司法协助案件
(一)承认与执行申请审查案件
01. 承认与执行外国法院裁判审查案件 02. 承认与执行国外仲裁裁决审查案件
03. 承认与执行审查其他案件
八、司法制裁案件
(一)司法制裁审查案件
01. 司法拘留案件 02. 司法罚款案件
(二)司法制裁复议案件
九、非诉保全审查案件
(一)非诉财产保全审查案件
(二)非诉行为保全审查案件
(三)非诉行为保全复议案件
(四)非诉证据保全审查案件
十、执行类案件
(一)执行实施类案件
01. 首次执行案件
02. 恢复执行案件
03. 财产保全执行案件
(二)执行审查类案件
01. 执行异议案件
02. 执行复议案件
03. 执行监督案件
04. 执行协调案件

司法协助请求事项	01. 送达文书 02. 调查取证
司法协助请求日期	
司法协助案件案号	
结果反馈日期	

司法鉴定信息

信息采集的案件范围
二、刑事案件
（一）刑事一审案件
（二）刑事二审案件
（三）刑事审判监督案件
01. 刑事依职权再审审查案件
02. 刑事申诉再审审查案件
03. 刑事抗诉再审审查案件
04. 刑事再审案件
（四）申请没收违法所得案件
（五）刑事复核案件
01. 死刑复核案件 02. 法定刑以下判处刑罚复核案件 03. 特殊假释复核案件
（六）强制医疗案件
01. 申请强制医疗审查案件
02. 解除强制医疗审查案件
03. 强制医疗复议案件
04. 强制医疗监督案件
（七）停止执行死刑案件

续表

01. 停止执行死刑请求审查案件 02. 依职权停止执行死刑案件
03. 停止执行死刑调查案件
04. 停止执行死刑调查审核案件
(八)刑罚与执行变更案件
01. 刑罚与执行变更审查案件
02. 刑罚与执行变更监督案件
03. 刑罚与执行变更备案案件
三、民事案件
(一)民事一审案件
(二)民事二审案件
(三)民事审判监督案件
01. 民事依职权再审审查案件
02. 民事申请再审审查案件
03. 民事抗诉再审审查案件
04. 民事再审案件
(四)第三人撤销之诉案件
(五)特别程序案件
04. 行为能力认定案件 05. 监护人指定异议案件 06. 监护关系变更案件
(八)破产案件
01. 破产清算案件 02. 破产重整案件 03. 破产和解案件
(九)强制清算案件
四、行政案件
(一)行政一审案件

续表

（二）行政二审案件
（三）行政审判监督案件
01. 行政依职权再审审查案件
02. 行政申请再审审查案件
03. 行政抗诉再审审查案件
04. 行政再审案件
五、国家赔偿与司法救助案件
（一）行政赔偿案件
01. 行政赔偿一审案件
02. 行政赔偿二审案件
03. 行政赔偿依职权再审审查案件
04. 行政赔偿申请再审审查案件
05. 行政赔偿抗诉再审审查案件
06. 行政赔偿再审案件
（二）司法赔偿案件
01. 法院作为赔偿义务机关自赔案件
02. 赔偿委员会审理赔偿案件
03. 司法赔偿监督审查案件
04. 司法赔偿监督上级法院赔偿委员会重审案件
05. 司法赔偿监督本院赔偿委员会重审案件
（四）司法救助案件
01. 刑事司法救助案件
02. 民事司法救助案件
03. 行政司法救助案件
04. 国家赔偿司法救助案件
05. 执行司法救助案件
06. 涉诉信访司法救助案件

续表

六、区际司法协助案件
(一)认可与执行申请审查案件
01.认可与执行台湾地区法院裁判审查案件 02.认可与执行台湾地区仲裁裁决审查案件
03.认可与执行香港特区法院裁判审查案件 04.认可与执行香港特区仲裁裁决审查案件
05.认可与执行澳门特区法院裁判审查案件 06.认可与执行澳门特区仲裁裁决审查案件
07.认可与执行审查复议案件
08.认可与执行审查其他案件
(三)调查取证案件
05.协助台湾地区调查取证案件
07.协助香港特区法院调查取证案件
09.协助澳门特区法院调查取证案件
(五)罪赃移交案件
02.向台湾地区移交罪赃案件
七、国际司法协助案件
(一)承认与执行申请审查案件
01.承认与执行外国法院裁判审查案件 02.承认与执行国外仲裁裁决审查案件
(三)调查取证案件
02.外国法院请求调查取证实施案件
十、执行类案件
(一)执行实施类案件
01.首次执行案件
02.恢复执行案件
03.财产保全执行案件

鉴定启动信息

启动方式❶	01. 依职权 02. 依申请
是否补充鉴定❷	01. 是　02. 否
是否重新鉴定❸	01. 是　02. 否
司法鉴定类型❹	01. 评估 02. 拍卖 03. 变卖 04. 理算 05. 审计 06. 痕迹鉴定 07. 伤残鉴定 08. DNA 鉴定 09. 行为能力鉴定 10. 植物新品种检测 255. 其他鉴定
其他鉴定名称	
鉴定申请人	
申请鉴定事项	（内容）
鉴定申请日期	

❶ 启动方式

《民事诉讼法》(2012 年)

第七十六条　当事人可以就查明事实的专门性问题向人民法院申请鉴定。当事人申请鉴定的,由双方当事人协商确定具备资格的鉴定人;协商不成的,由人民法院指定。

当事人未申请鉴定,人民法院对专门性问题认为需要鉴定的,应当委托具备资格的鉴定人进行鉴定。

最高人民法院《关于民事诉讼证据的若干规定》(2002年)

第二十八条　一方当事人自行委托有关部门作出的鉴定结论,另一方当事人有证据足以反驳并申请重新鉴定的,人民法院应予准许。

❷ 是否补充鉴定

最高人民法院《关于行政诉讼证据若干问题的规定》(2002年)

第三十条　当事人对人民法院委托的鉴定部门作出的鉴定结论有异议申请重新鉴定,提出证据证明存在下列情形之一的,人民法院应予准许:

(一)鉴定部门或者鉴定人不具有相应的鉴定资格的;

(二)鉴定程序严重违法的;

(三)鉴定结论明显依据不足的;

(四)经过质证不能作为证据使用的其他情形。

对有缺陷的鉴定结论,可以通过补充鉴定、重新质证或者补充质证等方式解决。

❸ 是否重新鉴定

最高人民法院《关于行政诉讼证据若干问题的规定》(2002年)

第二十九条　原告或者第三人有证据或者有正当理由表明被告据以认定案件事实的鉴定结论可能有错误,在举证期限内书面申请重新鉴定的,人民法院应予准许。

❹ 司法鉴定类型

《海事诉讼特别程序法解释》(2003年)

第六十条　因船舶碰撞以外的海事海商案件需要进行船舶检验或者估价的,适用海事诉讼特别程序法第八十六条的规定。

第六十一条　依据《中华人民共和国海商法》第一百七十条的规定提起的诉讼和因船舶触碰造成损害提起的诉讼,参照海事诉讼特别程序法关于审理船舶碰撞案件的有关规定审理。

第六十二条　未经理算的共同海损纠纷诉至海事法院的,海事法院应责令当事人自行委托共同海损理算。确有必要由海事法院委托理算的,由当事人提出申请,委托理算的费用由主张共同海损的当事人垫付。

第六十三条　当事人对共同海损理算报告提出异议,经海事法院审查异议成立,需要补充理算或者重新理算的,应当由原委托人通知理算人进行理算。原委托人不通知理算的,海事法院可以通知理算人重新理算,有关费用由异议人垫付;异议人拒绝垫付费用的，视为撤销异议。

最高人民法院《关于审理侵犯植物新品种权纠纷案件具体应用法律问题的若干规定》(2007 年)

第三条　侵犯植物新品种权纠纷案件涉及的专门性问题需要鉴定的，由双方当事人协商确定的有鉴定资格的鉴定机构、鉴定人鉴定；协商不成的，由人民法院指定的有鉴定资格的鉴定机构、鉴定人鉴定。

重新鉴定审查信息

重新鉴定申请人	
重新鉴定申请日期	
审查意见	01. 准许 02. 不准许
重新鉴定事由❶	01. 鉴定机构或鉴定人员不具备相关鉴定资格的 02. 鉴定程序严重违法的 03. 鉴定结论明显依据不足的 04. 经过质证认定不能作为证据使用的其他情形 05. 鉴定人拒不出庭作证的情形 (可多选)
审定日期	

❶ 重新鉴定事由

最高人民法院《关于行政诉讼证据若干问题的规定》(2002 年)

第三十条　当事人对人民法院委托的鉴定部门作出的鉴定结论有异议申请重新鉴定，提出证据证明存在下列情形之一的，人民法院应予准许：

(一)鉴定部门或者鉴定人不具有相应的鉴定资格的；

(二)鉴定程序严重违法的；

(三)鉴定结论明显依据不足的；

(四)经过质证不能作为证据使用的其他情形。

对有缺陷的鉴定结论，可以通过补充鉴定、重新质证或者补充质证等方式解决。

最高人民法院《关于民事诉讼证据的若干规定》(2002年)

第二十七条　当事人对人民法院委托的鉴定部门作出的鉴定结论有异议申请重新鉴定,提出证据证明存在下列情形之一的,人民法院应予准许:

(一)鉴定机构或者鉴定人员不具备相关的鉴定资格的;

(二)鉴定程序严重违法的;

(三)鉴定结论明显依据不足的;

(四)经过质证认定不能作为证据使用的其他情形。

鉴定委托信息

鉴定机构选择	01. 当事人协商 02. 法院依职权指定
鉴定委托日期	
鉴定委托事项	(内容)
鉴定受托机构名称	
鉴定费用	
鉴定费用预付人	

鉴定意见信息

鉴定结果	01. 作出鉴定意见 02. 退回鉴定申请
退回事由	01. 样本不足 02. 缺乏鉴定条件 03. 不具备鉴定资格 255. 其他原因
鉴定人	
收到鉴定意见日期	
鉴定申请退回日期	
鉴定意见书❶	(文书)

❶ 鉴定意见书

《民事诉讼法》(2012 年)

第七十七条　鉴定人有权了解进行鉴定所需要的案件材料,必要时可以询问当事人、证人。

鉴定人应当提出书面鉴定意见,在鉴定书上签名或者盖章。

意见认定信息

鉴定意见认定情况	01. 作为事实认定的依据 02. 不予采纳
鉴定人出庭❶	01. 是　02. 否
未出庭原因	
有专门知识的人出庭❷	01. 是　02. 否

❶ 鉴定人出庭

《民事诉讼法》(2012 年)

第七十八条　当事人对鉴定意见有异议或者人民法院认为鉴定人有必要出庭的,鉴定人应当出庭作证。经人民法院通知,鉴定人拒不出庭作证的,鉴定意见不得作为认定事实的根据;支付鉴定费用的当事人可以要求返还鉴定费用。

❷ 是否有专门知识的人出庭

《民事诉讼法》(2012 年)

第七十九条　当事人可以申请人民法院通知有专门知识的人出庭,就鉴定人作出的鉴定意见或者专业问题提出意见。

诉讼费用管理信息

信息采集的案件范围
一、管辖案件
(二)民事管辖案件
05. 民事管辖上诉案件

续表

(三)行政管辖案件
03. 行政管辖上诉案件
(四)行政赔偿管辖案件
03. 行政赔偿管辖上诉案件
三、民事案件
(一)民事一审案件
(二)民事二审案件
(三)民事审判监督案件
04. 民事再审案件
(四)第三人撤销之诉案件
(五)特别程序案件
08. 实现担保物权案件 09. 调解协议司法确认案件 10. 设立海事赔偿责任限制基金案件 11. 海事债权登记与受偿案件 12. 撤销仲裁裁决案件
(六)催告案件
01. 船舶优先权催告案件 02. 公示催告案件
(七)督促案件
01. 申请支付令审查案件
02. 支付令监督案件
(八)破产案件
01. 破产清算案件 02. 破产重整案件 03. 破产和解案件

续表

（九）强制清算案件
四、行政案件
（一）行政一审案件
（二）行政二审案件
（三）行政审判监督案件
04. 行政再审案件
（四）行政非诉审查案件
01. 非诉行政行为申请执行审查案件
02. 非诉行政行为申请执行审查复议案件
五、国家赔偿与司法救助案件
（一）行政赔偿案件
01. 行政赔偿一审案件
02. 行政赔偿二审案件
06. 行政赔偿再审案件
六、区际司法协助案件
（一）认可与执行申请审查案件
01. 认可与执行台湾地区法院裁判审查案件 02. 认可与执行台湾地区仲裁裁决审查案件
03. 认可与执行香港特区法院裁判审查案件 04. 认可与执行香港特区仲裁裁决审查案件
05. 认可与执行澳门特区法院裁判审查案件 06. 认可与执行澳门特区仲裁裁决审查案件
07. 认可与执行审查复议案件
七、国际司法协助案件
（一）承认与执行申请审查案件
01. 承认与执行外国法院裁判审查案件 02. 承认与执行国外仲裁裁决审查案件

续表

九、非诉保全审查案件
(一)非诉财产保全审查案件
(二)非诉行为保全审查案件
(三)非诉行为保全复议案件
(四)非诉证据保全审查案件
十、执行类案件
(一)执行实施类案件
01. 首次执行案件

诉讼费用基本信息

诉讼费用类别❶	01. 案件受理费 02. 申请费 03. 其他诉讼费用
案件受理费类型❷	01. 本诉 02. 反诉 03. 第三人提起的诉讼请求 04. 一并审理其他案件的诉讼请求
诉讼标的额❸	
申请费类型❹	01. 申请保全措施 02. 共同海损理算 03. 申请执行法院生效判决、裁定、调解书 04. 申请保全措施 05. 申请承认和执行外国法院判决、裁定 06. 申请承认和执行国外仲裁机构裁决 07. 申请执行仲裁机构依法作出的裁决和调解书 08. 申请执行公证机构依法赋予强制执行效力的债权文书 09. 申请支付令

续表

申请费类型❹	10. 申请公示催告 11. 申请撤销仲裁裁决或者认定仲裁协议效力 12. 申请破产 13. 申请设立海事赔偿责任限制基金 14. 海事债权登记 15. 船舶优先权催告 16. 申请认可与执行台湾地区法院裁判 17. 申请认可与执行台湾地区仲裁裁决 18. 申请认可与执行香港特区法院裁判 19. 申请认可与执行香港特区仲裁裁决 20. 申请认可与执行澳门特区法院裁判 21. 申请认可与执行澳门特区仲裁裁决 22. 申请强制清算 255. 其他
其他诉讼费用类型❺	01. 交通费 02. 住宿费 03. 生活费 04. 误工补贴 05. 法院专递费
费用支付对象	01. 证人 02. 鉴定人 03. 翻译人员 04. 理算人员 05. 邮局

❶ 诉讼费用类别

《民事诉讼法》(2012 年)

第一百一十八条第一款　当事人进行民事诉讼,应当按照规定交纳案件受理费。财产案件除交纳案件受理费外,并按照规定交纳其他诉讼费用。

《行政诉讼法》(2014 年)

第一百零二条　人民法院审理行政案件,应当收取诉讼费用。诉讼费用由败诉方承担,双方都有责任的由双方分担。收取诉讼费用的具体办法另行规定。

《诉讼费用交纳办法》(2007 年)

第六条　当事人应当向人民法院交纳的诉讼费用包括:

(一)案件受理费;

(二)申请费;

(三)证人、鉴定人、翻译人员、理算人员在人民法院指定日期出庭发生的交通费、住宿费、生活费和误工补贴。

❷ 案件受理费类型

《诉讼费用交纳办法》(2007 年)

第七条　案件受理费包括:

(一)第一审案件受理费;

(二)第二审案件受理费;

(三)再审案件中,依照本办法规定需要交纳的案件受理费。

第十八条　被告提起反诉、有独立请求权的第三人提出与本案有关的诉讼请求,人民法院决定合并审理的,分别减半交纳案件受理费。

第二十一条　当事人在诉讼中变更诉讼请求数额,案件受理费依照下列规定处理:

(一)当事人增加诉讼请求数额的,按照增加后的诉讼请求数额计算补交;

(二)当事人在法庭调查终结前提出减少诉讼请求数额的,按照减少后的诉讼请求数额计算退还。

《民事诉讼法解释》(2015 年)

第一百九十五条　支付令失效后转入诉讼程序的,债权人应当按照《诉讼费用交纳办法》补交案件受理费。

支付令被撤销后,债权人另行起诉的,按照《诉讼费用交纳办法》交纳诉讼费用。

❸ 诉讼标的额

《民事诉讼法解释》(2015 年)

第一百九十七条　诉讼标的物是证券的,按照证券交易规则并根据当事人起诉之日前最后一个交易日的收盘价、当日的市场价或者其载明的金额计算诉讼标的金额。

第一百九十八条　诉讼标的物是房屋、土地、林木、车辆、船舶、文物等特定物或者知识产权，起诉时价值难以确定的，人民法院应当向原告释明主张过高或者过低的诉讼风险，以原告主张的价值确定诉讼标的金额。

④ 申请费类型

《诉讼费用交纳办法》(2007 年)

第十条　当事人依法向人民法院申请下列事项，应当交纳申请费：

(一)申请执行人民法院发生法律效力的判决、裁定、调解书，仲裁机构依法作出的裁决和调解书，公证机构依法赋予强制执行效力的债权文书；

(二)申请保全措施；

(三)申请支付令；

(四)申请公示催告；

(五)申请撤销仲裁裁决或者认定仲裁协议效力；

(六)申请破产；

(七)申请海事强制令、共同海损理算、设立海事赔偿责任限制基金、海事债权登记、船舶优先权催告；

(八)申请承认和执行外国法院判决、裁定和国外仲裁机构裁决。

⑤ 其他诉讼费用类型

最高人民法院《实施〈关于以法院专递方式邮寄送达民事诉讼文书的若干规定〉的通知》(2005 年)

三、各高级人民法院可以根据本辖区内法院的办公经费状况确定“法院专递”费用的负担方式。办公经费确实无力负担的，可以依照《人民法院诉讼收费办法》第十九条第三款的规定由当事人负担，但根据《〈人民法院诉讼收费办法〉补充规定》第四条第二款具备司法救助条件的当事人可以例外。

诉讼费预交纳信息

应预交数额	
实际预交数额	
预交人	

续表

预交日期	
预交票据(收据)编号	

诉讼费减免缓信息

诉讼费救助类型❶	01. 免交 02. 减交 03. 缓交
救助申请人	
救助申请日期	
申请减交数额	
申请缓交期限(月)	
申请缓交期限(天)	
审批意见	01. 同意减交 02. 同意缓交 03. 同意免交 04. 不予批准
审批日期	
减交事由❷	01. 当事人因自然灾害等不可抗力造成生活困难,正在接受社会救济或家庭生产经营难以为继 02. 当事人属于国家规定的优抚、安置对象 03. 当事人是社会福利机构 04. 当事人是救助管理站 255. 确实需要减交的其他情形
减交数额❸	(减交数额/诉讼费用≥30%)
免交事由❹	01. 残疾人无固定生活来源的 02. 追索赡养费的 03. 追索扶养费的

续表

免交事由❹	04. 追索抚育费的 05. 追索抚恤金的 06. 最低生活保障对象,无其他收入 07. 农村特困定期救济对象,无其他收入 08. 农村五保供养对象,无其他收入 09. 领取失业保险人员,无其他收入 10. 因见义勇为或者为保护社会公共利益致使自身合法权益受到损害,本人或者其近亲属请求赔偿或补偿的 255. 确实需要免交的其他情形
同意缓交期限(月)	
同意缓交期限(日)	
缓交事由❺	01. 追索社会保险金、经济补偿金的 02. 人身伤害事故的受害人请求赔偿的 03. 正在接受有关部门法律援助的 255. 确实需要缓交的其他情形

① 诉讼费救助类型

《民事诉讼法》(2012年)

第一百一十八条第二款　当事人交纳诉讼费用确有困难的,可以按照规定向人民法院申请缓交、减交或者免交。

《诉讼费用交纳办法》(2007年)

第四十四条　当事人交纳诉讼费用确有困难的,可以依照本办法向人民法院申请缓交、减交或者免交诉讼费用的司法救助。

诉讼费用的免交只适用于自然人。

② 减交事由

《诉讼费用交纳办法》(2007年)

第四十六条第一款　当事人申请司法救助,符合下列情形之一的,人民法院应当准予减交诉讼费用:

(一)因自然灾害等不可抗力造成生活困难,正在接受社会救济,或者家庭生产经营难以为继的;

(二)属于国家规定的优抚、安置对象的;

(三)社会福利机构和救助管理站;

(四)确实需要减交的其他情形。

③ 减交数额

《诉讼费用交纳办法》(2007 年)

第四十六条第二款　人民法院准予减交诉讼费用的,减交比例不得低于30%。

④ 免交事由

《诉讼费用交纳办法》(2007 年)

第四十五条　当事人申请司法救助,符合下列情形之一的,人民法院应当准予免交诉讼费用:

(一)残疾人无固定生活来源的;

(二)追索赡养费、扶养费、抚育费、抚恤金的;

(三)最低生活保障对象、农村特困定期救济对象、农村五保供养对象或者领取失业保险金人员,无其他收入的;

(四)因见义勇为或者为保护社会公共利益致使自身合法权益受到损害,本人或者其近亲属请求赔偿或者补偿的;

(五)确实需要免交的其他情形。

⑤ 缓交事由

《诉讼费用交纳办法》(2007 年)

第四十七条　当事人申请司法救助,符合下列情形之一的,人民法院应当准予缓交诉讼费用:

(一)追索社会保险金、经济补偿金的;

(二)海上事故、交通事故、医疗事故、工伤事故、产品质量事故或者其他人身伤害事故的受害人请求赔偿的;

(三)正在接受有关部门法律援助的;

(四)确实需要缓交的其他情形。

负担缴费信息

应担诉讼费用类型	01. 案件受理费 02. 申请费 03. 其他诉讼费用
应负担数额	
应负担当事人	
缴纳人	
缴纳日期	
缴费票据(收据)编号	
缴纳方式	01. 现金 02. 转账支票 03. 现金支票 04. 汇款 255. 其他支付方式

退费信息

退还诉讼费用类型	01. 案件受理费 02. 申请费 03. 其他诉讼费用
应退费数额	
应退预交人	
退费领取人	
退费票据(收据)编号	
退费支付方式	01. 现金 02. 转账支票 03. 现金支票 04. 汇款 255. 其他支付方式
退费日期	

审理执行期限管理信息

信息采集的案件范围
一、管辖案件
(一)刑事管辖案件
02. 刑事指定管辖案件
(二)民事管辖案件
02. 民事指定管辖案件
05. 民事管辖上诉案件
(三)行政管辖案件
02. 行政指定管辖案件
03. 行政管辖上诉案件
(四)行政赔偿管辖案件
03. 行政赔偿管辖上诉案件
二、刑事案件
(一)刑事一审案件❶
(二)刑事二审案件❷
(三)刑事审判监督案件
02. 刑事申诉再审审查案件❸
03. 刑事抗诉再审审查案件❹
04. 刑事再审案件❺
(四)申请没收违法所得案件❻
(五)刑事复核案件
02. 法定刑以下判处刑罚复核案件❼ 03. 特殊假释复核案件

续表

（六）强制医疗案件
01. 申请强制医疗审查案件❽
02. 解除强制医疗审查案件❾
03. 强制医疗复议案件❿
04. 强制医疗监督案件⓫
（八）刑罚与执行变更案件
01. 刑罚与执行变更审查案件⓬
02. 刑罚与执行变更监督案件⓭
03. 刑罚与执行变更备案案件
（九）其他刑事案件
三、民事案件
（一）民事一审案件⓮
（二）民事二审案件⓯
（三）民事审判监督案件
01. 民事依职权再审审查案件⓰
02. 民事申请再审审查案件⓱
03. 民事抗诉再审审查案件⓲
04. 民事再审案件⓳
（四）第三人撤销之诉案件
（五）特别程序案件⓴
01. 选民资格案件 02. 宣告失踪、死亡案件 03. 财产代管人申请变更代管案件 04. 行为能力认定案件 05. 监护人指定异议案件 06. 监护关系变更案件

续表

07. 财产无主认定案件 08. 实现担保物权案件 09. 调解协议司法确认案件 10. 设立海事赔偿责任限制基金案件 11. 海事债权登记与受偿案件 12. 撤销仲裁裁决案件[21]
13. 民事特别程序监督案件
(六)催告案件
01. 船舶优先权催告案件 02. 公示催告案件
(七)督促案件
01. 申请支付令审查案件[22]
02. 支付令监督案件
(九)强制清算案件
四、行政案件
(一)行政一审案件[23]
(二)行政二审案件[24]
(三)行政审判监督案件
01. 行政依职权再审审查案件
02. 行政申请再审审查案件
03. 行政抗诉再审审查案件
04. 行政再审案件
(四)行政非诉审查案件
01. 非诉行政行为申请执行审查案件[25]
02. 非诉行政行为申请执行审查复议案件[26]
(五)其他行政案件

续表

五、国家赔偿与司法救助案件
（一）行政赔偿案件
01. 行政赔偿一审案件
02. 行政赔偿二审案件
03. 行政赔偿依职权再审审查案件
04. 行政赔偿申请再审审查案件
05. 行政赔偿抗诉再审审查案件
06. 行政赔偿再审案件
（二）司法赔偿案件
01. 法院作为赔偿义务机关自赔案件㉗
02. 赔偿委员会审理赔偿案件㉘
03. 司法赔偿监督审查案件
04. 司法赔偿监督上级法院赔偿委员会重审案件㉙
05. 司法赔偿监督本院赔偿委员会重审案件㉚
六、区际司法协助案件
（一）认可与执行申请审查案件
01. 认可与执行台湾地区法院裁判审查案件㉛ 02. 认可与执行台湾地区仲裁裁决审查案件
03. 认可与执行香港特区法院裁判审查案件 04. 认可与执行香港特区仲裁裁决审查案件
05. 认可与执行澳门特区法院裁判审查案件 06. 认可与执行澳门特区仲裁裁决审查案件
07. 认可与执行审查复议案件
08. 认可与执行审查其他案件
（二）送达文书案件

续表

01. 请求台湾地区送达文书审查案件[32]
02. 请求香港特区法院送达文书审查案件
03. 请求澳门特区法院送达文书审查案件
04. 台湾地区请求送达文书审查案件 05. 协助台湾地区送达文书案件
06. 香港特区法院请求送达文书审查案件[33] 07. 协助香港特区法院送达文书案件
08. 澳门特区法院请求送达文书审查案件 09. 协助澳门特区法院送达文书案件
(三)调查取证案件
01. 请求台湾地区调查取证审查案件
02. 请求香港特区法院调查取证审查案件
03. 请求澳门特区法院调查取证审查案件
04. 台湾地区请求调查取证审查案件 05. 协助台湾地区调查取证案件[34]
06. 香港特区法院请求调查取证审查案件 07. 协助香港特区法院调查取证案件
08. 澳门特区法院请求调查取证审查案件[35] 09. 协助澳门特区法院调查取证案件
(四)被判刑人移管案件
01. 接收在台湾地区被判刑人案件
02. 向台湾地区移管被判刑人案件
(五)罪赃移交案件
01. 接收台湾地区移交罪赃案件
02. 向台湾地区移交罪赃案件
七、国际司法协助案件

续表

（一）承认与执行申请审查案件
01. 承认与执行外国法院裁判审查案件 02. 承认与执行国外仲裁裁决审查案件
03. 承认与执行审查其他案件
（二）送达文书案件
01. 外国法院请求送达文书审查案件 02. 送达外国法院文书案件
03. 请求外国法院送达文书审查案件
（三）调查取证案件
01. 外国法院请求调查取证审查案件 02. 外国法院请求调查取证实施案件
03. 请求外国法院调查取证审查案件
（四）被判刑人移管案件
01. 接收在外国被判刑人案件
02. 向外国移管被判刑人案件
（五）引渡案件
01. 请求外国引渡案件
02. 协助外国引渡案件
八、司法制裁案件
（一）司法制裁审查案件
01. 司法拘留案件 02. 司法罚款案件
（二）司法制裁复议案件[36]
九、非诉保全审查案件[37]
（一）非诉财产保全审查案件

续表

(二)非诉行为保全审查案件
(三)非诉行为保全复议案件
(四)非诉证据保全审查案件
十、执行类案件
(一)执行实施类案件
01. 首次执行案件㊳
02. 恢复执行案件
03. 财产保全执行案件
(二)执行审查类案件
01. 执行异议案件㊴
02. 执行复议案件㊵
03. 执行监督案件
04. 执行协调案件
(三)其他执行案件

① 刑事一审案件

《刑事诉讼法》(2012 年)

第二百零二条　人民法院审理公诉案件,应当在受理后二个月以内宣判,至迟不得超过三个月。对于可能判处死刑的案件或者附带民事诉讼的案件,以及有本法第一百五十六条规定情形之一的,经上一级人民法院批准,可以延长三个月;因特殊情况还需要延长的,报请最高人民法院批准。

人民法院改变管辖的案件,从改变后的人民法院收到案件之日起计算审理期限。

人民检察院补充侦查的案件,补充侦查完毕移送人民法院后,人民法院重新计算审理期限。

第二百零六条第二款　人民法院审理自诉案件的期限,被告人被羁押的,适用本法第二百零二条第一款、第二款的规定;未被羁押的,应当在受理后六个月以内宣判。

第二百一十四条　适用简易程序审理案件,人民法院应当在受理后二十日以内审结;对可能判处的有期徒刑超过三年的,可以延长至一个半月。

② 刑事二审案件

《刑事诉讼法》(2012年)

第二百三十二条　第二审人民法院受理上诉、抗诉案件,应当在二个月以内审结。对于可能判处死刑的案件或者附带民事诉讼的案件,以及有本法第一百五十六条规定情形之一的,经省、自治区、直辖市高级人民法院批准或者决定,可以延长二个月;因特殊情况还需要延长的,报请最高人民法院批准。

③ 刑事申诉再审审查案件

《刑事诉讼法解释》(2013年)

第三百七十五条第一款　对立案审查的申诉案件,应当在三个月内作出决定,至迟不得超过六个月。

④ 刑事抗诉再审审查案件

《刑事诉讼法解释》(2013年)

第三百八十条　对人民检察院依照审判监督程序提出抗诉的案件,人民法院应当在收到抗诉书后一个月内立案。但是,有下列情形之一的,应当区别情况予以处理:

(一)对不属于本院管辖的,应当将案件退回人民检察院;

(二)按照抗诉书提供的住址无法向被抗诉的原审被告人送达抗诉书的,应当通知人民检察院在三日内重新提供原审被告人的住址;逾期未提供的,将案件退回人民检察院;

(三)以有新的证据为由提出抗诉,但未附相关证据材料或者有关证据不是指向原起诉事实的,应当通知人民检察院在三日内补送相关材料;逾期未补送的,将案件退回人民检察院。

决定退回的抗诉案件,人民检察院经补充相关材料后再次抗诉,经审查符合受理条件的,人民法院应当受理。

⑤ 刑事再审案件

《刑事诉讼法》(2012年)

第二百四十七条第一款　人民法院按照审判监督程序重新审判的案件,应当在作出提审、再审决定之日起三个月以内审结,需要延长期限的,不得超过六个月。

⑥ 申请没收违法所得案件

《刑事诉讼法解释》(2013年)

第五百二十一条第一款　审理申请没收违法所得案件的期限,参照公诉案件第一审普通程序和第二审程序的审理期限执行。

⑦ 法定刑以下判处刑罚复核案件

《刑事诉讼法解释》(2013年)

第三百四十条　最高人民法院和上级人民法院复核在法定刑以下判处刑罚案件的审理期限,参照适用刑事诉讼法第二百三十二条的规定。

⑧ 申请强制医疗审查案件

《刑事诉讼法》(2012年)

第二百八十七条　人民法院经审理,对于被申请人或者被告人符合强制医疗条件的,应当在一个月以内作出强制医疗的决定。被决定强制医疗的人、被害人及其法定代理人、近亲属对强制医疗决定不服的,可以向上一级人民法院申请复议。

⑨ 解除强制医疗审查案件

《刑事诉讼法解释》(2013年)

第五百四十二条　强制医疗机构提出解除强制医疗意见,或者被强制医疗的人及其近亲属申请解除强制医疗的,人民法院应当组成合议庭进行审查,并在一个月内,按照下列情形分别处理:

(一)被强制医疗的人已不具有人身危险性,不需要继续强制医疗的,应当作出解除强制医疗的决定,并可责令被强制医疗的人的家属严加看管和医疗;

(二)被强制医疗的人仍具有人身危险性,需要继续强制医疗的,应当作出继续强制医疗的决定。

人民法院应当在作出决定后五日内,将决定书送达强制医疗机构、申请解除强制医疗的人、被决定强制医疗的人和人民检察院。决定解除强制医疗的,应当通知强制医疗机构在收到决定书的当日解除强制医疗。

⑩ 强制医疗复议案件

《刑事诉讼法解释》(2013年)

第五百三十七条　对不服强制医疗决定的复议申请,上一级人民法院应当组成合议庭审理，并在一个月内，按照下列情形分别作出复议决定：

（一）被决定强制医疗的人符合强制医疗条件的，应当驳回复议申请，维持原决定；

（二）被决定强制医疗的人不符合强制医疗条件的，应当撤销原决定；

（三）原审违反法定诉讼程序，可能影响公正审判的，应当撤销原决定，发回原审人民法院重新审判。

⑪强制医疗监督案件

《刑事诉讼法解释》（2013 年）

第五百四十三条　人民检察院认为强制医疗决定或者解除强制医疗决定不当，在收到决定书后二十日内提出书面纠正意见的，人民法院应当另行组成合议庭审理，并在一个月内作出决定。

⑫刑罚与执行变更审查案件

《刑事诉讼法解释》（2013 年）

第四百三十三条　暂予监外执行的罪犯具有下列情形之一的，原作出暂予监外执行决定的人民法院，应当在收到执行机关的收监执行建议书后十五日内，作出收监执行的决定：

（一）不符合暂予监外执行条件的；

（二）未经批准离开所居住的市、县，经警告拒不改正，或者拒不报告行踪，脱离监管的；

（三）因违反监督管理规定受到治安管理处罚，仍不改正的；

（四）受到执行机关两次警告，仍不改正的；

（五）保外就医期间不按规定提交病情复查情况，经警告拒不改正的；

（六）暂予监外执行的情形消失后，刑期未满的；

（七）保证人丧失保证条件或者因不履行义务被取消保证人资格，不能在规定期限内提出新的保证人的；

（八）违反法律、行政法规和监督管理规定，情节严重的其他情形。

人民法院收监执行决定书，一经作出，立即生效。

第四百四十九条　对减刑、假释案件，应当按照下列情形分别处理：

（一）对被判处死刑缓期执行的罪犯的减刑，由罪犯服刑地的高级人民法院根据同

级监狱管理机关审核同意的减刑建议书裁定;

(二)对被判处无期徒刑的罪犯的减刑、假释,由罪犯服刑地的高级人民法院,在收到同级监狱管理机关审核同意的减刑、假释建议书后一个月内作出裁定,案情复杂或者情况特殊的,可以延长一个月;

(三)对被判处有期徒刑和被减为有期徒刑的罪犯的减刑、假释,由罪犯服刑地的中级人民法院,在收到执行机关提出的减刑、假释建议书后一个月内作出裁定,案情复杂或者情况特殊的,可以延长一个月;

(四)对被判处拘役、管制的罪犯的减刑,由罪犯服刑地中级人民法院,在收到同级执行机关审核同意的减刑、假释建议书后一个月内作出裁定。

对暂予监外执行罪犯的减刑,应当根据情况,分别适用前款的有关规定。

第四百五十八条　罪犯在缓刑、假释考验期限内,有下列情形之一的,原作出缓刑、假释判决、裁定的人民法院应当在收到执行机关的撤销缓刑、假释建议书后一个月内,作出撤销缓刑、假释的裁定:

(一)违反禁止令,情节严重的;

(二)无正当理由不按规定时间报到或者接受社区矫正期间脱离监管,超过一个月的;

(三)因违反监督管理规定受到治安管理处罚,仍不改正的;

(四)受到执行机关三次警告仍不改正的;

(五)违反有关法律、行政法规和监督管理规定,情节严重的其他情形。

人民法院撤销缓刑、假释的裁定,一经作出,立即生效。

⑬刑罚与执行变更监督案件

《刑事诉讼法解释》(2013 年)

第四百三十二条　被判处无期徒刑、有期徒刑或者拘役的罪犯,符合刑事诉讼法第二百五十四条第一款、第二款的规定,人民法院决定暂予监外执行的,应当制作暂予监外执行决定书,写明罪犯基本情况、判决确定的罪名和刑罚、决定暂予监外执行的原因、依据等,通知罪犯居住地的县级司法行政机关派员办理交接手续,并将暂予监外执行决定书抄送罪犯居住地的县级人民检察院和公安机关。

人民检察院认为人民法院的暂予监外执行决定不当,在法定期限内提出书面意见的,人民法院应当立即对该决定重新核查,并在一个月内作出决定。

第四百五十四条　人民法院作出减刑、假释裁定后,应当在七日内送达提请减刑、假释的执行机关、同级人民检察院以及罪犯本人。人民检察院认为减刑、假释裁定不当,在法定期限内提出书面纠正意见的,人民法院应当在收到意见后另行组成合议庭审理,并在一个月内作出裁定。

⑭民事一审案件

《民事诉讼法》(2012年)

第一百四十九条　人民法院适用普通程序审理的案件,应当在立案之日起六个月内审结。有特殊情况需要延长的,由本院院长批准,可以延长六个月;还需要延长的,报请上级人民法院批准。

第一百六十一条　人民法院适用简易程序审理案件,应当在立案之日起三个月内审结。

第二百七十条　人民法院审理涉外民事案件的期间,不受本法第一百四十九条、第一百七十六条规定的限制。

最高人民法院《关于严格执行案件审理期限制度的若干规定》(2000年)

第二条第九款　审理涉港、澳、台的民事案件的期限,参照涉外审理民事案件的规定办理。

最高人民法院《关于部分基层人民法院开展小额速裁试点工作的指导意见》(2011年)

适用小额速裁审理民事案件,应当在立案之日起一个月内审结,不得延长审限。一个月内未能审结的,应当转而适用普通程序继续审理。

⑮民事二审案件

《民事诉讼法》(2012年)

第一百七十六条　人民法院审理对判决的上诉案件,应当在第二审立案之日起三个月内审结。有特殊情况需要延长的,由本院院长批准。

人民法院审理对裁定的上诉案件,应当在第二审立案之日起三十日内作出终审裁定。

《民事诉讼法解释》(2015年)

第三百四十一条　人民法院审理对裁定的上诉案件,应当在第二审立案之日起三十日内作出终审裁定。有特殊情况需要延长审限的,由本院院长批准。

⑯民事依职权再审审查案件

《民事诉讼法解释》(2015 年)

第四百一十九条　人民法院收到再审检察建议后,应当组成合议庭,在三个月内进行审查,发现原判决、裁定、调解书确有错误,需要再审的,依照民事诉讼法第一百九十八条规定裁定再审,并通知当事人;经审查,决定不予再审的,应当书面回复人民检察院。

⑰民事申请再审审查案件

《民事诉讼法》(2012 年)

第二百零四条　人民法院应当自收到再审申请书之日起三个月内审查,符合本法规定的,裁定再审;不符合本法规定的,裁定驳回申请。有特殊情况需要延长的,由本院院长批准。

最高人民法院《关于受理审查民事申请再审案件的若干意见》(2009 年)

第三十二条　人民法院应当自受理再审申请之日起 3 个月内审查完毕,但鉴定期间等不计入审查期限。有特殊情况需要延长的,报经本院院长批准。

⑱民事抗诉再审审查案件

《民事诉讼法》(2012 年)

第二百一十一条　人民检察院提出抗诉的案件,接受抗诉的人民法院应当自收到抗诉书之日起三十日内作出再审的裁定;有本法第二百条第一项至第五项规定情形之一的,可以交下一级人民法院再审,但经该下一级人民法院再审的除外。

⑲民事再审案件

《民事诉讼法解释》(2015 年)

第一百二十八条　再审案件按照第一审程序或者第二审程序审理的,适用民事诉讼法第一百四十九条、第一百七十六条规定的审限。审限自再审立案的次日起算。

⑳特别程序案件

《民事诉讼法》(2012 年)

第一百八十条　人民法院适用特别程序审理的案件,应当在立案之日起三十日内或者公告期满后三十日内审结。有特殊情况需要延长的,由本院院长批准。但审理选民资格的案件除外。

㉑撤销仲裁裁决案件

《仲裁法》(1995年)

第六十条　人民法院应当在受理撤销裁决申请之日起两个月内作出撤销裁决或者驳回申请的裁定。

㉒申请支付令审查案件

《民事诉讼法》(2012年)

第二百一十六条第一款　人民法院受理申请后,经审查债权人提供的事实、证据,对债权债务关系明确、合法的,应当在受理之日起十五日内向债务人发出支付令;申请不成立的,裁定予以驳回。

第二百一十七条　人民法院收到债务人提出的书面异议后,经审查,异议成立的,应当裁定终结督促程序,支付令自行失效。

㉓行政一审案件

《行政诉讼法》(2014年)

第八十一条　人民法院应当在立案之日起六个月内作出第一审判决。有特殊情况需要延长的,由高级人民法院批准,高级人民法院审理第一审案件需要延长的,由最高人民法院批准。

第八十三条　适用简易程序审理的行政案件,由审判员一人独任审理,并应当在立案之日起四十五日内审结。

㉔行政二审案件

《行政诉讼法》(2014年)

第八十八条　人民法院审理上诉案件,应当在收到上诉状之日起三个月内作出终审判决。有特殊情况需要延长的,由高级人民法院批准,高级人民法院审理上诉案件需要延长的,由最高人民法院批准。

㉕非诉行政行为申请执行审查案件

《行政强制法》(2012年)

第五十七条　人民法院对行政机关强制执行的申请进行书面审查,对符合本法第五十五条规定,且行政决定具备法定执行效力的,除本法第五十八条规定的情形外,人民法院应当自受理之日起七日内作出执行裁定。

㉖非诉行政行为申请执行审查复议案件

《行政强制法》(2012 年)

第五十八条　人民法院发现有下列情形之一的,在作出裁定前可以听取被执行人和行政机关的意见:

(一)明显缺乏事实根据的;

(二)明显缺乏法律、法规依据的;

(三)其他明显违法并损害被执行人合法权益的。

人民法院应当自受理之日起三十日内作出是否执行的裁定。裁定不予执行的,应当说明理由,并在五日内将不予执行的裁定送达行政机关。

行政机关对人民法院不予执行的裁定有异议的,可以自收到裁定之日起十五日内向上一级人民法院申请复议,上一级人民法院应当自收到复议申请之日起三十日内作出是否执行的裁定。

㉗法院作为赔偿义务机关自赔案件

《国家赔偿法》(2013 年)

第十三条　赔偿义务机关应当自收到申请之日起两个月内,作出是否赔偿的决定。赔偿义务机关作出赔偿决定,应当充分听取赔偿请求人的意见,并可以与赔偿请求人就赔偿方式、赔偿项目和赔偿数额依照本法第四章的规定进行协商。

赔偿义务机关决定赔偿的,应当制作赔偿决定书,并自作出决定之日起十日内送达赔偿请求人。

赔偿义务机关决定不予赔偿的,应当自作出决定之日起十日内书面通知赔偿请求人,并说明不予赔偿的理由。

㉘赔偿委员会审理赔偿案件

《国家赔偿法》(2013 年)

第二十八条　人民法院赔偿委员会应当自收到赔偿申请之日起三个月内作出决定;属于疑难、复杂、重大案件的,经本院院长批准,可以延长三个月。

㉙司法赔偿监督上级法院赔偿委员会重审案件

《国家赔偿法》(2013 年)

第三十条第二款　赔偿委员会作出的赔偿决定生效后,如发现赔偿决定违反本法规定的,经本院院长决定或者上级人民法院指令,赔偿委员会应当在两个月内重新审查并依法作出决定,上一级人民法院赔偿委员会也可以直接审查并作出决定。

㉚司法赔偿监督本院赔偿委员会重审案件

《国家赔偿法》(2013 年)

第三十条第二款　赔偿委员会作出的赔偿决定生效后,如发现赔偿决定违反本法规定的,经本院院长决定或者上级人民法院指令,赔偿委员会应当在两个月内重新审查并依法作出决定,上一级人民法院赔偿委员会也可以直接审查并作出决定。

㉛认可与执行台湾地区法院裁判审查案件

最高人民法院《关于认可和执行台湾地区法院民事判决的规定》(2015 年)

第十四条　人民法院受理认可台湾地区法院民事判决的申请后,应当在立案之日起六个月内审结。有特殊情况需要延长的,报请上一级人民法院批准。

通过海峡两岸司法互助途径送达文书和调查取证的期间,不计入审查期限。

㉜请求台湾地区送达文书审查案件

最高人民法院《关于人民法院办理海峡两岸送达文书和调查取证司法互助案件的规定》(2011 年)

第十三条　具体办理送达文书司法互助案件的人民法院应当在收到高级人民法院转送的材料之日起五个工作日内,以“协助台湾地区送达民事(刑事、行政诉讼)司法文书”案由立案,指定专人办理,并应当自立案之日起十五日内完成协助送达,最迟不得超过两个月。

㉝香港特区法院请求送达文书审查案件

最高人民法院《关于内地与香港特别行政区法院相互委托送达民商事司法文书的安排》(1999 年)

第四条　受委托方接到委托书后,应当及时完成送达,最迟不得超过自收到委托书之日起两个月。

㉞协助台湾地区调查取证案件

最高人民法院《关于人民法院办理海峡两岸送达文书和调查取证司法互助案件的规定》(2011 年)

第二十条　具体办理调查取证司法互助案件的人民法院应当在收到高级人民法院转送的材料之日起五个工作日内,以“协助台湾地区民事(刑事、行政诉讼)调查取证”案由立案,指定专人办理,并应当自立案之日起一个月内完成协助调查取证,最迟不得超过三个月。因故不能在期限届满前完成的,应当提前函告高级人民法院,并由高级人民法院转报最高人民法院。

㉟澳门特区法院请求调查取证审查案件

最高人民法院《关于内地与澳门特别行政区法院就民商事案件相互委托送达司法文书和调取证据的安排》(2001年)

第五条　受委托方法院应优先处理受托事项。完成受托事项的期限,送达文书最迟不得超过自收到委托书之日起两个月,调取证据最迟不得超过自收到委托书之日起三个月。

㊱司法制裁复议案件

最高人民法院《关于严格执行案件审理期限制度的若干规定》(2000年)

第二条第七款　对罚款、拘留民事决定不服申请复议的,审理期限为五日。

㊲非诉保全审查案件

《民事诉讼法》(2012年)

第一百条　人民法院对于可能因当事人一方的行为或者其他原因,使判决难以执行或者造成当事人其他损害的案件,根据对方当事人的申请,可以裁定对其财产进行保全、责令其作出一定行为或者禁止其作出一定行为;当事人没有提出申请的,人民法院在必要时也可以裁定采取保全措施。

人民法院采取保全措施,可以责令申请人提供担保,申请人不提供担保的,裁定驳回申请。

人民法院接受申请后,对情况紧急的,必须在四十八小时内作出裁定;裁定采取保全措施的,应当立即开始执行。

第一百零一条　利害关系人因情况紧急,不立即申请保全将会使其合法权益受到难以弥补的损害的,可以在提起诉讼或者申请仲裁前向被保全财产所在地、被申请人住所地或者对案件有管辖权的人民法院申请采取保全措施。申请人应当提供担保,不提供担保的,裁定驳回申请。

人民法院接受申请后,必须在四十八小时内作出裁定;裁定采取保全措施的,应当立即开始执行。

申请人在人民法院采取保全措施后三十日内不依法提起诉讼或者申请仲裁的,人民法院应当解除保全。

㊳首次执行案件

《民事诉讼法》(2012年)

第二百二十六条　人民法院自收到申请执行书之日起超过六个月未执行的,申请执行人可以向上一级人民法院申请执行。上一级人民法院经审查,可以责令原人民法院在一定期限内执行,也可以决定由本院执行或者指令其他人民法院执行。

最高人民法院《关于人民法院办理执行案件若干期限的规定》(2006年)

第一条第一款　被执行人有财产可供执行的案件,一般应当在立案之日起6个月内执结;非诉执行案件一般应当在立案之日起3个月内执结。

最高人民法院《关于严格执行案件审理期限制度的若干规定》(2000年)

第五条第一款　执行案件应当在立案之日起六个月内执结,非诉执行案件应当在立案之日起三个月内执结;有特殊情况需要延长的,经本院院长批准,可以延长三个月,还需延长的,层报高级人民法院备案。

最高人民法院《关于委托执行若干问题的规定》(2011年)

第五条第三款　刑事案件没收财产刑应当即时执行。

第五条第四款　刑事案件罚金刑,应当在判决、裁定发生法律效力后三个月内执行完毕,至迟不超过六个月。

第十一条　受托法院未能在6个月内将受托案件执结的,申请执行人有权请求受托法院的上一级人民法院提级执行或者指定执行,上一级人民法院应当立案审查,发现受托法院无正当理由不予执行的,应当限期执行或者作出裁定提级执行或者指定执行。

㊴执行异议案件

《民事诉讼法》(2012年)

第二百二十五条　当事人、利害关系人认为执行行为违反法律规定的,可以向负责执行的人民法院提出书面异议。当事人、利害关系人提出书面异议的,人民法院应当自收到书面异议之日起十五日内审查,理由成立的,裁定撤销或者改正;理由不成立的,裁定驳回。当事人、利害关系人对裁定不服的,可以自裁定送达之日起十日内向上一级人民法院申请复议。

㊵执行复议案件

最高人民法院《关于适用〈中华人民共和国民事诉讼法〉执行程序若干问题的解释》[2009 年 1 月 1 日起施行,以下简称《执行程序解释》(2009 年)]

第九条　当事人、利害关系人依照《民事诉讼法》第二百零二条规定申请复议的,上一级人民法院应当自收到复议申请之日起三十日内审查完毕,并作出裁定。有特殊情况需要延长的,经本院院长批准,可以延长,延长的期限不得超过三十日。

期限管理类型信息

期限管理类型❶	01. 期限扣除 02. 期限延长 03. 期限重新计算
法定期限(年)❷	(如 1 年)
法定期限(月)	01. 1 个月 02. 1.5 个月 03. 2 个月 04. 3 个月 05. 6 个月 255. 其他
其他	(月数)
法定期限(日)❸	01. 5 日 02. 7 日 03. 10 日 04. 15 日 05. 20 日 06. 30 日 07. 45 日 255. 其他
其他	(天数)
法定期限(时)	(小时数)

①期限管理类型

《刑事诉讼法解释》(2013年)

第一百七十三条第二款　因特殊情况申请最高人民法院批准延长审理期限,最高人民法院经审查,予以批准的,可以延长审理期限一至三个月。期限届满案件仍然不能审结的,可以再次提出申请。

第二百九十八条　适用简易程序审理案件,在法庭审理过程中,有下列情形之一的,应当转为普通程序审理:

(一)被告人的行为可能不构成犯罪的;

(二)被告人可能不负刑事责任的;

(三)被告人当庭对起诉指控的犯罪事实予以否认的;

(四)案件事实不清、证据不足的;

(五)不应当或者不宜适用简易程序的其他情形。

转为普通程序审理的案件,审理期限应当从决定转为普通程序之日起计算。

《民事诉讼法》(2012年)

第一百七十六条　人民法院审理对判决的上诉案件,应当在第二审立案之日起三个月内审结。有特殊情况需要延长的,由本院院长批准。人民法院审理对裁定的上诉案件,应当在第二审立案之日起三十日内作出终审裁定。

第一百八十条　人民法院适用特别程序审理的案件,应当在立案之日起三十日内或者公告期满后三十日内审结。有特殊情况需要延长的,由本院院长批准。但审理选民资格的案件除外。

《民事诉讼法解释》(2015年)

第二百五十八条第一款　适用简易程序审理的案件,审理期限到期后,双方当事人同意继续适用简易程序的,由本院院长批准,可以延长审理期限。延长后的审理期限累计不得超过六个月。

人民法院发现案情复杂,需要转为普通程序审理的,应当在审理期限届满前作出裁定并将合议庭组成人员及相关事项书面通知双方当事人。

案件转为普通程序审理的,审理期限自人民法院立案之日计算。

最高人民法院《关于人民法院办理执行案件若干期限的规定》(2006年)

第一条第二款　有特殊情况须延长执行期限的,应当报请本院院长或副院长批准。

《刑事诉讼法》(2012年)

第二百零二条第三款　人民检察院补充侦查的案件,补充侦查完毕移送人民法院后,人民法院重新计算审理期限。

② 法定期限(年)

《海事诉讼特别程序法》(1999年)

第八十七条　海事法院审理船舶碰撞案件,应当在立案后一年内审结。有特殊情况需要延长的,由本院院长批准。

第九十二条　海事法院审理共同海损案件,应当在立案后一年内审结。有特殊情况需要延长的,由本院院长批准。

③ 法定期限(日)

《民事诉讼法》(2012年)

第一百八十二条第一款　人民法院受理选民资格案件后,必须在选举日前审结。

期限扣除信息

期限扣除期间❶	01. 公告期间 02. 鉴定期间 03. 管辖权异议审理期间 04. 管辖或执行争议处理期间 05. 当事人申请庭外和解期间 06. 当事人同意延长的调解期间 07. 中止审理、中止办理或中止执行期间 08. 司法协助期间 09. 暂缓执行期间 10. 向上级法院请示期间 11. 刑事案件因另行委托、指定辩护人,法院决定延期审理的,自案件宣布延期审理之日起至第十日止准备辩护的时间 12. 公诉人发现案件需要补充侦查,提出延期审理建议后,合议庭同意延期审理的期间

续表

期限扣除期间❶	13. 刑事案件二审期间，检察院查阅案卷超过七日后的时间 14. 因当事人、诉讼代理人、辩护人申请通知新的证人到庭、调取新的证据、申请重新鉴定或者勘验，法院决定延期审理一个月之内的期间 255. 其他应当予以扣除的期间
扣除期间起始日期	
扣除期间结束日期	
中止审理事由❷	01. 一方当事人死亡，需要等待继承人或近亲属表明是否参加审理的 02. 一方当事人丧失行为能力，尚未确定法定代理人的 03. 作为一方当事人的法人或者其他组织终止，尚未确定权利义务承受人的 04. 一方当事人因不可抗拒的事由，不能参加审理的 05. 本案必须以另一案的审理结果为依据，而另一案尚未审结的 06. 上级法院处理管辖权争议 07. 利害关系人申请宣告当事人无民事行为能力或限制行为能力 08. 被告人在自诉案件审判期间下落不明 09. 被告人患有严重疾病，无法出庭的 10. 被告人脱逃的 11. 自诉人患有严重疾病，无法出庭，未委托诉讼代理人出庭的 12. 由于不能抗拒的原因 13. 案件涉及法律适用问题，需要送请有权机关作出解释或者确认的

续表

中止审理事由❷	14. 宣告无罪的案件,人民法院决定再审或者人民检察院按照审判监督程序提出抗诉 255. 其他应当中止审理的情形
中止办理事由❸	01. 作为赔偿请求人的公民死亡,需要等待其继承人和其他有扶养关系的亲属表明是否参加赔偿案件处理 02. 作为赔偿请求人的公民丧失行为能力,尚未确定法定代理人 03. 作为赔偿请求人的法人或者其他组织终止,尚未确定权利承受人 04. 赔偿请求人因不可抗力或者其他障碍,在法定期限内不能参加赔偿案件处理 05. 宣告无罪的案件,人民法院决定再审或者人民检察院按照审判监督程序提出抗诉
中止裁定书	(文本)
恢复方式	01. 依申请 02. 依职权
恢复日期	

❶ 期限扣除期间

《刑事诉讼法》(2012年)

第一百四十七条　对犯罪嫌疑人作精神病鉴定的期间不计入办案期限。

《刑事诉讼法解释》(2013年)

第一百七十四条　审判期间,对被告人作精神病鉴定的时间不计入审理期限。

第三百二十条　开庭审理第二审公诉案件,应当在决定开庭审理后及时通知人民检察院查阅案卷。自通知后的第二日起,人民检察院查阅案卷的时间不计入审理期限。

第五百二十一条第二款　公告期间和请求刑事司法协助的时间不计入审理期限。

最高人民法院《关于刑事再审案件开庭审理程序的具体规定》(2002年)

第二十五条第二款　自接到阅卷通知后的第二日起,人民检察院查阅案卷超过七日后的期限,不计入再审审理期限。

最高人民法院、最高人民检察院、公安部、国家安全部、司法部、全国人大常委会法制工作委员会《关于实施刑事诉讼法若干问题的规定》(2013年)

第四十条第一款　刑事诉讼法第一百四十七条规定:"对犯罪嫌疑人作精神病鉴定的期间不计入办案期限。"根据上述规定,犯罪嫌疑人、被告人在押的案件,除对犯罪嫌疑人、被告人的精神病鉴定期间不计入办案期限外,其他鉴定期间都应当计入办案期限。对于因鉴定时间较长,办案期限届满仍不能终结的案件,自期限届满之日起,应当对被羁押的犯罪嫌疑人、被告人变更强制措施,改为取保候审或者监视居住。

最高人民法院《关于办理执行案件若干期限的规定》(2006年)

第十三条　下列期间不计入办案期限:

1.公告送达执行法律文书的期间;

2.暂缓执行的期间;

3.中止执行的期间;

4.就法律适用问题向上级法院请示的期间;

5.与其他法院发生执行争议报请共同的上级法院协调处理的期间。

《执行程序解释》(2009年)

第十四条　民事诉讼法第二百零三条规定的六个月期间,不应当计算执行中的公告期间、鉴定评估期间、管辖争议处理期间、执行争议协调期间、暂缓执行期间以及中止执行期间。

最高人民法院《关于严格执行案件审理期限制度的若干规定》(2000年)

第九条　下列期间不计入审理、执行期限:

(一)刑事案件对被告人作精神病鉴定的期间;

(二)刑事案件因另行委托、指定辩护人,法院决定延期审理的,自案件宣布延期审理之日起至第十日止准备辩护的时间;

(三)公诉人发现案件需要补充侦查,提出延期审理建议后,合议庭同意延期审理的期间;

(四)刑事案件二审期间,检察院查阅案卷超过七日后的时间;

(五)因当事人、诉讼代理人、辩护人申请通知新的证人到庭、调取新的证据、申请

重新鉴定或者勘验,法院决定延期审理一个月之内的期间;

(六)民事、行政案件公告、鉴定的期间;

(七)审理当事人提出的管辖权异议和处理法院之间的管辖争议的期间;

(八)民事、行政、执行案件由有关专业机构进行审计、评估、资产清理的期间;

(九)中止诉讼(审理)或执行至恢复诉讼(审理)或执行的期间;

(十)当事人达成执行和解或者提供执行担保后,执行法院决定暂缓执行的期间;

(十一)上级人民法院通知暂缓执行的期间;

(十二)执行中拍卖、变卖被查封、扣押财产的期间。

《民事诉讼法解释》(2015年)

第二百四十三条　民事诉讼法第一百四十九条规定的审限,是指从立案之日起至裁判宣告、调解书送达之日止的期间,但公告期间、鉴定期间、双方当事人和解期间、审理当事人提出的管辖异议以及处理人民法院之间的管辖争议期间不应计算在内。

最高人民法院《关于人民法院民事调解工作若干问题的规定》(2004年)

第四条　当事人在诉讼过程中自行达成和解协议的,人民法院可以根据当事人的申请依法确认和解协议制作调解书。双方当事人申请庭外和解的期间,不计入审限。

第六条　在答辩期满前人民法院对案件进行调解,适用普通程序的案件在当事人同意调解之日起15天内,适用简易程序的案件在当事人同意调解之日起7天内未达成调解协议的,经各方当事人同意,可以继续调解。延长的调解期间不计入审限。

最高人民法院《关于内地与香港特别行政区法院相互认可和执行当事人协议管辖的民商事案件判决的安排》(2008年)

第十条第一款　对于香港特别行政区法院作出的判决,判决确定的债务人已经提出上诉,或者上诉程序尚未完结的,内地人民法院审查核实后,可以中止认可和执行程序。经上诉,维持全部或者部分原判决的,恢复认可和执行程序;完全改变原判决的,终止认可和执行程序。

最高人民法院《关于认可和执行台湾地区仲裁裁决的规定》(2015年)

第十七条　一方当事人向人民法院申请认可或者执行台湾地区仲裁裁决,另一方当事人向台湾地区法院起诉撤销该仲裁裁决,被申请人申请中止认可或者执行并且提供充分担保的,人民法院应当中止认可或者执行程序。

申请中止认可或者执行的,应当向人民法院提供台湾地区法院已经受理撤销仲裁裁决案件的法律文书。

台湾地区法院撤销该仲裁裁决的,人民法院应当裁定不予认可或者裁定终结执行;台湾地区法院驳回撤销仲裁裁决请求的,人民法院应当恢复认可或者执行程序。

❷ 中止审理事由

《民事诉讼法》(2012 年)

第一百五十条　有下列情形之一的,中止诉讼:

(一)一方当事人死亡,需要等待继承人表明是否参加诉讼的;

(二)一方当事人丧失诉讼行为能力,尚未确定法定代理人的;

(三)作为一方当事人的法人或者其他组织终止,尚未确定权利义务承受人的;

(四)一方当事人因不可抗拒的事由,不能参加诉讼的;

(五)本案必须以另一案的审理结果为依据,而另一案尚未审结的;

(六)其他应当中止诉讼的情形。

中止诉讼的原因消除后,恢复诉讼。

《刑事诉讼法》(2012 年)

第二百条　在审判过程中,有下列情形之一,致使案件在较长时间内无法继续审理的,可以中止审理:

(一)被告人患有严重疾病,无法出庭的;

(二)被告人脱逃的;

(三)自诉人患有严重疾病,无法出庭,未委托诉讼代理人出庭的;

(四)由于不能抗拒的原因。

中止审理的原因消失后,应当恢复审理。中止审理的期间不计入审理期限。

《刑事诉讼法解释》(2013 年)

第二百七十五条　被告人在自诉案件审判期间下落不明的,人民法院应当裁定中止审理。被告人到案后,应当恢复审理,必要时应当对被告人依法采取强制措施。

《行政诉讼法解释》(2000 年)

第五十一条　在诉讼过程中,有下列情形之一的,中止诉讼:

(一)原告死亡,须等待其近亲属表明是否参加诉讼的;

(二)原告丧失诉讼行为能力,尚未确定法定代理人的;

(三)作为一方当事人的行政机关、法人或者其他组织终止,尚未确定权利义务承受人的;

(四)一方当事人因不可抗力的事由不能参加诉讼的;

(五)案件涉及法律适用问题,需要送请有权机关作出解释或者确认的;

(六)案件的审判须以相关民事、刑事或者其他行政案件的审理结果为依据,而相关案件尚未审结的;

(七)其他应当中止诉讼的情形。

中止诉讼的原因消除后,恢复诉讼。

最高人民法院《关于人民法院赔偿委员会审理国家赔偿案件程序的规定》(2011年)

第十七条　有下列情形之一的,赔偿委员会应当决定中止审理:

(一)赔偿请求人死亡,需要等待其继承人和其他有扶养关系的亲属表明是否参加赔偿案件处理的;

(二)赔偿请求人丧失行为能力,尚未确定法定代理人的;

(三)作为赔偿请求人的法人或者其他组织终止,尚未确定权利义务承受人的;

(四)赔偿请求人因不可抗拒的事由,在法定审限内不能参加赔偿案件处理的;

(五)宣告无罪的案件,人民法院决定再审或者人民检察院按照审判监督程序提出抗诉的;

(六)应当中止审理的其他情形。

中止审理的原因消除后,赔偿委员会应当及时恢复审理,并通知赔偿请求人、赔偿义务机关和复议机关。

③ 中止办理事由

最高人民法院《关于人民法院办理自赔案件程序的规定》(2013年)

第十条　有下列情形之一的,人民法院应当决定中止办理:

(一)作为赔偿请求人的公民死亡,需要等待其继承人和其他有扶养关系的亲属表明是否参加赔偿案件处理的;

(二)作为赔偿请求人的公民丧失行为能力,尚未确定法定代理人的;

(三)作为赔偿请求人的法人或者其他组织终止,尚未确定权利承受人的;

(四)赔偿请求人因不可抗力或者其他障碍,在法定期限内不能参加赔偿案件处理的;

(五)宣告无罪的案件,人民法院决定再审或者人民检察院按照审判监督程序提出抗诉的。

中止办理的原因消除后,人民法院应当及时恢复办理,并通知赔偿请求人。

期限延长信息

申请延长期限(月)	
申请延长期限(日)	
申请事由❶	
申请日期	
批准延长期限(月)	
批准延长期限(日)	
批准人❷	01. 本院院长 02. 上级法院
批准日期	

① 申请事由

《刑事诉讼法解释》(2013 年)

第一百七十三条第二款　因特殊情况申请最高人民法院批准延长审理期限,最高人民法院经审查,予以批准的,可以延长审理期限一至三个月。期限届满案件仍然不能审结的,可以再次提出申请。

② 批准人

《民事诉讼法》(2012 年)

第一百四十九条　人民法院适用普通程序审理的案件,应当在立案之日起六个月内审结。有特殊情况需要延长的,由本院院长批准,可以延长六个月;还需要延长的,报请上级人民法院批准。

010000 管辖案件

010100 刑事管辖案件

010101 刑事提级管辖案件

◆ 收案信息

本案案号	
收案来源❶	01. 本院依职权提级管辖 02. 下级法院报请提级管辖
涉案案号	(即下级法院报请提级管辖的案件案号)
报请提级管辖事由❷	01. 属于重大、复杂案件 02. 属于新类型的疑难案件 03. 在法律适用上具有普遍指导意义 04. 基层人民法院认为可能判处无期徒刑、死刑 05. 案件因涉及本院院长需要回避等原因不宜行使管辖权 255. 其他 (可多选)
收案日期	(收到下级法院报请或依职权启动提级管辖审查日期)

❶ 收案来源

《刑事诉讼法》(2012 年)

第二十三条　上级人民法院在必要的时候,可以审判下级人民法院管辖的第一审刑事案件;下级人民法院认为案情重大、复杂需要由上级人民法院审判的第一审刑事案件,可以请求移送上一级人民法院审判。

❷ 报请提级管辖事由

《刑事诉讼法》(2012 年)

第二十三条　上级人民法院在必要的时候,可以审判下级人民法院管辖的第一审刑事案件;下级人民法院认为案情重大、复杂需要由上级人民法院审判的第一审刑事案件,可以请求移送上一级人民法院审判。

《刑事诉讼法解释》(2013 年)

第十五条　基层人民法院对可能判处无期徒刑、死刑的第一审刑事案件,应当移送中级人民法院审判。

基层人民法院对下列第一审刑事案件,可以请求移送中级人民法院审判:

(一)重大、复杂案件;

(二)新类型的疑难案件;

(三)在法律适用上具有普遍指导意义的案件。

需要将案件移送中级人民法院审判的,应当在报请院长决定后,至迟于案件审理期限届满十五日前书面请求移送。中级人民法院应当在接到申请后十日内作出决定。不同意移送的,应当下达不同意移送决定书,由请求移送的人民法院依法审判;同意移送的,应当下达同意移送决定书,并书面通知同级人民检察院。

第十六条　有管辖权的人民法院因案件涉及本院院长需要回避等原因,不宜行使管辖权的,可以请求移送上一级人民法院管辖。上一级人民法院可以管辖,也可以指定与提出请求的人民法院同级的其他人民法院管辖。

◆ **结案信息**

结案方式❶	01. 本院提级管辖(含同意下级法院移送本院) 02. 本院不同意提级管辖(含不同意下级法院移送本院) 03. 本院指定其他法院管辖
提级管辖事由	01. 属于重大、复杂案件 02. 属于新类型的疑难案件 03. 在法律适用上具有普遍指导意义 04. 可能判处无期徒刑、死刑 05. 因下级法院涉及本院院长需要回避等原因不宜行使管辖权 255. 其他 (可多选)
结案日期❷	(管辖决定书下达下级法院且通知检察院、自诉人之日)
结案文书	

❶ 结案方式

《刑事诉讼法解释》(2013 年)

第十五条第三款　需要将案件移送中级人民法院审判的,应当在报请院长决定后,至迟于案件审理期限届满十五日前书面请求移送。中级人民法院应当在接到申请后十日内作出决定。不同意移送的,应当下达不同意移送决定书,由请求移送的人民法院依法审判;同意移送的,应当下达同意移送决定书,并书面通知同级人民检察院。

❷ 结案日期

《刑事诉讼法解释》(2013 年)

第十四条　上级人民法院决定审判下级人民法院管辖的第一审刑事案件的,应当向下级人民法院下达改变管辖决定书,并书面通知同级人民检察院。

第二十条　原受理案件的人民法院在收到上级人民法院改变管辖决定书、同意移送决定书或者指定其他人民法院管辖决定书后,对公诉案件,应当书面通知同级人民检察院,并将案卷材料退回,同时书面通知当事人;对自诉案件,应当将案卷材料移送被指定管辖的人民法院,并书面通知当事人。

010102 刑事指定管辖案件

◆ **收案信息**

本案案号	
收案来源	01. 本院依职权指定 02. 下级法院报请指定
涉案案号	(下级法院报请指定的案件案号,管辖权争议时为多个)
收案日期	(因管辖权争议报请时以最先收到的请求日期为准)

◆ **结案信息**

结案方式	01. 本院指定报请法院管辖 02. 本院指定其他法院管辖
指定事由❶	01. 管辖权发生争议 02. 检察院撤诉后又向原一审法院的下级法院重新起诉 03. 案件管辖不明 255. 其他

续表

指定审理法院	
结案日期❷	（指定决定书下达被指定及指定审理法院之日）
结案文书	

❶ 指定事由

《刑事诉讼法》（2012 年）

第二十六条　上级人民法院可以指定下级人民法院审判管辖不明的案件，也可以指定下级人民法院将案件移送其他人民法院审判。

《刑事诉讼法解释》（2013 年）

第十七条　两个以上同级人民法院都有管辖权的案件，由最初受理的人民法院审判。必要时，可以移送被告人主要犯罪地的人民法院审判。

管辖权发生争议的，应当在审理期限内协商解决；协商不成的，由争议的人民法院分别层报共同的上级人民法院指定管辖。

第十八条　上级人民法院在必要时，可以指定下级人民法院将其管辖的案件移送其他下级人民法院审判。

第二十一条　第二审人民法院发回重新审判的案件，人民检察院撤回起诉后，又向原第一审人民法院的下级人民法院重新提起公诉的，下级人民法院应当将有关情况层报原第二审人民法院。原第二审人民法院根据具体情况，可以决定将案件移送原第一审人民法院或者其他人民法院审判。

❷ 结案日期

《刑事诉讼法解释》（2013 年）

第十九条　上级人民法院指定管辖，应当将指定管辖决定书分别送达被指定管辖的人民法院和其他有关的人民法院。

第二十条　原受理案件的人民法院在收到上级人民法院改变管辖决定书、同意移送决定书或者指定其他人民法院管辖决定书后，对公诉案件，应当书面通知同级人民检察院，并将案卷材料退回，同时书面通知当事人；对自诉案件，应当将案卷材料移送被指定管辖的人民法院，并书面通知当事人。

010200 民事管辖案件

010201 民事提级管辖案件

◆ 收案信息

本案案号	
收案来源❶	01. 本院依职权提级管辖 02. 下级法院报请提级管辖
涉案案号	(即下级法院报请提级管辖的案件案号)
收案日期	

❶ 收案来源

《民事诉讼法》(2012年)

第三十八条　上级人民法院有权审理下级人民法院管辖的第一审民事案件;确有必要将本院管辖的第一审民事案件交下级人民法院审理的,应当报请其上级人民法院批准。

下级人民法院对它所管辖的第一审民事案件,认为需要由上级人民法院审理的,可以报请上级人民法院审理。

◆ 结案信息

结案方式	01. 本院提级管辖 02. 本院不同意提级管辖(即由报请法院审理) 03. 本院指定其他法院管辖
结案日期	(提级管辖文书下达被指定及指定审理法院之日)
结案文书	

010202 民事指定管辖案件

◆ 收案信息

本案案号	
收案来源	01. 本院依职权指定 02. 下级法院报请指定

续表

涉案案号	(下级法院报请指定的案件案号,管辖权争议时为多个)
收案日期	

◆ **结案信息**

结案方式	01. 本院指定报请法院管辖 02. 本院指定其他法院管辖
是否一并撤销下级裁判❶	01. 是　02. 否
指定事由❷	01. 管辖权争议 02. 因特殊原因不能行使管辖权 03. 下级法院受移送后发现案件不属其管辖 255. 其他
指定审理法院	
结案日期	
结案文书	

❶ 是否一并撤销下级裁判

《民事诉讼法解释》(2015 年)

第四十一条　人民法院依照民事诉讼法第三十七条第二款规定指定管辖的,应当作出裁定。

对报请上级人民法院指定管辖的案件,下级人民法院应当中止审理。指定管辖裁定作出前,下级人民法院对案件作出判决、裁定的,上级人民法院应当在裁定指定管辖的同时,一并撤销下级人民法院的判决、裁定。

❷ 指定事由

《民事诉讼法》(2012 年)

第三十六条　人民法院发现受理的案件不属于本院管辖的,应当移送有管辖权的人民法院,受移送的人民法院应当受理。受移送的人民法院认为受移送的案件依照规定不属于本院管辖的,应当报请上级人民法院指定管辖,不得再自行移送。

第三十七条　有管辖权的人民法院由于特殊原因,不能行使管辖权的,由上级人民法院指定管辖。

人民法院之间因管辖权发生争议,由争议双方协商解决;协商解决不了的,报请它们的共同上级人民法院指定管辖。

《民事诉讼法解释》(2015 年)

第四十条　依照民事诉讼法第三十七条第二款规定,发生管辖权争议的两个人民法院因协商不成报请它们的共同上级人民法院指定管辖时,双方为同属一个地、市辖区的基层人民法院的,由该地、市的中级人民法院及时指定管辖;同属一个省、自治区、直辖市的两个人民法院的,由该省、自治区、直辖市的高级人民法院及时指定管辖;双方为跨省、自治区、直辖市的人民法院,高级人民法院协商不成的,由最高人民法院及时指定管辖。

依照前款规定报请上级人民法院指定管辖时,应当逐级进行。

《海事诉讼特别程序法》(1999 年)

第十条　海事法院与地方人民法院之间因管辖权发生争议,由争议双方协商解决;协商解决不了的,报请他们的共同上级人民法院指定管辖。

010203 民事移交管辖审批案件

◈ 收案信息

本案案号	
收案来源❶	下级法院报请审批
涉案案号	(下级法院拟交由其下级法院审理的案件案号)
拟定审理法院	(拟下交由其审理的法院)
涉案案件类型❷	01. 破产程序中有关债务人的诉讼 02. 当事人人数众多且不方便诉讼 255. 其他
收案日期	

❶ 收案来源

《民事诉讼法》(2012 年)

第三十八条第一款　上级人民法院有权审理下级人民法院管辖的第一审民事案件;确有必要将本院管辖的第一审民事案件交下级人民法院审理的,应当报请其上级人民法院批准。

❷ 涉案案件类型

《民事诉讼法解释》(2015 年)

第四十二条　下列第一审民事案件,人民法院依照民事诉讼法第三十八条第一款规定,可以在开庭前交下级人民法院审理:

(一)破产程序中有关债务人的诉讼案件;

(二)当事人人数众多且不方便诉讼的案件;

(三)最高人民法院确定的其他类型案件。

人民法院交下级人民法院审理前,应当报请其上级人民法院批准。上级人民法院批准后,人民法院应当裁定将案件交下级人民法院审理。

◆ 结案信息

结案方式	01. 批准下交审理 02. 不批准下交审理
结案日期	
结案文书	

010204 民事管辖协商案件

◆ 收案信息

本案案号	
收案来源❶	01. 其他法院商请 02. 本院商请
涉案案号	(管辖权有争议的案件案号,有多个)
收案日期	(即收到协商法院来函或依职权启动协商日期)

❶ 收案来源

《民事诉讼法解释》(2015 年)

第四十条　依照民事诉讼法第三十七条第二款规定,发生管辖权争议的两个人民法院因协商不成报请它们的共同上级人民法院指定管辖时,双方为同属一个地、市辖区的基层人民法院的,由该地、市的中级人民法院及时指定管辖;同属一个省、自治区、直辖市的两个人民法院的,由该省、自治区、直辖市的高级人民法院及时指定管辖;双方为跨省、自治区、直辖市的人民法院,高级人民法院协商不成的,由最高人民法院及时指定管辖。

依照前款规定报请上级人民法院指定管辖时,应当逐级进行。

最高人民法院《关于军事法院管辖民事案件若干问题的规定》(2012 年)

第六条　军事法院与地方人民法院之间因管辖权发生争议,由争议双方协商解决;协商不成的,报请各自的上级法院协商解决;仍然协商不成的,报请最高人民法院指定管辖。

◈ 结案信息

结案方式	01. 商定由对方下级法院管辖 02. 商定由本院下级法院管辖 03. 协商不成并报请最高人民法院指定
协商日期	(多次协商时多条记录)
商定审理法院	
结案日期	(商定结果送达下级法院或报请最高人民法院指定请求发出日期)
结案文书	

010205 民事管辖上诉案件

◈ 收案信息

本案案号	
收案来源	当事人上诉
当事人	(姓名或名称)
当事人案件地位	01. 上诉人 02. 被上诉人 03. 原审第三人 04. 原审原告 05. 原审被告

续表

一审案号	（作出管辖异议裁定的一审案件案号）
管辖异议类型	01. 地域管辖 02. 级别管辖 03. 仲裁与司法管辖 04. 专属管辖 （可多选）
收案日期	（二审收到一审移送卷宗等材料日期）

◆ **结案信息**

结案方式	01. 维持原裁定 02. 撤销原裁定并裁定移送其他法院管辖 03. 撤销原裁定并驳回管辖异议 04. 准予撤回上诉 05. 按撤回上诉处理 06. 终结
结案日期	
结案文书	

010206 民事管辖监督案件

◆ **收案信息**

本案案号	
收案来源	01. 本院依职权监督 02. 依当事人请求监督
被监督案件案号	
收案日期	

◆ **结案信息**

结案方式❶	01. 裁定下级法院将案件移送有管辖权法院审理 02. 撤销原判并裁定移送有管辖权法院审理
结案日期	
结案文书	

❶ 结案方式

最高人民法院《关于涉外民商事案件诉讼管辖若干问题的规定》(2002年)

第六条　高级人民法院应当对涉外民商事案件的管辖实施监督,凡越权受理涉外民商事案件的,应当通知或者裁定将案件移送有管辖权的人民法院审理。

最高人民法院《全国法院涉港澳商事审判工作座谈会纪要》(2008年)

4. 下级法院违反《关于涉外民商事案件诉讼管辖若干问题的规定》受理涉港澳商事案件并作出实体判决的,上级法院可以程序违法为由撤销下级法院判决,将案件移送有管辖权的人民法院审理。

010300 行政管辖案件

010301 行政提级管辖案件

◆ **收案信息**

本案案号	
收案来源❶	01. 本院依职权提级管辖 02. 下级法院报请提级管辖
涉案案号	(即下级法院报请提级管辖的案件案号)
收案日期	

❶ 收案来源

《行政诉讼法》(2014年)

第二十四条　上级人民法院有权审理下级人民法院管辖的第一审行政案件。

下级人民法院对其管辖的第一审行政案件,认为需要由上级人民法院审理或者指定管辖的,可以报请上级人民法院决定。

最高人民法院《关于行政案件管辖若干问题的规定》(2008 年)

第五条　中级人民法院对基层人民法院管辖的第一审行政案件,根据案件情况,可以决定自己审理,也可以指定本辖区其他基层人民法院管辖。

◆ **结案信息**

结案方式❶	01. 本院提级管辖 02. 本院不同意提级管辖(即由报请法院审理) 03. 本院指定其他法院管辖
结案日期❷	
结案文书	

① 结案方式

最高人民法院《关于行政案件管辖若干问题的规定》(2008 年)

第四条　基层人民法院对其管辖的第一审行政案件,认为需要由中级人民法院审理或者指定管辖的,可以报请中级人民法院决定。中级人民法院应当根据不同情况在 7 日内分别作出以下处理:

(一)决定自己审理;

(二)指定本辖区其他基层人民法院管辖;

(三)决定由报请的人民法院审理。

第九条　中级人民法院和高级人民法院管辖的第一审行政案件需要由上一级人民法院审理或者指定管辖的,参照本规定。

② 结案日期

最高人民法院《关于行政案件管辖若干问题的规定》(2008 年)

第八条　执行本规定的审理期限,提级管辖从决定之日起计算;指定管辖或者决定由报请的人民法院审理的,从收到指定管辖裁定或者决定之日起计算。

010302 行政指定管辖案件

◆ 收案信息

本案案号	
收案来源❶	01. 本院依职权指定 02. 下级法院报请指定
涉案案号	(下级法院报请指定的案件案号,管辖权争议时为多个)
收案日期	

❶ 收案来源

《行政诉讼法》(2014 年)

第二十四条第二款　下级人民法院对其管辖的第一审行政案件,认为需要由上级人民法院审理或者指定管辖的,可以报请上级人民法院决定。

最高人民法院《关于行政案件管辖若干问题的规定》(2008 年)

第九条　中级人民法院和高级人民法院管辖的第一审行政案件需要由上一级人民法院审理或者指定管辖的,参照本规定。

◆ 结案信息

结案方式	01. 指定报请法院管辖 02. 指定其他法院管辖
指定事由❶	01. 管辖权争议 02. 由于特殊原因不能行使管辖权 03. 下级法院受移送后发现案件不属其管辖 255. 其他
指定审理法院	
结案日期❷	
结案文书	

❶ 指定事由

《行政诉讼法》(2014 年)

第二十二条　人民法院发现受理的案件不属于本院管辖的,应当移送有管辖权的人民法院，受移送的人民法院应当受理。受移送的人民法院认为受移送的案件按照规定不属于本院管辖的，应当报请上级人民法院指定管辖，不得再自行移送。

第二十三条　有管辖权的人民法院由于特殊原因不能行使管辖权的，由上级人民法院指定管辖。

人民法院对管辖权发生争议，由争议双方协商解决。协商不成的，报它们的共同上级人民法院指定管辖。

② 结案日期

最高人民法院《关于行政案件管辖若干问题的规定》(2008 年)

第六条　指定管辖裁定应当分别送达被指定管辖的人民法院及案件当事人。本规定第四条的指定管辖裁定还应当送达报请的人民法院。

第八条　执行本规定的审理期限，提级管辖从决定之日起计算；指定管辖或者决定由报请的人民法院审理的，从收到指定管辖裁定或者决定之日起计算。

010303 行政管辖上诉案件

◆ 收案信息

本案案号	
收案来源	当事人上诉
当事人	(姓名或名称)
当事人案件地位	01. 上诉人 02. 被上诉人 03. 原审第三人 04. 原审原告 05. 原审被告
一审案号	(作出管辖异议裁定的一审案号)
管辖异议类型	01. 地域管辖 02. 级别管辖 03. 专属管辖 (可多选)
收案日期	

◆ **结案信息**

结案方式	01. 维持原裁定 02. 撤销原裁定并裁定移送其他法院管辖 03. 撤销原裁定并驳回管辖异议 04. 准予撤回上诉 05. 按撤回上诉处理 06. 终结
结案日期	
结案文书	

010400 行政赔偿管辖案件

010401 行政赔偿指定管辖案件

◆ **收案信息**

本案案号	
收案来源❶	01. 本院依职权指定 02. 下级法院报请指定
涉案案号	(下级法院报请指定的案件案号,管辖权争议时为多个)
收案日期	

❶ 收案来源

《行政诉讼法》(2014年)

第二十四条第二款　下级人民法院对其管辖的第一审行政案件,认为需要由上级人民法院审理或者指定管辖的,可以报请上级人民法院决定。

最高人民法院《关于行政案件管辖若干问题的规定》(2008年)

第九条　中级人民法院和高级人民法院管辖的第一审行政案件需要由上一级人民法院审理或者指定管辖的,参照本规定。

◈ **结案信息**

结案方式	01. 本院指定报请法院管辖 02. 本院指定其他法院管辖
指定事由❶	01. 管辖权争议 02. 由于特殊原因不能行使管辖权 03. 下级法院受移送后发现案件不属其管辖 255. 其他
指定审理法院	
结案日期❷	
结案文书	

① 指定事由

《行政诉讼法》(2014 年)

第二十二条　人民法院发现受理的案件不属于本院管辖的,应当移送有管辖权的人民法院,受移送的人民法院应当受理。受移送的人民法院认为受移送的案件按照规定不属于本院管辖的,应当报请上级人民法院指定管辖,不得再自行移送。

第二十三条　有管辖权的人民法院由于特殊原因不能行使管辖权的,由上级人民法院指定管辖。

人民法院对管辖权发生争议,由争议双方协商解决。协商不成的,报它们的共同上级人民法院指定管辖。

最高人民法院《关于审理行政赔偿案件若干问题的规定》(1997 年)

第十二条　人民法院发现受理的案件不属于自己管辖,应当移送有管辖权的人民法院;受移送的人民法院不得再行移送。

第十三条　人民法院对管辖权发生争议的,由争议双方协商解决,协商不成的,报请他们的共同上级人民法院指定管辖。如双方为跨省、自治区、直辖市的人民法院,高级人民法院协商不成的,由最高人民法院及时指定管辖。

依前款规定报请上级人民法院指定管辖时,应当逐级进行。

② 结案日期

最高人民法院《关于行政案件管辖若干问题的规定》(2008 年)

第六条　指定管辖裁定应当分别送达被指定管辖的人民法院及案件当事人。本规定第四条的指定管辖裁定还应当送达报请的人民法院。

第八条　执行本规定的审理期限,提级管辖从决定之日起计算;指定管辖或者决定由报请的人民法院审理的,从收到指定管辖裁定或者决定之日起计算。

010402 行政赔偿管辖协商案件

◆ 收案信息

本案案号	
收案来源❶	01. 其他法院商请 02. 本院商请
涉案案号	(管辖权有争议的案件案号,有多个)
收案日期	(即收到协商法院来函或依职权启动协商日期)

❶ 收案来源

最高人民法院《关于审理行政赔偿案件若干问题的规定》(1997 年)

第十三条　人民法院对管辖权发生争议的,由争议双方协商解决,协商不成的,报请他们的共同上级人民法院指定管辖。如双方为跨省、自治区、直辖市的人民法院,高级人民法院协商不成的,由最高人民法院及时指定管辖。

依前款规定报请上级人民法院指定管辖时,应当逐级进行。

◆ 结案信息

结案方式	01. 商定由对方下级法院管辖 02. 商定由本院下级法院管辖 03. 协商不成并报请最高人民法院指定
协商日期	(多次协商时多条记录)
商定审理法院	
结案日期	(商定结果送达下级法院或报请最高人民法院指定请求发出日期)
结案文书	

010403 行政赔偿管辖上诉案件

◈ 收案信息

本案案号	
收案来源	当事人上诉
当事人	(姓名或名称)
当事人案件地位	01. 上诉人 02. 被上诉人 03. 原审第三人 04. 原审原告 05. 原审被告
一审案号	(作出管辖异议裁定的一审案号)
管辖异议类型	01. 地域管辖 02. 级别管辖 03. 专属管辖 (可多选)
收案日期	

◈ 结案信息

结案方式	01. 维持原裁定 02. 撤销原裁定并裁定移送其他法院管辖 03. 撤销原裁定并驳回管辖异议 04. 准予撤回上诉 05. 按撤回上诉处理 06. 终结
结案日期	
结案文书	

020000 刑事案件

基础信息

强制措施

信息采集的案件范围
二、刑事案件
（一）刑事一审案件
（二）刑事二审案件
（三）刑事审判监督案件
04. 刑事再审案件
（五）刑事复核案件
01. 死刑复核案件 02. 法定刑以下判处刑罚复核案件
（六）强制医疗案件
01. 申请强制医疗审查案件
03. 强制医疗复议案件

◆ 强制措施审查信息

被告人	
强制措施种类	01. 拘传 02. 取保候审 03. 监视居住 04. 逮捕
采用方式❶	01. 依职权 02. 依申请
申请日期	

续表

拘传事由❷	01. 被告人经依法传唤拒不到庭的 02. 根据案件情况有必要拘传的
取保候审事由❸	01. 可能判处管制、拘役或者独立适用附加刑 02. 可能判处有期徒刑以上刑罚，取保候审不致发生社会危险性 03. 患有严重疾病、生活不能自理，取保候审不致发生社会危险性 04. 怀孕或者正在哺乳自己婴儿的妇女，取保候审不致发生社会危险性 05. 羁押期限届满，案件尚未办结，需要采取取保候审 255. 其他
监视居住事由❹	01. 患有严重疾病、生活不能自理的 02. 怀孕或者正在哺乳自己婴儿的妇女 03. 系生活不能自理的人的唯一扶养人 04. 因为案件的特殊情况或者办理案件的需要，采取监视居住措施更为适宜的 05. 羁押期限届满，案件尚未办结，需要采取监视居住措施的 06. 符合取保候审条件但不能提出保证人且不能交纳保证金 255. 其他
逮捕事由❺	01. 取保候审尚不足以防止可能实施新的犯罪 02. 取保候审尚不足以防止有危害国家安全、公共安全或者社会秩序的现实危险 03. 取保候审尚不足以防止可能毁灭、伪造证据，干扰证人作证或者串供 04. 取保候审尚不足以防止可能对被害人、举报人、控告人实施打击报复

续表

逮捕事由❺	05. 取保候审尚不足以防止企图自杀或者逃跑 06. 有证据证明有犯罪事实，可能判处十年有期徒刑以上刑罚 07. 有证据证明有犯罪事实，可能判处徒刑以上刑罚，曾经故意犯罪或者身份不明的 08. 违反取保候审、监视居住规定，情节严重的 255. 其他
监视居住期间违规情形❻	01. 未经执行机关批准离开执行监视居住的处所 02. 未经执行机关批准会见他人或者通信 03. 在传讯的时候未及时到案 04. 干扰证人作证 05. 毁灭、伪造证据或者串供 06. 未将护照等出入境证件、身份证件、驾驶证件交执行机关保存
取保候审期间违规情形❼	01. 未经执行机关批准离开所居住的市、县 02. 住址、工作单位和联系方式发生变动，在二十四小时以内未向执行机关报告 03. 在传讯的时候未及时到案 04. 干扰证人作证 05. 毁灭、伪造证据或者串供 06. 违反要求进入特定的场所 07. 违反要求与特定的人员会见或者通信 08. 违反要求从事特定的活动 09. 未按要求将护照等出入境证件、驾驶证件交执行机关保存
决定日期	
决定机关	
批准机关	
批准日期	

① 采用方式

《刑事诉讼法解释》(2013 年)

第一百二十七条　人民检察院、公安机关已经对犯罪嫌疑人取保候审、监视居住，案件起诉至人民法院后，需要继续取保候审、监视居住或者变更强制措施的，人民法院应当在七日内作出决定，并通知人民检察院、公安机关。

决定继续取保候审、监视居住的，应当重新办理手续，期限重新计算；继续使用保证金保证的，不再收取保证金。

人民法院不得对被告人重复采取取保候审、监视居住措施。

② 拘传事由

《刑事诉讼法解释》(2013 年)

第一百一十四条　对经依法传唤拒不到庭的被告人，或者根据案件情况有必要拘传的被告人，可以拘传。

拘传被告人，应当由院长签发拘传票，由司法警察执行，执行人员不得少于二人。

拘传被告人，应当出示拘传票。对抗拒拘传的被告人，可以使用戒具。

③ 取保候审事由

《刑事诉讼法》(2012 年)

第六十五条　人民法院、人民检察院和公安机关对有下列情形之一的犯罪嫌疑人、被告人，可以取保候审：

(一)可能判处管制、拘役或者独立适用附加刑的；

(二)可能判处有期徒刑以上刑罚，采取取保候审不致发生社会危险性的；

(三)患有严重疾病、生活不能自理，怀孕或者正在哺乳自己婴儿的妇女，采取取保候审不致发生社会危险性的；

(四)羁押期限届满，案件尚未办结，需要采取取保候审的。

取保候审由公安机关执行。

④ 监视居住事由

《刑事诉讼法》(2012 年)

第七十二条　人民法院、人民检察院和公安机关对符合逮捕条件，有下列情形之一的犯罪嫌疑人、被告人，可以监视居住：

(一)患有严重疾病、生活不能自理的；

(二)怀孕或者正在哺乳自己婴儿的妇女;

(三)系生活不能自理的人的唯一扶养人;

(四)因为案件的特殊情况或者办理案件的需要,采取监视居住措施更为适宜的;

(五)羁押期限届满,案件尚未办结,需要采取监视居住措施的。

对符合取保候审条件,但犯罪嫌疑人、被告人不能提出保证人,也不交纳保证金的,可以监视居住。

监视居住由公安机关执行。

⑤ 逮捕事由

《刑事诉讼法》(2012 年)

第七十九条　对有证据证明有犯罪事实,可能判处徒刑以上刑罚的犯罪嫌疑人、被告人,采取取保候审尚不足以防止发生下列社会危险性的,应当予以逮捕:

(一)可能实施新的犯罪的;

(二)有危害国家安全、公共安全或者社会秩序的现实危险的;

(三)可能毁灭、伪造证据,干扰证人作证或者串供的;

(四)可能对被害人、举报人、控告人实施打击报复的;

(五)企图自杀或者逃跑的。

对有证据证明有犯罪事实,可能判处十年有期徒刑以上刑罚的,或者有证据证明有犯罪事实,可能判处徒刑以上刑罚,曾经故意犯罪或者身份不明的,应当予以逮捕。

被取保候审、监视居住的犯罪嫌疑人、被告人违反取保候审、监视居住规定,情节严重的,可以予以逮捕。

⑥ 监视居住期间违规情形

《刑事诉讼法》(2012 年)

第七十五条　被监视居住的犯罪嫌疑人、被告人应当遵守以下规定:

(一)未经执行机关批准不得离开执行监视居住的处所;

(二)未经执行机关批准不得会见他人或者通信;

(三)在传讯的时候及时到案;

(四)不得以任何形式干扰证人作证;

(五)不得毁灭、伪造证据或者串供;

（六）将护照等出入境证件、身份证件、驾驶证件交执行机关保存。

被监视居住的犯罪嫌疑人、被告人违反前款规定，情节严重的，可以予以逮捕；需要予以逮捕的，可以对犯罪嫌疑人、被告人先行拘留。

⑦ 取保候审期间违规情形

《刑事诉讼法》（2012 年）

第六十九条　被取保候审的犯罪嫌疑人、被告人应当遵守以下规定：

（一）未经执行机关批准不得离开所居住的市、县；

（二）住址、工作单位和联系方式发生变动的，在二十四小时以内向执行机关报告；

（三）在传讯的时候及时到案；

（四）不得以任何形式干扰证人作证；

（五）不得毁灭、伪造证据或者串供。

人民法院、人民检察院和公安机关可以根据案件情况，责令被取保候审的犯罪嫌疑人、被告人遵守以下一项或者多项规定：

（一）不得进入特定的场所；

（二）不得与特定的人员会见或者通信；

（三）不得从事特定的活动；

（四）将护照等出入境证件、驾驶证件交执行机关保存。

被取保候审的犯罪嫌疑人、被告人违反前两款规定，已交纳保证金的，没收部分或者全部保证金，并且区别情形，责令犯罪嫌疑人、被告人具结悔过，重新交纳保证金、提出保证人，或者监视居住、予以逮捕。

对违反取保候审规定，需要予以逮捕的，可以对犯罪嫌疑人、被告人先行拘留。

◆ 强制措施变更信息

被告人	
原强制措施种类	01. 取保候审 02. 监视居住 03. 逮捕
变更启动方式❶	01. 依职权 02. 依申请

续表

变更形式	01. 撤销强制措施 02. 解除强制措施 03. 变换强制措施
申请人类型	01. 被告人 02. 被告人的法定代理人 03. 被告人的近亲属 04. 被告人的辩护人
申请人	(姓名)
申请日期	
变更事由❷	01. 案件不能在法律规定的期限内审结的 02. 发现不应当追究刑事责任 03. 强制措施期限届满 04. 自诉人撤诉或和解 05. 取保候审期间,保证人不愿继续履行保证义务或者丧失履行保证义务能力的 06. 因判决、裁定生效而应当解除的 07. 取保候审、监视居住期间故意实施新的犯罪 08. 取保候审、监视居住期间企图自杀、逃跑 09. 取保候审、监视居住期间毁灭、伪造证据,干扰证人作证或者串供 10. 取保候审、监视居住期间对被害人、举报人、控告人实施打击报复 11. 取保候审、监视居住期间经传唤,无正当理由不到案,影响审判活动正常进行的 12. 取保候审期间擅自改变联系方式或者居住地,导致无法传唤,影响审判活动正常进行

续表

变更事由❷	13. 取保候审期间未经批准,擅自离开所居住的市、县,影响审判活动正常进行,或者两次未经批准,擅自离开所居住的市、县 14. 取保候审期间违反规定进入特定场所、与特定人员会见或者通信、从事特定活动,影响审判活动正常进行,或者两次违反有关规定 15. 未经批准,擅自离开执行监视居住的处所,影响审判活动正常进行,或者两次未经批准,擅自离开执行监视居住的处所的 16. 监视居住期间,未经批准,擅自会见他人或者通信,影响审判活动正常进行,或者两次未经批准,擅自会见他人或者通信 17. 因患有严重疾病、生活不能自理,或者因怀孕、正在哺乳自己婴儿而未予逮捕的被告人,疾病痊愈或者哺乳期已满 18. 患有严重疾病、生活不能自理的 19. 怀孕或者正在哺乳自己婴儿的 20. 系生活不能自理的人的唯一扶养人 21. 在押罪犯一审被宣告缓刑、判处管制或单处附加刑 22. 被羁押的时间已到第一审人民法院对其判处的刑期期限的 23. 发现采取强制措施不当 24. 被告人可能经再审改判无罪或者可能经再审减轻原判刑罚而致刑期届满 255. 其他
变更后强制措施种类	01. 取保候审 02. 监视居住 03. 逮捕

续表

撤销强制措施种类	01.取保候审 02.监视居住 03.逮捕
解除强制措施种类	01.取保候审 02.监视居住
决定机关	
决定日期	

① 变更启动方式

《刑事诉讼法》(2012年)

第九十四条　人民法院、人民检察院和公安机关如果发现对犯罪嫌疑人、被告人采取强制措施不当的,应当及时撤销或者变更。公安机关释放被逮捕的人或者变更逮捕措施的,应当通知原批准的人民检察院。

第九十五条　犯罪嫌疑人、被告人及其法定代理人、近亲属或者辩护人有权申请变更强制措施。人民法院、人民检察院和公安机关收到申请后,应当在三日以内作出决定;不同意变更强制措施的,应当告知申请人,并说明不同意的理由。

② 变更事由

《刑事诉讼法》(2012年)

第七十七条第二款　在取保候审、监视居住期间,不得中断对案件的侦查、起诉和审理。对于发现不应当追究刑事责任或者取保候审、监视居住期限届满的,应当及时解除取保候审、监视居住。解除取保候审、监视居住,应当及时通知被取保候审、监视居住人和有关单位。

第九十四条　人民法院、人民检察院和公安机关如果发现对犯罪嫌疑人、被告人采取强制措施不当的,应当及时撤销或者变更。公安机关释放被逮捕的人或者变更逮捕措施的,应当通知原批准的人民检察院。

第九十六条　犯罪嫌疑人、被告人被羁押的案件,不能在本法规定的侦查羁押、审查起诉、一审、二审期限内办结的,对犯罪嫌疑人、被告人应当予以释放;需要继续查证、审理的,对犯罪嫌疑人、被告人可以取保候审或者监视居住。

《刑事诉讼法解释》(2013 年)

第一百二十一条　被告人被取保候审期间,保证人不愿继续履行保证义务或者丧失履行保证义务能力的,人民法院应当在收到保证人的申请或者公安机关的书面通知后三日内,责令被告人重新提出保证人或者交纳保证金,或者变更强制措施,并通知公安机关。

第一百二十四条　对被取保候审的被告人的判决、裁定生效后,应当解除取保候审、退还保证金的,如果保证金属于其个人财产,人民法院可以书面通知公安机关将保证金移交人民法院,用以退赔被害人、履行附带民事赔偿义务或者执行财产刑,剩余部分应当退还被告人。

第一百二十九条　被取保候审的被告人具有下列情形之一的,人民法院应当决定逮捕:

(一)故意实施新的犯罪的;

(二)企图自杀、逃跑的;

(三)毁灭、伪造证据,干扰证人作证或者串供的;

(四)对被害人、举报人、控告人实施打击报复的;

(五)经传唤,无正当理由不到案,影响审判活动正常进行的;

(六)擅自改变联系方式或者居住地,导致无法传唤,影响审判活动正常进行的;

(七)未经批准,擅自离开所居住的市、县,影响审判活动正常进行,或者两次未经批准,擅自离开所居住的市、县的;

(八)违反规定进入特定场所、与特定人员会见或者通信、从事特定活动,影响审判活动正常进行,或者两次违反有关规定的;

(九)依法应当决定逮捕的其他情形。

第一百三十条　被监视居住的被告人具有下列情形之一的,人民法院应当决定逮捕:

(一)具有前条第一项至第五项规定情形之一的;

(二)未经批准,擅自离开执行监视居住的处所,影响审判活动正常进行,或者两次未经批准,擅自离开执行监视居住的处所的;

(三)未经批准,擅自会见他人或者通信,影响审判活动正常进行,或者两次未经批准,擅自会见他人或者通信的;

(四)对因患有严重疾病、生活不能自理,或者因怀孕、正在哺乳自己婴儿而未予逮

捕的被告人,疾病痊愈或者哺乳期已满的;

(五)依法应当决定逮捕的其他情形。

第一百三十三条 被逮捕的被告人具有下列情形之一的,人民法院可以变更强制措施:

(一)患有严重疾病、生活不能自理的;

(二)怀孕或者正在哺乳自己婴儿的;

(三)系生活不能自理的人的唯一扶养人。

第一百三十四条 第一审人民法院判决被告人无罪、不负刑事责任或者免除刑事处罚,被告人在押的,应当在宣判后立即释放。

被逮捕的被告人具有下列情形之一的,人民法院应当变更强制措施或者予以释放:

(一)第一审人民法院判处管制、宣告缓刑、单独适用附加刑,判决尚未发生法律效力的;

(二)被告人被羁押的时间已到第一审人民法院对其判处的刑期期限的;

(三)案件不能在法律规定的期限内审结的。

第二百七十三条 裁定准许撤诉或者当事人自行和解的自诉案件,被告人被采取强制措施的,人民法院应当立即解除。

第三百八十二条 对决定依照审判监督程序重新审判的案件,除人民检察院抗诉的以外,人民法院应当制作再审决定书。再审期间不停止原判决、裁定的执行,但被告人可能经再审改判无罪,或者可能经再审减轻原判刑罚而致刑期届满的,可以决定中止原判决、裁定的执行,必要时,可以对被告人采取取保候审、监视居住措施。

◈ **强制措施担保信息**

被告人	
担保方式❶	01. 保证金 02. 保证人
交纳保证金数额	
保证人	(1 ~2 个人,与交纳保证金不可并存)
处理方式❷	01. 退还保证金 02. 没收保证金

续表

处理方式❷	03. 没收保证金并责令具结悔过 04. 没收保证金并责令重新交纳保证金 05. 移交法院用以退赔、履行民事赔偿或执行财产刑
没收保证金事由❸	01. 未经执行机关批准离开所居住的市、县 02. 住址、工作单位和联系方式发生变动，在二十四小时以内未向执行机关报告 03. 在传讯的时候未及时到案 04. 干扰证人作证 05. 毁灭、伪造证据或者串供 06. 违反要求进入特定的场所 07. 违反要求与特定的人员会见或者通信 08. 违反要求从事特定的活动 09. 未按要求将护照等出入境证件、驾驶证件交执行机关保存
重新交纳保证金数额	
退还保证金数额	
被罚保证人❹	
罚款数额	

❶ 担保方式

《刑事诉讼法》(2012 年)

第六十六条　人民法院、人民检察院和公安机关决定对犯罪嫌疑人、被告人取保候审，应当责令犯罪嫌疑人、被告人提出保证人或者交纳保证金。

第六十七条　保证人必须符合下列条件：

(一)与本案无牵连；

(二)有能力履行保证义务；

(三)享有政治权利，人身自由未受到限制；

(四)有固定的住处和收入。

第七十条　取保候审的决定机关应当综合考虑保证诉讼活动正常进行的需要,被取保候审人的社会危险性,案件的性质、情节,可能判处刑罚的轻重,被取保候审人的经济状况等情况,确定保证金的数额。

提供保证金的人应当将保证金存入执行机关指定银行的专门账户。

第七十一条　犯罪嫌疑人、被告人在取保候审期间未违反本法第六十九条规定的,取保候审结束的时候,凭解除取保候审的通知或者有关法律文书到银行领取退还的保证金。

② 处理方式

《刑事诉讼法》(2012 年)

第六十九条第三款　被取保候审的犯罪嫌疑人、被告人违反前两款规定,已交纳保证金的,没收部分或者全部保证金,并且区别情形,责令犯罪嫌疑人、被告人具结悔过,重新交纳保证金、提出保证人,或者监视居住、予以逮捕。

第六十九条第四款　对违反取保候审规定,需要予以逮捕的,可以对犯罪嫌疑人、被告人先行拘留。

《刑事诉讼法解释》(2013 年)

第一百二十三条　人民法院发现使用保证金保证的被取保候审人违反刑事诉讼法第六十九条第一款、第二款规定的,应当提出没收部分或者全部保证金的书面意见,连同有关材料一并送交负责执行的公安机关处理。

人民法院收到公安机关已经没收保证金的书面通知或者变更强制措施的建议后,应当区别情形,在五日内责令被告人具结悔过,重新交纳保证金或者提出保证人,或者变更强制措施,并通知公安机关。

人民法院决定对被依法没收保证金的被告人继续取保候审的,取保候审的期限连续计算。

第一百二十四条　对被取保候审的被告人的判决、裁定生效后,应当解除取保候审、退还保证金的,如果保证金属于其个人财产,人民法院可以书面通知公安机关将保证金移交人民法院,用以退赔被害人、履行附带民事赔偿义务或者执行财产刑,剩余部分应当退还被告人。

③ 没收保证金事由

《刑事诉讼法》(2012年)

第六十九条第一款　被取保候审的犯罪嫌疑人、被告人应当遵守以下规定:

(一)未经执行机关批准不得离开所居住的市、县;

(二)住址、工作单位和联系方式发生变动的,在二十四小时以内向执行机关报告;

(三)在传讯的时候及时到案;

(四)不得以任何形式干扰证人作证;

(五)不得毁灭、伪造证据或者串供。

第六十九条第二款　人民法院、人民检察院和公安机关可以根据案件情况,责令被取保候审的犯罪嫌疑人、被告人遵守以下一项或者多项规定:

(一)不得进入特定的场所;

(二)不得与特定的人员会见或者通信;

(三)不得从事特定的活动;

(四)将护照等出入境证件、驾驶证件交执行机关保存。

④ 被罚保证人

《刑事诉讼法》(2012年)

第六十八条　保证人应当履行以下义务:

(一)监督被保证人遵守本法第六十九条的规定;

(二)发现被保证人可能发生或者已经发生违反本法第六十九条规定的行为的,应当及时向执行机关报告。

被保证人有违反本法第六十九条规定的行为,保证人未履行保证义务的,对保证人处以罚款,构成犯罪的,依法追究刑事责任。

◆ 强制措施执行信息

被告人	
执行强制措施种类	01. 拘传 02. 取保候审 03. 监视居住 04. 逮捕

续表

执行机关	(名称)
监视居住地点❶	01. 住所 02. 指定的居所
监视居住方式❷	01. 电子监控 02. 不定期检查 255. 其他
执行日期	

❶ 监视居住地点

《刑事诉讼法》(2012年)

第七十三条第一款　监视居住应当在犯罪嫌疑人、被告人的住处执行;无固定住处的,可以在指定的居所执行。对于涉嫌危害国家安全犯罪、恐怖活动犯罪、特别重大贿赂犯罪,在住处执行可能有碍侦查的,经上一级人民检察院或者公安机关批准,也可以在指定的居所执行。但是,不得在羁押场所、专门的办案场所执行。

❷ 监视居住方式

《刑事诉讼法》(2012年)

第七十六条　执行机关对被监视居住的犯罪嫌疑人、被告人,可以采取电子监控、不定期检查等监视方法对其遵守监视居住规定的情况进行监督;在侦查期间,可以对被监视居住的犯罪嫌疑人的通信进行监控。

定罪量刑信息

信息采集的案件范围
二、刑事案件
(一)刑事一审案件
(二)刑事二审案件
(三)刑事审判监督案件
01. 刑事依职权再审审查案件
02. 刑事申诉再审审查案件

续表

03. 刑事抗诉再审审查案件
04. 刑事再审案件
(五)刑事复核案件
01. 死刑复核案件 02. 法定刑以下判处刑罚复核案件
(七)停止执行死刑案件
04. 停止执行死刑调查审核案件

◆ **个罪定罪与量刑信息**

被告人	(每个被告人的每个罪都单独记录)
被诉罪名	
刑事责任能力	01. 完全刑事责任能力 02. 部分刑事责任能力 03. 无刑事责任能力
犯罪地类型	01. 犯罪行为地 02. 犯罪结果发生地
犯罪地	(到区县行政区划一级,可以多个)
判处结果❶	01. 给予刑事处罚 02. 免予刑事处罚 03. 宣告无罪 04. 宣告不负刑事责任
宣告无罪事由❷	01. 情节显著轻微、危害不大,不认为是犯罪 02. 证据不足,指控的罪名不能成立 255. 其他
不负刑事责任情形	01. 被告人犯罪时不满刑事责任年龄 02. 精神病人在不能辨认或控制自己行为时造成危害 03. 正当防卫 04. 紧急避险

续表

判处罪名	(刑事案件罪名)
是否共同犯罪	01.是 02.否
共同犯罪被告人	(可以有多个)
共同犯罪形态	01.犯罪集团共同犯罪 02.普通共同犯罪
共同犯罪地位	01.主犯 02.从犯 03.胁从犯 04.教唆犯 (仅本案被告人记录该部分)
适用主刑种类	01.死刑 02.无期徒刑 03.有期徒刑 04.拘役 05.管制
死刑适用方式	01.死刑立即执行 02.死刑缓期二年执行
自由刑刑期(年)	(表示几年,下同)
自由刑刑期(月)	(表示几个月,下同)
自由刑刑期(日)	(表示多少天,下同)
是否限制减刑	01.是 02.否
附加刑适用方式	01.单处 02.并处
适用附加刑种类	01.剥夺政治权利 02.罚金 03.没收财产 04.驱逐出境
剥夺政治权利类型	01.终身 02.非终身

续表

剥夺政治权利(年)	
剥夺政治权利(月)	
剥夺政治权利(日)	
没收财产类型	01. 没收部分财产 02. 没收全部财产
没收部分财产数额	
罚金数额	
是否适用禁止令❸	01. 是　02. 否

① 判处结果

《刑事诉讼法解释》(2013 年)

第二百四十一条第一款　对第一审公诉案件,人民法院审理后,应当按照下情形分别作出判决、裁定:

(一)起诉指控的事实清楚,证据确实、充分,依据法律认定指控被告人的罪名成立的,应当作出有罪判决;

(二)起诉指控的事实清楚,证据确实、充分,指控的罪名与审理认定的罪名不一致的,应当按照审理认定的罪名作出有罪判决;

(三)案件事实清楚,证据确实、充分,依据法律认定被告人无罪的,应当判决宣告被告人无罪;

(四)证据不足,不能认定被告人有罪的,应当以证据不足、指控的犯罪不能成立,判决宣告被告人无罪;

(五)案件部分事实清楚,证据确实、充分的,应当作出有罪或者无罪的判决;对事实不清、证据不足部分,不予认定;

(六)被告人因不满十六周岁,不予刑事处罚的,应当判决宣告被告人不负刑事责任;

(七)被告人是精神病人,在不能辨认或者不能控制自己行为时造成危害结果,不予刑事处罚的,应当判决宣告被告人不负刑事责任;

(八)犯罪已过追诉时效期限且不是必须追诉,或者经特赦令免除刑罚的,应当裁定终止审理;

(九)被告人死亡的,应当裁定终止审理;根据已查明的案件事实和认定的证据,能够确认无罪的,应当判决宣告被告人无罪。

② 宣告无罪事由

《刑事诉讼法》(2012年)

第十五条　有下列情形之一的,不追究刑事责任,已经追究的,应当撤销案件,或者不起诉,或者终止审理,或者宣告无罪:

(一)情节显著轻微、危害不大,不认为是犯罪的;

(二)犯罪已过追诉时效期限的;

(三)经特赦令免除刑罚的;

(四)依照刑法告诉才处理的犯罪,没有告诉或者撤回告诉的;

(五)犯罪嫌疑人、被告人死亡的;

(六)其他法律规定免予追究刑事责任的。

《刑事诉讼法解释》(2013年)

第二百四十四条　对依照本解释第一百八十一条第一款第四项规定受理的案件,人民法院应当在判决中写明被告人曾被人民检察院提起公诉,因证据不足,指控的犯罪不能成立,被人民法院依法判决宣告无罪的情况;前案依照刑事诉讼法第一百九十五条第三项规定作出的判决不予撤销。

③ 是否适用禁止令

《刑法》(2011年)

第三十八条第二款　判处管制,可以根据犯罪情况,同时禁止犯罪分子在执行期间从事特定活动,进入特定区域、场所,接触特定的人。

◆ **数罪并罚量刑信息**

被告人	(每个被告人一条记录)
适用主刑种类	01. 死刑 02. 无期徒刑 03. 有期徒刑 04. 拘役 05. 管制

续表

死刑适用方式	01. 死刑立即执行 02. 死刑缓期二年执行
自由刑刑期(年)	
自由刑刑期(月)	
自由刑刑期(日)	
是否限制减刑	01. 是　02. 否
附加刑适用方式	01. 单处　02. 并处
附加刑种类	01. 剥夺政治权利 02. 罚金 03. 没收财产 04. 驱逐出境
剥夺政治权利类型	01. 终身 02. 非终身
剥夺政治权利(年)	
剥夺政治权利(月)	
剥夺政治权利(日)	
没收财产类型	01. 没收部分财产 02. 没收全部财产
没收部分财产数额	
罚金数额	
是否适用禁止令	01. 是　02. 否

◆ **适用缓刑信息**

被告人	
缓刑种类❶	01. 普通缓刑 02. 战时缓刑
是否适用禁止令❷	01. 是　02. 否

续表

缓刑考验期起始日期	
缓刑考验期届满日期	

① 缓刑种类

《刑法》(2011年)

第七十二条　对于被判处拘役、三年以下有期徒刑的犯罪分子,同时符合下列条件的,可以宣告缓刑,对其中不满十八周岁的人、怀孕的妇女和已满七十五周岁的人,应当宣告缓刑:

(一)犯罪情节较轻;

(二)有悔罪表现;

(三)没有再犯罪的危险;

(四)宣告缓刑对所居住社区没有重大不良影响。

宣告缓刑,可以根据犯罪情况,同时禁止犯罪分子在缓刑考验期限内从事特定活动,进入特定区域、场所,接触特定的人。

被宣告缓刑的犯罪分子,如果被判处附加刑,附加刑仍须执行。

第四百四十九条　在战时,对被判处三年以下有期徒刑没有现实危险宣告缓刑的犯罪军人,允许其戴罪立功,确有立功表现时,可以撤销原判刑罚,不以犯罪论处。

② 是否适用禁止令

《刑法》(2011年)

第七十二条第二款　宣告缓刑,可以根据犯罪情况,同时禁止犯罪分子在缓刑考验期限内从事特定活动,进入特定区域、场所,接触特定的人。

未成年人刑事诉讼程序信息

信息采集的案件范围
二、刑事案件
(一)刑事一审案件
(二)刑事二审案件
(三)刑事审判监督案件

续表

04. 刑事再审案件
(五)刑事复核案件
02. 法定刑以下判处刑罚复核案件

审前调查机构❶	01. 法院 02. 检察院 03. 公安机关
委托调查组织	01. 县级司法行政机关 02. 共青团组织 03. 其他社会团体组织
调查报告❷	(文本)
家庭背景情况	01. 离异、单亲家庭 02. 孤儿 03. 父母一方或双方在外打工 04. 父母一方或双方丧失监管能力 05. 父母一方或双方正在服刑 255. 其他
犯罪诱因	01. 生活困难 02. 贪图享受 03. 争强好胜 04. 家庭矛盾 05. 情感纠纷 06. 沉溺网络 255. 其他
分案起诉关联案号❸	(可以有多个)
参与庭审成年人类型❹	01. 法定代理人 02. 其他成年亲属 03. 所在学校、单位、居住地的基层组织代表 04. 未成年人保护组织代表

续表

法定代理人不在场原因	01. 无法通知 02. 不能到场 03. 是共犯
是否心理疏导	01. 是　02. 否
是否心理测评	01. 是　02. 否
是否法庭教育	01. 是　02. 否
判后帮教次数	
判后帮教事项	01. 就学 02. 就业 255. 其他
帮教事项具体内容	(文本或输入)
判后走访次数	

① 审前调查机构

《刑事诉讼法》(2012 年)

第二百六十八条　公安机关、人民检察院、人民法院办理未成年人刑事案件,根据情况可以对未成年犯罪嫌疑人、被告人的成长经历、犯罪原因、监护教育等情况进行调查。

② 调查报告

《刑事诉讼法解释》(2013 年)

第四百七十六条　对人民检察院移送的关于未成年被告人性格特点、家庭情况、社会交往、成长经历、犯罪原因、犯罪前后的表现、监护教育等情况的调查报告,以及辩护人提交的反映未成年被告人上述情况的书面材料,法庭应当接受。

必要时,人民法院可以委托未成年被告人居住地的县级司法行政机关、共青团组织以及其他社会团体组织对未成年被告人的上述情况进行调查,或者自行调查。

③ 分案起诉关联案号

《刑事诉讼法解释》(2013 年)

第四百六十四条　对分案起诉至同一人民法院的未成年人与成年人共同犯罪案

件，可以由同一个审判组织审理；不宜由同一个审判组织审理的，可以分别由少年法庭、刑事审判庭审理。

未成年人与成年人共同犯罪案件，由不同人民法院或者不同审判组织分别审理的，有关人民法院或者审判组织应当互相了解共同犯罪被告人的审判情况，注意全案的量刑平衡。

④ 参与庭审成年人类型

《刑事诉讼法解释》(2013年)

第四百六十六条　人民法院审理未成年人刑事案件，在讯问和开庭时，应当通知未成年被告人的法定代理人到场。法定代理人无法通知、不能到场或者是共犯的，也可以通知未成年被告人的其他成年亲属，所在学校、单位、居住地的基层组织或者未成年人保护组织的代表到场，并将有关情况记录在案。

到场的其他人员，除依法行使刑事诉讼法第二百七十条第二款规定的权利外，经法庭同意，可以参与对未成年被告人的法庭教育等工作。

适用简易程序审理未成年人刑事案件，适用前两款的规定。

询问未成年被害人、证人，适用第一款、第二款的规定。

第四百六十七条　开庭审理时被告人不满十八周岁的案件，一律不公开审理。经未成年被告人及其法定代理人同意，未成年被告人所在学校和未成年人保护组织可以派代表到场。到场代表的人数和范围，由法庭决定。到场代表经法庭同意，可以参与对未成年被告人的法庭教育工作。

对依法公开审理，但可能需要封存犯罪记录的案件，不得组织人员旁听。

审理中适用强制医疗程序信息

信息采集的案件范围
二、刑事案件
（一）刑事一审案件
（二）刑事二审案件
（三）刑事审判监督案件
04.刑事再审案件

适用强制医疗程序日期	(在一、二审审理程序中决定适用强制医疗程序的日期)
涉案被告人	(拟决定将其强制医疗的被告人姓名)
被诉罪名	(拟被强制医疗的人涉及强制医疗的罪名)
致人伤亡类型	01. 致人轻伤 02. 致人重伤 03. 致人死亡 (多选)
伤亡人数	(同一涉案被告人、各种伤亡类型均分别确定人数)
造成财产损失数额	
处理方式❶	01. 判决宣告不负刑事责任并作出强制医疗决定 02. 判决宣告不负刑事责任但不予强制医疗 03. 判决宣告无罪 04. 决定继续适用普通程序审理 05. 终止审理
是否责令严加看管和医疗	01. 是　02. 否
强制医疗机构	
处理日期	(即"处理方式"项下决定或判决日期)
裁判文书	(即"处理方式"项下的文书)

❶ 处理方式

《刑事诉讼法解释》(2013 年)

第五百三十二条　第一审人民法院在审理案件过程中发现被告人可能符合强制医疗条件的,应当依照法定程序对被告人进行法医精神病鉴定。经鉴定,被告人属于依法不负刑事责任的精神病人的,应当适用强制医疗程序,对案件进行审理。

开庭审理前款规定的案件,应当先由合议庭组成人员宣读对被告人的法医精神病鉴定意见,说明被告人可能符合强制医疗的条件,后依次由公诉人和被告人的法定代理人、诉讼代理人发表意见。经审判长许可,公诉人和被告人的法定代理人、诉讼代理人可以进行辩论。

第五百三十三条　对前条规定的案件,人民法院审理后,应当按照下列情形分别处理:

(一)被告人符合强制医疗条件的,应当判决宣告被告人不负刑事责任,同时作出对被告人强制医疗的决定;

(二)被告人属于依法不负刑事责任的精神病人,但不符合强制医疗条件的,应当判决宣告被告人无罪或者不负刑事责任;被告人已经造成危害结果的,应当同时责令其家属或者监护人严加看管和医疗;

(三)被告人具有完全或者部分刑事责任能力,依法应当追究刑事责任的,应当依照普通程序继续审理。

第五百三十四条　人民法院在审理第二审刑事案件过程中,发现被告人可能符合强制医疗条件的,可以依照强制医疗程序对案件作出处理,也可以裁定发回原审人民法院重新审判。

公诉案件当事人和解信息

信息采集的案件范围
二、刑事案件
(一)刑事一审案件
(二)刑事二审案件
(三)刑事审判监督案件
04. 刑事再审案件

被诉罪名❶	
和解方式❷	01. 被告人与被害人和解 02. 被告人与被害人的法定代理人或近亲属和解
和解主持机关❸	01. 公安 02. 检察院 03. 法院
达成和解日期	
当事人异议日期	

续表

审查意见	01. 确认和解 02. 确认无效
建议从宽处罚主体	01. 公安 02. 检察院
建议提出日期	
和解后果❹	01. 从轻处罚 02. 非监禁刑 03. 减轻处罚 04. 免除处罚

❶ 被诉罪名

《刑事诉讼法》(2012 年)

第二百七十七条　下列公诉案件,犯罪嫌疑人、被告人真诚悔罪,通过向被害人赔偿损失、赔礼道歉等方式获得被害人谅解,被害人自愿和解的,双方当事人可以和解:

(一)因民间纠纷引起,涉嫌刑法分则第四章、第五章规定的犯罪案件,可能判处三年有期徒刑以下刑罚的;

(二)除渎职犯罪以外的可能判处七年有期徒刑以下刑罚的过失犯罪案件。

犯罪嫌疑人、被告人在五年以内曾经故意犯罪的,不适用本章规定的程序。

❷ 和解方式

《刑事诉讼法解释》(2013 年)

第四百九十七条　符合刑事诉讼法第二百七十七条规定的公诉案件,被害人死亡的,其近亲属可以与被告人和解。近亲属有多人的,达成和解协议,应当经处于同一继承顺序的所有近亲属同意。

被害人系无行为能力或者限制行为能力人的,其法定代理人、近亲属可以代为和解。

第四百九十八条　被告人的近亲属经被告人同意,可以代为和解。

被告人系限制行为能力人的,其法定代理人可以代为和解。

被告人的法定代理人、近亲属依照前两款规定代为和解的,和解协议约定的赔礼道歉等事项,应当由被告人本人履行。

③ 和解主持机关

《刑事诉讼法解释》(2013 年)

第四百九十九条　对公安机关、人民检察院主持制作的和解协议书,当事人提出异议的,人民法院应当审查。经审查,和解自愿、合法的,予以确认,无需重新制作和解协议书;和解不具有自愿性、合法性的,应当认定无效。和解协议被认定无效后,双方当事人重新达成和解的,人民法院应当主持制作新的和解协议书。

④ 和解后果

《刑事诉讼法》(2012 年)

第二百七十九条　对于达成和解协议的案件,公安机关可以向人民检察院提出从宽处理的建议。人民检察院可以向人民法院提出从宽处罚的建议;对于犯罪情节轻微,不需要判处刑罚的,可以作出不起诉的决定。人民法院可以依法对被告人从宽处罚。

《刑事诉讼法解释》(2013 年)

第五百零五条　对达成和解协议的案件,人民法院应当对被告人从轻处罚;符合非监禁刑适用条件的,应当适用非监禁刑;判处法定最低刑仍然过重的,可以减轻处罚;综合全案认为犯罪情节轻微不需要判处刑罚的,可以免除刑事处罚。

共同犯罪案件,部分被告人与被害人达成和解协议的,可以依法对该部分被告人从宽处罚,但应当注意全案的量刑平衡。

涉案财物处理信息

信息采集的案件范围
二、刑事案件
(一)刑事一审案件
(二)刑事二审案件
(三)刑事审判监督案件
04. 刑事再审案件
(四)申请没收违法所得案件

◈ 财物查封/扣押/冻结信息

财物编号	(以财物种类编号两位数代码+每一种类四位数代码编制)
财物种类	01. 车辆 02. 船舶 03. 航空器 04. 货币 05. 存款 06. 有价证券 07. 股票 08. 股权 09. 基金 10. 字画 11. 金银 12. 珠宝 13. 票据 14. 土地使用权 15. 房屋 255. 其他
财物名称	
数量	(适用于文物、金银、珠宝、字画及违禁品等)
型号	(适用于不动产、车辆、船舶、航空器等)
权属登记证书号	
所在地址	
保管人	
数额	(适用于货币、有价证券等)
面额	
银行存款凭证名称	(适用于控制财务的银行存款凭证)
银行存款凭证内容	

续表

票据编号	
财物价值数额	（估值或实际价值）
财物查控方式❶	01. 查封 02. 扣押 03. 冻结 255. 其他
财物查控日期	
是否随案移送❷	01. 是　02. 否

❶ 财物查控方式

《刑事诉讼法解释》（2013 年）

第三百五十九条　人民法院对查封、扣押、冻结的被告人财物及其孳息，应当妥善保管，并制作清单，附卷备查；对人民检察院随案移送的被告人财物及其孳息，应当根据清单核查后妥善保管。任何单位和个人不得挪用或者自行处理。

查封不动产、车辆、船舶、航空器等财物，应当扣押其权利证书，经拍照或者录像后原地封存，或者交持有人、被告人的近亲属保管，登记并写明财物的名称、型号、权属、地址等详细情况，并通知有关财物的登记、管理部门办理查封登记手续。

扣押物品，应当登记并写明物品名称、型号、规格、数量、重量、质量、成色、纯度、颜色、新旧程度、缺损特征和来源等。扣押货币、有价证券，应当登记并写明货币、有价证券的名称、数额、面额等，货币应当存入银行专门账户，并登记银行存款凭证的名称、内容。扣押文物、金银、珠宝、名贵字画等贵重物品以及违禁品，应当拍照，需要鉴定的，应当及时鉴定。对扣押的物品应当根据有关规定及时估价。

冻结存款、汇款、债券、股票、基金份额等财产，应当登记并写明编号、种类、面值、张数、金额等。

❷ 是否随案移送

《刑事诉讼法解释》（2013 年）

第三百六十三条　对不宜移送的实物，应当根据情况，分别审查以下内容：

（一）大宗的、不便搬运的物品，查封、扣押机关是否随案移送查封、扣押清单，并附

原物照片和封存手续,注明存放地点等;

(二)易腐烂、霉变和不易保管的物品,查封、扣押机关变卖处理后,是否随案移送原物照片、清单、变价处理的凭证(复印件)等;

(三)枪支弹药、剧毒物品、易燃易爆物品以及其他违禁品、危险物品,查封、扣押机关根据有关规定处理后,是否随案移送原物照片和清单等。

上述不宜移送的实物,应当依法鉴定、估价的,还应当审查是否附有鉴定、估价意见。

对查封、扣押的货币、有价证券等未移送的,应当审查是否附有原物照片、清单或者其他证明文件。

变卖信息

申请变卖日期❶	
申请人	
变卖财物种类	01. 债券 02. 股票 03. 基金 04. 汇票 05. 本票 06. 支票 255. 其他
变卖日期	
变卖单位	
所得价款数额	

❶ 申请变卖日期

《刑事诉讼法解释》(2013 年)

第三百六十一条　审判期间,权利人申请出卖被扣押、冻结的债券、股票、基金份额等财产,人民法院经审查,认为不损害国家利益、被害人利益,不影响诉讼正常进行的,以及扣押、冻结的汇票、本票、支票有效期即将届满的,可以在判决、裁定生效前依法出卖,所得价款由人民法院保管,并及时告知当事人或者其近亲属。

◈ 案外人异议与处理信息

案外人异议日期❶	
财物名称	
财物编号	
案外人	（姓名）
审查意见	01. 异议成立并解除查封、扣押、冻结 02. 认定异议不成立
审定日期	

① 案外人异议日期

《刑事诉讼法解释》(2013 年)

第三百六十四条　法庭审理过程中,对查封、扣押、冻结的财物及其孳息,应当调查其权属情况,是否属于违法所得或者依法应当追缴的其他涉案财物。

案外人对查封、扣押、冻结的财物及其孳息提出权属异议的,人民法院应当审查并依法处理。

经审查,不能确认查封、扣押、冻结的财物及其孳息属于违法所得或者依法应当追缴的其他涉案财物的,不得没收。

◈ 财物最终处理信息

处理方式❶	01. 返还被害人 02. 上缴国库 03. 退还被告人
返还方式	01. 原物 02. 折价款
上缴国库事由❷	01. 没收 02. 因无人认领 03. 因被害单位已经终止且没有权利义务继受人 04. 因被害单位损失已经被核销 255. 其他

续表

公告日期	
财物折价数额	
处理单位❸	

❶ 处理方式

《刑事诉讼法解释》(2013年)

第三百六十条　对被害人的合法财产,权属明确的,应当依法及时返还,但须经拍照、鉴定、估价,并在案卷中注明返还的理由,将原物照片、清单和被害人的领取手续附卷备查;权属不明的,应当在人民法院判决、裁定生效后,按比例返还被害人,但已获退赔的部分应予扣除。

第三百六十九条　查封、扣押、冻结的财物与本案无关但已列入清单的,应当由查封、扣押、冻结机关依法处理。

查封、扣押、冻结的财物属于被告人合法所有的,应当在赔偿被害人损失、执行财产刑后及时返还被告人;财物未随案移送的,应当通知查封、扣押、冻结机关将赔偿被害人损失、执行财产刑的部分移送人民法院。

第五百零九条　实施犯罪行为所取得的财物及其孳息,以及被告人非法持有的违禁品、供犯罪所用的本人财物,应当认定为刑事诉讼法第二百八十条第一款规定的"违法所得及其他涉案财产"。

❷ 上缴国库事由

《刑事诉讼法解释》(2013年)

第三百六十六条　查封、扣押、冻结的财物及其孳息,经审查,确属违法所得或者依法应当追缴的其他涉案财物的,应当判决返还被害人,或者没收上缴国库,但法律另有规定的除外。

判决返还被害人的涉案财物,应当通知被害人认领;无人认领的,应当公告通知;公告满三个月无人认领的,应当上缴国库;上缴国库后有人认领,经查证属实的,应当申请退库予以返还;原物已经拍卖、变卖的,应当返还价款。

对侵犯国有财产的案件,被害单位已经终止且没有权利义务继受人,或者损失已经被核销的,查封、扣押、冻结的财物及其孳息应当上缴国库。

③ 处理单位

《刑事诉讼法解释》(2013 年)

第三百六十七条　随案移送的或者人民法院查封、扣押的财物及其孳息,由第一审人民法院在判决生效后负责处理。

涉案财物未随案移送的,人民法院应当在判决生效后十日内,将判决书、裁定书送达查封、扣押机关,并告知其在一个月内将执行回单送回。

第三百六十八条　对冻结的存款、汇款、债券、股票、基金份额等财产判决没收的,第一审人民法院应当在判决生效后,将判决书、裁定书送达相关金融机构和财政部门,通知相关金融机构依法上缴国库并在接到执行通知书后十五日内,将上缴国库的凭证、执行回单送回。

020100 刑事一审案件

◆ **收案信息**

本案案号	
收案来源❶	01. 检察院公诉 02. 当事人自诉 03. 上级法院发回重审 04. 上级法院指定管辖 05. 上级法院指定重新审判 06. 其他法院移送管辖 07. 本院提级管辖 08. 上级法院指令受理 09. 上级法院指令审理
公诉机关	
当事人❷	(姓名或名称)
当事人案件地位	01. 被告人 02. 自诉人 03. 反诉人

续表

当事人案件地位	04. 反诉被告人 05. 附带民事诉讼原告 06. 附带民事诉讼被告 07. 附带民事诉讼反诉原告 08. 附带民事诉讼反诉被告
是否单位犯罪责任人	01. 是　02. 否
自诉类型❸	01. 告诉才处理案件 02. 被害人有证据证明的轻微刑事案件 03. 有证据证明被告人行为侵犯自己人身或财产权利而应承担责任,但公安或检察机关不予追究的
收案日期	
起诉罪名	(可以多个罪名,每个被告人罪名单列)
不予登记立案裁定日期	
不予登记立案事由❹	01. 违法起诉或者不符合法律规定的 02. 涉及危害国家主权和领土完整 03. 危害国家安全 04. 破坏国家统一和民族团结 05. 破坏国家宗教政策 06. 所诉事项不属于人民法院主管 (仅适用于刑事自诉)
不予受理裁定日期	(仅适用于刑事自诉)
登记立案日期	(仅适用于刑事自诉)
审查意见❺	01. 受理 02. 退回检察院 (仅适用于公诉)
审定日期❻	(即审查决定受理或退回检察院日期)

① 收案来源

《刑事诉讼法》(2012 年)

第二十三条　上级人民法院在必要的时候,可以审判下级人民法院管辖的第一审刑事案件;下级人民法院认为案情重大、复杂需要由上级人民法院审判的第一审刑事案件,可以请求移送上一级人民法院审判。

第二十五条　几个同级人民法院都有权管辖的案件,由最初受理的人民法院审判。在必要的时候,可以移送主要犯罪地的人民法院审判。

第二十六条　上级人民法院可以指定下级人民法院审判管辖不明的案件,也可以指定下级人民法院将案件移送其他人民法院审判。

第一百一十二条　对于自诉案件,被害人有权向人民法院直接起诉。被害人死亡或者丧失行为能力的,被害人的法定代理人、近亲属有权向人民法院起诉。人民法院应当依法受理。

第二百二十五条第一款第三项　第二审人民法院对不服第一审判决的上诉、抗诉案件,经过审理后,应当按照下列情形分别处理:……(三)原判决事实不清楚或者证据不足的,可以在查清事实后改判;也可以裁定撤销原判,发回原审人民法院重新审判。

第二百二十七条　第二审人民法院发现第一审人民法院的审理有下列违反法律规定的诉讼程序的情形之一的,应当裁定撤销原判,发回原审人民法院重新审判:

(一)违反本法有关公开审判的规定的;

(二)违反回避制度的;

(三)剥夺或者限制了当事人的法定诉讼权利,可能影响公正审判的;

(四)审理组织的组成不合法的;

(五)其他违反法律规定的诉讼程序,可能影响公正审判的。

第二百三十九条　最高人民法院复核死刑案件,应当作出核准或者不核准死刑的裁定。对于不核准死刑的,最高人民法院可以发回重新审判或者予以改判。

《刑事诉讼法解释》(2013 年)

第十六条　有管辖权的人民法院因案件涉及本院院长需要回避等原因,不宜行使管辖权的,可以请求移送上一级人民法院管辖。上一级人民法院可以管辖,也可以指定与提出请求的人民法院同级的其他人民法院管辖。

第十七条　两个以上同级人民法院都有管辖权的案件,由最初受理的人民法院审判。必要时,可以移送被告人主要犯罪地的人民法院审判。

管辖权发生争议的,应当在审理期限内协商解决;协商不成的,由争议的人民法院分别层报共同的上级人民法院指定管辖。

第十八条　上级人民法院在必要时,可以指定下级人民法院将其管辖的案件移送其他下级人民法院审判。

第三百二十九条　第二审人民法院发现原审人民法院在重新审判过程中,有刑事诉讼法第二百二十七条规定的情形之一,或者违反第二百二十八条规定的,应当裁定撤销原判,发回重新审判。

第三百三十六条　报请最高人民法院核准在法定刑以下判处刑罚的案件,应当按照下列情形分别处理:

(一)被告人未上诉、人民检察院未抗诉的,在上诉、抗诉期满后三日内报请上一级人民法院复核。上一级人民法院同意原判的,应当书面层报最高人民法院核准;不同意的,应当裁定发回重新审判,或者改变管辖按照第一审程序重新审理。原判是基层人民法院作出的,高级人民法院可以指定中级人民法院按照第一审程序重新审理。

(二)被告人上诉或者人民检察院抗诉的,应当依照第二审程序审理。第二审维持原判,或者改判后仍在法定刑以下判处刑罚的,应当依照前项规定层报最高人民法院核准。

第三百三十八条　对在法定刑以下判处刑罚的案件,最高人民法院予以核准的,应当作出核准裁定书;不予核准的,应当作出不核准裁定书,并撤销原判决、裁定,发回原审人民法院重新审判或者指定其他下级人民法院重新审判。

第三百五十三条　最高人民法院裁定不予核准死刑的,根据案件情况,可以发回第二审人民法院或者第一审人民法院重新审判。

第一审人民法院重新审判的,应当开庭审理。第二审人民法院重新审判的,可以直接改判;必须通过开庭查清事实、核实证据或者纠正原审程序违法的,应当开庭审理。

第三百五十四条　高级人民法院依照复核程序审理后报请最高人民法院核准死刑,最高人民法院裁定不予核准,发回高级人民法院重新审判的,高级人民法院可以依照第二审程序提审或者发回重新审判。

② 当事人

《刑事诉讼法》(2012 年)

第一百零六条　本法下列用语的含意是：

(一)“侦查”是指公安机关、人民检察院在办理案件过程中，依照法律进行的专门调查工作和有关的强制性措施；

(二)“当事人”是指被害人、自诉人、犯罪嫌疑人、被告人、附带民事诉讼的原告人和被告人；

(三)“法定代理人”是指被代理人的父母、养父母、监护人和负有保护责任的机关、团体的代表；

(四)“诉讼参与人”是指当事人、法定代理人、诉讼代理人、辩护人、证人、鉴定人和翻译人员；

(五)“诉讼代理人”是指公诉案件的被害人及其法定代理人或者近亲属、自诉案件的自诉人及其法定代理人委托代为参加诉讼的人和附带民事诉讼的当事人及其法定代理人委托代为参加诉讼的人；

(六)“近亲属”是指夫、妻、父、母、子、女、同胞兄弟姊妹。

③ 自诉类型

《刑事诉讼法》(2012 年)

第二百零四条　自诉案件包括下列案件：

(一)告诉才处理的案件；

(二)被害人有证据证明的轻微刑事案件；

(三)被害人有证据证明对被告人侵犯自己人身、财产权利的行为应当依法追究刑事责任，而公安机关或者人民检察院不予追究被告人刑事责任的案件。

④ 不予登记立案事由

最高人民法院《关于人民法院登记立案若干问题的规定》(2015 年)

第十条　人民法院对下列起诉、自诉不予登记立案：

(一)违法起诉或者不符合法律规定的；

(二)涉及危害国家主权和领土完整的；

(三)危害国家安全的；

(四)破坏国家统一和民族团结的；

(五)破坏国家宗教政策的;

(六)所诉事项不属于人民法院主管的。

⑤ 审查意见

《刑事诉讼法解释》(2013 年)

第一百八十一条　人民法院对提起公诉的案件审查后,应当按照下列情形分别处理:

(一)属于告诉才处理的案件,应当退回人民检察院,并告知被害人有权提起自诉;

(二)不属于本院管辖或者被告人不在案的,应当退回人民检察院;

(三)不符合前条第二项至第八项规定之一,需要补充材料的,应当通知人民检察院在三日内补送;

(四)依照刑事诉讼法第一百九十五条第三项规定宣告被告人无罪后,人民检察院根据新的事实、证据重新起诉的,应当依法受理;

(五)依照本解释第二百四十二条规定裁定准许撤诉的案件,没有新的事实、证据,重新起诉的,应当退回人民检察院;

(六)符合刑事诉讼法第十五条第二项至第六项规定情形的,应当裁定终止审理或者退回人民检察院;

(七)被告人真实身份不明,但符合刑事诉讼法第一百五十八条第二款规定的,应当依法受理。

对公诉案件是否受理,应当在七日内审查完毕。

⑥ 审定日期

《刑事诉讼法解释》(2013 年)

第二百六十三条第一款　对自诉案件,人民法院应当在十五日内审查完毕。经审查,符合受理条件的,应当决定立案,并书面通知自诉人或者代为告诉人。

◆ **收案关联案件信息**

没收违法所得案件案号❶	
上级法院案件案号	(发回重审或作出指定重新审判案件的案号)
管辖案件案号	(指定管辖或提级管辖案件的案号)
移送案件案号	(即收案来源为 06. 情形下的移送案号)

① 没收违法所得案件案号

《刑事诉讼法解释》(2013 年)

第五百二十二条　没收违法所得裁定生效后,犯罪嫌疑人、被告人到案并对没收裁定提出异议,人民检察院向原作出裁定的人民法院提起公诉的,可以由同一审判组织审理。

人民法院经审理,应当按照下列情形分别处理:

(一)原裁定正确的,予以维持,不再对涉案财产作出判决;

(二)原裁定确有错误的,应当撤销原裁定,并在判决中对有关涉案财产一并作出处理。

人民法院生效的没收裁定确有错误的,除第一款规定的情形外,应当依照审判监督程序予以纠正。已经没收的财产,应当及时返还;财产已经上缴国库的,由原没收机关从财政机关申请退库,予以返还;原物已经出卖、拍卖的,应当退还价款;造成犯罪嫌疑人、被告人以及利害关系人财产损失的,应当依法赔偿。

◆ 涉外涉港澳台信息

涉外因素❶	01. 在中华人民共和国领域内,外国人犯罪案件 02. 在中华人民共和国领域内,我国公民侵犯外国人合法权利的刑事案件 03. 符合刑法第七条、第十条规定情形的我国公民在中华人民共和国领域外犯罪的案件 04. 符合刑法第八条、第十条规定情形的外国人对中华人民共和国国家或公民犯罪的案件 05. 符合刑法第九条规定情形的中华人民共和国在所承担国际条约义务范围内行使管辖权的案件
涉及国别或地区	(参照国标)
涉港澳台情况	01. 涉台 02. 涉港 03. 涉澳

❶ 涉外因素

《刑事诉讼法解释》(2013年)

第三百九十二条　本解释所称的涉外刑事案件是指:

(一)在中华人民共和国领域内,外国人犯罪的或者我国公民侵犯外国人合法权利的刑事案件;

(二)符合刑法第七条、第十条规定情形的我国公民在中华人民共和国领域外犯罪的案件;

(三)符合刑法第八条、第十条规定情形的外国人对中华人民共和国国家或者公民犯罪的案件;

(四)符合刑法第九条规定情形的中华人民共和国在所承担国际条约义务范围内行使管辖权的案件。

《刑法》(2011年)

第七条　中华人民共和国公民在中华人民共和国领域外犯本法规定之罪的,适用本法,但是按本法规定的最高刑为三年以下有期徒刑的,可以不予追究。

中华人民共和国国家工作人员和军人在中华人民共和国领域外犯本法规定之罪的,适用本法。

第八条　外国人在中华人民共和国领域外对中华人民共和国国家或者公民犯罪,而按本法规定的最低刑为三年以上有期徒刑的,可以适用本法,但是按照犯罪地的法律不受处罚的除外。

第九条　对于中华人民共和国缔结或者参加的国际条约所规定的罪行,中华人民共和国在所承担条约义务的范围内行使刑事管辖权的,适用本法。

第十条　凡在中华人民共和国领域外犯罪,依照本法应当负刑事责任的,虽然经过外国审判,仍然可以依照本法追究,但是在外国已经受过刑罚处罚的,可以免除或者减轻处罚。

◆ **管辖权争议协商信息**

与本院争议法院	(可以有多个)
自行协商结果❶	01. 商定由本院审理 02. 商定由其他法院审理 03. 协商不成

续表

协商日期	
指定管辖案件案号	

❶ 自行协商结果

《刑事诉讼法解释》(2013 年)

第十七条　两个以上同级人民法院都有管辖权的案件，由最初受理的人民法院审判。必要时，可以移送被告人主要犯罪地的人民法院审判。

管辖权发生争议的，应当在审理期限内协商解决；协商不成的，由争议的人民法院分别层报共同的上级人民法院指定管辖。

◆ **追加/变更/补充起诉信息**

申请日期❶	
是否法院建议	01. 是　02. 否
申请事由❷	01. 被告人真实身份有变 02. 被告人犯罪事实有变 03. 罪名有变 04. 适用法律有变 05. 发现遗漏的同案犯罪嫌疑人可以一并起诉 06. 发现遗漏的其他罪可一并起诉 07. 应认定单位犯罪，但只起诉自然人 255. 其他
审查意见	01. 准许 02. 不准许
审定日期	
被告人	(每一个被告人罪名的变更、追加单独记录)
追加罪名	(可以多个)
变更前罪名	

续表

变更后罪名	
罪名	(每一个罪名项下的被告人追加或变更单独作为一个记录)
追加被告人	
变更前被告人	
变更后被告人	

① 申请日期

最高人民法院《人民检察院刑事诉讼规则(试行)》(2013年)

第四百五十八条　在人民法院宣告判决前,人民检察院发现被告人的真实身份或者犯罪事实与起诉书中叙述的身份或者指控犯罪事实不符的,或者事实、证据没有变化,但罪名、适用法律与起诉书不一致的,可以变更起诉;发现遗漏的同案犯罪嫌疑人或者罪行可以一并起诉和审理的,可以追加、补充起诉。

第四百六十条　在法庭审理过程中,人民法院建议人民检察院补充侦查、补充起诉、追加起诉或者变更起诉的,人民检察院应当审查有关理由,并作出是否补充侦查、补充起诉、追加起诉或者变更起诉的决定。人民检察院不同意的,可以要求人民法院就起诉指控的犯罪事实依法作出裁判。

《刑事诉讼法解释》(2013年)

第二百四十三条　审判期间,人民法院发现新的事实,可能影响定罪的,可以建议人民检察院补充或者变更起诉;人民检察院不同意或者在七日内未回复意见的,人民法院应当就起诉指控的犯罪事实,依照本解释第二百四十一条的规定作出判决、裁定。

第二百八十三条　对应当认定为单位犯罪的案件,人民检察院只作为自然人犯罪起诉的,人民法院应当建议人民检察院对犯罪单位补充起诉。人民检察院仍以自然人犯罪起诉的,人民法院应当依法审理,按照单位犯罪中的直接负责的主管人员或者其他直接责任人员追究刑事责任,并援引刑法分则关于追究单位犯罪中直接负责的主管人员和其他直接责任人员刑事责任的条款。

❷ 申请事由

最高人民法院、最高人民检察院、公安部、国家安全部、司法部、全国人大常委会法制工作委员会《关于实施刑事诉讼法若干问题的规定》(2013 年)

30. 人民法院审理公诉案件,发现有新的事实,可能影响定罪的,人民检察院可以要求补充起诉或者变更起诉,人民法院可以建议人民检察院补充起诉或者变更起诉。人民法院建议人民检察院补充起诉或者变更起诉的,人民检察院应当在七日以内回复意见。

《刑事诉讼法解释》(2013 年)

第二百八十三条　对应当认定为单位犯罪的案件,人民检察院只作为自然人犯罪起诉的,人民法院应当建议人民检察院对犯罪单位补充起诉。人民检察院仍以自然人犯罪起诉的,人民法院应当依法审理,按照单位犯罪中的直接负责的主管人员或者其他直接责任人员追究刑事责任,并援引刑法分则关于追究单位犯罪中直接负责的主管人员和其他直接责任人员刑事责任的条款。

◈ 附加诉讼审查信息

附加诉讼类型❶	01. 被告人提起反诉 02. 提出附带民事诉讼 03. 与公诉案件并案审理的自诉 04. 附带民事诉讼被告提出反诉
附带民事诉讼原告	(被害人或检察机关)
附带民事诉讼被告	(姓名或名称)
附带民事诉讼被告类型❷	01. 刑事被告人 02. 没有被追究刑事责任的其他共同致害人 03. 未成年被告人的监护人 04. 已死亡被告人的遗产继承人 255. 其他对刑事被告人犯罪行为应承担民事赔偿责任的单位和个人
附带民事诉讼标的额	(请求赔偿数额)
反诉人	

续表

自诉案件案号	(与公诉案件并案审理的自诉)
附加诉讼提起日期	
审查意见❸	01. 决定并案审理 02. 移送公安机关立案侦查(仅适用于自诉的反诉) 03. 不予受理
不予受理事由❹	01. 侦查或审查起诉期间自愿达成调解协议并已全部履行的 02. 被告人非法占有、处置被害人财产的,应当依法予以追缴或者责令退赔 03. 属于申请国家赔偿事项范围 255. 其他
审定日期	

❶ 附加诉讼类型

《刑事诉讼法》(2012 年)

第九十九条　被害人由于被告人的犯罪行为而遭受物质损失的,在刑事诉讼过程中,有权提起附带民事诉讼。被害人死亡或者丧失行为能力的,被害人的法定代理人、近亲属有权提起附带民事诉讼。

如果是国家财产、集体财产遭受损失的,人民检察院在提起公诉的时候,可以提起附带民事诉讼。

第二百零七条　自诉案件的被告人在诉讼过程中,可以对自诉人提起反诉。反诉适用自诉的规定。

《刑事诉讼法解释》(2013 年)

第二百六十七条　被告人实施两个以上犯罪行为,分别属于公诉案件和自诉案件,人民法院可以一并审理。对自诉部分的审理,适用本章的规定。

第二百七十七条　告诉才处理和被害人有证据证明的轻微刑事案件的被告人或者其法定代理人在诉讼过程中,可以对自诉人提起反诉。反诉必须符合下列条件:

(一)反诉的对象必须是本案自诉人;

(二)反诉的内容必须是与本案有关的行为;

（三）反诉的案件必须符合本解释第一条第一项、第二项的规定。

反诉案件适用自诉案件的规定，应当与自诉案件一并审理。自诉人撤诉的，不影响反诉案件的继续审理。

② 附带民事诉讼被告类型

《刑事诉讼法解释》(2013 年)

第一百四十三条　附带民事诉讼中依法负有赔偿责任的人包括：

（一）刑事被告人以及未被追究刑事责任的其他共同侵害人；

（二）刑事被告人的监护人；

（三）死刑罪犯的遗产继承人；

（四）共同犯罪案件中，案件审结前死亡的被告人的遗产继承人；

（五）对被害人的物质损失依法应当承担赔偿责任的其他单位和个人。

附带民事诉讼被告人的亲友自愿代为赔偿的，应当准许。

③ 审查意见

《刑事诉讼法》(2012 年)

第二百零七条　自诉案件的被告人在诉讼过程中，可以对自诉人提起反诉。反诉适用自诉的规定。

④ 不予受理事由

《刑事诉讼法解释》(2013 年)

第一百三十九条　被告人非法占有、处置被害人财产的，应当依法予以追缴或者责令退赔。被害人提起附带民事诉讼的，人民法院不予受理。追缴、退赔的情况，可以作为量刑情节考虑。

第一百四十条　国家机关工作人员在行使职权时，侵犯他人人身、财产权利构成犯罪，被害人或者其法定代理人、近亲属提起附带民事诉讼的，人民法院不予受理，但应当告知其可以依法申请国家赔偿。

第五百零三条　双方当事人在侦查、审查起诉期间已经达成和解协议并全部履行，被害人或者其法定代理人、近亲属又提起附带民事诉讼的，人民法院不予受理，但有证据证明和解违反自愿、合法原则的除外。

◈ **附加诉讼并案审理后中间处理信息**

处理方式	01. 撤诉 02. 按撤诉处理 03. 调解 04. 反诉当事人案件地位反转
按撤诉处理事由	01. 经依法传唤无正当理由拒不到庭 02. 未经许可中途退庭
处理日期	

◈ **审理程序信息**

适用程序❶	01. 简易程序(独任制) 02. 简易程序(合议制) 03. 普通程序
检察院建议适用程序	01. 简易程序 02. 普通程序
程序转换类型❷	01. 简易程序(独任制)转简易程序(合议制) 02. 简易程序转普通程序
简易转普通事由❸	01. 被告人的行为可能不构成犯罪 02. 被告人可能不负刑事责任 03. 被告人当庭对起诉指控的犯罪事实予以否认 04. 案件事实不清、证据不足 05. 发现被告人是盲、聋、哑人 06. 发现被告人是尚未完全丧失辨认或者控制自己行为能力的精神病人 07. 有重大社会影响 08. 被告人、法定代理人或辩护人对适用简易程序提出异议 09. 辩护人作无罪辩护 255. 不应当或者不宜适用简易程序的其他情形
转换日期	

① 适用程序

《刑事诉讼法》(2012 年)

第二百零八条　基层人民法院管辖的案件，符合下列条件的，可以适用简易程序审判：

(一)案件事实清楚、证据充分的；

(二)被告人承认自己所犯罪行，对指控的犯罪事实没有异议的；

(三)被告人对适用简易程序没有异议的。

人民检察院在提起公诉的时候，可以建议人民法院适用简易程序。

第二百一十条第一款　适用简易程序审理案件，对可能判处三年有期徒刑以下刑罚的，可以组成合议庭进行审判，也可以由审判员一人独任审判；对可能判处的有期徒刑超过三年的，应当组成合议庭进行审判。

② 程序转换类型

《刑事诉讼法解释》(2013 年)

第二百九十六条　适用简易程序独任审判过程中，发现对被告人可能判处的有期徒刑超过三年的，应当转由合议庭审理。

第二百九十八条　适用简易程序审理案件，在法庭审理过程中，有下列情形之一的，应当转为普通程序审理：

(一)被告人的行为可能不构成犯罪的；

(二)被告人可能不负刑事责任的；

(三)被告人当庭对起诉指控的犯罪事实予以否认的；

(四)案件事实不清、证据不足的；

(五)不应当或者不宜适用简易程序的其他情形。

转为普通程序审理的案件，审理期限应当从决定转为普通程序之日起计算。

③ 简易转普通事由

《刑事诉讼法》(2012 年)

第二百零八条　基层人民法院管辖的案件，符合下列条件的，可以适用简易程序审判：

(一)案件事实清楚、证据充分的；

(二)被告人承认自己所犯罪行,对指控的犯罪事实没有异议的;

(三)被告人对适用简易程序没有异议的。

人民检察院在提起公诉的时候,可以建议人民法院适用简易程序。

第二百零九条　有下列情形之一的,不适用简易程序:

(一)被告人是盲、聋、哑人,或者是尚未完全丧失辨认或者控制自己行为能力的精神病人的;

(二)有重大社会影响的;

(三)共同犯罪案件中部分被告人不认罪或者对适用简易程序有异议的;

(四)其他不宜适用简易程序审理的。

第二百一十一条　适用简易程序审理案件,审判人员应当询问被告人对指控的犯罪事实的意见,告知被告人适用简易程序审理的法律规定,确认被告人是否同意适用简易程序审理。

《刑事诉讼法解释》(2013年)

第二百九十条　具有下列情形之一的,不适用简易程序:

(一)被告人是盲、聋、哑人;

(二)被告人是尚未完全丧失辨认或者控制自己行为能力的精神病人;

(三)有重大社会影响的;

(四)共同犯罪案件中部分被告人不认罪或者对适用简易程序有异议的;

(五)辩护人作无罪辩护的;

(六)被告人认罪但经审查认为可能不构成犯罪的;

(七)不宜适用简易程序审理的其他情形。

第四百七十四条　对未成年人刑事案件,人民法院决定适用简易程序审理的,应当征求未成年被告人及其法定代理人、辩护人的意见。上述人员提出异议的,不适用简易程序。

◆ 先行审判信息

先行判决日期❶	
判决书	(文本)

❶ 先行判决日期

《刑事诉讼法解释》(2013 年)

第一百五十九条　附带民事诉讼应当同刑事案件一并审判,只有为了防止刑事案件审判的过分迟延,才可以在刑事案件审判后,由同一审判组织继续审理附带民事诉讼;同一审判组织的成员确实不能继续参与审判的,可以更换。

◆ **结案信息**

结案方式❶	01. 判决 02. 不予受理 03. 不予立案 04. 驳回起诉 05. 准予撤诉 06. 按撤诉处理 07. 调解 08. 移送其他法院管辖 09. 被上级法院提级管辖 10. 被上级法院指定管辖 11. 退回检察院 12. 移送公安机关立案侦查 13. 被并入公诉案件并案审理 14. 终止审理 15. 不予登记立案
是否一并决定强制医疗❷	01. 是　02. 否
管辖案件案号	
指定审理法院	
受移送法院	
移送事由	01. 移送主要犯罪地法院管辖 02. 商定由其他管辖权争议方法院管辖

续表

按撤诉处理事由❸	01. 检察院补充侦查期限届满未将案件移送法院 02. 自诉人经传唤两次未到庭 03. 自诉人未经许可中途退庭
退回检察院事由❹	01. 属于告诉才处理的案件 02. 不属于本院管辖 03. 被告人不在案 04. 裁定准许撤诉后没有新的事实、证据而重新起诉 255. 其他
终止审理事由❺	01. 犯罪已过追诉时效期限且不是必须追诉 02. 经特赦令免除刑罚的 03. 被告人死亡 04. 依据刑法告诉才处理的犯罪,没有告诉或撤回告诉的 255. 其他
不予受理事由❻	01. 不属于自诉案件 02. 自诉犯罪缺乏罪证 03. 自诉犯罪已过追诉时效期限 04. 自诉被告人死亡 05. 自诉被告人下落不明 06. 除因证据不足而撤诉的以外,自诉人撤诉后,就同一事实又提起自诉 07. 经人民法院调解结案后,自诉人反悔,就同一事实再提起自诉 08. 自诉人放弃告诉,判决宣告后又对其他共同侵害人就同一事实提起自诉的 09. 部分被害人接到通知后表示不参加诉讼或者不出庭,但第一审宣判后就同一事实又提起自诉 255. 其他
结案日期	
结案文书	

① 结案方式

《刑事诉讼法解释》(2013 年)

第一条　人民法院直接受理的自诉案件包括:

(一)告诉才处理的案件:

1. 侮辱、诽谤案(刑法第二百四十六条规定的,但严重危害社会秩序和国家利益的除外);

2. 暴力干涉婚姻自由案(刑法第二百五十七条第一款规定的);

3. 虐待案(刑法第二百六十条第一款规定的);

4. 侵占案(刑法第二百七十条规定的)。

(二)人民检察院没有提起公诉,被害人有证据证明的轻微刑事案件:

1. 故意伤害案(刑法第二百三十四条第一款规定的);

2. 非法侵入住宅案(刑法第二百四十五条规定的);

3. 侵犯通信自由案(刑法第二百五十二条规定的);

4. 重婚案(刑法第二百五十八条规定的);

5. 遗弃案(刑法第二百六十一条规定的);

6. 生产、销售伪劣商品案(刑法分则第三章第一节规定的,但严重危害社会秩序和国家利益的除外);

7. 侵犯知识产权案(刑法分则第三章第七节规定的,但严重危害社会秩序和国家利益的除外);

8. 刑法分则第四章、第五章规定的,对被告人可能判处三年有期徒刑以下刑罚的案件。

本项规定的案件,被害人直接向人民法院起诉的,人民法院应当依法受理。对其中证据不足、可以由公安机关受理的,或者认为对被告人可能判处三年有期徒刑以上刑罚的,应当告知被害人向公安机关报案,或者移送公安机关立案侦查。

(三)被害人有证据证明对被告人侵犯自己人身、财产权利的行为应当依法追究刑事责任,且有证据证明曾经提出控告,而公安机关或者人民检察院不予追究被告人刑事责任的案件。

第二十条　原受理案件的人民法院在收到上级人民法院改变管辖决定书、同意移送决定书或者指定其他人民法院管辖决定书后,对公诉案件,应当书面通知同级人民检察院,并将案卷材料退回,同时书面通知当事人;对自诉案件,应当将案卷材料移送被指定管辖的人民法院,并书面通知当事人。

第二百四十一条第一款　对第一审公诉案件,人民法院审理后,应当按照下列情形分别作出判决、裁定:

(一)起诉指控的事实清楚,证据确实、充分,依据法律认定指控被告人的罪名成立的,应当作出有罪判决;

(二)起诉指控的事实清楚,证据确实、充分,指控的罪名与审理认定的罪名不一致的,应当按照审理认定的罪名作出有罪判决;

(三)案件事实清楚,证据确实、充分,依据法律认定被告人无罪的,应当判决宣告被告人无罪;

(四)证据不足,不能认定被告人有罪的,应当以证据不足、指控的犯罪不能成立,判决宣告被告人无罪;

(五)案件部分事实清楚,证据确实、充分的,应当作出有罪或者无罪的判决;对事实不清、证据不足部分,不予认定;

(六)被告人因不满十六周岁,不予刑事处罚的,应当判决宣告被告人不负刑事责任;

(七)被告人是精神病人,在不能辨认或者不能控制自己行为时造成危害结果,不予刑事处罚的,应当判决宣告被告人不负刑事责任;

(八)犯罪已过追诉时效期限且不是必须追诉,或者经特赦令免除刑罚的,应当裁定终止审理;

(九)被告人死亡的,应当裁定终止审理;根据已查明的案件事实和认定的证据,能够确认无罪的,应当判决宣告被告人无罪。

第二百五十九条　人民法院受理自诉案件必须符合下列条件:

(一)符合刑事诉讼法第二百零四条、本解释第一条的规定;

(二)属于本院管辖;

(三)被害人告诉;

(四)有明确的被告人、具体的诉讼请求和证明被告人犯罪事实的证据。

第二百六十三条　对自诉案件,人民法院应当在十五日内审查完毕。经审查,符合受理条件的,应当决定立案,并书面通知自诉人或者代为告诉人。

具有下列情形之一的,应当说服自诉人撤回起诉;自诉人不撤回起诉的,裁定不予受理:

（一）不属于本解释第一条规定的案件的；

（二）缺乏罪证的；

（三）犯罪已过追诉时效期限的；

（四）被告人死亡的；

（五）被告人下落不明的；

（六）除因证据不足而撤诉的以外，自诉人撤诉后，就同一事实又告诉的；

（七）经人民法院调解结案后，自诉人反悔，就同一事实再行告诉的。

第二百六十四条　对已经立案，经审查缺乏罪证的自诉案件，自诉人提不出补充证据的，人民法院应当说服其撤回起诉或者裁定驳回起诉；自诉人撤回起诉或者被驳回起诉后，又提出了新的足以证明被告人有罪的证据，再次提起自诉的，人民法院应当受理。

第二百六十六条　自诉人明知有其他共同侵害人，但只对部分侵害人提起自诉的，人民法院应当受理，并告知其放弃告诉的法律后果；自诉人放弃告诉，判决宣告后又对其他共同侵害人就同一事实提起自诉的，人民法院不予受理。

共同被害人中只有部分人告诉的，人民法院应当通知其他被害人参加诉讼，并告知其不参加诉讼的法律后果。被通知人接到通知后表示不参加诉讼或者不出庭的，视为放弃告诉。第一审宣判后，被通知人就同一事实又提起自诉的，人民法院不予受理。但是，当事人另行提起民事诉讼的，不受本解释限制。

第二百六十七条　被告人实施两个以上犯罪行为，分别属于公诉案件和自诉案件，人民法院可以一并审理。对自诉部分的审理，适用本章的规定。

第二百七十一条　人民法院审理自诉案件，可以在查明事实、分清是非的基础上，根据自愿、合法的原则进行调解。调解达成协议的，应当制作刑事调解书，由审判人员和书记员署名，并加盖人民法院印章。调解书经双方当事人签收后，即具有法律效力。调解没有达成协议，或者调解书签收前当事人反悔的，应当及时作出判决。

刑事诉讼法第二百零四条第三项规定的案件不适用调解。

《刑事诉讼法》(2012 年)

第二十五条　几个同级人民法院都有权管辖的案件，由最初受理的人民法院审判。在必要的时候，可以移送主要犯罪地的人民法院审判。

第一百九十五条　在被告人最后陈述后，审判长宣布休庭，合议庭进行评议，根据已经查明的事实、证据和有关的法律规定，分别作出以下判决：

(一)案件事实清楚,证据确实、充分,依据法律认定被告人有罪的,应当作出有罪判决;

(二)依据法律认定被告人无罪的,应当作出无罪判决;

(三)证据不足,不能认定被告人有罪的,应当作出证据不足、指控的犯罪不能成立的无罪判决。

第二百零五条　人民法院对于自诉案件进行审查后,按照下列情形分别处理:

(一)犯罪事实清楚,有足够证据的案件,应当开庭审判;

(二)缺乏罪证的自诉案件,如果自诉人提不出补充证据,应当说服自诉人撤回自诉,或者裁定驳回。

自诉人经两次依法传唤,无正当理由拒不到庭的,或者未经法庭许可中途退庭的,按撤诉处理。

法庭审理过程中,审判人员对证据有疑问,需要调查核实的,适用本法第一百九十一条的规定。

第二百零六条第一款　人民法院对自诉案件,可以进行调解;自诉人在宣告判决前,可以同被告人自行和解或者撤回自诉。本法第二百零四条第三项规定的案件不适用调解。

② 是否一并决定强制医疗

《刑事诉讼法解释》(2013 年)

第五百三十二条　第一审人民法院在审理案件过程中发现被告人可能符合强制医疗条件的,应当依照法定程序对被告人进行法医精神病鉴定。经鉴定,被告人属于依法不负刑事责任的精神病人的,应当适用强制医疗程序,对案件进行审理。

开庭审理前款规定的案件,应当先由合议庭组成人员宣读对被告人的法医精神病鉴定意见,说明被告人可能符合强制医疗的条件,后依次由公诉人和被告人的法定代理人、诉讼代理人发表意见。经审判长许可,公诉人和被告人的法定代理人、诉讼代理人可以进行辩论。

第五百三十三条　对前条规定的案件,人民法院审理后,应当按照下列情形分别处理:

(一)被告人符合强制医疗条件的,应当判决宣告被告人不负刑事责任,同时作出对被告人强制医疗的决定;

(二)被告人属于依法不负刑事责任的精神病人,但不符合强制医疗条件的,应当判决宣告被告人无罪或者不负刑事责任；被告人已经造成危害结果的，应当同时责令其家属或者监护人严加看管和医疗；

（三）被告人具有完全或者部分刑事责任能力，依法应当追究刑事责任的，应当依照普通程序继续审理。

③ 按撤诉处理事由

《刑事诉讼法》（2012 年）

第二百零五条　人民法院对于自诉案件进行审查后，按照下列情形分别处理：

（一）犯罪事实清楚，有足够证据的案件，应当开庭审判；

（二）缺乏罪证的自诉案件，如果自诉人提不出补充证据，应当说服自诉人撤回自诉，或者裁定驳回。

自诉人经两次依法传唤，无正当理由拒不到庭的，或者未经法庭许可中途退庭的，按撤诉处理。

法庭审理过程中，审判人员对证据有疑问，需要调查核实的，适用本法第一百九十一条的规定。

《刑事诉讼法解释》（2013 年）

第二百七十四条　自诉人经两次传唤，无正当理由拒不到庭，或者未经法庭准许中途退庭的，人民法院应当裁定按撤诉处理。

部分自诉人撤诉或者被裁定按撤诉处理的，不影响案件的继续审理。

④ 退回检察院事由

《刑事诉讼法解释》（2013 年）

第一百八十一条　人民法院对提起公诉的案件审查后，应当按照下列情形分别处理：

（一）属于告诉才处理的案件，应当退回人民检察院，并告知被害人有权提起自诉；

（二）不属于本院管辖或者被告人不在案的，应当退回人民检察院；

（三）不符合前条第二项至第八项规定之一，需要补充材料的，应当通知人民检察院在三日内补送；

（四）依照刑事诉讼法第一百九十五条第三项规定宣告被告人无罪后，人民检察院根据新的事实、证据重新起诉的，应当依法受理；

（五）依照本解释第二百四十二条规定裁定准许撤诉的案件，没有新的事实、证据，

重新起诉的,应当退回人民检察院;

(六)符合刑事诉讼法第十五条第二项至第六项规定情形的,应当裁定终止审理或者退回人民检察院;

(七)被告人真实身份不明,但符合刑事诉讼法第一百五十八条第二款规定的,应当依法受理。

对公诉案件是否受理,应当在七日内审查完毕。

⑤ 终止审理事由

《刑事诉讼法》(2012 年)

第十五条 有下列情形之一的,不追究刑事责任,已经追究的,应当撤销案件,或者不起诉,或者终止审理,或者宣告无罪:

(一)情节显著轻微、危害不大,不认为是犯罪的;

(二)犯罪已过追诉时效期限的;

(三)经特赦令免除刑罚的;

(四)依照刑法告诉才处理的犯罪,没有告诉或者撤回告诉的;

(五)犯罪嫌疑人、被告人死亡的;

(六)其他法律规定免予追究刑事责任的。

⑥ 不予受理事由

《刑事诉讼法解释》(2013 年)

第二百五十九条 人民法院受理自诉案件必须符合下列条件:

(一)符合刑事诉讼法第二百零四条、本解释第一条的规定;

(二)属于本院管辖;

(三)被害人告诉;

(四)有明确的被告人、具体的诉讼请求和证明被告人犯罪事实的证据。

第二百六十三条 对自诉案件,人民法院应当在十五日内审查完毕。经审查,符合受理条件的,应当决定立案,并书面通知自诉人或者代为告诉人。

具有下列情形之一的,应当说服自诉人撤回起诉;自诉人不撤回起诉的,裁定不予受理:

(一)不属于本解释第一条规定的案件的;

(二)缺乏罪证的;

(三)犯罪已过追诉时效期限的;

(四)被告人死亡的;

(五)被告人下落不明的;

(六)除因证据不足而撤诉的以外,自诉人撤诉后,就同一事实又告诉的;

(七)经人民法院调解结案后,自诉人反悔,就同一事实再行告诉的。

第二百六十六条　自诉人明知有其他共同侵害人,但只对部分侵害人提起自诉的,人民法院应当受理,并告知其放弃告诉的法律后果;自诉人放弃告诉,判决宣告后又对其他共同侵害人就同一事实提起自诉的,人民法院不予受理。

共同被害人中只有部分人告诉的,人民法院应当通知其他被害人参加诉讼,并告知其不参加诉讼的法律后果。被通知人接到通知后表示不参加诉讼或者不出庭的,视为放弃告诉。第一审宣判后,被通知人就同一事实又提起自诉的,人民法院不予受理。但是,当事人另行提起民事诉讼的,不受本解释限制。

020200 刑事二审案件

◈ 收案信息

本案案号	
收案来源❶	01. 仅当事人及其法定代理人上诉 02. 仅检察院抗诉 03. 当事人及其法定代理人上诉并向检察院抗诉 04. 检察院抗诉并被决定强制医疗的人、被害人及其法定代理人、近亲属申请复议 05. 高级人民法院在最高人民法院死刑复核发回后按二审程序提审 06. 再审撤销按撤诉处理裁定并恢复二审程序 07. 再审发回重审
当事人	(姓名或名称)
当事人案件地位	01. 上诉人 02. 原审被告人 03. 原审附带民事诉讼原告

续表

当事人案件地位	04. 原审附带民事诉讼被告 05. 申请复议人 06. 原审被申请人 07. 原审利害关系人 08. 犯罪嫌疑人 09. 原审反诉被告人 10. 原审反诉人
上诉人类型❷	01. 被告人 02. 自诉人 03. 反诉人 04. 附带民事诉讼原告 05. 附带民事诉讼被告 06. 反诉被告人 07. 犯罪嫌疑人 08. 利害关系人
申请复议人类型	01. 被强制医疗的人及其法定代理人 02. 被强制医疗的人之近亲属 03. 被害人及其法定代理人 04. 被害人近亲属
针对裁判事项	01. 仅刑事部分判决 02. 仅附带民事部分判决 03. 刑事与附带民事判决 04. 没收违法所得申请审查裁定 05. 宣告不负刑事责任判决及一并作出强制医疗决定
涉及罪名	(上诉所涉的罪名,可有多个)
收案日期	(收到一审移送日期)

① 收案来源

《刑事诉讼法》(2012年)

第二百一十六条　被告人、自诉人和他们的法定代理人,不服地方各级人民法院第一审的判决、裁定,有权用书状或者口头向上一级人民法院上诉。被告人的辩护人和近亲属,经被告人同意,可以提出上诉。

附带民事诉讼的当事人和他们的法定代理人,可以对地方各级人民法院第一审的判决、裁定中的附带民事诉讼部分,提出上诉。

对被告人的上诉权,不得以任何借口加以剥夺。

第二百一十七条　地方各级人民检察院认为本级人民法院第一审的判决、裁定确有错误的时候,应当向上一级人民法院提出抗诉。

第二百一十八条　被害人及其法定代理人不服地方各级人民法院第一审的判决的,自收到判决书后五日以内,有权请求人民检察院提出抗诉。人民检察院自收到被害人及其法定代理人的请求后五日以内,应当作出是否抗诉的决定并且答复请求人。

第二百八十二条　人民法院经审理,对经查证属于违法所得及其他涉案财产,除依法返还被害人的以外,应当裁定予以没收;对不属于应当追缴的财产的,应当裁定驳回申请,解除查封、扣押、冻结措施。

对于人民法院依照前款规定作出的裁定,犯罪嫌疑人、被告人的近亲属和其他利害关系人或者人民检察院可以提出上诉、抗诉。

《刑事诉讼法解释》(2013年)

第三百四十四条　报请最高人民法院核准死刑案件,应当按照下列情形分别处理:

(一)中级人民法院判处死刑的第一审案件,被告人未上诉、人民检察院未抗诉的,在上诉、抗诉期满后十日内报请高级人民法院复核。高级人民法院同意判处死刑的,应当在作出裁定后十日内报请最高人民法院核准;不同意的,应当依照第二审程序提审或者发回重新审判;

(二)中级人民法院判处死刑的第一审案件,被告人上诉或者人民检察院抗诉,高级人民法院裁定维持的,应当在作出裁定后十日内报请最高人民法院核准;

(三)高级人民法院判处死刑的第一审案件,被告人未上诉、人民检察院未抗诉的,应当在上诉、抗诉期满后十日内报请最高人民法院核准。

高级人民法院复核死刑案件,应当讯问被告人。

第三百五十四条　高级人民法院依照复核程序审理后报请最高人民法院核准死刑,最高人民法院裁定不予核准,发回高级人民法院重新审判的,高级人民法院可以依照第二审程序提审或者发回重新审判。

第五百一十七条　对没收违法所得或者驳回申请的裁定,犯罪嫌疑人、被告人的近亲属和其他利害关系人或者人民检察院可以在五日内提出上诉、抗诉。

第五百三十三条　对前条规定的案件,人民法院审理后,应当按照下列情形分别处理:

(一)被告人符合强制医疗条件的,应当判决宣告被告人不负刑事责任,同时作出对被告人强制医疗的决定;

(二)被告人属于依法不负刑事责任的精神病人,但不符合强制医疗条件的,应当判决宣告被告人无罪或者不负刑事责任;被告人已经造成危害结果的,应当同时责令其家属或者监护人严加看管和医疗;

(三)被告人具有完全或者部分刑事责任能力,依法应当追究刑事责任的,应当依照普通程序继续审理。

第五百三十八条　对本解释第五百三十三条第一项规定的判决、决定,人民检察院提出抗诉,同时被决定强制医疗的人、被害人及其法定代理人、近亲属申请复议的,上一级人民法院应当依照第二审程序一并处理。

② 上诉人类型

《刑事诉讼法解释》(2013 年)

第五百一十七条　对没收违法所得或者驳回申请的裁定,犯罪嫌疑人、被告人的近亲属和其他利害关系人或者人民检察院可以在五日内提出上诉、抗诉。

◆ 收案关联案号信息

一审案号	
再审案件案号	
复核案件案号	(最高人民法院不予核准并发回高级人民法院重审的复核案号)
没收违法所得审查案号	

◈ 附加诉讼请求处理信息

附加诉求类型❶	01. 附带民事诉讼原告增加独立诉讼请求 02. 附带民事诉讼被告提出反诉 03. 自诉案件的当事人提出反诉
附加诉求提起日期	
附带民事诉讼标的额	
处理方式	01. 调解 02. 告知另行起诉
处理日期	

❶ 附加诉求类型

《刑事诉讼法解释》(2013 年)

第三百三十二条　第二审期间,第一审附带民事诉讼原告人增加独立的诉讼请求或者第一审附带民事诉讼被告人提出反诉的,第二审人民法院可以根据自愿、合法的原则进行调解;调解不成的,告知当事人另行起诉。

第三百三十四条　第二审期间,自诉案件的当事人提出反诉的,应当告知其另行起诉。

◈ 结案信息

结案方式❶	01. 维持 02. 改判 03. 撤销原裁定并裁定没收违法所得 04. 撤销原裁定并驳回没收违法所得申请 05. 变更没收违法所得裁定 06. 发回重审 07. 准予撤回上诉 08. 准予撤回抗诉 09. 按撤回抗诉处理 10. 按撤回上诉处理

续表

结案方式❶	11. 调解 12. 准许撤回自诉并撤销一审裁判 13. 撤销原裁定并指令受理 14. 撤销原裁定并指令审理 15. 与刑事部分裁判一并进入再审 16. 终止审理 255. 其他
是否撤销强制医疗决定❷	01. 是　02. 否
按撤诉处理事由❸	01. 上诉人经传唤两次未到庭 02. 上诉人未经许可中途退庭 03. 检察院接到通知后不派员出庭且未说明原因
发回重审事由❹	01. 违反本法有关公开审判的规定的 02. 违反回避制度的 03. 剥夺或者限制了当事人的法定诉讼权利,可能影响公正审判的 04. 审判组织的组成不合法的 05. 事实不清 06. 证据不足 07. 二审期间发现被告人可能符合强制医疗条件 255. 其他违反法律规定的诉讼程序,可能影响公正审判的
终止审理事由❺	01. 犯罪已过追诉时效期限且不是必须追诉 02. 经特赦令免除刑罚的 03. 被告人死亡 04. 依据刑法告诉才处理的犯罪,没有告诉或撤回告诉的 05. 在逃被告人自动投案或者被抓获 255. 其他
结案日期	
结案文书	

① 结案方式

《刑事诉讼法》(2012年)

第二百二十一条　地方各级人民检察院对同级人民法院第一审判决、裁定的抗诉,应当通过原审人民法院提出抗诉书,并且将抗诉书抄送上一级人民检察院。原审人民法院应当将抗诉书连同案卷、证据移送上一级人民法院,并且将抗诉书副本送交当事人。

上级人民检察院如果认为抗诉不当,可以向同级人民法院撤回抗诉,并且通知下级人民检察院。

第二百二十五条　第二审人民法院对不服第一审判决的上诉、抗诉案件,经过审理后,应当按照下列情形分别处理:

(一)原判决认定事实和适用法律正确、量刑适当的,应当裁定驳回上诉或者抗诉,维持原判;

(二)原判决认定事实没有错误,但适用法律有错误,或者量刑不当的,应当改判;

(三)原判决事实不清楚或者证据不足的,可以在查清事实后改判;也可以裁定撤销原判,发回原审人民法院重新审判。

原审人民法院对于依照前款第三项规定发回重新审判的案件作出判决后,被告人提出上诉或者人民检察院提出抗诉的,第二审人民法院应当依法作出判决或者裁定,不得再发回原审人民法院重新审判。

《刑事诉讼法解释》(2013年)

第二百六十五条　自诉人对不予受理或者驳回起诉的裁定不服的,可以提起上诉。

第二审人民法院查明第一审人民法院作出的不予受理裁定有错误的,应当在撤销原裁定的同时,指令第一审人民法院立案受理;查明第一审人民法院驳回起诉裁定有错误的,应当在撤销原裁定的同时,指令第一审人民法院进行审理。

第三百零四条　上诉人在上诉期限内要求撤回上诉的,人民法院应当准许。

第三百零五条　上诉人在上诉期满后要求撤回上诉的,第二审人民法院应当审查。经审查,认为原判认定事实和适用法律正确,量刑适当的,应当裁定准许撤回上诉;认为原判事实不清、证据不足或者将无罪判为有罪、轻罪重判等的,应当不予准许,继续按照上诉案件审理。

被判处死刑立即执行的被告人提出上诉,在第二审开庭后宣告裁判前申请撤回上诉的,应当不予准许,继续按照上诉案件审理。

第三百二十一条　开庭审理上诉、抗诉的公诉案件,应当通知同级人民检察院派员出庭。抗诉案件,人民检察院接到开庭通知后不派员出庭,且未说明原因的,人民法院可以裁定按人民检察院撤回抗诉处理,并通知第一审人民法院和当事人。

第三百三十一条　第二审人民法院审理对附带民事部分提出上诉,刑事部分已经发生法律效力的案件,发现第一审判决、裁定中的刑事部分确有错误的,应当依照审判监督程序对刑事部分进行再审,并将附带民事部分与刑事部分一并审理。

第三百三十三条　对第二审自诉案件,必要时可以调解,当事人也可以自行和解。调解结案的,应当制作调解书,第一审判决、裁定视为自动撤销;当事人自行和解的,应当裁定准许撤回自诉,并撤销第一审判决、裁定。

第五百一十八条　对不服第一审没收违法所得或者驳回申请裁定的上诉、抗诉案件,第二审人民法院经审理,应当按照下列情形分别作出裁定:

(一)原裁定正确的,应当驳回上诉或者抗诉,维持原裁定;

(二)原裁定确有错误的,可以在查清事实后改变原裁定;也可以撤销原裁定,发回重新审判;

(三)原审违反法定诉讼程序,可能影响公正审判的,应当撤销原裁定,发回重新审判。

第五百一十九条　在审理申请没收违法所得的案件过程中,在逃的犯罪嫌疑人、被告人到案的,人民法院应当裁定终止审理。人民检察院向原受理申请的人民法院提起公诉的,可以由同一审判组织审理。

② 是否撤销强制医疗决定

《刑事诉讼法解释》(2013年)

第五百三十二条　第一审人民法院在审理案件过程中发现被告人可能符合强制医疗条件的,应当依照法定程序对被告人进行法医精神病鉴定。经鉴定,被告人属于依法不负刑事责任的精神病人的,应当适用强制医疗程序,对案件进行审理。

开庭审理前款规定的案件,应当先由合议庭组成人员宣读对被告人的法医精神病鉴定意见,说明被告人可能符合强制医疗的条件,后依次由公诉人和被告人的法定代理人、诉讼代理人发表意见。经审判长许可,公诉人和被告人的法定代理人、诉讼代理人可以进行辩论。

第五百三十三条　对前条规定的案件,人民法院审理后,应当按照下列情形分别处理:

（一）被告人符合强制医疗条件的，应当判决宣告被告人不负刑事责任，同时作出对被告人强制医疗的决定；

（二）被告人属于依法不负刑事责任的精神病人，但不符合强制医疗条件的，应当判决宣告被告人无罪或者不负刑事责任；被告人已经造成危害结果的，应当同时责令其家属或者监护人严加看管和医疗；

（三）被告人具有完全或者部分刑事责任能力，依法应当追究刑事责任的，应当依照普通程序继续审理。

第五百三十八条　对本解释第五百三十三条第一项规定的判决、决定，人民检察院提出抗诉，同时被决定强制医疗的人、被害人及其法定代理人、近亲属申请复议的，上一级人民法院应当依照第二审程序一并处理。

③ 按撤诉处理事由

《刑事诉讼法解释》（2013 年）

第三百二十一条　开庭审理上诉、抗诉的公诉案件，应当通知同级人民检察院派员出庭。抗诉案件，人民检察院接到开庭通知后不派员出庭，且未说明原因的，人民法院可以裁定按人民检察院撤回抗诉处理，并通知第一审人民法院和当事人。

④ 发回重审事由

《刑事诉讼法》（2012 年）

第二百二十七条　第二审人民法院发现第一审人民法院的审理有下列违反法律规定的诉讼程序的情形之一的，应当裁定撤销原判，发回原审人民法院重新审判：

（一）违反本法有关公开审判的规定的；

（二）违反回避制度的；

（三）剥夺或者限制了当事人的法定诉讼权利，可能影响公正审判的；

（四）审判组织的组成不合法的；

（五）其他违反法律规定的诉讼程序，可能影响公正审判的。

《刑事诉讼法解释》（2013 年）

第三百一十八条　对上诉、抗诉案件，第二审人民法院经审查，认为原判事实不清、证据不足，或者具有刑事诉讼法第二百二十七条规定的违反法定诉讼程序情形，需要发回重新审判的，可以不开庭审理。

第五百三十四条　人民法院在审理第二审刑事案件过程中，发现被告人可能符合强制医疗条件的,可以依照强制医疗程序对案件作出处理,也可以裁定发回原审人民法院重新审判。

⑤ 终止审理事由

《刑事诉讼法》(2012年)

第十五条 有下列情形之一的,不追究刑事责任,已经追究的,应当撤销案件,或者不起诉,或者终止审理,或者宣告无罪:

(一)情节显著轻微、危害不大,不认为是犯罪的;

(二)犯罪已过追诉时效期限的;

(三)经特赦令免除刑罚的;

(四)依照刑法告诉才处理的犯罪,没有告诉或者撤回告诉的;

(五)犯罪嫌疑人、被告人死亡的;

(六)其他法律规定免予追究刑事责任的。

第二百八十三条 在审理过程中,在逃的犯罪嫌疑人、被告人自动投案或者被抓获的,人民法院应当终止审理。

没收犯罪嫌疑人、被告人财产确有错误的,应当予以返还、赔偿。

020300 刑事审判监督案件

020301 刑事依职权再审审查案件

◈ 收案信息

本案案号	
收案来源	依职权审查
审查动因❶	01. 发现本院生效裁判错误 02. 发现下级法院生效裁判错误 03. 检察院提出建议
生效裁判案号	
检察机关名称	
检察建议文号	
收案日期	(依职权启动审查、收到检察建议日期)

❶ 审查动因

《刑事诉讼法》(2012 年)

第二百四十三条　各级人民法院院长对本院已经发生法律效力的判决和裁定,如果发现在认定事实上或者在适用法律上确有错误,必须提交审判委员会处理。

最高人民法院对各级人民法院已经发生法律效力的判决和裁定,上级人民法院对下级人民法院已经发生法律效力的判决和裁定,如果发现确有错误,有权提审或者指令下级人民法院再审。

最高人民检察院对各级人民法院已经发生法律效力的判决和裁定,上级人民检察院对下级人民法院已经发生法律效力的判决和裁定,如果发现确有错误,有权按照审判监督程序向同级人民法院提出抗诉。

人民检察院抗诉的案件,接受抗诉的人民法院应当组成合议庭重新审理,对于原判决事实不清楚或者证据不足的,可以指令下级人民法院再审。

◆ 结案信息

结案方式❶	01. 本院决定再审 02. 本院提审 03. 指令原审法院再审 04. 指令其他法院再审 05. 终止 255. 其他
再审事由❷	01. 有新的证据证明原判决、裁定认定的事实确有错误,可能影响定罪量刑 02. 据以定罪量刑的证据不确实、不充分、依法应当排除 03. 证明案件事实的主要证据之间存在矛盾 04. 主要事实依据被依法变更或者撤销 05. 认定罪名错误 06. 量刑明显不当 07. 违反法律关于溯及力规定 08. 违反法律规定的诉讼程序,可能影响公正裁判

续表

再审事由❷	09. 审判人员在审理该案件时有贪污受贿、徇私舞弊、枉法裁判行为 255. 其他
结案日期	
结案文书	

❶ 结案方式

《刑事诉讼法》(2012 年)

第二百四十四条　上级人民法院指令下级人民法院再审的,应当指令原审人民法院以外的下级人民法院审理;由原审人民法院审理更为适宜的,也可以指令原审人民法院审理。

《刑事诉讼法解释》(2013 年)

第三百七十八条　各级人民法院院长发现本院已经发生法律效力的判决、裁定确有错误的,应当提交审判委员会讨论决定是否再审。

第三百七十九条　上级人民法院发现下级人民法院已经发生法律效力的判决、裁定确有错误的,可以指令下级人民法院再审;原判决、裁定认定事实正确但适用法律错误,或者案件疑难、复杂、重大,或者有不宜由原审人民法院审理情形的,也可以提审。

上级人民法院指令下级人民法院再审的,一般应当指令原审人民法院以外的下级人民法院审理;由原审人民法院审理更有利于查明案件事实、纠正裁判错误的,可以指令原审人民法院审理。

❷ 再审事由

《刑事诉讼法》(2012 年)

第二百四十二条　当事人及其法定代理人、近亲属的申诉符合下列情形之一的,人民法院应当重新审判:

(一)有新的证据证明原判决、裁定认定的事实确有错误,可能影响定罪量刑的;

(二)据以定罪量刑的证据不确实、不充分、依法应当予以排除,或者证明案件事实的主要证据之间存在矛盾的;

(三)原判决、裁定适用法律确有错误的;

(四)违反法律规定的诉讼程序,可能影响公正审判的;

（五）审判人员在审理该案件的时候，有贪污受贿，徇私舞弊，枉法裁判行为的。

《刑事诉讼法解释》（2013 年）

第三百七十五条　对立案审查的申诉案件，应当在三个月内作出决定，至迟不得超过六个月。

经审查，具有下列情形之一的，应当根据刑事诉讼法第二百四十二条的规定，决定重新审判：

（一）有新的证据证明原判决、裁定认定的事实确有错误，可能影响定罪量刑的；

（二）据以定罪量刑的证据不确实、不充分、依法应当排除的；

（三）证明案件事实的主要证据之间存在矛盾的；

（四）主要事实依据被依法变更或者撤销的；

（五）认定罪名错误的；

（六）量刑明显不当的；

（七）违反法律关于溯及力规定的；

（八）违反法律规定的诉讼程序，可能影响公正裁判的；

（九）审判人员在审理该案件时有贪污受贿、徇私舞弊、枉法裁判行为的。

申诉不具有上述情形的，应当说服申诉人撤回申诉；对仍然坚持申诉的，应当书面通知驳回。

020302 刑事申诉再审审查案件

◆ **收案信息**

本案案号	
收案来源❶	01. 申诉人向本院提出申诉 02. 下级法院呈报最终审查 03. 上级法院移交审查
申诉人	（姓名或名称）
申诉人类型❷	01. 原审当事人 02. 原审当事人法定代理人 03. 原审当事人近亲属 04. 案外人

续表

申请再审事由❸	01. 有新的证据证明原判决、裁定认定的事实确有错误,可能影响定罪量刑的 02. 据以定罪量刑的证据不确实、不充分、依法应当排除的 03. 证明案件事实的主要证据之间存在矛盾的 04. 主要事实依据被依法变更或者撤销的 05. 认定罪名错误的 06. 量刑明显不当的 07. 违反法律关于溯及力规定的 08. 违反法律规定的诉讼程序,可能影响公正裁判的 09. 审判人员在审理该案件时有贪污受贿、徇私舞弊、枉法裁判行为 10. 案外人认为已经发生法律效力的判决、裁定侵害其合法权益 255. 其他
收案日期❹	
生效裁判案号	
审查意见❺	01. 立案 02. 不予审查 03. 移交原审法院审查 04. 告知向下级法院申诉
审定日期	

❶ 收案来源

《刑事诉讼法解释》(2013年)

第三百七十七条　申诉人对驳回申诉不服的,可以向上一级人民法院申诉。上一级人民法院经审查认为申诉不符合刑事诉讼法第二百四十二条和本解释第三百七十五条第二款规定的,应当说服申诉人撤回申诉;对仍然坚持申诉的,应当驳回或者通知不予重新审判。

② 申诉人类型

《刑事诉讼法》(2012 年)

第二百四十一条　当事人及其法定代理人、近亲属,对已经发生法律效力的判决、裁定,可以向人民法院或者人民检察院提出申诉,但是不能停止判决、裁定的执行。

《刑事诉讼法解释》(2013 年)

第三百七十一条　当事人及其法定代理人、近亲属对已经发生法律效力的判决、裁定提出申诉的,人民法院应当审查处理。

案外人认为已经发生法律效力的判决、裁定侵害其合法权益,提出申诉的,人民法院应当审查处理。

申诉可以委托律师代为进行。

③ 申请再审事由

《刑事诉讼法》(2012 年)

第二百四十二条　当事人及其法定代理人、近亲属的申诉符合下列情形之一的,人民法院应当重新审判:

(一)有新的证据证明原判决、裁定认定的事实确有错误,可能影响定罪量刑的;

(二)据以定罪量刑的证据不确实、不充分、依法应当予以排除,或者证明案件事实的主要证据之间存在矛盾的;

(三)原判决、裁定适用法律确有错误的;

(四)违反法律规定的诉讼程序,可能影响公正审判的;

(五)审判人员在审理该案件的时候,有贪污受贿,徇私舞弊,枉法裁判行为的。

《刑事诉讼法解释》(2013 年)

第三百七十五条　对立案审查的申诉案件,应当在三个月内作出决定,至迟不得超过六个月。

经审查,具有下列情形之一的,应当根据刑事诉讼法第二百四十二条的规定,决定重新审判:

(一)有新的证据证明原判决、裁定认定的事实确有错误,可能影响定罪量刑的;

(二)据以定罪量刑的证据不确实、不充分、依法应当排除的;

(三)证明案件事实的主要证据之间存在矛盾的;

(四)主要事实依据被依法变更或者撤销的;

(五)认定罪名错误的;

(六)量刑明显不当的;

(七)违反法律关于溯及力规定的;

(八)违反法律规定的诉讼程序,可能影响公正裁判的;

(九)审判人员在审理该案件时有贪污受贿、徇私舞弊、枉法裁判行为的。

申诉不具有上述情形的,应当说服申诉人撤回申诉;对仍然坚持申诉的,应当书面通知驳回。

④ 收案日期

《刑事诉讼法解释》(2013 年)

第三百七十三条　申诉由终审人民法院审查处理。但是,第二审人民法院裁定准许撤回上诉的案件,申诉人对第一审判决提出申诉的,可以由第一审人民法院审查处理。

上一级人民法院对未经终审人民法院审查处理的申诉,可以告知申诉人向终审人民法院提出申诉,或者直接交终审人民法院审查处理,并告知申诉人;案件疑难、复杂、重大的,也可以直接审查处理。

对未经终审人民法院及其上一级人民法院审查处理,直接向上级人民法院申诉的,上级人民法院可以告知申诉人向下级人民法院提出。

第三百七十四条　对死刑案件的申诉,可以由原核准的人民法院直接审查处理,也可以交由原审人民法院审查。原审人民法院应当写出审查报告,提出处理意见,层报原核准的人民法院审查处理。

⑤ 审查意见

《刑事诉讼法解释》(2013 年)

第三百七十二条　向人民法院申诉,应当提交以下材料:

(一)申诉状。应当写明当事人的基本情况、联系方式以及申诉的事实与理由;

(二)原一、二审判决书、裁定书等法律文书。经过人民法院复查或者再审的,应当附有驳回通知书、再审决定书、再审判决书、裁定书;

(三)其他相关材料。以有新的证据证明原判决、裁定认定的事实确有错误为由申诉的,应当同时附有相关证据材料;申请人民法院调查取证的,应当附有相关线索或者材料。

申诉不符合前款规定的，人民法院应当告知申诉人补充材料；申诉人对必要材料拒绝补充且无正当理由的，不予审查。

◆ **结案信息**

结案方式❶	01. 本院决定再审 02. 本院提审 03. 指令原审法院再审 04. 指令其他法院再审 05. 准予撤回申诉 06. 驳回申诉 07. 通知不予重新审判 08. 层报死刑核准法院审查处理 09. 终止
再审事由❷	01. 有新的证据证明原判决、裁定认定的事实确有错误 02. 据以定罪量刑的证据不确实、不充分、依法应当排除 03. 证明案件事实的主要证据之间存在矛盾 04. 主要事实依据被依法变更或者撤销 05. 认定罪名错误 06. 量刑明显不当 07. 违反法律关于溯及力规定 08. 违反法律规定的诉讼程序 09. 审判人员在审理该案件时有贪污受贿、徇私舞弊、枉法裁判行为 10. 判决、裁定侵害案外人合法权益 255. 其他
结案日期	
结案文书	

❶ 结案方式

《刑事诉讼法解释》(2013 年)

第三百七十三条　申诉由终审人民法院审查处理。但是，第二审人民法院裁定准许撤回上诉的案件,申诉人对第一审判决提出申诉的,可以由第一审人民法院审查处理。

上一级人民法院对未经终审人民法院审查处理的申诉,可以告知申诉人向终审人民法院提出申诉,或者直接交终审人民法院审查处理,并告知申诉人;案件疑难、复杂、重大的,也可以直接审查处理。

对未经终审人民法院及其上一级人民法院审查处理,直接向上级人民法院申诉的,上级人民法院可以告知申诉人向下级人民法院提出。

第三百七十四条　对死刑案件的申诉,可以由原核准的人民法院直接审查处理,也可以交由原审人民法院审查。原审人民法院应当写出审查报告,提出处理意见,层报原核准的人民法院审查处理。

第三百七十五条第三款　申诉不具有上述情形的,应当说服申诉人撤回申诉;对仍然坚持申诉的,应当书面通知驳回。

第三百七十七条　申诉人对驳回申诉不服的,可以向上一级人民法院申诉。上一级人民法院经审查认为申诉不符合刑事诉讼法第二百四十二条和本解释第三百七十五条第二款规定的,应当说服申诉人撤回申诉;对仍然坚持申诉的,应当驳回或者通知不予重新审判。

第三百七十九条　上级人民法院发现下级人民法院已经发生法律效力的判决、裁定确有错误的,可以指令下级人民法院再审;原判决、裁定认定事实正确但适用法律错误,或者案件疑难、复杂、重大,或者有不宜由原审人民法院审理情形的,也可以提审。

上级人民法院指令下级人民法院再审的,一般应当指令原审人民法院以外的下级人民法院审理;由原审人民法院审理更有利于查明案件事实、纠正裁判错误的,可以指令原审人民法院审理。

第三百八十一条　对人民检察院依照审判监督程序提出抗诉的案件,接受抗诉的人民法院应当组成合议庭审理。对原判事实不清、证据不足,包括有新的证据证明原判可能有错误,需要指令下级人民法院再审的,应当在立案之日起一个月内作出决定,并将指令再审决定书送达抗诉的人民检察院。

② 再审事由

《刑事诉讼法》(2012年)

第二百四十二条　当事人及其法定代理人、近亲属的申诉符合下列情形之一的,人民法院应当重新审判:

（一）有新的证据证明原判决、裁定认定的事实确有错误，可能影响定罪量刑的；

（二）据以定罪量刑的证据不确实、不充分、依法应当予以排除，或者证明案件事实的主要证据之间存在矛盾的；

（三）原判决、裁定适用法律确有错误的；

（四）违反法律规定的诉讼程序，可能影响公正审判的；

（五）审判人员在审理该案件的时候，有贪污受贿，徇私舞弊，枉法裁判行为的。

《刑事诉讼法解释》（2013 年）

第三百七十五条　对立案审查的申诉案件，应当在三个月内作出决定，至迟不得超过六个月。

经审查，具有下列情形之一的，应当根据刑事诉讼法第二百四十二条的规定，决定重新审判：

（一）有新的证据证明原判决、裁定认定的事实确有错误，可能影响定罪量刑的；

（二）据以定罪量刑的证据不确实、不充分、依法应当排除的；

（三）证明案件事实的主要证据之间存在矛盾的；

（四）主要事实依据被依法变更或者撤销的；

（五）认定罪名错误的；

（六）量刑明显不当的；

（七）违反法律关于溯及力规定的；

（八）违反法律规定的诉讼程序，可能影响公正裁判的；

（九）审判人员在审理该案件时有贪污受贿、徇私舞弊、枉法裁判行为的。

申诉不具有上述情形的，应当说服申诉人撤回申诉；对仍然坚持申诉的，应当书面通知驳回。

020303 刑事抗诉再审审查案件

◆ 收案信息

本案案号	
收案来源❶	抗诉
抗诉启动方式	01. 当事人申请检察机关抗诉 02. 检察机关依职权

续表

检察机关名称	
抗诉文号	
生效裁判案号	
收案日期	
审查意见❷	01. 立案 02. 退回检察院 03. 准予撤回抗诉
退回检察院事由	01. 不属于本院管辖 02. 通知人民检察院在三日内重新提供原审被告人的住址,人民检察院逾期未提供 03. 以有新的证据为由提出抗诉,但未附相关证据材料或者有关证据不是指向原起诉事实的,应当通知人民检察院在三日内补送相关材料,人民检察院逾期未补送
审定日期	

① 收案来源

《刑事诉讼法》(2012 年)

第二百四十三条　各级人民法院院长对本院已经发生法律效力的判决和裁定,如果发现在认定事实上或者在适用法律上确有错误,必须提交审判委员会处理。

最高人民法院对各级人民法院已经发生法律效力的判决和裁定,上级人民法院对下级人民法院已经发生法律效力的判决和裁定,如果发现确有错误,有权提审或者指令下级人民法院再审。

最高人民检察院对各级人民法院已经发生法律效力的判决和裁定,上级人民检察院对下级人民法院已经发生法律效力的判决和裁定,如果发现确有错误,有权按照审判监督程序向同级人民法院提出抗诉。

人民检察院抗诉的案件,接受抗诉的人民法院应当组成合议庭重新审理,对于原判决事实不清楚或者证据不足的,可以指令下级人民法院再审。

❷ 审查意见

《刑事诉讼法解释》(2013 年)

第三百八十条　对人民检察院依照审判监督程序提出抗诉的案件,人民法院应当在收到抗诉书后一个月内立案。但是,有下列情形之一的,应当区别情况予以处理:

(一)对不属于本院管辖的,应当将案件退回人民检察院;

(二)按照抗诉书提供的住址无法向被抗诉的原审被告人送达抗诉书的,应当通知人民检察院在三日内重新提供原审被告人的住址;逾期未提供的,将案件退回人民检察院;

(三)以有新的证据为由提出抗诉,但未附相关证据材料或者有关证据不是指向原起诉事实的,应当通知人民检察院在三日内补送相关材料;逾期未补送的,将案件退回人民检察院。

决定退回的抗诉案件,人民检察院经补充相关材料后再次抗诉,经审查符合受理条件的,人民法院应当受理。

◆ **结案信息**

结案方式❶	01. 本院提审 02. 指令原审法院再审 03. 指令其他法院再审 04. 准予撤回抗诉 05. 退回检察院 255. 其他
结案日期	
结案文书	

❶ 结案方式

《刑事诉讼法》(2012 年)

第二百四十四条　上级人民法院指令下级人民法院再审的,应当指令原审人民法院以外的下级人民法院审理;由原审人民法院审理更为适宜的,也可以指令原审人民法院审理。

《刑事诉讼法解释》(2013 年)

第三百八十一条　对人民检察院依照审判监督程序提出抗诉的案件,接受抗诉的人民法院应当组成合议庭审理。对原判事实不清、证据不足,包括有新的证据证明原判可能有错误,需要指令下级人民法院再审的,应当在立案之日起一个月内作出决定,并将指令再审决定书送达抗诉的人民检察院。

020304 刑事再审案件

◆ 收案信息

本案案号	
收案来源	01. 本院决定再审 02. 上级法院指令再审 03. 本院提审 04. 仅上诉 05. 仅抗诉 06. 上诉并抗诉
二审案件案号❶	
裁定再审案件案号	
收案日期	

❶ 二审案件案号

《刑事诉讼法解释》(2013 年)

第三百三十一条　第二审人民法院审理对附带民事部分提出上诉,刑事部分已经发生法律效力的案件,发现第一审判决、裁定中的刑事部分确有错误的,应当依照审判监督程序对刑事部分进行再审,并将附带民事部分与刑事部分一并审理。

◆ 审理程序信息

适用程序	01. 第一审程序 02. 第二审程序 03. 强制医疗程序

◈ **结案信息**

结案方式❶	01. 维持 02. 改判 03. 发回重审 04. 撤销原裁定并裁定没收违法所得 05. 撤销原裁定并驳回没收违法所得申请 06. 变更没收违法所得裁定 07. 准予撤回抗诉 08. 准予撤回申诉 09. 按撤回抗诉处理 10. 按撤回申诉处理 11. 撤销原裁定并指令受理 12. 撤销原裁定并指令审理 13. 准予撤回自诉并撤销原审裁判 14. 调解 15. 撤销原裁定并按二审程序恢复审理 16. 终止审理 17. 撤销原判并作出强制医疗决定 18. 准予撤回上诉 19. 按撤回上诉处理 255. 其他
发回重审事由❷	01. 违反本法有关公开审判的规定的 02. 违反回避制度的 03. 剥夺或者限制了当事人的法定诉讼权利，可能影响公正审判的 04. 审判组织的组成不合法的 05. 事实不清 06. 证据不足 07. 二审期间发现被告人可能符合强制医疗条件 255. 其他违反法律规定的诉讼程序，可能影响公正审判的

续表

终止审理事由❸	01. 犯罪已过追诉时效期限且不是必须追诉 02. 经特赦令免除刑罚的 03. 被告人死亡 04. 依据刑法告诉才处理的犯罪,没有告诉或撤回告诉的 05. 在逃被告人自动投案或者被抓获 255. 其他
结案日期	
结案文书	

❶ 结案方式

《刑事诉讼法解释》(2013 年)

第三百八十七条　人民法院审理人民检察院抗诉的再审案件,人民检察院在开庭审理前撤回抗诉的,应当裁定准许;人民检察院接到出庭通知后不派员出庭,且未说明原因的,可以裁定按撤回抗诉处理,并通知诉讼参与人。

人民法院审理申诉人申诉的再审案件,申诉人在再审期间撤回申诉的,应当裁定准许;申诉人经依法通知无正当理由拒不到庭,或者未经法庭许可中途退庭的,应当裁定按撤回申诉处理,但申诉人不是原审当事人的除外。

第三百八十九条　再审案件经过重新审理后,应当按照下列情形分别处理:

(一)原判决、裁定认定事实和适用法律正确、量刑适当的,应当裁定驳回申诉或者抗诉,维持原判决、裁定;

(二)原判决、裁定定罪准确、量刑适当,但在认定事实、适用法律等方面有瑕疵的,应当裁定纠正并维持原判决、裁定;

(三)原判决、裁定认定事实没有错误,但适用法律错误,或者量刑不当的,应当撤销原判决、裁定,依法改判;

(四)依照第二审程序审理的案件,原判决、裁定事实不清或者证据不足的,可以在查清事实后改判,也可以裁定撤销原判,发回原审人民法院重新审判。

原判决、裁定事实不清或者证据不足,经审理事实已经查清的,应当根据查清的事实依法裁判;事实仍无法查清,证据不足,不能认定被告人有罪的,应当撤销原判决、裁定,判决宣告被告人无罪。

最高人民法院《关于刑事再审案件开庭审理程序的具体规定》(2002 年)

第十二条　原审被告人(原审上诉人)收到再审决定书或者抗诉书后下落不明或者收到抗诉书后未到庭的,人民法院应当中止审理;原审被告人(原审上诉人)到案后,恢复审理;如果超过二年仍查无下落的,应当裁定终止审理。

② 发回重审事由

《刑事诉讼法》(2012 年)

第二百二十七条　第二审人民法院发现第一审人民法院的审理有下列违反法律规定的诉讼程序的情形之一的,应当裁定撤销原判,发回原审人民法院重新审判:

(一)违反本法有关公开审判的规定的;

(二)违反回避制度的;

(三)剥夺或者限制了当事人的法定诉讼权利,可能影响公正审判的;

(四)审判组织的组成不合法的;

(五)其他违反法律规定的诉讼程序,可能影响公正审判的。

《刑事诉讼法解释》(2013 年)

第三百一十八条　对上诉、抗诉案件,第二审人民法院经审查,认为原判事实不清、证据不足,或者具有刑事诉讼法第二百二十七条规定的违反法定诉讼程序情形,需要发回重新审判的,可以不开庭审理。

第五百三十四条　人民法院在审理第二审刑事案件过程中,发现被告人可能符合强制医疗条件的,可以依照强制医疗程序对案件作出处理,也可以裁定发回原审人民法院重新审判。

③ 终止审理事由

《刑事诉讼法》(2013 年)

第十五条　有下列情形之一的,不追究刑事责任,已经追究的,应当撤销案件,或者不起诉,或者终止审理,或者宣告无罪:

(一)情节显著轻微、危害不大,不认为是犯罪的;

(二)犯罪已过追诉时效期限的;

(三)经特赦令免除刑罚的;

(四)依照刑法告诉才处理的犯罪,没有告诉或者撤回告诉的;

(五)犯罪嫌疑人、被告人死亡的;

(六)其他法律规定免予追究刑事责任的。

第二百八十三条　在审理过程中,在逃的犯罪嫌疑人、被告人自动投案或者被抓获的,人民法院应当终止审理。

没收犯罪嫌疑人、被告人财产确有错误的,应当予以返还、赔偿。

020400 申请没收违法所得案件

◆ 收案信息

本案案号	
收案来源❶	01. 同级检察院申请 02. 上级法院发回重审
上级法院案件案号	(上级法院发回重审的案件案号)
适用情形❷	01. 嫌疑人、被告人逃匿,在通缉一年后不能到案的 02. 嫌疑人、被告人死亡的
犯罪嫌疑人	
被告人	
涉案罪名	
原诉讼案号❸	
收案日期	
审查意见	01. 立案 02. 退回检察院
审定日期	

❶ 收案来源

《刑事诉讼法》(2012 年)

第二百八十条　对于贪污贿赂犯罪、恐怖活动犯罪等重大犯罪案件,犯罪嫌疑人、被告人逃匿,在通缉一年后不能到案,或者犯罪嫌疑人、被告人死亡,依照刑法规定应当追缴其违法所得及其他涉案财产的,人民检察院可以向人民法院提出没收违法所得的申请。

公安机关认为有前款规定情形的，应当写出没收违法所得意见书，移送人民检察院。

没收违法所得的申请应当提供与犯罪事实、违法所得相关的证据材料，并列明财产的种类、数量、所在地及查封、扣押、冻结的情况。

人民法院在必要的时候，可以查封、扣押、冻结申请没收的财产。

《刑事诉讼法解释》(2013 年)

第五百二十条　在审理案件过程中，被告人死亡或者脱逃，符合刑事诉讼法第二百八十条第一款规定的，人民检察院可以向人民法院提出没收违法所得的申请。

人民检察院向原受理案件的人民法院提出申请的，可以由同一审判组织依照本章规定的程序审理。

② 适用情形

《刑事诉讼法解释》(2013 年)

第五百零七条　依照刑法规定应当追缴违法所得及其他涉案财产，且符合下列情形之一的，人民检察院可以向人民法院提出没收违法所得的申请：

(一)犯罪嫌疑人、被告人实施了贪污贿赂犯罪、恐怖活动犯罪等重大犯罪后逃匿，在通缉一年后不能到案的；

(二)犯罪嫌疑人、被告人死亡的。

第五百零八条　具有下列情形之一的，应当认定为刑事诉讼法第二百八十条第一款规定的“重大犯罪案件”：

(一)犯罪嫌疑人、被告人可能被判处无期徒刑以上刑罚的；

(二)案件在本省、自治区、直辖市或者全国范围内有较大影响的；

(三)其他重大犯罪案件。

③ 原诉讼案号

《刑事诉讼法解释》(2013 年)

第五百二十条　在审理案件过程中，被告人死亡或者脱逃，符合刑事诉讼法第二百八十条第一款规定的，人民检察院可以向人民法院提出没收违法所得的申请。

人民检察院向原受理案件的人民法院提出申请的，可以由同一审判组织依照本章规定的程序审理。

◆ 结案信息

结案方式❶	01. 裁定驳回全部申请 02. 裁定没收违法所得财产(支持全部申请) 03. 裁定没收违法所得财产(支持部分申请) 04. 准予撤回申请 05. 按撤回申请处理 06. 退回检察院 07. 终止审理
结案日期	
结案文书	

❶ 结案方式

《刑事诉讼法》(2012 年)

第二百八十二条　人民法院经审理,对经查证属于违法所得及其他涉案财产,除依法返还被害人的以外,应当裁定予以没收;对不属于应当追缴的财产的,应当裁定驳回申请,解除查封、扣押、冻结措施。

对于人民法院依照前款规定作出的裁定,犯罪嫌疑人、被告人的近亲属和其他利害关系人或者人民检察院可以提出上诉、抗诉。

第二百八十三条　在审理过程中,在逃的犯罪嫌疑人、被告人自动投案或者被抓获的,人民法院应当终止审理。

没收犯罪嫌疑人、被告人财产确有错误的,应当予以返还、赔偿。

《刑事诉讼法解释》(2013 年)

第五百一十一条　对没收违法所得的申请,人民法院应当在七日内审查完毕,并按照下列情形分别处理:

(一)不属于本院管辖的,应当退回人民检察院;

(二)材料不全的,应当通知人民检察院在三日内补送;

(三)属于违法所得没收程序受案范围和本院管辖,且材料齐全的,应当受理。

人民检察院尚未查封、扣押、冻结申请没收的财产或者查封、扣押、冻结期限即将届满,涉案财产有被隐匿、转移或者毁损、灭失危险的,人民法院可以查封、扣押、冻结申请没收的财产。

第五百一十六条 对申请没收违法所得的案件,人民法院审理后,应当按照下列情形分别处理:

(一)案件事实清楚,证据确实、充分,申请没收的财产确属违法所得及其他涉案财产的,除依法返还被害人的以外,应当裁定没收;

(二)不符合本解释第五百零七条规定的条件的,应当裁定驳回申请。

020500 刑事复核案件

020501 死刑复核案件

◈ **收案信息**

本案案号	
收案来源	下级法院报请
报请复核案号	
生效裁判案号	
死刑案件综合报告	(文书)
涉复核被告人	(适用于同案中存在个别需要复核的情形)
收案日期❶	

❶ 收案日期

《刑事诉讼法》(2012年)

第二百三十六条 中级人民法院判处死刑的第一审案件,被告人不上诉的,应当由高级人民法院复核后,报请最高人民法院核准。高级人民法院不同意判处死刑的,可以提审或者发回重新审判。

高级人民法院判处死刑的第一审案件被告人不上诉的,和判处死刑的第二审案件,都应当报请最高人民法院核准。

第二百三十七条 中级人民法院判处死刑缓期二年执行的案件,由高级人民法院核准。

《刑事诉讼法解释》(2013年)

第三百四十五条　中级人民法院判处死刑缓期执行的第一审案件,被告人未上诉、人民检察院未抗诉的,应当报请高级人民法院核准。

高级人民法院复核死刑缓期执行案件,应当讯问被告人。

◆ 结案信息

结案方式❶	01. 裁定核准 02. 改判(含部分核准) 03. 发回重审 04. 报请最高人民法院核准 05. 本院按二审程序提审
发回重审事由	01. 原判事实不清、证据不足 02. 原审违反法定诉讼程序,可能影响公正审判 03. 复核期间出现新的影响定罪量刑的事实、证据 04. 原判认定事实正确,但依法不应当判处死刑 255. 其他
结案日期	
结案文书	

❶ 结案方式

《刑事诉讼法》(2012年)

第二百三十九条　最高人民法院复核死刑案件,应当作出核准或者不核准死刑的裁定。对于不核准死刑的,最高人民法院可以发回重新审判或者予以改判。

第二百四十条　最高人民法院复核死刑案件,应当讯问被告人,辩护律师提出要求的,应当听取辩护律师的意见。

在复核死刑案件过程中,最高人民检察院可以向最高人民法院提出意见。最高人民法院应当将死刑复核结果通报最高人民检察院。

《刑事诉讼法解释》(2013年)

第三百四十四条　报请最高人民法院核准死刑案件,应当按照下列情形分别处理:

（一）中级人民法院判处死刑的第一审案件，被告人未上诉、人民检察院未抗诉的，在上诉、抗诉期满后十日内报请高级人民法院复核。高级人民法院同意判处死刑的，应当在作出裁定后十日内报请最高人民法院核准；不同意的，应当依照第二审程序提审或者发回重新审判；

（二）中级人民法院判处死刑的第一审案件，被告人上诉或者人民检察院抗诉，高级人民法院裁定维持的，应当在作出裁定后十日内报请最高人民法院核准；

（三）高级人民法院判处死刑的第一审案件，被告人未上诉、人民检察院未抗诉的，应当在上诉、抗诉期满后十日内报请最高人民法院核准。

高级人民法院复核死刑案件，应当讯问被告人。

第三百四十九条　高级人民法院复核死刑缓期执行案件，应当按照下列情形分别处理：

（一）原判认定事实和适用法律正确、量刑适当、诉讼程序合法的，应当裁定核准；

（二）原判认定的某一具体事实或者引用的法律条款等存在瑕疵，但判处被告人死刑缓期执行并无不当的，可以在纠正后作出核准的判决、裁定；

（三）原判认定事实正确，但适用法律有错误，或者量刑过重的，应当改判；

（四）原判事实不清、证据不足的，可以裁定不予核准，并撤销原判，发回重新审判，或者依法改判；

（五）复核期间出现新的影响定罪量刑的事实、证据的，可以裁定不予核准，并撤销原判，发回重新审判，或者依照本解释第二百二十条规定审理后依法改判；

（六）原审违反法定诉讼程序，可能影响公正审判的，应当裁定不予核准，并撤销原判，发回重新审判。

高级人民法院复核死刑缓期执行案件，不得加重被告人的刑罚。

第三百五十条　最高人民法院复核死刑案件，应当按照下列情形分别处理：

（一）原判认定事实和适用法律正确、量刑适当、诉讼程序合法的，应当裁定核准；

（二）原判认定的某一具体事实或者引用的法律条款等存在瑕疵，但判处被告人死刑并无不当的，可以在纠正后作出核准的判决、裁定；

（三）原判事实不清、证据不足的，应当裁定不予核准，并撤销原判，发回重新审判；

（四）复核期间出现新的影响定罪量刑的事实、证据的，应当裁定不予核准，并撤销原判，发回重新审判；

(五)原判认定事实正确,但依法不应当判处死刑的,应当裁定不予核准,并撤销原判,发回重新审判;

(六)原审违反法定诉讼程序,可能影响公正审判的,应当裁定不予核准,并撤销原判,发回重新审判。

第三百五十一条　对一人有两罪以上被判处死刑的数罪并罚案件,最高人民法院复核后,认为其中部分犯罪的死刑判决、裁定事实不清、证据不足的,应当对全案裁定不予核准,并撤销原判,发回重新审判;认为其中部分犯罪的死刑判决、裁定认定事实正确,但依法不应当判处死刑的,可以改判,并对其他应当判处死刑的犯罪作出核准死刑的判决。

第三百五十二条　对有两名以上被告人被判处死刑的案件,最高人民法院复核后,认为其中部分被告人的死刑判决、裁定事实不清、证据不足的,应当对全案裁定不予核准,并撤销原判,发回重新审判;认为其中部分被告人的死刑判决、裁定认定事实正确,但依法不应当判处死刑的,可以改判,并对其他应当判处死刑的被告人作出核准死刑的判决。

020502 法定刑以下判处刑罚复核案件

◈ 收案信息

本案案号	
收案来源	下一级法院报请
报请复核案号	
生效裁判案号	
涉复核被告人	
收案日期	

◈ 结案信息

结案方式❶	01. 报请最高人民法院核准 02. 裁定核准 03. 发回重审 04. 指定其他法院重审

续表

结案日期	
结案文书	

① 结案方式

《刑事诉讼法解释》(2013 年)

第三百三十六条　报请最高人民法院核准在法定刑以下判处刑罚的案件,应当按照下列情形分别处理:

(一)被告人未上诉、人民检察院未抗诉的,在上诉、抗诉期满后三日内报请上一级人民法院复核。上一级人民法院同意原判的,应当书面层报最高人民法院核准;不同意的,应当裁定发回重新审判,或者改变管辖按照第一审程序重新审理。原判是基层人民法院作出的,高级人民法院可以指定中级人民法院按照第一审程序重新审理。

(二)被告人上诉或者人民检察院抗诉的,应当依照第二审程序审理。第二审维持原判,或者改判后仍在法定刑以下判处刑罚的,应当依照前项规定层报最高人民法院核准。

第三百三十八条　对在法定刑以下判处刑罚的案件,最高人民法院予以核准的,应当作出核准裁定书;不予核准的,应当作出不核准裁定书,并撤销原判决、裁定,发回原审人民法院重新审判或者指定其他下级人民法院重新审判。

020503 特殊假释复核案件

◆ 收案信息

本案案号	
收案来源	下级法院报请
报请复核案号	
生效裁判案号	
涉复核被告人	
收案日期	

◆ **结案信息**

结案方式❶	01. 报请最高人民法院核准 02. 裁定核准 03. 撤销原假释裁定
结案日期	
结案文书	

❶ 结案方式

《刑事诉讼法解释》(2013年)

第三百四十一条　报请最高人民法院核准因罪犯具有特殊情况,不受执行刑期限制的假释案件,应当按照下列情形分别处理:

(一)中级人民法院依法作出假释裁定后,应当报请高级人民法院复核。高级人民法院同意的,应当书面报请最高人民法院核准;不同意的,应当裁定撤销中级人民法院的假释裁定。

(二)高级人民法院依法作出假释裁定的,应当报请最高人民法院核准。

第三百四十三条　对因罪犯具有特殊情况,不受执行刑期限制的假释案件,最高人民法院予以核准的,应当作出核准裁定书;不予核准的,应当作出不核准裁定书,并撤销原裁定。

020600 强制医疗案件

020601 强制医疗申请审查案件

◆ **收案信息**

本案案号	
收案来源❶	01. 检察院申请 02. 上级法院发回重审
复议案件案号	(即发回重审的案号)

续表

被申请人	（姓名）
收案日期	
审查意见	01. 立案 02. 退回检察院
审定日期	

❶ 收案来源

《刑事诉讼法》（2012 年）

第二百八十四条 实施暴力行为，危害公共安全或者严重危害公民人身安全，经法定程序鉴定依法不负刑事责任的精神病人，有继续危害社会可能的，可以予以强制医疗。

《刑事诉讼法解释》（2013 年）

第五百二十四条 实施暴力行为，危害公共安全或者严重危害公民人身安全，社会危害性已经达到犯罪程度，但经法定程序鉴定依法不负刑事责任的精神病人，有继续危害社会可能的，可以予以强制医疗。

◆ 涉案行为及后果信息

涉案行为	（按照罪名体例，但不称××罪，只称××案，如故意杀人案）
致人伤亡类型	01. 致人轻伤 02. 致人重伤 03. 致人死亡 （可同时存在）
伤亡人数	（每个被申请人、各种伤亡类型均分别确定伤亡人数）
造成财产损失数额	

◆ 结案信息

结案方式❶	01. 作出强制医疗决定 02. 驳回强制医疗申请

续表

结案方式❶	03. 退回检察院 04. 准予撤回申请 05. 按撤回申请处理 06. 终止
是否责令严加看管和治疗	01. 是　02. 否
结案日期	
结案文书	

❶ 结案方式

《刑事诉讼法解释》(2013年)

第五百三十一条　对申请强制医疗的案件,人民法院审理后,应当按照下列情形分别处理:

(一)符合刑事诉讼法第二百八十四条规定的强制医疗条件的,应当作出对被申请人强制医疗的决定;

(二)被申请人属于依法不负刑事责任的精神病人,但不符合强制医疗条件的,应当作出驳回强制医疗申请的决定;被申请人已经造成危害结果的,应当同时责令其家属或者监护人严加看管和医疗;

(三)被申请人具有完全或者部分刑事责任能力,依法应当追究刑事责任的,应当作出驳回强制医疗申请的决定,并退回人民检察院依法处理。

020602 解除强制医疗审查案件

◆ 收案信息

本案案号	
收案来源	申请人申请
申请人	(姓名)
申请人类型❶	01. 被强制医疗的人 02. 被强制医疗的人之近亲属 03. 强制医疗机构

续表

强制医疗机构	(全称)
是否再次申请	01. 是　02. 否
前次申请案号	
原决定案号	(解除指向的强制医疗决定案号)
收案日期	

❶ 申请人类型

《刑事诉讼法》(2012 年)

第二百八十八条　强制医疗机构应当定期对被强制医疗的人进行诊断评估。对于已不具有人身危险性,不需要继续强制医疗的,应当及时提出解除意见,报决定强制医疗的人民法院批准。

被强制医疗的人及其近亲属有权申请解除强制医疗。

《刑事诉讼法解释》(2013 年)

第五百四十条　被强制医疗的人及其近亲属申请解除强制医疗的,应当向决定强制医疗的人民法院提出。

被强制医疗的人及其近亲属提出的解除强制医疗申请被人民法院驳回,六个月后再次提出申请的,人民法院应当受理。

第五百四十一条　强制医疗机构提出解除强制医疗意见,或者被强制医疗的人及其近亲属申请解除强制医疗的,人民法院应当审查是否附有对被强制医疗的人的诊断评估报告。

强制医疗机构提出解除强制医疗意见,未附诊断评估报告的,人民法院应当要求其提供。

被强制医疗的人及其近亲属向人民法院申请解除强制医疗,强制医疗机构未提供诊断评估报告的,申请人可以申请人民法院调取。必要时,人民法院可以委托鉴定机构对被强制医疗的人进行鉴定。

◆ **结案信息**

结案方式❶	01. 解除强制医疗决定 02. 决定继续强制医疗

续表

结案方式❶	03. 准予撤回申请 04. 按撤回申请处理 05. 终止
是否责令严加看管和治疗	01. 是　02. 否
结案日期	
结案文书	

❶ 结案方式

《刑事诉讼法解释》(2013年)

第五百四十二条　强制医疗机构提出解除强制医疗意见,或者被强制医疗的人及其近亲属申请解除强制医疗的,人民法院应当组成合议庭进行审查,并在一个月内,按照下列情形分别处理:

(一)被强制医疗的人已不具有人身危险性,不需要继续强制医疗的,应当作出解除强制医疗的决定,并可责令被强制医疗的人的家属严加看管和医疗;

(二)被强制医疗的人仍具有人身危险性,需要继续强制医疗的,应当作出继续强制医疗的决定。

人民法院应当在作出决定后五日内,将决定书送达强制医疗机构、申请解除强制医疗的人、被决定强制医疗的人和人民检察院。决定解除强制医疗的,应当通知强制医疗机构在收到决定书的当日解除强制医疗。

020603 强制医疗复议案件

◆ 收案信息

本案案号	
收案来源	申请人申请
申请人类型❶	01. 被强制医疗的人及其法定代理人 02. 被强制医疗的人之近亲属 03. 被害人及其法定代理人 04. 被害人近亲属

续表

申请人	（姓名或名称）
原决定案号	（复议申请指向的强制医疗决定案号）
收案日期	

❶ 申请人类型

《刑事诉讼法》(2012 年)

第二百八十七条　人民法院经审理，对于被申请人或者被告人符合强制医疗条件的，应当在一个月以内作出强制医疗的决定。

被决定强制医疗的人、被害人及其法定代理人、近亲属对强制医疗决定不服的，可以向上一级人民法院申请复议。

《刑事诉讼法解释》(2013 年)

第五百三十六条　被决定强制医疗的人、被害人及其法定代理人、近亲属对强制医疗决定不服的，可以自收到决定书之日起五日内向上一级人民法院申请复议。复议期间不停止执行强制医疗的决定。

◆ 结案信息

结案方式❶	01. 维持原决定 02. 撤销原决定 03. 发回重审 04. 准予撤回复议申请 05. 按撤回复议申请处理 06. 终止
结案日期	
结案文书	

❶ 结案方式

《刑事诉讼法解释》(2013 年)

第五百三十七条　对不服强制医疗决定的复议申请，上一级人民法院应当组成合议庭审理，并在一个月内，按照下列情形分别作出复议决定：

(一)被决定强制医疗的人符合强制医疗条件的,应当驳回复议申请,维持原决定;

(二)被决定强制医疗的人不符合强制医疗条件的,应当撤销原决定;

(三)原审违反法定诉讼程序,可能影响公正审判的,应当撤销原决定,发回原审人民法院重新审判。

020604 强制医疗监督案件

◆ 收案信息

本案案号	
收案来源	检察院提出监督意见
监督对象❶	01. 强制医疗决定 02. 解除强制医疗决定
意见提出日期	
原决定案号	(意见指向的强制医疗决定、解除强制医疗决定案号)
收案日期	

❶ 监督对象

《刑事诉讼法》(2012 年)

第二百八十九条　人民检察院对强制医疗的决定和执行实行监督。

《刑事诉讼法解释》(2013 年)

第五百四十三条　人民检察院认为强制医疗决定或者解除强制医疗决定不当,在收到决定书后二十日内提出书面纠正意见的,人民法院应当另行组成合议庭审理,并在一个月内作出决定。

◆ 结案信息

结案方式	01. 解除强制医疗决定 02. 决定继续强制医疗 03. 发回重审 04. 准予撤回监督意见 05. 终止
结案日期	
结案文书	

020700 停止执行死刑案件

020701 停止执行死刑请求审查案件

◈ 收案信息

本案案号	
收案来源	执行死刑法院请求
执行死刑法院	
死刑复核案件案号	
请求停止执行事由❶	01. 发现判决、裁定可能有错误 02. 罪犯揭发重大犯罪事实或者有其他重大立功表现,可能需要改判 03. 罪犯正在怀孕 04. 罪犯可能有其他犯罪的 05. 共同犯罪的其他罪犯被暂停或停止执行死刑,可能需要改判
收案日期	

❶ 请求停止执行事由

《刑事诉讼法》(2012 年)

第二百五十一条　下级人民法院接到最高人民法院执行死刑的命令后,应当在七日以内交付执行。但是发现有下列情形之一的,应当停止执行,并且立即报告最高人民法院,由最高人民法院作出裁定:

(一)在执行前发现判决可能有错误的;

(二)在执行前罪犯揭发重大犯罪事实或者有其他重大立功表现,可能需要改判的;

(三)罪犯正在怀孕。

前款第一项、第二项停止执行的原因消失后,必须报请最高人民法院院长再签发执行死刑的命令才能执行;由于前款第三项原因停止执行的,应当报请最高人民法院依法改判。

《刑事诉讼法解释》(2013 年)

第四百一十八条第一款　第一审人民法院在接到执行死刑命令后、执行前,发现有下列情形之一的,应当暂停执行,并立即将请求停止执行死刑的报告和相关材料层报最高人民法院:

(一)罪犯可能有其他犯罪的;

(二)共同犯罪的其他犯罪嫌疑人到案,可能影响罪犯量刑的;

(三)共同犯罪的其他罪犯被暂停或者停止执行死刑,可能影响罪犯量刑的;

(四)罪犯揭发重大犯罪事实或者有其他重大立功表现,可能需要改判的;

(五)罪犯怀孕的;

(六)判决、裁定可能有影响定罪量刑的其他错误的。

◆ **结案信息**

结案方式❶	01. 裁定停止执行死刑 02. 决定继续执行死刑
结案日期	
结案文书	

❶ 结案方式

《刑事诉讼法解释》(2013 年)

第四百一十八条第二款　最高人民法院经审查,认为可能影响罪犯定罪量刑的,应当裁定停止执行死刑;认为不影响的,应当决定继续执行死刑。

020702 依职权停止执行死刑案件

◆ **收案信息**

本案案号	
收案来源	依职权审查
死刑复核案件案号	
收案日期	(依职权启动审查日期)

◈ **结案信息**

结案方式	01. 裁定停止执行死刑 02. 终止
停止执行事由❶	01. 发现判决、裁定可能有错误 02. 罪犯揭发重大犯罪事实或者有其他重大立功表现,可能需要改判 03. 罪犯正在怀孕 04. 罪犯可能有其他犯罪的 05. 共同犯罪的其他罪犯被暂停或停止执行死刑,可能需要改判
结案日期	(将有关材料移交下级法院之日)
结案文书	

❶ 停止执行事由

《刑事诉讼法解释》(2013 年)

第四百一十八条　第一审人民法院在接到执行死刑命令后、执行前,发现有下列情形之一的,应当暂停执行,并立即将请求停止执行死刑的报告和相关材料层报最高人民法院:

(一)罪犯可能有其他犯罪的;

(二)共同犯罪的其他犯罪嫌疑人到案,可能影响罪犯量刑的;

(三)共同犯罪的其他罪犯被暂停或者停止执行死刑,可能影响罪犯量刑的;

(四)罪犯揭发重大犯罪事实或者有其他重大立功表现,可能需要改判的;

(五)罪犯怀孕的;

(六)判决、裁定可能有影响定罪量刑的其他错误的。

第四百一十九条　最高人民法院在执行死刑命令签发后、执行前,发现有前条第一款规定情形的,应当立即裁定停止执行死刑,并将有关材料移交下级人民法院。

020703 停止执行死刑调查案件

◆ 收案信息

本案案号	
收案来源	最高人民法院移交
停止执行死刑裁定案号	
收案日期	(收到最高人民法院移交材料日期)

◆ 结案信息

结案方式	01. 调查核实停止执行死刑事由存在 02. 调查核实停止执行死刑事由不存在
结案日期	(相关材料报请最高人民法院审核日期)
结案文书	(调查报告)

020704 停止执行死刑调查审核案件

◆ 收案信息

本案案号	
收案来源	下级法院报请
调查案件案号❶	
收案日期	(收到符合审核要求的调查报告日期)

❶ 调查案件案号

《刑事诉讼法解释》(2013 年)

第四百二十条　下级人民法院接到最高人民法院停止执行死刑的裁定后,应当会同有关部门调查核实停止执行死刑的事由,并及时将调查结果和意见层报最高人民法院审核。

◆ **结案信息**

结案方式❶	01. 改判 02. 发回重审 03. 裁定继续执行死刑 04. 终止
发回重审事由	01. 罪犯有其他犯罪依法应当追诉 02. 原裁判有错误 03. 罪犯有重大立功表现
结案日期	
结案文书	

① 结案方式

《刑事诉讼法解释》(2013 年)

第四百二十一条　对下级人民法院报送的停止执行死刑的调查结果和意见,由最高人民法院原作出核准死刑判决、裁定的合议庭负责审查,必要时,另行组成合议庭进行审查。

第四百二十二条　最高人民法院对停止执行死刑的案件,应当按照下列情形分别处理:

(一)确认罪犯怀孕的,应当改判;

(二)确认罪犯有其他犯罪,依法应当追诉的,应当裁定不予核准死刑,撤销原判,发回重新审判;

(三)确认原判决、裁定有错误或者罪犯有重大立功表现,需要改判的,应当裁定不予核准死刑,撤销原判,发回重新审判;

(四)确认原判决、裁定没有错误,罪犯没有重大立功表现,或者重大立功表现不影响原判决、裁定执行的,应当裁定继续执行死刑,并由院长重新签发执行死刑的命令。

020800 刑罚与执行变更案件

基础信息

◆ 刑罚与执行变更情况信息

罪犯	(姓名)
变更前主刑	01. 死刑 02. 无期徒刑 03. 有期徒刑 04. 拘役 05. 管制
死刑适用方式	01. 立即执行 02. 缓期二年执行
自由刑刑期(年)	
自由刑刑期(月)	
自由刑刑期(日)	
刑期起始日期	
刑期届满日期	
附加刑适用方式	01. 单处　02. 并处
附加刑种类	01. 剥夺政治权利 02. 罚金 03. 没收财产 04. 驱逐出境
剥夺政治权利类型	01. 终身　02. 非终身
剥夺政治权利(年)	
剥夺政治权利(月)	
剥夺政治权利(日)	
没收财产类型	01. 没收部分财产 02. 没收全部财产

续表

没收部分财产数额	
罚金数额	
变更前执行状态	01. 收监服刑 02. 管制期间 03. 假释 04. 缓刑 05. 暂予监外执行
暂予监外执行事由❶	01. 因有严重疾病需要保外就医 02. 罪犯怀孕 03. 罪犯正在哺乳自己婴儿 04. 生活不能自理且适用暂予监外执行不致危害社会
暂予监外执行决定机关	01. 法院 02. 监狱 03. 看守所
批准机关	01. 监狱管理机关 02. 设区的市一级以上公安机关
现在服刑机构❷	01. 监狱 02. 看守所 03. 未成年犯管教所
机构名称	
社区矫正机构❸	
变更后主刑	01. 无期徒刑 02. 有期徒刑 03. 拘役 04. 管制
自由刑刑期(年)	
自由刑刑期(月)	

续表

自由刑刑期(日)	
刑期起始日期	
附加刑适用方式	01. 单处 02. 并处
附加刑种类	01. 剥夺政治权利 02. 罚金 03. 没收财产 04. 驱逐出境
剥夺政治权利类型	01. 终身　02. 非终身
剥夺政治权利起始日期	
剥夺政治权利届满日期	
没收财产类型	01. 没收部分财产 02. 没收全部财产
没收部分财产数额	
罚金数额	
变更后执行状态	01. 收监服刑 02. 管制期间 03. 假释 04. 缓刑 05. 暂予监外执行

❶ 暂予监外执行事由

《刑事诉讼法》(2012 年)

第二百五十四条　对被判处有期徒刑或者拘役的罪犯,有下列情形之一的,可以暂予监外执行:

(一)有严重疾病需要保外就医的;

(二)怀孕或者正在哺乳自己婴儿的妇女;

(三)生活不能自理,适用暂予监外执行不致危害社会的。

对被判处无期徒刑的罪犯,有前款第二项规定情形的,可以暂予监外执行。

对适用保外就医可能有社会危险性的罪犯,或者自伤自残的罪犯,不得保外就医。

对罪犯确有严重疾病,必须保外就医的,由省级人民政府指定的医院诊断并开具证明文件。

在交付执行前,暂予监外执行由交付执行的人民法院决定;在交付执行后,暂予监外执行由监狱或者看守所提出书面意见,报省级以上监狱管理机关或者设区的市一级以上公安机关批准。

② 现在服刑机构

《刑事诉讼法》(2012 年)

第二百五十三条第一款　罪犯被交付执行刑罚的时候,应当由交付执行的人民法院在判决生效后十日以内将有关的法律文书送达公安机关、监狱或者其他执行机关。

第二百五十三条第二款　对被判处死刑缓期二年执行、无期徒刑、有期徒刑的罪犯,由公安机关依法将该罪犯送交监狱执行刑罚。对被判处有期徒刑的罪犯,在被交付执行刑罚前,剩余刑期在三个月以下的,由看守所代为执行。对被判处拘役的罪犯,由公安机关执行。

第二百五十三条第三款　对未成年犯应当在未成年犯管教所执行刑罚。

③ 社区矫正机构

《刑事诉讼法》(2012 年)

第二百五十八条　对被判处管制、宣告缓刑、假释或者暂予监外执行的罪犯,依法实行社区矫正,由社区矫正机构负责执行。

020801 刑罚与执行变更审查案件

◆ 收案信息

本案案号	
收案来源❶	01. 当事人申请 02. 执行机关提出建议 03. 与高级人民法院同级的监狱管理机关提出建议
罪犯	(姓名)
执行机关名称	

续表

监狱管理机关名称	
生效裁判案号	
前次变更审查案件案号	(适用于多次变更时关联)
变更类型❷	01. 减刑 02. 假释 03. 减免罚金 04. 收监执行 05. 撤销缓刑 06. 撤销假释
申请减免罚金数额	
提请减刑刑期幅度(年)	
提请减刑刑期幅度(月)	
提请减刑刑期幅度(日)	
收案日期	
审查意见❸	01. 立案 02. 不予立案
审定日期	

❶ 收案来源

《刑事诉讼法》(2012 年)

第二百六十二条第二款　被判处管制、拘役、有期徒刑或者无期徒刑的罪犯,在执行期间确有悔改或者立功表现,应当依法予以减刑、假释的时候,由执行机关提出建议书,报请人民法院审核裁定,并将建议书副本抄送人民检察院。人民检察院可以向人民法院提出书面意见。

《刑事诉讼法解释》(2013 年)

第四百四十八条　被判处死刑缓期执行的罪犯,在死刑缓期执行期间,没有故意犯罪的,死刑缓期执行期满后,应当裁定减刑;死刑缓期执行期满后,尚未裁定减刑前又犯罪的,应当依法减刑后对其所犯新罪另行审判。

第四百四十九条　对减刑、假释案件，应当按照下列情形分别处理：

（一）对被判处死刑缓期执行的罪犯的减刑，由罪犯服刑地的高级人民法院根据同级监狱管理机关审核同意的减刑建议书裁定；

（二）对被判处无期徒刑的罪犯的减刑、假释，由罪犯服刑地的高级人民法院，在收到同级监狱管理机关审核同意的减刑、假释建议书后一个月内作出裁定，案情复杂或者情况特殊的，可以延长一个月；

（三）对被判处有期徒刑和被减为有期徒刑的罪犯的减刑、假释，由罪犯服刑地的中级人民法院，在收到执行机关提出的减刑、假释建议书后一个月内作出裁定，案情复杂或者情况特殊的，可以延长一个月；

（四）对被判处拘役、管制的罪犯的减刑，由罪犯服刑地中级人民法院，在收到同级执行机关审核同意的减刑、假释建议书后一个月内作出裁定。

对暂予监外执行罪犯的减刑，应当根据情况，分别适用前款的有关规定。

② 变更类型

《刑事诉讼法》（2012年）

第二百六十二条第二款　被判处管制、拘役、有期徒刑或者无期徒刑的罪犯，在执行期间确有悔改或者立功表现，应当依法予以减刑、假释的时候，由执行机关提出建议书，报请人民法院审核裁定，并将建议书副本抄送人民检察院。人民检察院可以向人民法院提出书面意见。

③ 审查意见

最高人民法院《关于减刑、假释案件审理程序的规定》（2014年）

第二条　人民法院受理减刑、假释案件，应当审查执行机关移送的下列材料：

（一）减刑或者假释建议书；

（二）终审法院裁判文书、执行通知书、历次减刑裁定书的复印件；

（三）罪犯确有悔改或者立功、重大立功表现的具体事实的书面证明材料；

（四）罪犯评审鉴定表、奖惩审批表等；

（五）其他根据案件审理需要应予移送的材料。

报请假释的，应当附有社区矫正机构或者基层组织关于罪犯假释后对所居住社区影响的调查评估报告。

人民检察院对报请减刑、假释案件提出检察意见的，执行机关应当一并移送受理减刑、假释案件的人民法院。

经审查,材料齐备的,应当立案;材料不齐的,应当通知执行机关在三日内补送,逾期未补送的,不予立案。

◆ **审理信息**

公示日期❶	
是否有投诉意见	01. 有　02. 无
检察院是否提出意见	01. 是　02. 否
检察意见	(内容或文本)

❶ 公示日期

最高人民法院《关于减刑、假释案件审理程序的规定》(2014 年)

第三条　人民法院审理减刑、假释案件,应当在立案后五日内将执行机关报请减刑、假释的建议书等材料依法向社会公示。

公示内容应当包括罪犯的个人情况、原判认定的罪名和刑期、罪犯历次减刑情况、执行机关的建议及依据。

公示应当写明公示期限和提出意见的方式。公示期限为五日。

◆ **结案信息**

结案方式❶	01. 准许减免罚金 02. 驳回减免罚金申请 03. 决定收监执行 04. 裁定减刑 05. 裁定不予减刑 06. 裁定假释 07. 裁定不予假释 08. 准予撤回减刑、假释建议 09. 撤销缓刑 10. 撤销假释
减免罚金数额	

续表

收监执行事由❷	01. 不符合暂予监外执行条件 02. 未经批准离开所居住的市、县，经警告拒不改正，或者拒不报告行踪，脱离监管 03. 因违反监督管理规定受到治安管理处罚，仍不改正 04. 受到执行机关两次警告，仍不改正 05. 保外就医期间不按规定提交病情复查情况，经警告拒不改正 06. 暂予监外执行的情形消失后，刑期未满 07. 保证人丧失保证条件或者因不履行义务被取消保证人资格，不能在规定期限内提出新的保证人 255. 违反法律、行政法规和监督管理规定，情节严重的其他情形
不计入刑期期间(年)❸	
不计入刑期期间(月)	
不计入刑期期间(日)	
变更后刑期起始日期❹	
变更后刑期届满日期	
考验期起始日期	(适用于缓刑、假释情形)
考验期届满日期	
减刑事由❺	01. 确有悔改表现 02. 立功表现 03. 重大立功表现 255. 其他
立功表现	01. 检举、揭发监内外犯罪活动，或者提供重要的破案线索，经查证属实 02. 阻止他人犯罪活动 03. 在生产、科研中进行技术革新，成绩突出

续表

立功表现	04. 在抢险救灾或者排除重大事故中表现积极 05. 有其他有利于国家和社会的突出事迹
重大立功表现❻	01. 阻止他人重大犯罪活动 02. 检举监狱内外重大犯罪活动,经查证属实 03. 有发明创造或者重大技术革新 04. 在日常生产、生活中舍己救人 05. 在抗御自然灾害或者排除重大事故中有突出表现 255. 对国家和社会有其他重大贡献
撤销减刑/假释事由❼	01. 违反禁止令,情节严重的 02. 无正当理由不按规定时间报到或者接受社区矫正期间脱离监管,超过一个月的 03. 因违反监督管理规定受到治安管理处罚,仍不改正的 04. 受到执行机关三次警告仍不改正的 255. 违反有关法律、行政法规和监督管理规定,情节严重的其他情形
结案日期	
结案文书	

❶ 结案方式

《刑事诉讼法》(2012 年)

第二百五十七条　对暂予监外执行的罪犯,有下列情形之一的,应当及时收监:

(一)发现不符合暂予监外执行条件的;

(二)严重违反有关暂予监外执行监督管理规定的;

(三)暂予监外执行的情形消失后,罪犯刑期未满的。

对于人民法院决定暂予监外执行的罪犯应当予以收监的,由人民法院作出决定,将有关的法律文书送达公安机关、监狱或者其他执行机关。

不符合暂予监外执行条件的罪犯通过贿赂等非法手段被暂予监外执行的,在监外执行的期间不计入执行刑期。罪犯在暂予监外执行期间脱逃的,脱逃的期间不计入执行刑期。

罪犯在暂予监外执行期间死亡的，执行机关应当及时通知监狱或者看守所。

第二百六十条　被判处罚金的罪犯，期满不缴纳的，人民法院应当强制缴纳；如果由于遭遇不能抗拒的灾祸缴纳确实有困难的，可以裁定减少或者免除。

《刑事诉讼法解释》(2013 年)

第四百四十六条　因遭遇不能抗拒的灾祸缴纳罚金确有困难，被执行人申请减少或者免除罚金的，应当提交相关证明材料。人民法院应当在收到申请后一个月内作出裁定。符合法定减免条件的，应当准许；不符合条件的，驳回申请。

第四百五十五条　减刑、假释裁定作出前，执行机关书面提请撤回减刑、假释建议的，是否准许，由人民法院决定。

最高人民法院《关于减刑、假释案件审理程序的规定》(2014 年)

第十六条　人民法院审理减刑、假释案件，应当按照下列情形分别处理：

(一)被报请减刑、假释罪犯符合法律规定的减刑、假释条件的，作出予以减刑、假释的裁定；

(二)被报请减刑的罪犯符合法律规定的减刑条件，但执行机关报请的减刑幅度不适当的，对减刑幅度作出相应调整后作出予以减刑的裁定；

(三)被报请减刑、假释罪犯不符合法律规定的减刑、假释条件的，作出不予减刑、假释的裁定。

在人民法院作出减刑、假释裁定前，执行机关书面申请撤回减刑、假释建议的，是否准许，由人民法院决定。

最高人民法院《关于财产刑执行问题的若干规定》(2010 年 6 月 1 日起施行，2015 年 1 月 19 日起失效)

第十一条　因遭遇不能抗拒的灾祸缴纳罚金确有困难，被执行人向执行法院申请减少或者免除的，执行法院经审查认为符合法定减免条件的，应当在收到申请后一个月内依法作出裁定准予减免；认为不符合法定减免条件的，裁定驳回申请。

② 收监执行事由

《刑事诉讼法》(2012 年)

第二百五十七条　对暂予监外执行的罪犯，有下列情形之一的，应当及时收监：

(一)发现不符合暂予监外执行条件的；

(二)严重违反有关暂予监外执行监督管理规定的；

(三)暂予监外执行的情形消失后，罪犯刑期未满的。

对于人民法院决定暂予监外执行的罪犯应当予以收监的,由人民法院作出决定,将有关的法律文书送达公安机关、监狱或者其他执行机关。

不符合暂予监外执行条件的罪犯通过贿赂等非法手段被暂予监外执行的,在监外执行的期间不计入执行刑期。罪犯在暂予监外执行期间脱逃的,脱逃的期间不计入执行刑期。

罪犯在暂予监外执行期间死亡的,执行机关应当及时通知监狱或者看守所。

《刑事诉讼法解释》(2013 年)

第四百三十三条　暂予监外执行的罪犯具有下列情形之一的,原作出暂予监外执行决定的人民法院,应当在收到执行机关的收监执行建议书后十五日内,作出收监执行的决定:

(一)不符合暂予监外执行条件的;

(二)未经批准离开所居住的市、县,经警告拒不改正,或者拒不报告行踪,脱离监管的;

(三)因违反监督管理规定受到治安管理处罚,仍不改正的;

(四)受到执行机关两次警告,仍不改正的;

(五)保外就医期间不按规定提交病情复查情况,经警告拒不改正的;

(六)暂予监外执行的情形消失后,刑期未满的;

(七)保证人丧失保证条件或者因不履行义务被取消保证人资格,不能在规定期限内提出新的保证人的;

(八)违反法律、行政法规和监督管理规定,情节严重的其他情形。

人民法院收监执行决定书,一经作出,立即生效。

③ 不计入刑期期间(年)

《刑事诉讼法解释》(2013 年)

第四百三十五条　被收监执行的罪犯有不计入执行刑期情形的,人民法院应当在作出收监决定时,确定不计入执行刑期的具体时间。

④ 变更后刑期届满日期

最高人民法院《关于减刑、假释案件审理程序的规定》(2014 年)

第十七条　减刑、假释裁定书应当写明罪犯原判和历次减刑情况,确有悔改表现或者立功、重大立功表现的事实和理由,以及减刑、假释的法律依据。

裁定减刑的,应当注明刑期的起止时间;裁定假释的,应当注明假释考验期的起止时间。

裁定调整减刑幅度或者不予减刑、假释的,应当在裁定书中说明理由。

⑤ 减刑事由

《刑事诉讼法解释》(2013 年)

第四百五十一条　审理减刑、假释案件,应当审查财产刑和附带民事裁判的执行情况,以及罪犯退赃、退赔情况。罪犯积极履行判决确定的义务的,可以认定有悔改表现,在减刑、假释时从宽掌握;确有履行能力而不履行的,在减刑、假释时从严掌握。

⑥ 重大立功表现

《刑法》(2011 年)

第七十八条　被判处管制、拘役、有期徒刑、无期徒刑的犯罪分子,在执行期间,如果认真遵守监规,接受教育改造,确有悔改表现的,或者有立功表现的,可以减刑;有下列重大立功表现之一的,应当减刑:

(一)阻止他人重大犯罪活动的;

(二)检举监狱内外重大犯罪活动,经查证属实的;

(三)有发明创造或者重大技术革新的;

(四)在日常生产、生活中舍己救人的;

(五)在抗御自然灾害或者排除重大事故中,有突出表现的;

(六)对国家和社会有其他重大贡献的。

减刑以后实际执行的刑期不能少于下列期限:

(一)判处管制、拘役、有期徒刑的,不能少于原判刑期的二分之一;

(二)判处无期徒刑的,不能少于十三年;

(三)人民法院依照本法第五十条第二款规定限制减刑的死刑缓期执行的犯罪分子,缓期执行期满后依法减为无期徒刑的,不能少于二十五年,缓期执行期满后依法减为二十五年有期徒刑的,不能少于二十年。

最高人民法院《关于办理减刑、假释案件具体应用法律若干问题的规定》(2012 年)

第一条　根据刑法第七十八条第一款的规定,被判处管制、拘役、有期徒刑、无期徒刑的犯罪分子,在执行期间,认真遵守监规,接受教育改造,确有悔改表现的,或者有立功表现的,可以减刑;有重大立功表现的,应当减刑。

第二条 “确有悔改表现”是指同时具备以下四个方面情形:认罪悔罪;认真遵守法律法规及监规,接受教育改造;积极参加思想、文化、职业技术教育;积极参加劳动,努力完成劳动任务。

对罪犯在刑罚执行期间提出申诉的,要依法保护其申诉权利,对罪犯申诉不应不加分析地认为是不认罪悔罪。

罪犯积极执行财产刑和履行附带民事赔偿义务的,可视为有认罪悔罪表现,在减刑、假释时可以从宽掌握;确有执行、履行能力而不执行、不履行的,在减刑、假释时应当从严掌握。

第三条 具有下列情形之一的,应当认定为有“立功表现”:

(一)阻止他人实施犯罪活动的;

(二)检举、揭发监狱内外犯罪活动,或者提供重要的破案线索,经查证属实的;

(三)协助司法机关抓捕其他犯罪嫌疑人(包括同案犯)的;

(四)在生产、科研中进行技术革新,成绩突出的;

(五)在抢险救灾或者排除重大事故中表现突出的;

(六)对国家和社会有其他贡献的。

第四条 具有下列情形之一的,应当认定为有“重大立功表现”:

(一)阻止他人实施重大犯罪活动的;

(二)检举监狱内外重大犯罪活动,经查证属实的;

(三)协助司法机关抓捕其他重大犯罪嫌疑人(包括同案犯)的;

(四)有发明创造或者重大技术革新的;

(五)在日常生产、生活中舍己救人的;

(六)在抗御自然灾害或者排除重大事故中,有特别突出表现的;

(七)对国家和社会有其他重大贡献的。

⑦ 撤销减刑/假释事由

《刑事诉讼法解释》(2013 年)

第四百五十八条 罪犯在缓刑、假释考验期限内,有下列情形之一的,原作出缓刑、假释判决、裁定的人民法院应当在收到执行机关的撤销缓刑、假释建议书后一个月内,作出撤销缓刑、假释的裁定:

(一)违反禁止令,情节严重的;

(二)无正当理由不按规定时间报到或者接受社区矫正期间脱离监管,超过一个月的;

(三)因违反监督管理规定受到治安管理处罚,仍不改正的;

(四)受到执行机关三次警告仍不改正的;

(五)违反有关法律、行政法规和监督管理规定,情节严重的其他情形。

人民法院撤销缓刑、假释的裁定,一经作出,立即生效。

020802 刑罚与执行变更监督案件

◈ 收案信息

本案案号	
收案来源❶	01. 本院依职权监督 02. 上级法院依职权监督 03. 检察院提出监督意见
刑罚与执行变更审查案号	
决定暂予监外执行案号	
收案日期	

❶ 收案来源

《刑事诉讼法》(2012 年)

第二百五十六条　决定或者批准暂予监外执行的机关应当将暂予监外执行决定抄送人民检察院。人民检察院认为暂予监外执行不当的,应当自接到通知之日起一个月以内将书面意见送交决定或者批准暂予监外执行的机关,决定或者批准暂予监外执行的机关接到人民检察院的书面意见后,应当立即对该决定进行重新核查。

第二百六十三条　人民检察院认为人民法院减刑、假释的裁定不当,应当在收到裁定书副本后二十日以内,向人民法院提出书面纠正意见。人民法院应当在收到纠正意见后一个月以内重新组成合议庭进行审理,作出最终裁定。

《刑事诉讼法解释》(2013 年)

第四百三十二条第二款　人民检察院认为人民法院的暂予监外执行决定不当,在法定期限内提出书面意见的,人民法院应当立即对该决定重新核查,并在一个月内作出决定。

第四百五十四条　人民法院作出减刑、假释裁定后,应当在七日内送达提请减刑、假释的执行机关、同级人民检察院以及罪犯本人。人民检察院认为减刑、假释裁定不当,在法定期限内提出书面纠正意见的,人民法院应当在收到意见后另行组成合议庭审理,并在一个月内作出裁定。

第四百五十六条　人民法院发现本院已经生效的减刑、假释裁定确有错误的,应当另行组成合议庭审理;发现下级人民法院已经生效的减刑、假释裁定确有错误的,可以指令下级人民法院另行组成合议庭审理。

最高人民法院《关于减刑、假释案件审理程序的规定》(2014年)

第二十一条　人民法院发现本院已经生效的减刑、假释裁定确有错误的,应当依法重新组成合议庭进行审理并作出裁定;上级人民法院发现下级人民法院已经生效的减刑、假释裁定确有错误的,应当指令下级人民法院另行组成合议庭审理,也可以自行依法组成合议庭进行审理并作出裁定。

◆ **结案信息**

结案方式❶	01. 维持原裁(决)定 02. 撤销原裁(决)定 03. 变更原裁(决)定 04. 检察院撤回监督意见 255. 其他
结案日期	
结案文书	

❶ 结案方式

《刑事诉讼法解释》(2013年)

第四百三十二条第二款　人民检察院认为人民法院的暂予监外执行决定不当,在法定期限内提出书面意见的,人民法院应当立即对该决定重新核查,并在一个月内作出决定。

第四百五十四条　人民法院作出减刑、假释裁定后,应当在七日内送达提请减刑、假释的执行机关、同级人民检察院以及罪犯本人。人民检察院认为减刑、假释裁定不当,在法定期限内提出书面纠正意见的,人民法院应当在收到意见后另行组成合议庭审理,并在一个月内作出裁定。

020803 刑罚与执行变更备案案件

◈ 收案信息

本案案号	
收案来源	下级法院报请
刑罚与执行变更审查案号	
决定暂予监外执行案号	
收案日期	

◈ 结案信息

结案方式	01. 同意 02. 不同意 255. 其他
结案日期	
结案文书	

020900 其他刑事案件

收案信息

本案案号	
收案来源	下级法院报请
涉及事项	01. 延长审限审批 255. 其他事项
其他事项内容	
报请法院	
收案日期	

结案信息

结案方式	01. 不同意报请法院处理意见 02. 同意报请法院处理意见 03. 变更报请法院处理意见 04. 撤回请求 255. 其他
结案日期	
结案文书	

030000 民事案件

030100 民事一审案件

◆ **收案信息**

本案案号	
收案来源❶	01. 当事人起诉 02. 上级法院发回重审 03. 上级法院指令受理 04. 上级法院指令审理 05. 上级法院指定管辖 06. 上级法院移交管辖 07. 其他法院裁定移送管辖 08. 本院提级管辖 09. 因支付令失效转入
裁定移送事由❷	01. 其他法院受理后发现自身无管辖权 02. 其他法院受理后发现本院已受理同一案件 03. 其他法院驳回管辖异议的裁定被二审撤销 04. 其他法院认定管辖异议成立裁定生效 05. 其他法院因其下级法院违反管辖规定
当事人	(姓名或名称)
当事人案件地位❸	01. 原告 02. 被告 03. 反诉原告 04. 反诉被告 05. 第三人

续表

第三人类型	01. 有独立请求权第三人 02. 无独立请求权第三人
收案日期❹	
起诉案由	(可有多个,以备原告针对同一被告提出多个诉讼标的之诉)
标的数额	(仅限财产案件)
不予登记立案裁定日期	
不予登记立案事由❺	01. 违法起诉或者不符合法律规定的 02. 涉及危害国家主权和领土完整的 03. 危害国家安全的 04. 破坏国家统一和民族团结的 05. 破坏国家宗教政策的 06. 所诉事项不属于人民法院主管的
不予受理裁定日期❻	
不予受理事由❼ (可多选)	01. 当事人达成书面仲裁协议 02. 不属于本院管辖 03. 对判决、裁定、调解书已经发生法律效力的案件,当事人又起诉的 04. 在一定期限内不得起诉的案件,在不得起诉的期限内起诉的 05. 不属于民事诉讼受理的范围 06. 原告主体资格不适格 07. 无明确的被告 08. 被告主体资格不适格 09. 无具体诉讼请求、事实和理由 10. 争议事项已由其他法院立案审理 11. 再审中撤回起诉又重新起诉的 12. 所诉劳动争议仲裁裁决为终局裁决

续表

不予受理事由 (可多选)	13. 被告或第三人属外交豁免人员 14. 与人民法院已受理当事人申请认可或执行港澳特区、台湾地区法院所作判决属同一诉讼 255. 其他
登记立案日期	
立案案由	

① 收案来源

《民事诉讼法》(2012 年)

第二百一十七条　人民法院收到债务人提出的书面异议后,经审查,异议成立的,应当裁定终结督促程序,支付令自行失效。

支付令失效的,转入诉讼程序,但申请支付令的一方当事人不同意提起诉讼的除外。

② 裁定移送事由

最高人民法院《全国法院涉港澳商事审判工作座谈会纪要》(2008 年)

4. 下级人民法院违反《最高人民法院关于涉外民商事案件诉讼管辖若干问题的规定》受理涉港澳商事案件并作出实体判决的,上级人民法院可以程序违法为由撤销下级人民法院的判决,将案件移送有管辖权的人民法院审理。

最高人民法院《关于涉外民商事案件诉讼管辖若干问题的规定》(2002 年)

第六条　高级人民法院应当对涉外民商事案件的管辖实施监督,凡越权受理涉外民商事案件的,应当通知或者裁定将案件移送有管辖权的人民法院审理。

③ 当事人案件地位

《民事诉讼法解释》(2015 年)

第三百零七条　案外人提起执行异议之诉的,以申请执行人为被告。被执行人反对案外人异议的,被执行人为共同被告;被执行人不反对案外人异议的,可以列被执行人为第三人。

第三百零八条　申请执行人提起执行异议之诉的,以案外人为被告。被执行人反对申请执行人主张的,以案外人和被执行人为共同被告;被执行人不反对申请执行人主张的,可以列被执行人为第三人。

④ 收案日期

最高人民法院《关于人民法院登记立案若干问题的规定》(2015年)

第一条 人民法院对依法应该受理的一审民事起诉、行政起诉和刑事自诉,实行立案登记制。

第二条 对起诉、自诉,人民法院应当一律接收诉状,出具书面凭证并注明收到日期。

对符合法律规定的起诉、自诉,人民法院应当当场予以登记立案。

对不符合法律规定的起诉、自诉,人民法院应当予以释明。

第七条 当事人提交的诉状和材料不符合要求的,人民法院应当一次性书面告知在指定期限内补正。

当事人在指定期限内补正的,人民法院决定是否立案的期间,自收到补正材料之日起计算。

当事人在指定期限内没有补正的,退回诉状并记录在册;坚持起诉、自诉的,裁定或者决定不予受理、不予立案。

经补正仍不符合要求的,裁定或者决定不予受理、不予立案。

第八条 对当事人提出的起诉、自诉,人民法院当场不能判定是否符合法律规定的,应当作出以下处理:

(一)对民事、行政起诉,应当在收到起诉状之日起七日内决定是否立案;

(二)对刑事自诉,应当在收到自诉状次日起十五日内决定是否立案;

(三)对第三人撤销之诉,应当在收到起诉状之日起三十日内决定是否立案;

(四)对执行异议之诉,应当在收到起诉状之日起十五日内决定是否立案。

人民法院在法定期间内不能判定起诉、自诉是否符合法律规定的,应当先行立案。

⑤ 不予登记立案事由

最高人民法院《关于人民法院登记立案若干问题的规定》(2015年)

第十条 人民法院对下列起诉、自诉不予登记立案:

(一)违法起诉或者不符合法律规定的;

(二)涉及危害国家主权和领土完整的;

（三）危害国家安全的；

（四）破坏国家统一和民族团结的；

（五）破坏国家宗教政策的；

（六）所诉事项不属于人民法院主管的。

⑥ 不予受理裁定日期

《民事诉讼法》(2012 年)

第一百二十三条　人民法院应当保障当事人依照法律规定享有的起诉权利。对符合本法第一百一十九条的起诉，必须受理。符合起诉条件的，应当在七日内立案，并通知当事人；不符合起诉条件的，应当在七日内作出裁定书，不予受理；原告对裁定不服的，可以提起上诉。

《民事诉讼法解释》(2015 年)

第二百一十一条　对本院没有管辖权的案件，告知原告向有管辖权的人民法院起诉；原告坚持起诉的，裁定不予受理；立案后发现本院没有管辖权的，应当将案件移送有管辖权的人民法院。

⑦ 不予受理事由(可多选)

《民事诉讼法》(2012 年)

第一百二十四条　人民法院对下列起诉，分别情形，予以处理：

（一）依照行政诉讼法的规定，属于行政诉讼受案范围的，告知原告提起行政诉讼；

（二）依照法律规定，双方当事人达成书面仲裁协议申请仲裁、不得向人民法院起诉的，告知原告向仲裁机构申请仲裁；

（三）依照法律规定，应当由其他机关处理的争议，告知原告向有关机关申请解决；

（四）对不属于本院管辖的案件，告知原告向有管辖权的人民法院起诉；

（五）对判决、裁定、调解书已经发生法律效力的案件，当事人又起诉的，告知原告申请再审，但人民法院准许撤诉的裁定除外；

（六）依照法律规定，在一定期限内不得起诉的案件，在不得起诉的期限内起诉的，不予受理；

（七）判决不准离婚和调解和好的离婚案件，判决、调解维持收养关系的案件，没有新情况、新理由，原告在六个月内又起诉的，不予受理。

《民事诉讼法解释》(2015年)

第二百一十四条　原告撤诉或者人民法院按撤诉处理后,原告以同一诉讼请求再次起诉的,人民法院应予受理。

原告撤诉或者按撤诉处理的离婚案件,没有新情况、新理由,六个月内又起诉的,比照民事诉讼法第一百二十四条第七项的规定不予受理。

第二百一十五条　依照民事诉讼法第一百二十四条第二项的规定,当事人在书面合同中订有仲裁条款,或者在发生纠纷后达成书面仲裁协议,一方向人民法院起诉的,人民法院应当告知原告向仲裁机构申请仲裁,其坚持起诉的,裁定不予受理,但仲裁条款或者仲裁协议不成立、无效、失效、内容不明确无法执行的除外。

第二百四十七条　当事人就已经提起诉讼的事项在诉讼过程中或者裁判生效后再次起诉,同时符合下列条件的,构成重复起诉:

(一)后诉与前诉的当事人相同;

(二)后诉与前诉的诉讼标的相同;

(三)后诉与前诉的诉讼请求相同,或者后诉的诉讼请求实质上否定前诉裁判结果。

当事人重复起诉的,裁定不予受理;已经受理的,裁定驳回起诉,但法律、司法解释另有规定的除外。

第二百四十八条　裁判发生法律效力后,发生新的事实,当事人再次提起诉讼的,人民法院应当依法受理。

第二百九十一条　公益诉讼案件的裁判发生法律效力后,其他依法具有原告资格的机关和有关组织就同一侵权行为另行提起公益诉讼的,人民法院裁定不予受理,但法律、司法解释另有规定的除外。

第四百一十条　一审原告在再审审理程序中申请撤回起诉,经其他当事人同意,且不损害国家利益、社会公共利益、他人合法权益的,人民法院可以准许。裁定准许撤诉的,应当一并撤销原判决。

一审原告在再审审理程序中撤回起诉后重复起诉的,人民法院不予受理。

最高人民法院《关于内地与澳门特别行政区相互认可和执行民商事判决的安排》(2006年)

第十六条　在被请求方法院受理认可和执行判决的申请期间,或者判决已获认可和执行,当事人再行提起相同诉讼的,被请求方法院不予受理。

最高人民法院《关于认可和执行台湾地区法院民事判决的规定》(2015 年)

第十一条　人民法院受理认可台湾地区法院民事判决的申请后,当事人就同一争议起诉的,不予受理。

一方当事人向人民法院起诉后,另一方当事人向人民法院申请认可的,对于认可的申请不予受理。

◈ 收案关联案件信息

上级法院案件案号	
裁定移送案件案号	
管辖案件案号	
督促程序案件案号	
公示催告案件案号❶	
海事债权登记与受偿案号❷	
执行案件案号❸	(执行异议之诉、分配方案异议之诉等情形下)
行政诉讼案件案号❹	

❶ 公示催告案件案号

《民事诉讼法解释》(2015 年)

第四百五十三条　判决公告之日起,公示催告申请人有权依据判决向付款人请求付款。

付款人拒绝付款,申请人向人民法院起诉,符合民事诉讼法第一百一十九条规定的起诉条件的,人民法院应予受理。

第四百五十七条　人民法院依照民事诉讼法第二百二十一条规定终结公示催告程序后,公示催告申请人或者申报人向人民法院提起诉讼,因票据权利纠纷提起的,由票据支付地或者被告住所地人民法院管辖;因非票据权利纠纷提起的,由被告住所地人民法院管辖。

第四百五十九条　依照民事诉讼法第二百二十三条的规定,利害关系人向人民法院起诉的,人民法院可按票据纠纷适用普通程序审理。

《海事诉讼特别程序法解释》(2003 年)

第七十八条　利害关系人因正当理由不能在公示催告期间向海事法院申报

的，自知道或者应当知道判决公告之日起一年内，可以向作出判决的海事法院起诉。

②海事债权登记与受偿案号

《海事诉讼特别程序法》(1999年)

第一百一十六条　债权人提供其他海事请求证据的，应当在办理债权登记以后，在受理债权登记的海事法院提起确权诉讼。当事人之间有仲裁协议的，应当及时申请仲裁。

海事法院对确权诉讼作出的判决、裁定具有法律效力，当事人不得提起上诉。

最高人民法院《关于审理海事赔偿责任限制相关纠纷案件的若干规定》(2010年)

第十条　债权人提起确权诉讼时，依据海商法第二百零九条的规定主张责任人无权限制赔偿责任的，应当以书面形式提出。案件的审理不适用海事诉讼特别程序法规定的确权诉讼程序，当事人对海事法院作出的判决、裁定可以依法提起上诉。

两个以上债权人主张责任人无权限制赔偿责任的，海事法院可以将相关案件合并审理。

第十一条　债权人依据海事诉讼特别程序法第一百一十六条第一款的规定提起确权诉讼后，需要判定碰撞船舶过失程度比例的，案件的审理不适用海事诉讼特别程序法规定的确权诉讼程序，当事人对海事法院作出的判决、裁定可以依法提起上诉。

③执行案件案号

《民事诉讼法解释》(2015年)

第三百零四条　根据民事诉讼法第二百二十七条规定，案外人、当事人对执行异议裁定不服，自裁定送达之日起十五日内向人民法院提起执行异议之诉的，由执行法院管辖。

第五百一十二条　债权人或者被执行人对分配方案提出书面异议的，执行法院应当通知未提出异议的债权人、被执行人。

未提出异议的债权人、被执行人自收到通知之日起十五日内未提出反对意见的，执行法院依异议人的意见对分配方案审查修正后进行分配；提出反对意见的，应当通知异议人。异议人可以自收到通知之日起十五日内，以提出反对意见的债权人、被执行人为被告，向执行法院提起诉讼；异议人逾期未提起诉讼的，执行法院按照原分配方案进行分配。

诉讼期间进行分配的，执行法院应当提存与争议债权数额相应的款项。

《执行程序解释》(2009 年)

第十七条　案外人依照民事诉讼法第二百零四条规定提起诉讼，对执行标的主张实体权利，并请求对执行标的停止执行的，应当以申请执行人为被告；被执行人反对案外人对执行标的所主张的实体权利的，应当以申请执行人和被执行人为共同被告。

第二十一条　申请执行人依照民事诉讼法第二百零四条规定提起诉讼，请求对执行标的许可执行的，应当以案外人为被告；被执行人反对申请执行人请求的，应当以案外人和被执行人为共同被告。

最高人民法院《关于执行权合理配置和科学运行的若干意见》(2011 年)

11. 办理执行实施、执行异议、执行复议、执行监督、执行协调、执行请示等执行案件和案外人执行异议之诉、申请执行人执行异议之诉、执行分配方案异议之诉、代位析产之诉等涉执行的诉讼案件，由立案机构进行立案审查，并纳入审判和执行案件统一管理体系。

④ 行政诉讼案件案号

《行政诉讼法》(2014 年)

第六十一条　在涉及行政许可、登记、征收、征用和行政机关对民事争议所作的裁决的行政诉讼中，当事人申请一并解决相关民事争议的，人民法院可以一并审理。

在行政诉讼中，人民法院认为行政案件的审理需以民事诉讼的裁判为依据的，可以裁定中止行政诉讼。

最高人民法院《关于适用〈中华人民共和国行政诉讼法〉若干问题的解释》[2015 年 5 月 1 日起施行，以下简称《行政诉讼法解释》(2015 年)]

第十七条　公民、法人或者其他组织请求一并审理行政诉讼法第六十一条规定的相关民事争议，应当在第一审开庭审理前提出；有正当理由的，也可以在法庭调查中提出。

有下列情形之一的，人民法院应当作出不予准许一并审理民事争议的决定，并告知当事人可以依法通过其他渠道主张权利：

(一)法律规定应当由行政机关先行处理的；

(二)违反民事诉讼法专属管辖规定或者协议管辖约定的；

(三)已经申请仲裁或者提起民事诉讼的;

(四)其他不宜一并审理的民事争议。

对不予准许的决定可以申请复议一次。

第十八条　人民法院在行政诉讼中一并审理相关民事争议的,民事争议应当单独立案,由同一审判组织审理。

审理行政机关对民事争议所作裁决的案件,一并审理民事争议的,不另行立案。

◆ 涉外涉港澳台信息

是否涉外	01. 是　02. 否
涉外情形❶	01. 当事人是外国人、无国籍人、外国企业或组织 02. 当事人的经常居住地在中国领域外 03. 标的物在中国领域外 04. 产生、变更或者消灭民事关系的法律事实发生在中国领域外 255. 可以认定为涉外民事案件的其他情形
涉及国别或地区	(参照国标)
涉港澳台情况	01. 涉台 02. 涉港 03. 涉澳

❶ 涉外情形

《民事诉讼法解释》(2015年)

第五百二十二条　有下列情形之一,人民法院可以认定为涉外民事案件:

(一)当事人一方或者双方是外国人、无国籍人、外国企业或者组织的;

(二)当事人一方或者双方的经常居所地在中华人民共和国领域外的;

(三)标的物在中华人民共和国领域外的;

(四)产生、变更或者消灭民事关系的法律事实发生在中华人民共和国领域外的;

(五)可以认定为涉外民事案件的其他情形。

◈ **共同诉讼信息**

是否共同诉讼	01. 是　02. 否
共同诉讼类型❶	01. 必要共同诉讼 02. 一般共同诉讼
公告起始日期❷	
公告届满日期	
权利登记起始期限	
权利登记届满期限	
登记权利人	（有多个）
登记日期	
共同诉讼代表人	（姓名）
代表人确定方式	01. 当事人推选 02. 法院与登记权利人商定
未登记当事人另诉案号❸	（作为将来与相关案件关联之用）

① 共同诉讼类型

《民事诉讼法》(2012 年)

第五十二条第一款　当事人一方或者双方为二人以上，其诉讼标的是共同的，或者诉讼标的是同一种类、人民法院认为可以合并审理并经当事人同意的，为共同诉讼。

第一百三十二条　必须共同进行诉讼的当事人没有参加诉讼的，人民法院应当通知其参加诉讼。

② 公告起始日期

《民事诉讼法》(2012 年)

第五十四条第一款　诉讼标的是同一种类、当事人一方人数众多在起诉时人数尚未确定的，人民法院可以发出公告，说明案件情况和诉讼请求，通知权利人在一定期间向人民法院登记。

第五十四条第二款　向人民法院登记的权利人可以推选代表人进行诉讼；推选不出代表人的，人民法院可以与参加登记的权利人商定代表人。

③ 未登记当事人另诉案号

《民事诉讼法》(2012 年)

第五十四条第四款　人民法院作出的判决、裁定,对参加登记的全体权利人发生效力。未参加登记的权利人在诉讼时效期间提起诉讼的,适用该判决、裁定。

◆ **公益诉讼信息**

是否公益诉讼	01. 是　02. 否
公益诉讼类型❶	01. 环境污染 02. 侵害众多消费者合法权益 255. 其他
公益诉讼主体	(名称,包括检察院)

❶ 公益诉讼类型

《民事诉讼法》(2012 年)

第五十五条　对污染环境、侵害众多消费者合法权益等损害社会公共利益的行为,法律规定的机关和有关组织可以向人民法院提起诉讼。

《民事诉讼法解释》(2015 年)

第二百八十四条　环境保护法、消费者权益保护法等法律规定的机关和有关组织对污染环境、侵害众多消费者合法权益等损害社会公共利益的行为,根据民事诉讼法第五十五条规定提起公益诉讼,符合下列条件的,人民法院应当受理:

(一)有明确的被告;

(二)有具体的诉讼请求;

(三)有社会公共利益受到损害的初步证据;

(四)属于人民法院受理民事诉讼的范围和受诉人民法院管辖。

◆ **管辖权争议协商信息**

与本院争议法院	(可以有多个)
自行协商结果❶	01. 商定由本院审理 02. 商定由其他法院审理 03. 协商不成

续表

协商日期	
指定管辖案件案号	

❶ 自行协商结果

《民事诉讼法解释》(2015 年)

第四十条　依照民事诉讼法第三十七条第二款规定,发生管辖权争议的两个人民法院因协商不成报请它们的共同上级人民法院指定管辖时,双方为同属一个地、市辖区的基层人民法院的,由该地、市的中级人民法院及时指定管辖;同属一个省、自治区、直辖市的两个人民法院的,由该省、自治区、直辖市的高级人民法院及时指定管辖;双方为跨省、自治区、直辖市的人民法院,高级人民法院协商不成的,由最高人民法院及时指定管辖。

依照前款规定报请上级人民法院指定管辖时,应当逐级进行。

◆ **管辖异议审查信息**

提出管辖异议被告	
管辖异议类型	01. 地域管辖 02. 级别管辖 03. 仲裁与司法管辖 04. 专属管辖 (可多选)
提出异议日期	
审查意见❶	01. 裁定移送有管辖权法院 02. 裁定驳回管辖异议 03. 撤回管辖异议 04. 不予审查 05. 因准予撤诉不再审查
审定日期	
管辖上诉案件案号	

① 审查意见

《民事诉讼法》(2012 年)

第一百二十七条　人民法院受理案件后,当事人对管辖权有异议的,应当在提交答辩状期间提出。人民法院对当事人提出的异议,应当审查。异议成立的,裁定将案件移送有管辖权的人民法院;异议不成立的,裁定驳回。

当事人未提出管辖异议,并应诉答辩的,视为受诉人民法院有管辖权,但违反级别管辖和专属管辖规定的除外。

《民事诉讼法解释》(2015 年)

第三十九条　人民法院对管辖异议审查后确定有管辖权的,不因当事人提起反诉、增加或者变更诉讼请求等改变管辖,但违反级别管辖、专属管辖规定的除外。

人民法院发回重审或者按第一审程序再审的案件,当事人提出管辖异议的,人民法院不予审查。

第二百二十三条　当事人在提交答辩状期间提出管辖异议,又针对起诉状的内容进行答辩的,人民法院应当依照民事诉讼法第一百二十七条第一款的规定,对管辖异议进行审查。

当事人未提出管辖异议,就案件实体内容进行答辩、陈述或者反诉的,可以认定为民事诉讼法第一百二十七条第二款规定的应诉答辩。

第二百七十八条　当事人对小额诉讼案件提出管辖异议的,人民法院应当作出裁定。裁定一经作出即生效。

最高人民法院《关于审理民事级别管辖异议案件若干问题的规定》(2010 年)

第二条　在管辖权异议裁定作出前,原告申请撤回起诉,受诉人民法院作出准予撤回起诉裁定的,对管辖权异议不再审查,并在裁定书中一并写明。

◆ 诉讼请求变化信息

诉求变化类型❶	01. 增加诉讼请求 02. 放弃部分诉讼请求 03. 变更诉讼请求
申请日期	
审查意见	01. 准许 02. 不准许

续表

变化后标的数额	
审定日期	

❶ 诉求变化类型

《民事诉讼法》(2012 年)

第五十一条　原告可以放弃或者变更诉讼请求。被告可以承认或者反驳诉讼请求,有权提起反诉。

第一百四十条　原告增加诉讼请求,被告提出反诉,第三人提出与本案有关的诉讼请求,可以合并审理。

《民事诉讼法解释》(2015 年)

第二百三十二条　在案件受理后,法庭辩论结束前,原告增加诉讼请求,被告提出反诉,第三人提出与本案有关的诉讼请求,可以合并审理的,人民法院应当合并审理。

最高人民法院《关于适用〈中华人民共和国民事诉讼法〉审判监督程序若干问题的解释》(2008 年)

第三十三条第二款　经再审裁定撤销原判决,发回重审后,当事人增加诉讼请求的,人民法院依照民事诉讼法第一百二十六条的规定处理。

◈ 附加诉讼审查信息

附加诉讼类型❶	01. 被告反诉 02. 有独立请求权第三人提出诉讼请求 03. 与本案并案审理的其他民事诉讼
附加诉讼提起日期	
附加诉讼标的数额	
并入诉讼案件案号	(被本案合并审理的其他民事诉讼案件案号)
审查意见❷	01. 决定并案审理 02. 不予受理
审定日期	

① 附加诉讼类型

《民事诉讼法》（2012 年）

第五十六条第一款　对当事人双方的诉讼标的，第三人认为有独立请求权的，有权提起诉讼。

第一百四十条　原告增加诉讼请求，被告提出反诉，第三人提出与本案有关的诉讼请求，可以合并审理。

《民事诉讼法解释》（2015 年）

第二百三十二条　在案件受理后，法庭辩论结束前，原告增加诉讼请求，被告提出反诉，第三人提出与本案有关的诉讼请求，可以合并审理的，人民法院应当合并审理。

第二百五十一条　二审裁定撤销一审判决发回重审的案件，当事人申请变更、增加诉讼请求或者提出反诉，第三人提出与本案有关的诉讼请求的，依照民事诉讼法第一百四十条规定处理。

第二百五十二条　再审裁定撤销原判决、裁定发回重审的案件，当事人申请变更、增加诉讼请求或者提出反诉，符合下列情形之一的，人民法院应当准许：

（一）原审未合法传唤缺席判决，影响当事人行使诉讼权利的；

（二）追加新的诉讼当事人的；

（三）诉讼标的物灭失或者发生变化致使原诉讼请求无法实现的；

（四）当事人申请变更、增加的诉讼请求或者提出的反诉，无法通过另诉解决的。

《海事诉讼特别程序法》（1999 年）

第九十一条　当事人就同一海损事故向受理共同海损案件的海事法院提起非共同海损的诉讼，以及对共同海损分摊向责任人提起追偿诉讼的，海事法院可以合并审理。

② 审查意见

《民事诉讼法解释》（2015 年）

第二百三十三条　反诉的当事人应当限于本诉的当事人的范围。

反诉与本诉的诉讼请求基于相同法律关系、诉讼请求之间具有因果关系，或者反诉与本诉的诉讼请求基于相同事实的，人民法院应当合并审理。

反诉应由其他人民法院专属管辖，或者与本诉的诉讼标的及诉讼请求所依据的事实、理由无关联的，裁定不予受理，告知另行起诉。

◈ **附加诉讼并案审理后中间处理信息**

处理方式❶	01. 撤诉 02. 按撤诉处理 03. 调解 04. 反诉当事人案件地位反转 05. 有独立请求权第三人转为原告
按撤诉处理事由	01. 经传票传唤,无正当理由拒不到庭 02. 未经许可中途退庭 03. 未按期预交案件受理费
处理日期	

❶ 处理方式

《民事诉讼法解释》(2015 年)

第二百三十六条　有独立请求权的第三人经人民法院传票传唤,无正当理由拒不到庭的,或者未经法庭许可中途退庭的,比照民事诉讼法第一百四十三条的规定,按撤诉处理。

第二百三十七条　有独立请求权的第三人参加诉讼后,原告申请撤诉,人民法院在准许原告撤诉后,有独立请求权的第三人作为另案原告,原案原告、被告作为另案被告,诉讼继续进行。

第二百三十八条　当事人申请撤诉或者依法可以按撤诉处理的案件,如果当事人有违反法律的行为需要依法处理的,人民法院可以不准许撤诉或者不按撤诉处理。

法庭辩论终结后原告申请撤诉,被告不同意的,人民法院可以不予准许。

第二百三十九条　人民法院准许本诉原告撤诉的,应当对反诉继续审理;被告申请撤回反诉的,人民法院应予准许。

◈ **审理程序信息**

适用程序❶	01. 普通程序 02. 简易程序(非小额诉讼) 03. 简易程序(小额诉讼)

续表

简易程序适用方式❷	01. 依职权适用 02. 依当事人约定适用
不适用简易程序事由❸	01. 起诉时被告下落不明 02. 发回重审 03. 当事人一方人数众多 04. 涉及国家利益、社会公共利益 05. 第三人起诉请求改变或者撤销生效判决、裁定、调解书 06. 重大疑难案件 07. 双方争议较大 08. 法律规定应当适用特别程序、审判监督程序、督促程序、公示催告程序和企业法人破产还债程序 255. 人民法院认为不宜适用简易程序进行审理的其他情形
是否派出法庭审理	01. 是　02. 否
变更适用程序类型	01. 普通程序 02. 简易程序(非小额诉讼)
转为普通程序事由❹	01. 第三人起诉请求改变或者撤销生效判决、裁定、调解书 02. 当事人对适用简易程序提出的异议成立 03. 原告提供了被告准确的送达地址,但人民法院无法向被告直接送达或者留置送达应诉通知书 04. 涉及国家利益、社会公共利益 05. 当事人一方人数众多 06. 案情疑难复杂 255. 应适用普通程序的其他情形
转为简易程序(非小额诉讼)事由❺	01. 诉讼请求或当事人变化致使案件不再符合一审终审条件 02. 当事人对适用简易程序提出的异议成立
裁定日期❻	

❶ 适用程序

《民事诉讼法》(2012 年)

第一百六十二条　基层人民法院和它派出的法庭审理符合本法第一百五十七条第一款规定的简单的民事案件,标的额为各省、自治区、直辖市上年度就业人员年平均工资百分之三十以下的,实行一审终审。

《民事诉讼法解释》(2015 年)

第二百七十一条　人民法院审理小额诉讼案件,适用民事诉讼法第一百六十二条的规定,实行一审终审。

第二百七十二条　民事诉讼法第一百六十二条规定的各省、自治区、直辖市上年度就业人员年平均工资,是指已经公布的各省、自治区、直辖市上一年度就业人员年平均工资。在上一年度就业人员年平均工资公布前,以已经公布的最近年度就业人员年平均工资为准。

第二百七十三条　海事法院可以审理海事、海商小额诉讼案件。案件标的额应当以实际受理案件的海事法院或者其派出法庭所在的省、自治区、直辖市上年度就业人员年平均工资百分之三十为限。

❷ 简易程序适用方式

《民事诉讼法》(2012 年)

第一百五十七条　基层人民法院和它派出的法庭审理事实清楚、权利义务关系明确、争议不大的简单的民事案件,适用本章规定。

基层人民法院和它派出的法庭审理前款规定以外的民事案件,当事人双方也可以约定适用简易程序。

❸ 不适用简易程序事由

《民事诉讼法解释》(2015 年)

第二百五十六条　民事诉讼法第一百五十七条规定的简单民事案件中的事实清楚,是指当事人对争议的事实陈述基本一致,并能提供相应的证据,无须人民法院调查收集证据即可查明事实;权利义务关系明确是指能明确区分谁是责任的承担者,谁是权利的享有者;争议不大是指当事人对案件的是非、责任承担以及诉讼标的争执无原则分歧。

第二百五十七条　下列案件,不适用简易程序:

(一)起诉时被告下落不明的;

(二)发回重审的;

(三)当事人一方人数众多的;

(四)适用审判监督程序的;

(五)涉及国家利益、社会公共利益的;

(六)第三人起诉请求改变或者撤销生效判决、裁定、调解书的;

(七)其他不宜适用简易程序的案件。

④ 转为普通程序事由

《民事诉讼法解释》(2015 年)

第二百六十九条　当事人就案件适用简易程序提出异议,人民法院经审查,异议成立的,裁定转为普通程序;异议不成立的,口头告知当事人,并记入笔录。

转为普通程序的,人民法院应当将合议庭组成人员及相关事项以书面形式通知双方当事人。

转为普通程序前,双方当事人已确认的事实,可以不再进行举证、质证。

最高人民法院《关于适用简易程序审理民事案件的若干规定》(2003 年)

第三条　当事人就适用简易程序提出异议,人民法院认为异议成立的,或者人民法院在审理过程中发现不宜适用简易程序的,应当将案件转入普通程序审理。

第八条　人民法院按照原告提供的被告的送达地址或者其他联系方式无法通知被告应诉的,应当按以下情况分别处理:

(一)原告提供了被告准确的送达地址,但人民法院无法向被告直接送达或者留置送达应诉通知书的,应当将案件转入普通程序审理;

(二)原告不能提供被告准确的送达地址,人民法院经查证后仍不能确定被告送达地址的,可以被告不明确为由裁定驳回原告起诉。

⑤ 转为简易程序(非小额诉讼)事由

《民事诉讼法解释》(2015 年)

第二百八十条　因当事人申请增加或者变更诉讼请求、提出反诉、追加当事人等,致使案件不符合小额诉讼案件条件的,应当适用简易程序的其他规定审理。

前款规定案件,应当适用普通程序审理的,裁定转为普通程序。

适用简易程序的其他规定或者普通程序审理前,双方当事人已确认的事实,可以不再进行举证、质证。

第二百八十一条　当事人对按照小额诉讼案件审理有异议的，应当在开庭前提出。人民法院经审查，异议成立的，适用简易程序的其他规定审理；异议不成立的，告知当事人，并记入笔录。

⑥ 裁定日期

《民事诉讼法》（2012年）

第一百六十三条　人民法院在审理过程中，发现案件不宜适用简易程序的，裁定转为普通程序。

《民事诉讼法解释》（2015年）

第二百五十八条　适用简易程序审理的案件，审理期限到期后，双方当事人同意继续适用简易程序的，由本院院长批准，可以延长审理期限。延长后的审理期限累计不得超过六个月。

人民法院发现案情复杂，需要转为普通程序审理的，应当在审理期限届满前作出裁定并将合议庭组成人员及相关事项书面通知双方当事人。

案件转为普通程序审理的，审理期限自人民法院立案之日计算。

◆ 先行审判信息

先行判决日期❶	
判决书	（文本）

① 先行判决日期

《民事诉讼法》（2012年）

第一百五十三条　人民法院审理案件，其中一部分事实已经清楚，可以就该部分先行判决。

◆ 结案信息

结案方式❶	01. 判决 02. 不予受理 03. 驳回起诉 04. 准予撤诉 05. 按撤诉处理

续表

结案方式❶	06. 调解 07. 裁定移送其他法院管辖 08. 被上级法院提级管辖 09. 移交下级法院管辖 10. 被指定其他法院管辖 11. 裁定适用生效裁判 12. 与本院其他案件并案审理 13. 转为督促程序且支付令生效 14. 终结 15. 不予登记立案
管辖案件案号	(指导致本案管辖发生改变的案件案号)
指定审理法院	
受移送法院	
是否据调解制作判决❷	01. 是　02. 否
按撤诉处理事由❸	01. 经传票传唤,无正当理由拒不到庭 02. 未经许可中途退庭 03. 未按期预交案件受理费
结案案由	
终结事由❹	01. 原告死亡,没有继承人,或者继承人放弃诉讼权利的 02. 被告死亡,没有遗产,也没有应当承担义务的人的 03. 离婚案件的一方当事人死亡的 04. 追索赡养费、扶养费、抚育费以及解除收养关系案件的一方当事人死亡的
驳回起诉事由❺	01. 当事人达成书面仲裁协议 02. 不属于本院管辖 03. 对判决、裁定、调解书已经发生法律效力的案件,当事人又起诉

续表

驳回起诉事由❺	04. 在一定期限内不得起诉的案件,在不得起诉的期限内起诉的 05. 不属于民事诉讼受理的范围 06. 原告主体资格不适格 07. 被告主体资格不适格 08. 无具体诉讼请求、事实和理由 09. 争议事项已由其他法院立案审理 10. 再审中撤回起诉又重新起诉的 11. 所诉劳动争议仲裁裁决为终局裁决 12. 被告或第三人属外交豁免人员 13. 与人民法院已受理当事人申请认可或执行港澳特区、台湾地区法院所作判决属同一诉讼 14. 适用不方便法院原则 255. 其他
案外人参与调解	01. 无 02. 参与并涉及权利义务 03. 参与但不涉及权利义务
人民调解组织是否参与调解	01. 是　02. 否
是否为一审终审	01. 是　02. 否
一审终审诉讼类型	01. 小额诉讼 02. 仲裁协议效力确认之诉 03. 海事债权确权诉讼
结案日期	
结案文书	

❶ 结案方式

《民事诉讼法》(2012 年)

第三十六条　人民法院发现受理的案件不属于本院管辖的,应当移送有管辖权的人民法院,受移送的人民法院应当受理。受移送的人民法院认为受移送的案件依照规定不属于本院管辖的,应当报请上级人民法院指定管辖,不得再自行移送。

第五十四条第四款　人民法院作出的判决、裁定,对参加登记的全体权利人发生效力。未参加登记的权利人在诉讼时效期间提起诉讼的,适用该判决、裁定。

第一百二十三条　人民法院应当保障当事人依照法律规定享有的起诉权利。对符合本法第一百一十九条的起诉,必须受理。符合起诉条件的,应当在七日内立案,并通知当事人;不符合起诉条件的,应当在七日内作出裁定书,不予受理;原告对裁定不服的,可以提起上诉。

第一百三十三条　人民法院对受理的案件,分别情形,予以处理:

(一)当事人没有争议,符合督促程序规定条件的,可以转入督促程序;

(二)开庭前可以调解的,采取调解方式及时解决纠纷;

(三)根据案件情况,确定适用简易程序或者普通程序;

(四)需要开庭审理的,通过要求当事人交换证据等方式,明确争议焦点。

《民事诉讼法解释》(2015 年)

第三十五条　当事人在答辩期间届满后未应诉答辩,人民法院在一审开庭前,发现案件不属于本院管辖的,应当裁定移送有管辖权的人民法院。

第三十六条　两个以上人民法院都有管辖权的诉讼,先立案的人民法院不得将案件移送给另一个有管辖权的人民法院。人民法院在立案前发现其他有管辖权的人民法院已先立案的,不得重复立案;立案后发现其他有管辖权的人民法院已先立案的,裁定将案件移送给先立案的人民法院。

第二百零八条　人民法院接到当事人提交的民事起诉状时,对符合民事诉讼法第一百一十九条的规定,且不属于第一百二十四条规定情形的,应当登记立案;对当场不能判定是否符合起诉条件的,应当接收起诉材料,并出具注明收到日期的书面凭证。

需要补充必要相关材料的,人民法院应当及时告知当事人。在补齐相关材料后,应当在七日内决定是否立案。

立案后发现不符合起诉条件或者属于民事诉讼法第一百二十四条规定情形的,裁定驳回起诉。

第二百三十七条　有独立请求权的第三人参加诉讼后,原告申请撤诉,人民法院在准许原告撤诉后,有独立请求权的第三人作为另案原告,原案原告、被告作为另案被告,诉讼继续进行。

第二百三十八条　当事人申请撤诉或者依法可以按撤诉处理的案件，如果当事人有违反法律的行为需要依法处理的，人民法院可以不准许撤诉或者不按撤诉处理。

法庭辩论终结后原告申请撤诉，被告不同意的，人民法院可以不予准许。

第二百三十九条　人民法院准许本诉原告撤诉的，应当对反诉继续审理；被告申请撤回反诉的，人民法院应予准许。

第二百七十九条　人民法院受理小额诉讼案件后，发现起诉不符合民事诉讼法第一百一十九条规定的起诉条件的，裁定驳回起诉。裁定一经作出即生效。

《执行程序解释》(2009 年)

第二十六条　债权人或者被执行人对分配方案提出书面异议的，执行法院应当通知未提出异议的债权人或被执行人。

未提出异议的债权人、被执行人收到通知之日起十五日内未提出反对意见的，执行法院依异议人的意见对分配方案审查修正后进行分配；提出反对意见的，应当通知异议人。异议人可以自收到通知之日起十五日内，以提出反对意见的债权人、被执行人为被告，向执行法院提起诉讼；异议人逾期未提起诉讼的，执行法院依原分配方案进行分配。

诉讼期间进行分配的，执行法院应当将与争议债权数额相应的款项予以提存。

最高人民法院《关于人民法院登记立案若干问题的规定》(2015 年)

第六条　当事人提出起诉、自诉的，应当提交以下材料：

(一)起诉人、自诉人是自然人的，提交身份证明复印件；起诉人、自诉人是法人或者其他组织的，提交营业执照或者组织机构代码证复印件、法定代表人或者主要负责人身份证明书；法人或者其他组织不能提供组织机构代码的，应当提供组织机构被注销的情况说明；

(二)委托起诉或者代为告诉的，应当提交授权委托书、代理人身份证明、代为告诉人身份证明等相关材料；

(三)具体明确的足以使被告或者被告人与他人相区别的姓名或者名称、住所等信息；

(四)起诉状原本和与被告或者被告人及其他当事人人数相符的副本；

(五)与诉请相关的证据或者证明材料。

第七条　当事人提交的诉状和材料不符合要求的，人民法院应当一次性书面告知在指定期限内补正。

当事人在指定期限内补正的,人民法院决定是否立案的期间,自收到补正材料之日起计算。

当事人在指定期限内没有补正的,退回诉状并记录在册;坚持起诉、自诉的,裁定或者决定不予受理、不予立案。

经补正仍不符合要求的,裁定或者决定不予受理、不予立案。

《海事诉讼特别程序法解释》(2003 年)

第八十九条　在债权登记前,债权人已向受理债权登记的海事法院以外的海事法院起诉的,受理案件的海事法院应当将案件移送至登记债权的海事法院一并审理,但案件已经进入二审的除外。

最高人民法院《关于审理海事赔偿责任限制相关纠纷案件的若干规定》(2010 年)

第四条　海事赔偿责任限制基金设立后,设立基金的海事法院对海事请求人就与海事事故相关纠纷向责任人提起的诉讼具有管辖权。

海事请求人向其他海事法院提起诉讼的,受理案件的海事法院应当依照民事诉讼法的规定,将案件移送设立海事赔偿责任限制基金的海事法院,但当事人之间订有诉讼管辖协议的除外。

② 是否据调解制作判决

《民事诉讼法解释》(2015 年)

第五百三十条　涉外民事诉讼中,经调解双方达成协议,应当制发调解书。当事人要求发给判决书的,可以依协议的内容制作判决书送达当事人。

③ 按撤诉处理事由

《民事诉讼法》(2012 年)

第一百四十三条　原告经传票传唤,无正当理由拒不到庭的,或者未经法庭许可中途退庭的,可以按撤诉处理;被告反诉的,可以缺席判决。

《民事诉讼法解释》(2015 年)

第二百一十三条　原告应当预交而未预交案件受理费,人民法院应当通知其预交,通知后仍不预交或者申请减、缓、免未获批准而仍不预交的,裁定按撤诉处理。

④ 终结事由

《民事诉讼法》(2012 年)

第一百五十一条　有下列情形之一的,终结诉讼:

（一）原告死亡，没有继承人，或者继承人放弃诉讼权利的；

（二）被告死亡，没有遗产，也没有应当承担义务的人的；

（三）离婚案件一方当事人死亡的；

（四）追索赡养费、扶养费、抚育费以及解除收养关系案件的一方当事人死亡的。

⑤ 驳回起诉事由

《民事诉讼法解释》（2015 年）

第二百一十四条　原告撤诉或者人民法院按撤诉处理后，原告以同一诉讼请求再次起诉的，人民法院应予受理。

原告撤诉或者按撤诉处理的离婚案件，没有新情况、新理由，六个月内又起诉的，比照民事诉讼法第一百二十四条第七项的规定不予受理。

第二百一十六条　在人民法院首次开庭前，被告以有书面仲裁协议为由对受理民事案件提出异议的，人民法院应当进行审查。

经审查符合下列情形之一的，人民法院应当裁定驳回起诉：

（一）仲裁机构或者人民法院已经确认仲裁协议有效的；

（二）当事人没有在仲裁庭首次开庭前对仲裁协议的效力提出异议的；

（三）仲裁协议符合仲裁法第十六条规定且不具有仲裁法第十七条规定情形的。

第二百四十七条　当事人就已经提起诉讼的事项在诉讼过程中或者裁判生效后再次起诉，同时符合下列条件的，构成重复起诉：

（一）后诉与前诉的当事人相同；

（二）后诉与前诉的诉讼标的相同；

（三）后诉与前诉的诉讼请求相同，或者后诉的诉讼请求实质上否定前诉裁判结果。

当事人重复起诉的，裁定不予受理；已经受理的，裁定驳回起诉，但法律、司法解释另有规定的除外。

第二百四十八条　裁判发生法律效力后，发生新的事实，当事人再次提起诉讼的，人民法院应当依法受理。

第二百九十一条　公益诉讼案件的裁判发生法律效力后，其他依法具有原告资格的机关和有关组织就同一侵权行为另行提起公益诉讼的，人民法院裁定不予受理，但法律、司法解释另有规定的除外。

第五百三十二条　涉外民事案件同时符合下列情形的,人民法院可以裁定驳回原告的起诉,告知其向更方便的外国法院提起诉讼:

(一)被告提出案件应由更方便外国法院管辖的请求,或者提出管辖异议;

(二)当事人之间不存在选择中华人民共和国法院管辖的协议;

(三)案件不属于中华人民共和国法院专属管辖;

(四)案件不涉及中华人民共和国国家、公民、法人或者其他组织的利益;

(五)案件争议的主要事实不是发生在中华人民共和国境内,且案件不适用中华人民共和国法律,人民法院审理案件在认定事实和适用法律方面存在重大困难;

(六)外国法院对案件享有管辖权,且审理该案件更加方便。

《民事诉讼法》(2012 年)

第一百二十四条　人民法院对下列起诉,分别情形,予以处理:

……

(七)判决不准离婚和调解和好的离婚案件,判决、调解维持收养关系的案件,没有新情况、新理由,原告在六个月内又起诉的,不予受理。

030200 民事二审案件

◆ 收案信息

本案案号	
收案来源	01. 当事人上诉 02. 再审撤销按撤诉处理裁定并恢复二审程序 03. 再审发回重审
当事人	(姓名或名称)
当事人案件地位❶	01. 上诉人 02. 被上诉人 03. 原审原告 04. 原审被告 05. 原审第三人

续表

当事人案件地位❶	06. 原审申请人 07. 原审被申请人
上诉对象	01. 一审或适用一审程序再审的判决 02. 一审不予受理裁定 03. 一审或适用一审程序再审驳回起诉的裁定 04. 不予受理或驳回破产申请的裁定 05. 不予受理或驳回强制清算申请的裁定 06. 对请求变更当事人或者请求作为共同原告参加诉讼所作裁定 07. 准予或驳回设立海事赔偿责任限制基金裁定 08. 不予受理认可与执行台湾地区判决或仲裁裁决裁定 09. 确认代位受偿权利或驳回申请的裁定 10. 第三人撤销之诉的裁判 255. 其他依法可以上诉的民事裁判
收案日期	

❶ 当事人案件地位

《民事诉讼法解释》(2015 年)

第三百一十七条　双方当事人和第三人都提起上诉的,均列为上诉人。人民法院可以依职权确定第二审程序中当事人的诉讼地位。

第三百一十八条　民事诉讼法第一百六十六条、第一百六十七条规定的对方当事人包括被上诉人和原审其他当事人。

第三百一十九条　必要共同诉讼人的一人或者部分人提起上诉的,按下列情形分别处理:

(一)上诉仅对与对方当事人之间权利义务分担有意见,不涉及其他共同诉讼人利益的,对方当事人为被上诉人,未上诉的同一方当事人依原审诉讼地位列明;

(二)上诉仅对共同诉讼人之间权利义务分担有意见,不涉及对方当事人利益的,未上诉的同一方当事人为被上诉人,对方当事人依原审诉讼地位列明;

(三)上诉对双方当事人之间以及共同诉讼人之间权利义务承担有意见的,未提起上诉的其他当事人均为被上诉人。

《破产法》(2007 年)

第十二条　人民法院裁定不受理破产申请的,应当自裁定作出之日起五日内送达申请人并说明理由。申请人对裁定不服的,可以自裁定送达之日起十日内向上一级人民法院提起上诉。

人民法院受理破产申请后至破产宣告前,经审查发现债务人不符合本法第二条规定情形的,可以裁定驳回申请。申请人对裁定不服的,可以自裁定送达之日起十日内向上一级人民法院提起上诉。

最高人民法院《关于审理公司强制清算案件工作座谈会纪要》(2009 年)

16. 人民法院裁定不予受理或者驳回受理申请,申请人不服的,可以向上一级人民法院提起上诉。

最高人民法院《关于审理船舶油污损害赔偿纠纷案件若干问题的规定》(2011 年)

第二十九条　在油污损害赔偿责任限制基金分配以前,船舶所有人、船舶油污损害责任保险人或者财务保证人,已先行赔付油污损害的,可以书面申请从基金中代位受偿。代位受偿应限于赔付的范围,并不超过接受赔付的人依法可获得的赔偿数额。

海事法院受理代位受偿申请后,应书面通知所有对油污损害赔偿责任限制基金提出主张的利害关系人。利害关系人对申请人主张代位受偿的权利有异议的,应在收到通知之日起十五日内书面提出。

海事法院经审查认定申请人代位受偿权利成立,应裁定予以确认;申请人主张代位受偿的权利缺乏事实或者法律依据的,裁定驳回其申请。当事人对裁定不服的,可以在收到裁定书之日起十日内提起上诉。

◈ 收案关联案号信息

一审案号❶	(含一审中请求变更当事人或者作为共同原告参加诉讼)
再审案件案号	
第三人撤销之诉案号❷	
破产案件案号❸	
强制清算案件案号❹	

续表

特别程序案号❺	（设立海事赔偿责任限制基金案件）
代位受偿所涉案件案号	
区际司法协助案件案号❻	

① 一审案号

《海事诉讼特别程序法》(1999 年)

第九十五条　保险人行使代位请求赔偿权利时,被保险人已经向造成保险事故的第三人提起诉讼的,保险人可以向受理该案的法院提出变更当事人的请求,代位行使被保险人对第三人请求赔偿的权利。

被保险人取得的保险赔偿不能弥补第三人造成的全部损失的,保险人和被保险人可以作为共同原告向第三人请求赔偿。

第一百零六条第三款　当事人对裁定不服的,可以在收到裁定书之日起七日内提起上诉。第二审人民法院应当在收到上诉状之日起十五日内作出裁定。

《海事诉讼特别程序法解释》(2003 年)

第六十六条　保险人依据海事诉讼特别程序法第九十五条的规定请求变更当事人或者请求作为共同原告参加诉讼的,海事法院应当予以审查并作出是否准予的裁定。当事人对裁定不服的,可以提起上诉。

② 第三人撤销之诉案号

《民事诉讼法解释》(2015 年)

第三百条　对第三人撤销或者部分撤销发生法律效力的判决、裁定、调解书内容的请求,人民法院经审理,按下列情形分别处理:

(一)请求成立且确认其民事权利的主张全部或部分成立的,改变原判决、裁定、调解书内容的错误部分;

(二)请求成立,但确认其全部或部分民事权利的主张不成立,或者未提出确认其民事权利请求的,撤销原判决、裁定、调解书内容的错误部分;

(三)请求不成立的,驳回诉讼请求。

对前款规定裁判不服的,当事人可以上诉。

原判决、裁定、调解书的内容未改变或者未撤销的部分继续有效。

③ 破产案件案号

《破产法》(2007 年)

第九条　人民法院受理破产申请前,申请人可以请求撤回申请。

第十二条　人民法院裁定不受理破产申请的,应当自裁定作出之日起五日内送达申请人并说明理由。申请人对裁定不服的,可以自裁定送达之日起十日内向上一级人民法院提起上诉。

人民法院受理破产申请后至破产宣告前,经审查发现债务人不符合本法第二条规定情形的,可以裁定驳回申请。申请人对裁定不服的,可以自裁定送达之日起十日内向上一级人民法院提起上诉。

④ 强制清算案件案号

最高人民法院《关于审理公司强制清算案件工作会谈纪要》(2009 年)

15. 人民法院受理强制清算申请后,经审查发现强制清算申请不符合法律规定的,可以裁定驳回强制清算申请。

16. 人民法院裁定不予受理或者驳回受理申请,申请人不服的,可以向上一级人民法院提起上诉。

⑤ 特别程序案号

《海事诉讼特别程序法》(1999 年)

第一百零六条　利害关系人对申请人申请设立海事赔偿责任限制基金有异议的,应当在收到通知之日起七日内或者未收到通知的在公告之日起三十日内,以书面形式向海事法院提出。

海事法院收到利害关系人提出的书面异议后,应当进行审查,在十五日内作出裁定。异议成立的,裁定驳回申请人的申请;异议不成立的,裁定准予申请人设立海事赔偿责任限制基金。

当事人对裁定不服的,可以在收到裁定书之日起七日内提起上诉。第二审人民法院应当在收到上诉状之日起十五日内作出裁定。

⑥ 区际司法协助案件案号

最高人民法院《关于认可和执行台湾地区法院民事判决的规定》(2015 年)

第八条　对于符合本规定第四条和第七条规定条件的申请,人民法院应当在收到申请后七日内立案,并通知申请人和被申请人,同时将申请书送达被申请人;不符合本规定第四条和第七条规定条件的，应当在七日内裁定不予受理，同时说明不予受理的理由；申请人对裁定不服的，可以提起上诉。

最高人民法院《关于认可和执行台湾地区仲裁裁决的规定》（2015 年）

第八条　对于符合本规定第四条和第七条规定条件的申请，人民法院应当在收到申请后七日内立案，并通知申请人和被申请人，同时将申请书送达被申请人；不符合本规定第四条和第七条规定条件的，应当在七日内裁定不予受理，同时说明不予受理的理由；申请人对裁定不服的，可以提起上诉。

◈ 结案信息

结案方式❶	01. 维持 02. 仅撤销第三人撤销之诉判决 03. 改判（含变更原判决） 04. 准予撤回上诉 05. 调解 06. 撤销原判并驳回起诉 07. 发回重审 08. 撤销原判并裁定移送其他法院管辖 09. 按撤回上诉处理 10. 准予撤回起诉并撤销一审判决 11. 撤销原裁定并指令审理 12. 撤销原裁定并指令受理 13. 撤销原裁定并准予申请 14. 撤销原裁定并不准予申请 15. 撤销原裁定并确认代位受偿权利 16. 撤销原裁定并驳回代位受偿申请 17. 终结
发回重审事由❷	01. 审判组织的组成不合法 02. 应当回避的审判人员未回避 03. 无诉讼行为能力人未经法定代理人代为诉讼 04. 违法剥夺当事人辩论权利

续表

发回重审事由❷	05. 遗漏一审诉讼请求且调解不成 06. 遗漏必须参加诉讼的当事人 07. 违法缺席判决 08. 原判决认定基本事实不清 09. 二审认为应当判决离婚,财产和子女抚养问题不能达成调解 255. 其他
按撤诉处理事由❸	01. 经传票传唤,无正当理由拒不到庭 02. 未经许可中途退庭 03. 未按期预交案件受理费
终结事由❹	01. 原审原告死亡,没有继承人,或者继承人放弃诉讼权利的 02. 原审被告死亡,没有遗产,也没有应当承担义务的人的 03. 离婚案件的一方当事人死亡的 04. 追索赡养费、扶养费、抚育费以及解除收养关系案件的一方当事人死亡的 255. 其他
结案日期	
结案文书	(文本)

❶ 结案方式

《民事诉讼法》(2012 年)

第一百七十二条　第二审人民法院审理上诉案件,可以进行调解。调解达成协议,应当制作调解书,由审判人员、书记员署名,加盖人民法院印章。调解书送达后,原审人民法院的判决即视为撤销。

第一百七十三条　第二审人民法院判决宣告前,上诉人申请撤回上诉的,是否准许,由第二审人民法院裁定。

《民事诉讼法解释》(2015 年)

第三百三十条　人民法院依照第二审程序审理案件,认为依法不应由人民法院受理的,可以由第二审人民法院直接裁定撤销原裁判,驳回起诉。

第三百三十一条　人民法院依照第二审程序审理案件,认为第一审人民法院受理案件违反专属管辖规定的,应当裁定撤销原裁判并移送有管辖权的人民法院。

第三百三十二条　第二审人民法院查明第一审人民法院作出的不予受理裁定有错误的,应当在撤销原裁定的同时,指令第一审人民法院立案受理;查明第一审人民法院作出的驳回起诉裁定有错误的,应当在撤销原裁定的同时,指令第一审人民法院审理。

第三百三十八条　在第二审程序中,原审原告申请撤回起诉,经其他当事人同意,且不损害国家利益、社会公共利益、他人合法权益的,人民法院可以准许。准许撤诉的,应当一并裁定撤销一审裁判。

原审原告在第二审程序中撤回起诉后重复起诉的,人民法院不予受理。

《海事诉讼特别程序法》(1999 年)

第九十五条　保险人行使代位请求赔偿权利时,被保险人已经向造成保险事故的第三人提起诉讼的,保险人可以向受理该案的法院提出变更当事人的请求,代位行使被保险人对第三人请求赔偿的权利。

被保险人取得的保险赔偿不能弥补第三人造成的全部损失的,保险人和被保险人可以作为共同原告向第三人请求赔偿。

第一百零六条　利害关系人对申请人申请设立海事赔偿责任限制基金有异议的,应当在收到通知之日起七日内或者未收到通知的在公告之日起三十日内,以书面形式向海事法院提出。

海事法院收到利害关系人提出的书面异议后,应当进行审查,在十五日内作出裁定。异议成立的,裁定驳回申请人的申请;异议不成立的,裁定准予申请人设立海事赔偿责任限制基金。

当事人对裁定不服的,可以在收到裁定书之日起七日内提起上诉。第二审人民法院应当在收到上诉状之日起十五日内作出裁定。

《海事诉讼特别程序法解释》(2003 年)

第六十六条　保险人依据海事诉讼特别程序法第九十五条的规定请求变更当事人或者请求作为共同原告参加诉讼的,海事法院应当予以审查并作出是否准予的裁定。当事人对裁定不服的,可以提起上诉。

最高人民法院《关于审理船舶油污损害赔偿纠纷案件若干问题的规定》(2011年)

第二十九条　在油污损害赔偿责任限制基金分配以前,船舶所有人、船舶油污损害责任保险人或者财务保证人,已先行赔付油污损害的,可以书面申请从基金中代位受偿。代位受偿应限于赔付的范围,并不超过接受赔付的人依法可获得的赔偿数额。

海事法院受理代位受偿申请后,应书面通知所有对油污损害赔偿责任限制基金提出主张的利害关系人。利害关系人对申请人主张代位受偿的权利有异议的,应在收到通知之日起十五日内书面提出。

海事法院经审查认定申请人代位受偿权利成立,应裁定予以确认;申请人主张代位受偿的权利缺乏事实或者法律依据的,裁定驳回其申请。当事人对裁定不服的,可以在收到裁定书之日起十日内提起上诉。

② 发回重审事由

《民事诉讼法》(2012年)

第一百七十条　第二审人民法院对上诉案件,经过审理,按照下列情形,分别处理:

(一)原判决、裁定认定事实清楚,适用法律正确的,以判决、裁定方式驳回上诉,维持原判决、裁定;

(二)原判决、裁定认定事实错误或者适用法律错误的,以判决、裁定方式依法改判、撤销或者变更;

(三)原判决认定基本事实不清的,裁定撤销原判决,发回原审人民法院重审,或者查清事实后改判;

(四)原判决遗漏当事人或者违法缺席判决等严重违反法定程序的,裁定撤销原判决,发回原审人民法院重审。

原审人民法院对发回重审的案件作出判决后,当事人提起上诉的,第二审人民法院不得再次发回重审。

《民事诉讼法解释》(2015年)

第三百二十五条　下列情形,可以认定为民事诉讼法第一百七十条第一款第四项规定的严重违反法定程序:

(一)审判组织的组成不合法的;

（二）应当回避的审判人员未回避的；

（三）无诉讼行为能力人未经法定代理人代为诉讼的；

（四）违法剥夺当事人辩论权利的。

第三百二十六条　对当事人在第一审程序中已经提出的诉讼请求，原审人民法院未作审理、判决的，第二审人民法院可以根据当事人自愿的原则进行调解；调解不成的，发回重审。

第三百二十七条　必须参加诉讼的当事人或者有独立请求权的第三人，在第一审程序中未参加诉讼，第二审人民法院可以根据当事人自愿的原则予以调解；调解不成的，发回重审。

第三百二十九条　一审判决不准离婚的案件，上诉后，第二审人民法院认为应当判决离婚的，可以根据当事人自愿的原则，与子女抚养、财产问题一并调解；调解不成的，发回重审。

③ 按撤诉处理事由

《民事诉讼法》（2012 年）

第一百四十三条　原告经传票传唤，无正当理由拒不到庭的，或者未经法庭许可中途退庭的，可以按撤诉处理；被告反诉的，可以缺席判决。

《民事诉讼法解释》（2015 年）

第三百二十条　一审宣判时或者判决书、裁定书送达时，当事人口头表示上诉的，人民法院应告知其必须在法定上诉期间内递交上诉状。未在法定上诉期间内递交上诉状的，视为未提起上诉。虽递交上诉状，但未在指定的期限内交纳上诉费的，按自动撤回上诉处理。

④ 终结事由

《民事诉讼法》（2012 年）

第一百五十一条　有下列情形之一的，终结诉讼：

（一）原告死亡，没有继承人，或者继承人放弃诉讼权利的；

（二）被告死亡，没有遗产，也没有应当承担义务的人的；

（三）离婚案件一方当事人死亡的；

（四）追索赡养费、扶养费、抚育费以及解除收养关系案件的一方当事人死亡的。

030300 民事审判监督案件

030301 民事依职权再审审查案件

◈ 收案信息

本案案号	
收案来源	依职权审查
审查动因❶	01. 发现本院生效裁判错误 02. 发现下级法院生效裁判错误 03. 检察院提出建议
生效裁判案号	
检察机关名称	
检察建议文号	
收案日期	(依职权启动审查或收到检察建议日期)

❶ 审查动因

《民事诉讼法》(2012 年)

第一百九十八条　各级人民法院院长对本院已经发生法律效力的判决、裁定、调解书,发现确有错误,认为需要再审的,应当提交审判委员会讨论决定。

最高人民法院对地方各级人民法院已经发生法律效力的判决、裁定、调解书,上级人民法院对下级人民法院已经发生法律效力的判决、裁定、调解书,发现确有错误的,有权提审或者指令下级人民法院再审。

第二百零八条　最高人民检察院对各级人民法院已经发生法律效力的判决、裁定,上级人民检察院对下级人民法院已经发生法律效力的判决、裁定,发现有本法第二百条规定情形之一的,或者发现调解书损害国家利益、社会公共利益的,应当提出抗诉。

地方各级人民检察院对同级人民法院已经发生法律效力的判决、裁定,发现有本法第二百条规定情形之一的,或者发现调解书损害国家利益、社会公共利益的,可以向同级人民法院提出检察建议,并报上级人民检察院备案;也可以提请上级人民检察院向同级人民法院提出抗诉。

各级人民检察院对审判监督程序以外的其他审判程序中审判人员的违法行为，有权向同级人民法院提出检察建议。

《民事诉讼法解释》（2015 年）

第四百一十三条　人民检察院依法对损害国家利益、社会公共利益的发生法律效力的判决、裁定、调解书提出抗诉，或者经人民检察院检察委员会讨论决定提出再审检察建议的，人民法院应予受理。

第四百一十四条　人民检察院对已经发生法律效力的判决以及不予受理、驳回起诉的裁定依法提出抗诉的，人民法院应予受理，但适用特别程序、督促程序、公示催告程序、破产程序以及解除婚姻关系的判决、裁定等不适用审判监督程序的判决、裁定除外。

第四百一十五条　人民检察院依照民事诉讼法第二百零九条第一款第三项规定对有明显错误的再审判决、裁定提出抗诉或者再审检察建议的，人民法院应予受理。

◈ 结案信息

结案方式❶	01. 本院决定再审 02. 本院提审 03. 指令原审法院再审 04. 指定其他法院再审 05. 决定不予再审 06. 终结 255. 其他
再审事由❷	01. 有新的证据，足以推翻原判决、裁定的 02. 原判决、裁定认定的基本事实缺乏证据证明的 03. 原判决、裁定认定事实的主要证据是伪造的 04. 原判决、裁定认定事实的主要证据未经质证的 05. 对审理案件需要的主要证据，当事人因客观原因不能自行收集，书面申请人民法院调查收集，人民法院未调查收集的

续表

再审事由❷	06. 原判决、裁定适用法律确有错误的 07. 审判组织的组成不合法或者依法应当回避的审判人员没有回避的 08. 无诉讼行为能力人未经法定代理人代为诉讼或者应当参加诉讼的当事人,因不能归责于本人或者其诉讼代理人的事由,未参加诉讼的 09. 违反法律规定,剥夺当事人辩论权利的 10. 未经传票传唤,缺席判决的 11. 原判决、裁定遗漏或者超出诉讼请求的 12. 据以作出原判决、裁定的法律文书被撤销或者变更的 13. 审判人员审理该案件时有贪污受贿,徇私舞弊,枉法裁判行为的 14. 调解书损害国家利益、社会公共利益的 255. 其他
结案日期	
结案文书	

❶ 结案方式

《民事诉讼法解释》(2015 年)

第四百一十九条　人民法院收到再审检察建议后,应当组成合议庭,在三个月内进行审查,发现原判决、裁定、调解书确有错误,需要再审的,依照民事诉讼法第一百九十八条规定裁定再审,并通知当事人;经审查,决定不予再审的,应当书面回复人民检察院。

《民事诉讼法》(2012 年)

第一百九十八条第一款　各级人民法院院长对本院已经发生法律效力的判决、裁定、调解书,发现确有错误,认为需要再审的,应当提交审判委员会讨论决定。

❷ 再审事由

《民事诉讼法》(2012 年)

第二百条　当事人的申请符合下列情形之一的,人民法院应当再审:

（一）有新的证据，足以推翻原判决、裁定的；

（二）原判决、裁定认定的基本事实缺乏证据证明的；

（三）原判决、裁定认定事实的主要证据是伪造的；

（四）原判决、裁定认定事实的主要证据未经质证的；

（五）对审理案件需要的主要证据，当事人因客观原因不能自行收集，书面申请人民法院调查收集，人民法院未调查收集的；

（六）原判决、裁定适用法律确有错误的；

（七）审判组织的组成不合法或者依法应当回避的审判人员没有回避的；

（八）无诉讼行为能力人未经法定代理人代为诉讼或者应当参加诉讼的当事人，因不能归责于本人或者其诉讼代理人的事由，未参加诉讼的；

（九）违反法律规定，剥夺当事人辩论权利的；

（十）未经传票传唤，缺席判决的；

（十一）原判决、裁定遗漏或者超出诉讼请求的；

（十二）据以作出原判决、裁定的法律文书被撤销或者变更的；

（十三）审判人员审理该案件时有贪污受贿，徇私舞弊，枉法裁判行为的。

第二百零一条　当事人对已经发生法律效力的调解书，提出证据证明调解违反自愿原则或者调解协议的内容违反法律的，可以申请再审。经人民法院审查属实的，应当再审。

030302 民事申请再审审查案件

◈ 收案信息

本案案号	
收案来源	申请再审
再审申请人	（姓名或名称）
申请人类型❶	01. 原审当事人 02. 原审当事人权利义务继受人 03. 判决、调解确认的债权受让人 04. 案外人
被申请人	（姓名或名称）

续表

申请再审事由❷ (可多选)	01. 有新的证据,足以推翻原判决、裁定的 02. 原判决、裁定认定的基本事实缺乏证据证明的 03. 原判决、裁定认定事实的主要证据是伪造的 04. 原判决、裁定认定事实的主要证据未经质证的 05. 对审理案件需要的主要证据,当事人因客观原因不能自行收集,书面申请人民法院调查收集,人民法院未调查收集的 06. 原判决、裁定适用法律确有错误的 07. 审判组织的组成不合法或者依法应当回避的审判人员没有回避的 08. 无诉讼行为能力人未经法定代理人代为诉讼或者应当参加诉讼的当事人,因不能归责于本人或者其诉讼代理人的事由,未参加诉讼的 09. 违反法律规定,剥夺当事人辩论权利的 10. 未经传票传唤,缺席判决的 11. 原判决、裁定遗漏或者超出诉讼请求的 12. 据以作出原判决、裁定的法律文书被撤销或者变更的 13. 审判人员审理该案件时有贪污受贿,徇私舞弊,枉法裁判行为的 14. 有证据证明调解违反自愿原则或者调解协议的内容违反法律的
生效裁判案号	
收案日期	
审查意见	01. 立案审查 02. 不予受理
不予受理事由❸	01. 再审申请被驳回后再次申请 02. 对再审判决、裁定提出申请

续表

不予受理事由❸	03. 人民检察院作出不予提出再审检察建议或者抗诉决定后当事人又申请再审 04. 当事人对已经发生法律效力的解除婚姻关系的判决、调解书申请再审的 05. 当事人对适用特别程序、督促程序、公示催告程序、破产程序等非讼程序审理的案件申请再审 06. 准予撤回再审申请或按撤回再审申请后再次申请再审且不符合例外情况 255. 其他
审定日期	

❶ 申请人类型

《民事诉讼法》(2012 年)

第一百九十九条　当事人对已经发生法律效力的判决、裁定,认为有错误的,可以向上一级人民法院申请再审;当事人一方人数众多或者当事人双方为公民的案件,也可以向原审人民法院申请再审。当事人申请再审的,不停止判决、裁定的执行。

第二百零一条　当事人对已经发生法律效力的调解书,提出证据证明调解违反自愿原则或者调解协议的内容违反法律的,可以申请再审。经人民法院审查属实的,应当再审。

第二百零二条　当事人对已经发生法律效力的解除婚姻关系的判决、调解书,不得申请再审。

《民事诉讼法解释》(2015 年)

第三百七十五条　当事人死亡或者终止的,其权利义务承继者可以根据民事诉讼法第一百九十九条、第二百零一条的规定申请再审。

判决、调解书生效后,当事人将判决、调解书确认的债权转让,债权受让人对该判决、调解书不服申请再审的,人民法院不予受理。

第三百八十一条　当事人认为发生法律效力的不予受理、驳回起诉的裁定错误的,可以申请再审。

第四百二十二条　必须共同进行诉讼的当事人因不能归责于本人或者其诉讼

代理人的事由未参加诉讼的,可以根据民事诉讼法第二百条第八项规定,自知道或者应当知道之日起六个月内申请再审,但符合本解释第四百二十三条规定情形的除外。

人民法院因前款规定的当事人申请而裁定再审,按照第一审程序再审的,应当追加其为当事人,作出新的判决、裁定;按照第二审程序再审,经调解不能达成协议的,应当撤销原判决、裁定,发回重审,重审时应追加其为当事人。

第四百二十三条　根据民事诉讼法第二百二十七条规定,案外人对驳回其执行异议的裁定不服,认为原判决、裁定、调解书内容错误损害其民事权益的,可以自执行异议裁定送达之日起六个月内,向作出原判决、裁定、调解书的人民法院申请再审。

② 申请再审事由(可多选)

《民事诉讼法》(2012 年)

第二百条　当事人的申请符合下列情形之一的,人民法院应当再审:

(一)有新的证据,足以推翻原判决、裁定的;

(二)原判决、裁定认定的基本事实缺乏证据证明的;

(三)原判决、裁定认定事实的主要证据是伪造的;

(四)原判决、裁定认定事实的主要证据未经质证的;

(五)对审理案件需要的主要证据,当事人因客观原因不能自行收集,书面申请人民法院调查收集,人民法院未调查收集的;

(六)原判决、裁定适用法律确有错误的;

(七)审判组织的组成不合法或者依法应当回避的审判人员没有回避的;

(八)无诉讼行为能力人未经法定代理人代为诉讼或者应当参加诉讼的当事人,因不能归责于本人或者其诉讼代理人的事由,未参加诉讼的;

(九)违反法律规定,剥夺当事人辩论权利的;

(十)未经传票传唤,缺席判决的;

(十一)原判决、裁定遗漏或者超出诉讼请求的;

(十二)据以作出原判决、裁定的法律文书被撤销或者变更的;

(十三)审判人员审理该案件时有贪污受贿,徇私舞弊,枉法裁判行为的。

第二百零一条　当事人对已经发生法律效力的调解书,提出证据证明调解违反自愿原则或者调解协议的内容违反法律的,可以申请再审。经人民法院审查属实的,应当再审。

③ 不予受理事由

《民事诉讼法》(2012 年)

第二百零二条　当事人对已经发生法律效力的解除婚姻关系的判决、调解书,不得申请再审。

《民事诉讼法解释》(2015 年)

第三百八十条　适用特别程序、督促程序、公示催告程序、破产程序等非讼程序审理的案件,当事人不得申请再审。

第三百八十三条　当事人申请再审,有下列情形之一的,人民法院不予受理:

(一)再审申请被驳回后再次提出申请的;

(二)对再审判决、裁定提出申请的;

(三)在人民检察院对当事人的申请作出不予提出再审检察建议或者抗诉决定后又提出申请的。

前款第一项、第二项规定情形,人民法院应当告知当事人可以向人民检察院申请再审检察建议或者抗诉,但因人民检察院提出再审检察建议或者抗诉而再审作出的判决、裁定除外。

第四百零一条　人民法院准许撤回再审申请或者按撤回再审申请处理后,再审申请人再次申请再审的,不予受理,但有民事诉讼法第二百条第一项、第三项、第十二项、第十三项规定情形,自知道或者应当知道之日起六个月内提出的除外。

◆ 结案信息

结案方式❶	01. 本院决定再审 02. 本院提审 03. 指令原审法院再审 04. 指定其他法院再审 05. 裁定驳回再审申请 06. 准予撤回再审申请 07. 按撤回再审申请处理 08. 终结

续表

驳回再审申请事由❷	01. 主张再审事由不成立 02. 再审申请超过法定申请期限 03. 超出法定再审事由范围 255. 其他不符合再审条件的情形
终结审查事由❸	01. 再审申请人死亡或者终止,无权利义务承受人或者权利义务承受人声明放弃再审申请的 02. 在给付之诉中,负有给付义务的被申请人死亡或者终止,无可供执行的财产,也没有应当承担义务的人的 03. 当事人达成和解协议且已履行完毕的,但当事人在和解协议中声明不放弃申请再审权利的除外 04. 他人未经授权以当事人名义申请再审的 05. 原审或者上一级人民法院已经裁定再审的 06. 人民法院驳回再审申请的 07. 人民法院逾期未对再审申请作出裁定的 08. 再审判决、裁定有明显错误的 255. 其他依法应当终结审查的情形
再审事由	01. 有新的证据,足以推翻原判决、裁定的 02. 原判决、裁定认定的基本事实缺乏证据证明的 03. 原判决、裁定认定事实的主要证据是伪造的 04. 原判决、裁定认定事实的主要证据未经质证的 05. 对审理案件需要的主要证据,当事人因客观原因不能自行收集,书面申请人民法院调查收集,人民法院未调查收集的 06. 原判决、裁定适用法律确有错误的 07. 审判组织的组成不合法或者依法应当回避的审判人员没有回避的 08. 无诉讼行为能力人未经法定代理人代为诉讼或者应当参加诉讼的当事人,因不能归责于本人或者其诉讼代理人的事由,未参加诉讼的

续表

再审事由	09. 违反法律规定，剥夺当事人辩论权利的 10. 未经传票传唤，缺席判决的 11. 原判决、裁定遗漏或者超出诉讼请求的 12. 据以作出原判决、裁定的法律文书被撤销或者变更的 13. 审判人员审理该案件时有贪污受贿，徇私舞弊，枉法裁判行为的 14. 有证据证明调解违反自愿原则或者调解协议的内容违反法律的 255. 其他
结案日期	
结案文书	

❶ 结案方式

《民事诉讼法》(2012 年)

第一百九十九条　当事人对已经发生法律效力的判决、裁定，认为有错误的，可以向上一级人民法院申请再审；当事人一方人数众多或者当事人双方为公民的案件，也可以向原审人民法院申请再审。当事人申请再审的，不停止判决、裁定的执行。

第二百零四条　人民法院应当自收到再审申请书之日起三个月内审查，符合本法规定的，裁定再审；不符合本法规定的，裁定驳回申请。有特殊情况需要延长的，由本院院长批准。

因当事人申请裁定再审的案件由中级人民法院以上的人民法院审理，但当事人依照本法第一百九十九条的规定选择向基层人民法院申请再审的除外。最高人民法院、高级人民法院裁定再审的案件，由本院再审或者交其他人民法院再审，也可以交原审人民法院再审。

《民事诉讼法解释》(2015 年)

第四百条　审查再审申请期间，再审申请人撤回再审申请的，是否准许，由人民法院裁定。

再审申请人经传票传唤，无正当理由拒不接受询问的，可以按撤回再审申请处理。

② 驳回再审申请事由

《民事诉讼法解释》(2015 年)

第三百九十五条　当事人主张的再审事由成立,且符合民事诉讼法和本解释规定的申请再审条件的,人民法院应当裁定再审。

当事人主张的再审事由不成立,或者当事人申请再审超过法定申请再审期限、超出法定再审事由范围等不符合民事诉讼法和本解释规定的申请再审条件的,人民法院应当裁定驳回再审申请。

第三百九十八条　审查再审申请期间,被申请人及原审其他当事人依法提出再审申请的,人民法院应当将其列为再审申请人,对其再审事由一并审查,审查期限重新计算。经审查,其中一方再审申请人主张的再审事由成立的,应当裁定再审。各方再审申请人主张的再审事由均不成立的,一并裁定驳回再审申请。

③ 终结审查事由

《民事诉讼法解释》(2015 年)

第三百八十三条第一款　当事人申请再审,有下列情形之一的,人民法院不予受理:

(一)再审申请被驳回后再次提出申请的;

(二)对再审判决、裁定提出申请的;

(三)在人民检察院对当事人的申请作出不予提出再审检察建议或者抗诉决定后又提出申请的。

第四百零二条　再审申请审查期间,有下列情形之一的,裁定终结审查:

(一)再审申请人死亡或者终止,无权利义务承继者或者权利义务承继者声明放弃再审申请的;

(二)在给付之诉中,负有给付义务的被申请人死亡或者终止,无可供执行的财产,也没有应当承担义务的人的;

(三)当事人达成和解协议且已履行完毕的,但当事人在和解协议中声明不放弃申请再审权利的除外;

(四)他人未经授权以当事人名义申请再审的;

(五)原审或者上一级人民法院已经裁定再审的;

(六)有本解释第三百八十三条第一款规定情形的。

030303 民事抗诉再审审查案件

◈ 收案信息

本案案号	
收案来源	抗诉
抗诉启动方式❶	01. 当事人申请检察机关抗诉 02. 检察机关依职权
检察机关名称	
抗诉文号	
生效裁判案号	
申请再审审查案号	
收案日期	
审查意见❷	01. 受理 02. 不予受理
审定日期	

① 抗诉启动方式

《民事诉讼法》(2012 年)

第二百零九条　有下列情形之一的,当事人可以向人民检察院申请检察建议或者抗诉:

(一)人民法院驳回再审申请的;

(二)人民法院逾期未对再审申请作出裁定的;

(三)再审判决、裁定有明显错误的。

人民检察院对当事人的申请应当在三个月内进行审查,作出提出或者不予提出检察建议或者抗诉的决定。当事人不得再次向人民检察院申请检察建议或者抗诉。

② 审查意见

《民事诉讼法解释》(2015 年)

第四百一十七条　人民检察院依当事人的申请对生效判决、裁定提出抗诉,符合下列条件的,人民法院应当在三十日内裁定再审:

(一)抗诉书和原审当事人申请书及相关证据材料已经提交;

(二)抗诉对象为依照民事诉讼法和本解释规定可以进行再审的判决、裁定;

(三)抗诉书列明该判决、裁定有民事诉讼法第二百零八条第一款规定情形;

(四)符合民事诉讼法第二百零九条第一款第一项、第二项规定情形。

不符合前款规定的,人民法院可以建议人民检察院予以补正或者撤回;不予补正或者撤回的,人民法院可以裁定不予受理。

最高人民检察院《人民检察院民事诉讼监督规则(试行)》(2013年)

第八十六条　地方各级人民检察院发现民事调解书损害国家利益、社会公共利益的,可以向同级人民法院提出再审检察建议,也可以提请上一级人民检察院抗诉。

◆ **结案信息**

结案方式❶	01. 本院提审 02. 指令原审法院再审 03. 指定其他法院再审 04. 准予撤回抗诉 05. 不予受理 255. 其他
结案日期	
结案文书	

❶ 结案方式

《民事诉讼法》(2012年)

第一百九十八条第一款　各级人民法院院长对本院已经发生法律效力的判决、裁定、调解书,发现确有错误,认为需要再审的,应当提交审判委员会讨论决定。

第二百零四条第二款　因当事人申请裁定再审的案件由中级人民法院以上的人民法院审理,但当事人依照本法第一百九十九条的规定选择向基层人民法院申请再审的除外。最高人民法院、高级人民法院裁定再审的案件,由本院再审或者交其他人民法院再审,也可以交原审人民法院再审。

第二百一十一条　人民检察院提出抗诉的案件,接受抗诉的人民法院应当自收到抗诉书之日起三十日内作出再审的裁定;有本法第二百条第一项至第五项规定情形之一的,可以交下一级人民法院再审,但经该下一级人民法院再审的除外。

《民事诉讼法解释》(2015 年)

第四百一十八条　当事人的再审申请被上级人民法院裁定驳回后,人民检察院对原判决、裁定、调解书提出抗诉,抗诉事由符合民事诉讼法第二百条第一项至第五项规定情形之一的,受理抗诉的人民法院可以交由下一级人民法院再审。

030304 民事再审案件

◆ 收案信息

本案案号	
收案来源	01. 本院决定再审 02. 上级法院指令再审 03. 上级法院指定再审 04. 本院提审 05. 当事人上诉
裁定再审案件案号	
收案日期	

◆ 诉讼请求合并信息

并入再审诉求类型❶	01. 第三人撤销之诉 02. 被申请人再审请求 03. 原审其他当事人再审请求
再审请求人	(姓名或名称)
再审请求提出日期	
第三人撤销之诉案号	

❶ 并入再审诉求类型

《民事诉讼法解释》(2015 年)

第三百零一条　第三人撤销之诉案件审理期间,人民法院对生效判决、裁定、调解书裁定再审的,受理第三人撤销之诉的人民法院应当裁定将第三人的诉讼请求并入再审程序。但有证据证明原审当事人之间恶意串通损害第三人合法权益的,人民法院应当先行审理第三人撤销之诉案件,裁定中止再审诉讼。

第四百零五条　人民法院审理再审案件应当围绕再审请求进行。当事人的再审请求超出原审诉讼请求的,不予审理;符合另案诉讼条件的,告知当事人可以另行起诉。

被申请人及原审其他当事人在庭审辩论结束前提出的再审请求,符合民事诉讼法第二百零五条规定的,人民法院应当一并审理。

人民法院经再审,发现已经发生法律效力的判决、裁定损害国家利益、社会公共利益、他人合法权益的,应当一并审理。

◆ 审理程序信息

适用程序❶	01. 第一审程序 02. 第二审程序

❶ 适用程序

《民事诉讼法》(2012 年)

第二百零七条　人民法院按照审判监督程序再审的案件,发生法律效力的判决、裁定是由第一审法院作出的,按照第一审程序审理,所作的判决、裁定,当事人可以上诉;发生法律效力的判决、裁定是由第二审法院作出的,按照第二审程序审理,所作的判决、裁定,是发生法律效力的判决、裁定;上级人民法院按照审判监督程序提审的,按照第二审程序审理,所作的判决、裁定是发生法律效力的判决、裁定。

人民法院审理再审案件,应当另行组成合议庭。

◆ 结案信息

结案方式❶	01. 维持 02. 改判 03. 撤销原调解书内容 04. 发回重审 05. 撤销原判并驳回起诉 06. 准予撤诉并撤销原裁判 07. 撤销原裁定并准予申请

续表

结案方式❶	08. 撤销原裁定并驳回申请 09. 调解 10. 按撤回抗诉处理 11. 准予撤回抗诉 12. 撤销原裁判并裁定移送 13. 撤销原裁定并指令审理 14. 撤销原裁定并指令受理 15. 撤销原裁定并恢复二审程序 16. 裁定驳回再审申请 17. 撤销原裁定并确认代位受偿权利 18. 撤销原裁定并驳回代位受偿申请 19. 终结 20. 准予撤回上诉 21. 按撤回上诉处理 255. 其他
终结事由❷	01. 再审申请人撤回再审请求 02. 按撤回再审请求处理 03. 再审申请人死亡或者终止,无权利义务承受人或者权利义务承受人声明放弃再审请求的 04. 在给付之诉中,负有给付义务的被申请人死亡或者终止,无可供执行的财产,也没有应当承担义务的人 05. 当事人达成和解协议且已履行完毕的,但当事人在和解协议中声明不放弃申请再审权利的除外 06. 他人未经授权以当事人名义申请再审 255. 其他应当终结再审程序的情形
结案日期	
结案文书	

①结案方式

《民事诉讼法解释》(2015年)

第三百零二条　第三人诉讼请求并入再审程序审理的,按照下列情形分别处理:

(一)按照第一审程序审理的,人民法院应当对第三人的诉讼请求一并审理,所作的判决可以上诉;

(二)按照第二审程序审理的,人民法院可以调解,调解达不成协议的,应当裁定撤销原判决、裁定、调解书,发回一审法院重审,重审时应当列明第三人。

第四百零七条　人民法院经再审审理认为,原判决、裁定认定事实清楚、适用法律正确的,应予维持;原判决、裁定认定事实、适用法律虽有瑕疵,但裁判结果正确的,应当在再审判决、裁定中纠正瑕疵后予以维持。

原判决、裁定认定事实、适用法律错误,导致裁判结果错误的,应当依法改判、撤销或者变更。

第四百零八条　按照第二审程序再审的案件,人民法院经审理认为不符合民事诉讼法规定的起诉条件或者符合民事诉讼法第一百二十四条规定不予受理情形的,应当裁定撤销一、二审判决,驳回起诉。

第四百零九条　人民法院对调解书裁定再审后,按照下列情形分别处理:

(一)当事人提出的调解违反自愿原则的事由不成立,且调解书的内容不违反法律强制性规定的,裁定驳回再审申请;

(二)人民检察院抗诉或者再审检察建议所主张的损害国家利益、社会公共利益的理由不成立的,裁定终结再审程序。

前款规定情形,人民法院裁定中止执行的调解书需要继续执行的,自动恢复执行。

第四百一十条　一审原告在再审审理程序中申请撤回起诉,经其他当事人同意,且不损害国家利益、社会公共利益、他人合法权益的,人民法院可以准许。裁定准许撤诉的,应当一并撤销原判决。

一审原告在再审审理程序中撤回起诉后重复起诉的,人民法院不予受理。

第四百二十二条　必须共同进行诉讼的当事人因不能归责于本人或者其诉讼代理人的事由未参加诉讼的,可以根据民事诉讼法第二百条第八项规定,自知道或者应当知道之日起六个月内申请再审,但符合本解释第四百二十三条规定情形的除外。

人民法院因前款规定的当事人申请而裁定再审,按照第一审程序再审的,应当追加其为当事人,作出新的判决、裁定;按照第二审程序再审,经调解不能达成协议的,应当撤销原判决、裁定，发回重审，重审时应追加其为当事人。

第四百二十四条　根据民事诉讼法第二百二十七条规定，人民法院裁定再审后，案外人属于必要的共同诉讼当事人的，依照本解释第四百二十二条第二款规定处理。

案外人不是必要的共同诉讼当事人的，人民法院仅审理原判决、裁定、调解书对其民事权益造成损害的内容。经审理，再审请求成立的，撤销或者改变原判决、裁定、调解书；再审请求不成立的，维持原判决、裁定、调解书。

《海事诉讼特别程序法》(1999 年)

第九十五条　保险人行使代位请求赔偿权利时，被保险人已经向造成保险事故的第三人提起诉讼的，保险人可以向受理该案的法院提出变更当事人的请求，代位行使被保险人对第三人请求赔偿的权利。

被保险人取得的保险赔偿不能弥补第三人造成的全部损失的，保险人和被保险人可以作为共同原告向第三人请求赔偿。

第一百零六条第三款　当事人对裁定不服的，可以在收到裁定书之日起七日内提起上诉。第二审人民法院应当在收到上诉状之日起十五日内作出裁定。

《海事诉讼特别程序法解释》(2003 年)

第六十六条　保险人依据海事诉讼特别程序法第九十五条的规定请求变更当事人或者请求作为共同原告参加诉讼的，海事法院应当予以审查并作出是否准予的裁定。当事人对裁定不服的，可以提起上诉。

第一百零六条　利害关系人对申请人申请设立海事赔偿责任限制基金有异议的，应当在收到通知之日起七日内或者未收到通知的在公告之日起三十日内，以书面形式向海事法院提出。

海事法院收到利害关系人提出的书面异议后，应当进行审查，在十五日内作出裁定。异议成立的，裁定驳回申请人的申请；异议不成立的，裁定准予申请人设立海事赔偿责任限制基金。

当事人对裁定不服的，可以在收到裁定书之日起七日内提起上诉。第二审人民法院应当在收到上诉状之日起十五日内作出裁定。

最高人民法院《关于审理船舶油污损害赔偿纠纷案件若干问题的规定》(2011 年)

第二十九条　在油污损害赔偿责任限制基金分配以前，船舶所有人、船舶油污损害责任保险人或者财务保证人，已先行赔付油污损害的，可以书面申请从基金中代位受偿。代位受偿应限于赔付的范围，并不超过接受赔付的人依法可获得的赔偿数额。

海事法院受理代位受偿申请后,应书面通知所有对油污损害赔偿责任限制基金提出主张的利害关系人。利害关系人对申请人主张代位受偿的权利有异议的,应在收到通知之日起十五日内书面提出。

海事法院经审查认定申请人代位受偿权利成立,应裁定予以确认;申请人主张代位受偿的权利缺乏事实或者法律依据的,裁定驳回其申请。当事人对裁定不服的,可以在收到裁定书之日起十日内提起上诉。

② 终结事由

《民事诉讼法》(2012 年)

第一百五十一条　有下列情形之一的,终结诉讼:

(一)原告死亡,没有继承人,或者继承人放弃诉讼权利的;

(二)被告死亡,没有遗产,也没有应当承担义务的人的;

(三)离婚案件一方当事人死亡的;

(四)追索赡养费、扶养费、抚育费以及解除收养关系案件的一方当事人死亡的。

《民事诉讼法解释》(2015 年)

第三百八十三条第一款　当事人申请再审,有下列情形之一的,人民法院不予受理:

(一)再审申请被驳回后再次提出申请的;

(二)对再审判决、裁定提出申请的;

(三)在人民检察院对当事人的申请作出不予提出再审检察建议或者抗诉决定后又提出申请的。

第四百零二条　再审申请审查期间,有下列情形之一的,裁定终结审查:

(一)再审申请人死亡或者终止,无权利义务承继者或者权利义务承继者声明放弃再审申请的;

(二)在给付之诉中,负有给付义务的被申请人死亡或者终止,无可供执行的财产,也没有应当承担义务的人的;

(三)当事人达成和解协议且已履行完毕的,但当事人在和解协议中声明不放弃申请再审权利的除外;

(四)他人未经授权以当事人名义申请再审的;

(五)原审或者上一级人民法院已经裁定再审的;

(六)有本解释第三百八十三条第一款规定情形的。

第四百零六条　再审审理期间,有下列情形之一的,可以裁定终结再审程序:

（一）再审申请人在再审期间撤回再审请求，人民法院准许的；

（二）再审申请人经传票传唤，无正当理由拒不到庭的，或者未经法庭许可中途退庭，按撤回再审请求处理的；

（三）人民检察院撤回抗诉的；

（四）有本解释第四百零二条第一项至第四项规定情形的。

因人民检察院提出抗诉裁定再审的案件，申请抗诉的当事人有前款规定的情形，且不损害国家利益、社会公共利益或者他人合法权益的，人民法院应当裁定终结再审程序。

再审程序终结后，人民法院裁定中止执行的原生效判决自动恢复执行。

030400 第三人撤销之诉案件

◈ 收案信息

本案案号	
收案来源	当事人起诉
当事人	（姓名或名称）
当事人案件地位❶	01. 原告 02. 被告 03. 第三人
原告类型	01. 有独立请求权第三人 02. 无独立请求权第三人
未参加诉讼事由❷	01. 不知道诉讼而未参加 02. 申请参加未获许可 03. 知道诉讼但因客观原因无法参加 04. 人民法院未通知其参加 255. 其他不能归责于本人的事由未参加诉讼
被诉撤销案件案号	
收案日期❸	

续表

标的数额	(仅限财产案件)
不予登记立案裁定日期	
不予登记立案事由❹	01. 违法起诉或者不符合法律规定的 02. 涉及危害国家主权和领土完整的 03. 危害国家安全的 04. 破坏国家统一和民族团结的 05. 破坏国家宗教政策的 06. 所诉事项不属于人民法院主管的
裁定不予受理日期❺	
不予受理事由❻	01. 不符合起诉条件 02. 属于适用特别程序、督促程序、公示催告程序、破产程序等非讼程序处理的案件 03. 请求撤销事项属于婚姻无效、撤销或者解除婚姻关系等判决、裁定、调解书中涉及身份关系的内容 04. 被诉裁判属于民事诉讼法第五十四条规定的未参加登记的权利人对代表人诉讼案件的生效裁判 05. 被诉裁判属于民事诉讼法第五十五条规定的损害社会公共利益行为的受害人对公益诉讼案件的生效裁判 06. 已提起执行异议
登记立案日期	

❶ 当事人案件地位

《民事诉讼法解释》(2015 年)

第二百九十八条　第三人提起撤销之诉,人民法院应当将该第三人列为原告,生效判决、裁定、调解书的当事人列为被告,但生效判决、裁定、调解书中没有承担责任的无独立请求权的第三人列为第三人。

❷ 未参加诉讼事由

《民事诉讼法解释》(2015 年)

第二百九十五条　民事诉讼法第五十六条第三款规定的因不能归责于本人的事由未参加诉讼,是指没有被列为生效判决、裁定、调解书当事人,且无过错或者无明显过错的情形。包括:

(一)不知道诉讼而未参加的;

(二)申请参加未获准许的;

(三)知道诉讼,但因客观原因无法参加的;

(四)因其他不能归责于本人的事由未参加诉讼的。

❸ 收案日期

最高人民法院《关于人民法院登记立案若干问题的规定》(2015 年)

第一条　人民法院对依法应该受理的一审民事起诉、行政起诉和刑事自诉,实行立案登记制。

第二条　对起诉、自诉,人民法院应当一律接收诉状,出具书面凭证并注明收到日期。

对符合法律规定的起诉、自诉,人民法院应当当场予以登记立案。

对不符合法律规定的起诉、自诉,人民法院应当予以释明。

第七条　当事人提交的诉状和材料不符合要求的,人民法院应当一次性书面告知在指定期限内补正。

当事人在指定期限内补正的,人民法院决定是否立案的期间,自收到补正材料之日起计算。

当事人在指定期限内没有补正的,退回诉状并记录在册;坚持起诉、自诉的,裁定或者决定不予受理、不予立案。

经补正仍不符合要求的,裁定或者决定不予受理、不予立案。

第八条　对当事人提出的起诉、自诉,人民法院当场不能判定是否符合法律规定的,应当作出以下处理:

(一)对民事、行政起诉,应当在收到起诉状之日起七日内决定是否立案;

(二)对刑事自诉,应当在收到自诉状次日起十五日内决定是否立案;

(三)对第三人撤销之诉,应当在收到起诉状之日起三十日内决定是否立案;

(四)对执行异议之诉,应当在收到起诉状之日起十五日内决定是否立案。

人民法院在法定期间内不能判定起诉、自诉是否符合法律规定的,应当先行立案。

④ 不予登记立案事由

最高人民法院《关于人民法院登记立案若干问题的规定》(2015 年)

第十条　人民法院对下列起诉、自诉不予登记立案:

(一)违法起诉或者不符合法律规定的;

(二)涉及危害国家主权和领土完整的;

(三)危害国家安全的;

(四)破坏国家统一和民族团结的;

(五)破坏国家宗教政策的;

(六)所诉事项不属于人民法院主管的。

⑤ 裁定不予受理日期

《民事诉讼法解释》(2015 年)

第二百九十三条　人民法院应当在收到起诉状和证据材料之日起五日内送交对方当事人,对方当事人可以自收到起诉状之日起十日内提出书面意见。

人民法院应当对第三人提交的起诉状、证据材料以及对方当事人的书面意见进行审查。必要时,可以询问双方当事人。

经审查,符合起诉条件的,人民法院应当在收到起诉状之日起三十日内立案。不符合起诉条件的,应当在收到起诉状之日起三十日内裁定不予受理。

⑥ 不予受理事由

《民事诉讼法解释》(2015 年)

第二百九十七条　对下列情形提起第三人撤销之诉的,人民法院不予受理:

(一)适用特别程序、督促程序、公示催告程序、破产程序等非讼程序处理的案件;

(二)婚姻无效、撤销或者解除婚姻关系等判决、裁定、调解书中涉及身份关系的内容;

(三)民事诉讼法第五十四条规定的未参加登记的权利人对代表人诉讼案件的生效裁判;

(四)民事诉讼法第五十五条规定的损害社会公共利益行为的受害人对公益诉讼案件的生效裁判。

第三百零三条　第三人提起撤销之诉后，未中止生效判决、裁定、调解书执行的，执行法院对第三人依照民事诉讼法第二百二十七条规定提出的执行异议，应予审查。第三人不服驳回执行异议裁定，申请对原判决、裁定、调解书再审的，人民法院不予受理。

案外人对人民法院驳回其执行异议裁定不服，认为原判决、裁定、调解书内容错误损害其合法权益的，应当根据民事诉讼法第二百二十七条规定申请再审，提起第三人撤销之诉的，人民法院不予受理。

◈ **结案信息**

结案方式❶	01. 撤销原生效判决、裁定、调解 02. 仅撤销原生效判决、裁定、调解的错误部分 03. 仅变更原生效判决、裁定、调解的错误部分 04. 驳回诉讼请求 05. 准予撤诉 06. 按撤诉处理 07. 并入再审案件审理 08. 不予受理 09. 调解 10. 终结 11. 不予登记结案
结案日期	
结案文书	

❶ 结案方式

《民事诉讼法解释》(2015 年)

第三百条　对第三人撤销或者部分撤销发生法律效力的判决、裁定、调解书内容的请求，人民法院经审理，按下列情形分别处理：

(一)请求成立且确认其民事权利的主张全部或部分成立的，改变原判决、裁定、调解书内容的错误部分；

(二)请求成立，但确认其全部或部分民事权利的主张不成立，或者未提出确认其

民事权利请求的,撤销原判决、裁定、调解书内容的错误部分;

(三)请求不成立的,驳回诉讼请求。

对前款规定裁判不服的,当事人可以上诉。

原判决、裁定、调解书的内容未改变或者未撤销的部分继续有效。

第三百零一条　第三人撤销之诉案件审理期间,人民法院对生效判决、裁定、调解书裁定再审的,受理第三人撤销之诉的人民法院应当裁定将第三人的诉讼请求并入再审程序。但有证据证明原审当事人之间恶意串通损害第三人合法权益的,人民法院应当先行审理第三人撤销之诉案件,裁定中止再审诉讼。

030500 特别程序案件

030501 选民资格案件

◆ 收案信息

本案案号	
收案来源	当事人起诉
起诉人❶	
选举委员会	(名称)
选举日❷	
收案日期	

❶ 起诉人

《民事诉讼法》(2012年)

第一百八十一条　公民不服选举委员会对选民资格的申诉所作的处理决定,可以在选举日的五日以前向选区所在地基层人民法院起诉。

❷ 选举日

《民事诉讼法》(2012年)

第一百八十二条　人民法院受理选民资格案件后,必须在选举日前审结。

审理时,起诉人、选举委员会的代表和有关公民必须参加。

人民法院的判决书,应当在选举日前送达选举委员会和起诉人,并通知有关公民。

◈ **结案信息**

结案方式	01. 驳回诉讼请求 02. 判决变更选举委员会决定 03. 准予撤诉 04. 按撤诉处理 05. 终结程序
结案日期	
结案文书	

030502 宣告失踪、宣告死亡案件

◈ **收案信息**

本案案号	
收案来源	申请人申请
申请人类型❶	01. 利害关系人 02. 被宣告失踪、死亡的本人
申请宣告事项	01. 申请宣告失踪 02. 申请宣告死亡 03. 申请撤销失踪宣告 04. 申请撤销死亡宣告
申请宣告事由❷	01. 公民下落不明满二年 02. 公民下落不明满四年 03. 因意外事故下落不明满二年 04. 因意外事故下落不明，经有关机关证明该公民不可能生存 05. 公民重新出现
申请人❸	
被申请人	

续表

原宣告案件案号	
收案日期	

① 申请人类型

《民事诉讼法》(2012 年)

第一百八十三条　公民下落不明满二年,利害关系人申请宣告其失踪的,向下落不明人住所地基层人民法院提出。

申请书应当写明失踪的事实、时间和请求,并附有公安机关或者其他有关机关关于该公民下落不明的书面证明。

第一百八十四条　公民下落不明满四年,或者因意外事故下落不明满二年,或者因意外事故下落不明,经有关机关证明该公民不可能生存,利害关系人申请宣告其死亡的,向下落不明人住所地基层人民法院提出。

申请书应当写明下落不明的事实、时间和请求,并附有公安机关或者其他有关机关关于该公民下落不明的书面证明。

第一百八十六条　被宣告失踪、宣告死亡的公民重新出现,经本人或者利害关系人申请,人民法院应当作出新判决,撤销原判决。

《海事诉讼特别程序法》(1999 年)

第九条　当事人申请认定海上财产无主的,向财产所在地海事法院提出;申请因海上事故宣告死亡的,向处理海事事故主管机关所在地或者受理相关海事案件的海事法院提出。

② 申请宣告事由

《民事诉讼法》(2012 年)

第一百八十三条　公民下落不明满二年,利害关系人申请宣告其失踪的,向下落不明人住所地基层人民法院提出。

申请书应当写明失踪的事实、时间和请求,并附有公安机关或者其他有关机关关于该公民下落不明的书面证明。

第一百八十四条　公民下落不明满四年,或者因意外事故下落不明满二年,或者因意外事故下落不明，经有关机关证明该公民不可能生存，利害关系人申请宣告其死亡的，向下落不明人住所地基层人民法院提出。

申请书应当写明下落不明的事实、时间和请求，并附有公安机关或者其他有关机关关于该公民下落不明的书面证明。

《民事诉讼法解释》(2015 年)

第三百四十五条　人民法院判决宣告公民失踪后，利害关系人向人民法院申请宣告失踪人死亡，自失踪之日起满四年的，人民法院应当受理，宣告失踪的判决即是该公民失踪的证明，审理中仍应依照民事诉讼法第一百八十五条规定进行公告。

③ 申请人

《民事诉讼法解释》(2015 年)

第三百四十六条　符合法律规定的多个利害关系人提出宣告失踪、宣告死亡申请的，列为共同申请人。

◆ **审理信息**

公告期限❶	01. 三个月 02. 一年
公告日期	
指定财产管理人	(姓名或名称)
撤回申请日期	

❶ 公告期限

《民事诉讼法》(2012 年)

第一百八十五条第一款　人民法院受理宣告失踪、宣告死亡案件后，应当发出寻找下落不明人的公告。宣告失踪的公告期间为三个月，宣告死亡的公告期间为一年。因意外事故下落不明，经有关机关证明该公民不可能生存的，宣告死亡的公告期间为三个月。

◆ **结案信息**

结案方式❶	01. 判决宣告失踪 02. 判决宣告死亡 03. 判决撤销失踪宣告 04. 判决撤销死亡宣告 05. 判决驳回申请 06. 准予撤回申请 07. 按撤回申请处理 08. 终结程序
指定财产代管人❷	
结案日期	
结案文书	

❶ 结案方式

《民事诉讼法》(2012年)

第一百八十五条　人民法院受理宣告失踪、宣告死亡案件后,应当发出寻找下落不明人的公告。宣告失踪的公告期间为三个月,宣告死亡的公告期间为一年。因意外事故下落不明,经有关机关证明该公民不可能生存的,宣告死亡的公告期间为三个月。

公告期间届满,人民法院应当根据被宣告失踪、宣告死亡的事实是否得到确认,作出宣告失踪、宣告死亡的判决或者驳回申请的判决。

第一百八十六条　被宣告失踪、宣告死亡的公民重新出现,经本人或者利害关系人申请,人民法院应当作出新判决,撤销原判决。

《民事诉讼法解释》(2015年)

第三百四十八条　人民法院受理宣告失踪、宣告死亡案件后,作出判决前,申请人撤回申请的,人民法院应当裁定终结案件,但其他符合法律规定的利害关系人加入程序要求继续审理的除外。

❷ 指定财产代管人

《民事诉讼法解释》(2015 年)

第三百四十三条　宣告失踪或者宣告死亡案件,人民法院可以根据申请人的请求,清理下落不明人的财产,并指定案件审理期间的财产管理人。公告期满后,人民法院判决宣告失踪的,应当同时依照民法通则第二十一条第一款的规定指定失踪人的财产代管人。

030503 财产代管人申请变更代管案件

◆ 收案信息

本案案号	
收案来源	指定代管人申请
宣告失踪案件案号	
收案日期	

◆ 结案信息

结案方式❶	01. 裁定另行指定财产代管人 02. 裁定驳回申请 03. 准予撤回申请 04. 按撤回申请处理 05. 终结程序
新代管人	
结案日期	
结案文书	

❶ 结案方式

《民事诉讼法解释》(2015 年)

第三百四十四条　失踪人的财产代管人经人民法院指定后,代管人申请变更代管的,比照民事诉讼法特别程序的有关规定进行审理。申请理由成立的,裁定撤销申请人的代管人身份,同时另行指定财产代管人;申请理由不成立的,裁定驳回申请。

失踪人的其他利害关系人申请变更代管的,人民法院应当告知其以原指定的代管人为被告起诉,并按普通程序进行审理。

030504 行为能力认定案件

◆ 收案信息

本案案号	
收案来源	申请人申请
申请人类型❶	01. 近亲属 02. 其他利害关系人 03. 本人 04. 本人的监护人
申请认定事项❷	01. 认定无民事行为能力 02. 认定限制民事行为能力 03. 申请撤销无民事行为能力 04. 申请撤销限制民事行为能力
原认定案件案号	
收案日期	

❶ 申请人类型

《民事诉讼法》(2012 年)

第一百八十七条　申请认定公民无民事行为能力或者限制民事行为能力,由其近亲属或者其他利害关系人向该公民住所地基层人民法院提出。

申请书应当写明该公民无民事行为能力或者限制民事行为能力的事实和根据。

第一百九十条　人民法院根据被认定为无民事行为能力人、限制民事行为能力人或者他的监护人的申请,证实该公民无民事行为能力或者限制民事行为能力的原因已经消除的,应当作出新判决,撤销原判决。

《民事诉讼法解释》(2015 年)

第三百四十九条　在诉讼中,当事人的利害关系人提出该当事人患有精神病,要求宣告该当事人无民事行为能力或者限制民事行为能力的,应由利害关系人向人民法院提出申请,由受诉人民法院按照特别程序立案审理,原诉讼中止。

② 申请认定事项

《民事诉讼法》(2012 年)

第一百九十条　人民法院根据被认定为无民事行为能力人、限制民事行为能力人或者他的监护人的申请，证实该公民无民事行为能力或者限制民事行为能力的原因已经消除的，应当作出新判决，撤销原判决。

◆ 结案信息

结案方式❶	01. 判决认定无民事行为能力 02. 判决认定限制民事行为能力 03. 判决驳回申请 04. 撤销原判决并认定无民事行为能力 05. 撤销原判决并认定限制民事行为能力 06. 撤销无民事行为能力认定 07. 撤销限制民事行为能力认定 08. 准予撤回申请 09. 按撤回申请处理 10. 终结程序
结案日期	
结案文书	

❶ 结案方式

《民事诉讼法》(2012 年)

第一百八十九条　人民法院审理认定公民无民事行为能力或者限制民事行为能力的案件，应当由该公民的近亲属为代理人，但申请人除外。近亲属互相推诿的，由人民法院指定其中一人为代理人。该公民健康情况许可的，还应当询问本人的意见。

人民法院经审理认定申请有事实根据的，判决该公民为无民事行为能力或者限制民事行为能力人；认定申请没有事实根据的，应当判决予以驳回。

第一百九十条　人民法院根据被认定为无民事行为能力人、限制民事行为能力人或者他的监护人的申请，证实该公民无民事行为能力或者限制民事行为能力的原因已经消除的,应当作出新判决,撤销原判决。

030505 监护人指定异议案件

◆ 收案信息

本案案号	
收案来源	指定监护人异议
异议人	
原指定单位	
收案日期	

◆ 结案信息

结案方式❶	01. 裁定驳回异议 02. 判决撤销指定 03. 准予撤回异议 04. 按撤回异议处理 05. 终结程序
指定新监护人	
结案日期	
裁判文书	

❶ 结案方式

《民事诉讼法解释》(2015 年)

第三百五十一条　被指定的监护人不服指定,应当自接到通知之日起三十日内向人民法院提出异议。经审理,认为指定并无不当的,裁定驳回异议;指定不当的,判决撤销指定,同时另行指定监护人。判决书应当送达异议人、原指定单位及判决指定的监护人。

030506 监护关系变更案件

◈ 收案信息

本案案号	
收案来源	当事人起诉
起诉人	
起诉人类型❶	01. 其他有监护资格的人 02. 其他有监护资格的单位
被诉监护人	
收案日期	

❶ 起诉人类型

最高人民法院《关于贯彻执行〈中华人民共和国民法通则〉若干问题的意见》（1988年）

19. 被指定人对指定不服提起诉讼的，人民法院应当根据本意见第十四条的规定，作出维持或者指定监护人的判决。如果判决是撤销原指定的，可以同时另行指定监护人。此类案件，比照民事诉讼法（试行）规定的特别程序进行审理。

在人民法院作出判决前的监护责任，一般应当按照指定监护人的顺序，由有监护资格的人承担。

20. 监护人不履行监护职责，或者侵害了被监护人的合法权益，民法通则第十六条、第十七条规定的其他有监护资格的人或者单位向人民法院起诉，要求监护人承担民事责任的，按照普通程序审理；要求变更监护关系的，按照特别程序审理；既要求承担民事责任，又要求变更监护关系的，分别审理。

◈ 结案信息

结案方式	01. 驳回起诉 02. 判决变更监护关系 03. 准予撤诉 04. 按撤诉处理 05. 终结程序

续表

新监护人	
结案日期	
结案文书	

030507 财产无主认定案件

◆ 收案信息

本案案号	
收案来源	申请人申请
申请事项❶	01. 认定财产无主 02. 撤销财产无主认定
申请人	(姓名或名称)
撤销申请人类型❷	01. 原财产所有权人 02. 原财产所有权人继承人
原认定案件案号	
收案日期	

❶ 申请事项

《民事诉讼法》(2012 年)

第一百九十一条　申请认定财产无主,由公民、法人或者其他组织向财产所在地基层人民法院提出。

申请书应当写明财产的种类、数量以及要求认定财产无主的根据。

《海事诉讼特别程序法》(1999 年)

第九条　当事人申请认定海上财产无主的,向财产所在地海事法院提出;申请因海上事故宣告死亡的,向处理海事事故主管机关所在地或者受理相关海事案件的海事法院提出。

❷ 撤销申请人类型

《民事诉讼法》(2012 年)

第一百九十三条　判决认定财产无主后,原财产所有人或者继承人出现,在民法通则规定的诉讼时效期间可以对财产提出请求,人民法院审查属实后,应当作出新判决,撤销原判决。

◈ **审理信息**

公告日期	
财产权利请求人	
提出请求日期	

◈ **结案信息**

结案方式❶	01. 判决收归国有 02. 判决收归集体所有 03. 撤销财产无主认定并判决财产归属 04. 准予撤回申请 05. 按撤回申请处理 06. 终结程序
结案日期	
结案文书	

❶ 结案方式

《民事诉讼法》(2012 年)

第一百九十二条　人民法院受理申请后,经审查核实,应当发出财产认领公告。公告满一年无人认领的,判决认定财产无主,收归国家或者集体所有。

第一百九十三条　判决认定财产无主后,原财产所有人或者继承人出现,在民法通则规定的诉讼时效期间可以对财产提出请求,人民法院审查属实后,应当作出新判决,撤销原判决。

《民事诉讼法解释》(2015 年)

第三百五十条　认定财产无主案件,公告期间有人对财产提出请求的,人民法院应当裁定终结特别程序,告知申请人另行起诉,适用普通程序审理。

030508 实现担保物权案件

◆ 收案信息

本案案号	
收案来源	申请人申请
申请人类型❶	01. 抵押权人 02. 质押权 03. 留置权人 04. 抵押人 05. 出质人 06. 财产被留置的债务人 07. 被留置财产所有权人 255. 其他有权请求实现担保物权的人
申请人	
被申请人	
担保债权数额	
收案日期	
审查意见❷	01. 立案 02. 不予受理
审定日期	

① 申请人类型

《民事诉讼法》(2012 年)

第一百九十六条　申请实现担保物权,由担保物权人以及其他有权请求实现担保物权的人依照物权法等法律,向担保财产所在地或者担保物权登记地基层人民法院提出。

《民事诉讼法解释》(2015 年)

第三百六十一条　民事诉讼法第一百九十六条规定的担保物权人,包括抵押权人、质权人、留置权人;其他有权请求实现担保物权的人,包括抵押人、出质人、财产被留置的债务人或者所有权人等。

❷ 审查意见

《民事诉讼法解释》(2015 年)

第三百六十五条　依照物权法第一百七十六条的规定,被担保的债权既有物的担保又有人的担保,当事人对实现担保物权的顺序有约定,实现担保物权的申请违反该约定的,人民法院裁定不予受理;没有约定或者约定不明的,人民法院应当受理。

◆ **结案信息**

结案方式❶	01. 裁定准予拍卖或变卖担保财产 02. 裁定驳回申请 03. 准予撤回申请 04. 按撤回申请处理 05. 不予受理 06. 终结程序
结案日期	
结案文书	

❶ 结案方式

《民事诉讼法》(2012 年)

第一百九十七条　人民法院受理申请后,经审查,符合法律规定的,裁定拍卖、变卖担保财产,当事人依据该裁定可以向人民法院申请执行;不符合法律规定的,裁定驳回申请,当事人可以向人民法院提起诉讼。

《民事诉讼法解释》(2015 年)

第三百七十二条　人民法院审查后,按下列情形分别处理:

(一)当事人对实现担保物权无实质性争议且实现担保物权条件成就的,裁定准许拍卖、变卖担保财产;

(二)当事人对实现担保物权有部分实质性争议的,可以就无争议部分裁定准许拍卖、变卖担保财产;

(三)当事人对实现担保物权有实质性争议的,裁定驳回申请,并告知申请人向人民法院提起诉讼。

最高人民法院《关于扣押与拍卖船舶适用法律若干问题的规定》(2015年)

第二十三条　当事人依照民事诉讼法第十五章第七节的规定,申请拍卖船舶实现船舶担保物权的,由船舶所在地或船籍港所在地的海事法院管辖,按照海事诉讼特别程序法以及本规定关于船舶拍卖受偿程序的规定处理。

030509 调解协议司法确认案件

◆ 收案信息

本案案号	
收案来源❶	申请人申请
申请人类型	01. 调解书原当事人 02. 案外人
申请事项	01. 申请确认调解协议 02. 申请撤销确认决定
原确认案件案号	
调解协议签订日期	
收案日期	
审查意见	01. 立案 02. 不予受理
不予受理事由❷	01. 不属于人民法院受理民事案件的范围 02. 不属于接受申请的人民法院管辖 03. 申请确认收养关系、亲子关系、婚姻关系等身份关系无效、有效或者解除的 04. 涉及适用于其他特别程序、公示催告程序和破产程序审理的 05. 调解协议内容涉及物权、知识产权确权的
审定日期	

❶ 收案来源

《民事诉讼法》(2012 年)

第一百九十四条　申请司法确认调解协议,由双方当事人依照人民调解法等法律,自调解协议生效之日起三十日内,共同向调解组织所在地基层人民法院提出。

❷ 不予受理事由

《民事诉讼法解释》(2012 年)

第三百五十七条　当事人申请司法确认调解协议,有下列情形之一的,人民法院裁定不予受理:

(一)不属于人民法院受理范围的;

(二)不属于收到申请的人民法院管辖的;

(三)申请确认婚姻关系、亲子关系、收养关系等身份关系无效、有效或者解除的;

(四)涉及适用其他特别程序、公示催告程序、破产程序审理的;

(五)调解协议内容涉及物权、知识产权确权的。

人民法院受理申请后,发现有上述不予受理情形的,应当裁定驳回当事人的申请。

◆ 结案信息

结案方式❶	01. 准予撤回申请 02. 按撤回申请处理 03. 不予受理 04. 确认协议有效 05. 驳回申请 06. 终结程序
驳回申请事由❷	01. 不属于人民法院受理民事案件的范围 02. 不属于接受申请的人民法院管辖 03. 申请确认收养关系、亲子关系、婚姻关系等身份关系无效、有效或者解除的

续表

驳回申请事由❷	04. 涉及适用于其他特别程序、公示催告程序和破产程序审理的 05. 调解协议内容涉及物权、知识产权确权的 06. 违反法律强制性规定的 07. 损害国家利益、社会公共利益、他人合法权益的 08. 违背公序良俗的 09. 违反自愿原则的 10. 内容不明确的 255. 其他 (可多选)
结案日期	
结案文书	

① 结案方式

《民事诉讼法》(2012年)

第一百九十五条　人民法院受理申请后,经审查,符合法律规定的,裁定调解协议有效,一方当事人拒绝履行或者未全部履行的,对方当事人可以向人民法院申请执行;不符合法律规定的,裁定驳回申请,当事人可以通过调解方式变更原调解协议或者达成新的调解协议,也可以向人民法院提起诉讼。

《民事诉讼法解释》(2015年)

第三百五十九条　确认调解协议的裁定作出前,当事人撤回申请的,人民法院可以裁定准许。

当事人无正当理由未在限期内补充陈述、补充证明材料或者拒不接受询问的,人民法院可以按撤回申请处理。

② 驳回申请事由

《民事诉讼法解释》(2015年)

第三百六十条　经审查,调解协议有下列情形之一的,人民法院应当裁定驳回申请:

(一)违反法律强制性规定的;

(二)损害国家利益、社会公共利益、他人合法权益的;

(三)违背公序良俗的;

(四)违反自愿原则的;

(五)内容不明确的;

(六)其他不能进行司法确认的情形。

030510 设立海事赔偿责任限制基金案件

◆ 收案信息

本案案号	
收案来源	申请人申请
所属阶段❶	01. 诉前 02. 诉中
申请人类型❷	01. 船舶所有人 02. 承租人 03. 经营人 04. 救助人 05. 保险人 06. 为船舶油污损害提供财务保证的其他人
申请人	(姓名或名称)
申请责任限制基金数额	
收案日期	
审查意见	01. 受理 02. 不予受理
审定日期	

❶ 所属阶段

《海事诉讼特别程序法解释》(2003 年)

第八十一条　当事人在诉讼中申请设立海事赔偿责任限制基金的,应当向受理相关海事纠纷案件的海事法院提出,但当事人之间订有有效诉讼管辖协议或者仲裁协议的除外。

② 申请人类型

《海事诉讼特别程序法》(1999 年)

第一百零一条　船舶所有人、承租人、经营人、救助人、保险人在发生海事事故后,依法申请责任限制的,可以向海事法院申请设立海事赔偿责任限制基金。

船舶造成油污损害的,船舶所有人及其责任保险人或者提供财务保证的其他人为取得法律规定的责任限制的权利,应当向海事法院设立油污损害的海事赔偿责任限制基金。

设立责任限制基金的申请可以在起诉前或者诉讼中提出,但最迟应当在一审判决作出前提出。

◈ 审理信息

通知利害关系人日期❶	
公告日期	
利害关系人	
异议日期	
审查意见❷	01. 驳回申请 02. 准予设立海事赔偿责任限制基金
裁定日期	
裁定书	(文本)

① 通知利害关系人日期

《海事诉讼特别程序法》(1999 年)

第一百零五条　海事法院受理设立海事赔偿责任限制基金申请后,应当在七日内向已知的利害关系人发出通知,同时通过报纸或者其他新闻媒体发布公告。

通知和公告包括下列内容:

(一)申请人的名称;

(二)申请的事实和理由;

(三)设立海事赔偿责任限制基金事项;

(四)办理债权登记事项;

(五)需要告知的其他事项。

② 审查意见

《海事诉讼特别程序法》(1999 年)

第一百零六条　利害关系人对申请人申请设立海事赔偿责任限制基金有异议的,应当在收到通知之日起七日内或者未收到通知的在公告之日起三十日内,以书面形式向海事法院提出。

海事法院收到利害关系人提出的书面异议后,应当进行审查,在十五日内作出裁定。异议成立的,裁定驳回申请人的申请;异议不成立的,裁定准予申请人设立海事赔偿责任限制基金。

当事人对裁定不服的,可以在收到裁定书之日起七日内提起上诉。第二审人民法院应当在收到上诉状之日起十五日内作出裁定。

第一百零七条　利害关系人在规定的期间内没有提出异议的,海事法院裁定准予申请人设立海事赔偿责任限制基金。

◆ 赔偿责任限制基金设立信息

准予设立基金裁定生效日期❶	
基金设立方式	01. 交纳保证金 02. 提供保证 03. 设定抵押 04. 设定质押
保证金数额	
担保财产价值	
责任限制数额	
利息	
基金设立日期	

❶ 准予设立基金裁定生效日期

《海事诉讼特别程序法》(1999 年)

第一百零六条　利害关系人对申请人申请设立海事赔偿责任限制基金有异议的,应当在收到通知之日起七日内或者未收到通知的在公告之日起三十日内,以书面形式向海事法院提出。

海事法院收到利害关系人提出的书面异议后,应当进行审查,在十五日内作出裁定。异议成立的,裁定驳回申请人的申请;异议不成立的,裁定准予申请人设立海事赔偿责任限制基金。

当事人对裁定不服的,可以在收到裁定书之日起七日内提起上诉。第二审人民法院应当在收到上诉状之日起十五日内作出裁定。

第一百零七条　利害关系人在规定的期间内没有提出异议的,海事法院裁定准予申请人设立海事赔偿责任限制基金。

第一百零八条　准予申请人设立海事赔偿责任限制基金的裁定生效后,申请人应当在海事法院设立海事赔偿责任限制基金。

设立海事赔偿责任限制基金可以提供现金,也可以提供经海事法院认可的担保。

海事赔偿责任限制基金的数额,为海事赔偿责任限额和自事故发生之日起至基金设立之日止的利息。以担保方式设立基金的,担保数额为基金数额及其在基金设立期间的利息。

以现金设立基金的,基金到达海事法院指定账户之日为基金设立之日。以担保设立基金的,海事法院接受担保之日为基金设立之日。

最高人民法院《关于审理海事赔偿责任限制相关纠纷案件的若干规定》(2011年)

第二十条　海事赔偿责任限制基金应当以人民币设立,其数额按法院准予设立基金的裁定生效之日的特别提款权对人民币的换算办法计算。

第二十一条　海商法第二百一十三条规定的利息,自海事事故发生之日起至基金设立之日止,按中国人民银行确定的金融机构同期一年期贷款基准利率计算。

以担保方式设立海事赔偿责任限制基金的,基金设立期间的利息按中国人民银行确定的金融机构同期一年期贷款基准利率计算。

◆ 结案信息

结案方式❶	01. 裁定驳回申请 02. 裁定移送其他法院

续表

结案方式❶	03. 不予受理 04. 设立海事赔偿责任限制基金 05. 准予撤回申请 06. 按撤回申请处理 07. 终结程序
结案日期	
结案文书	（录入）

❶ 结案方式

最高人民法院《关于审理海事赔偿责任限制相关纠纷案件的若干规定》（2011年）

第二条　同一海事事故中，不同的责任人在起诉前依据海事诉讼特别程序法第一百零二条的规定向不同的海事法院申请设立海事赔偿责任限制基金的，后立案的海事法院应当依照民事诉讼法的规定，将案件移送先立案的海事法院管辖。

《海事诉讼特别程序法解释》（2003 年）

第八十四条　准予申请人设立海事赔偿责任限制基金的裁定生效后，申请人应当在三日内在海事法院设立海事赔偿责任限制基金。申请人逾期未设立基金的，按自动撤回申请处理。

030511 海事债权登记与受偿案件

◆ 收案信息

本案案号	
收案来源	当事人申请
所属阶段❶	01. 船舶拍卖公告期间 02. 设立海事赔偿责任限制基金公告期间
船舶拍卖案件案号	

续表

设立海事赔偿责任限制基金案号	
收案日期	

① 所属阶段

《海事诉讼特别程序法》(1999年)

第一百一十一条　海事法院裁定强制拍卖船舶的公告发布后,债权人应当在公告期间,就与被拍卖船舶有关的债权申请登记。公告期间届满不登记的,视为放弃在本次拍卖船舶价款中受偿的权利。

第一百一十二条　海事法院受理设立海事赔偿责任限制基金的公告发布后,债权人应当在公告期间就与特定场合发生的海事事故有关的债权申请登记。公告期间届满不登记的,视为放弃债权。

◆ 债权审查信息

债权申请日期	
债权人	
申请债权数额	
债权依据编号	
债权依据类型❶	01. 判决书 02. 裁定书 03. 调解书 04. 仲裁裁决书 05. 公证债权文书 255. 其他证明具有海事请求的证据材料
审查意见❷	01. 准予登记 02. 驳回申请
审定日期	

① 债权依据类型

《海事诉讼特别程序法》(1999 年)

第一百一十三条　债权人向海事法院申请登记债权的,应当提交书面申请,并提供有关债权证据。

债权证据,包括证明债权的具有法律效力的判决书、裁定书、调解书、仲裁裁决书和公证债权文书,以及其他证明具有海事请求的证据材料。

《海事诉讼特别程序法解释》(2003 年)

第八十八条　海事诉讼特别程序法第一百一十五条规定的判决书、裁定书、调解书和仲裁裁决书指我国国内的判决书、裁定书、调解书和仲裁裁决书。对于债权人提供的国外的判决书、裁定书、调解书和仲裁裁决书,适用民事诉讼法第二百六十八条和第二百六十九条规定的程序审查。

② 审查意见

《海事诉讼特别程序法》(1999 年)

第一百一十四条　海事法院应当对债权人的申请进行审查,对提供债权证据的,裁定准予登记;对不提供债权证据的,裁定驳回申请。

最高人民法院《关于扣押与拍卖船舶适用法律若干问题的规定》(2015 年)

第十七条　海事法院受理债权登记申请后,应当在船舶被拍卖、变卖成交后,依照海事诉讼特别程序法第一百一十四条的规定作出是否准予的裁定。

◆ 代位受偿请求审查信息

申请人类型❶	01. 船舶所有人 02. 船舶油污损害责任保险人 03. 船舶油污损害责任财务保证人
申请人	(姓名或名称)
代位受偿申请日期	
申请标的数额	
通知利害关系人日期	(多个利害关系人多个日期)
利害关系人异议日期	
异议人	

续表

审查意见	01. 予以确认 02. 驳回代位受偿申请
审定日期	

❶ 申请人类型

最高人民法院《关于审理船舶油污损害赔偿纠纷案件若干问题的规定》(2011年)

第二十九条　在油污损害赔偿责任限制基金分配以前,船舶所有人、船舶油污损害责任保险人或者财务保证人,已先行赔付油污损害的,可以书面申请从基金中代位受偿。代位受偿应限于赔付的范围,并不超过接受赔付的人依法可获得的赔偿数额。

海事法院受理代位受偿申请后,应书面通知所有对油污损害赔偿责任限制基金提出主张的利害关系人。利害关系人对申请人主张代位受偿的权利有异议的,应在收到通知之日起十五日内书面提出。

海事法院经审查认定申请人代位受偿权利成立,应裁定予以确认;申请人主张代位受偿的权利缺乏事实或者法律依据的,裁定驳回其申请。当事人对裁定不服的,可以在收到裁定书之日起十日内提起上诉。

◆ **债权确认信息**

债权依据编号	
债权确认日期❶	
债权确认诉讼案号❷	
债权确权仲裁机构	
债权确权仲裁文号	

❶ 债权确认日期

《海事诉讼特别程序法》(1999年)

第一百一十五条　债权人提供证明债权的判决书、裁定书、调解书、仲裁裁决书或者公证债权文书的,海事法院经审查认定上述文书真实合法的,裁定予以确认。

《海事诉讼特别程序法解释》(2003年)

第八十八条　海事诉讼特别程序法第一百一十五条规定的判决书、裁定书、调解书和仲裁裁决书指我国国内的判决书、裁定书、调解书和仲裁裁决书。对于债权人提供的国外的判决书、裁定书、调解书和仲裁裁决书，适用民事诉讼法第二百六十八条和第二百六十九条规定的程序审查。

❷ 债权确认诉讼案号

《海事诉讼特别程序法》(1999 年)

第一百一十六条　债权人提供其他海事请求证据的，应当在办理债权登记以后，在受理债权登记的海事法院提起确权诉讼。当事人之间有仲裁协议的，应当及时申请仲裁。

海事法院对确权诉讼作出的判决、裁定具有法律效力，当事人不得提起上诉。

◈ 债权受偿分配信息

债权人会议通知日期	
分配方案确定方式❶	01. 债权人协商 02. 法院依职权裁定
受偿协议审查结果	01. 认可 02. 不认可
先行拨付费用类型❷	01. 诉讼费用 02. 保存、拍卖船舶和分配船舶价款产生的费用 03. 为债权人的共同利益支付的其他费用
费用数额	
债权人	
分得数额❸	(不限于经登记的债权)
剩余数额	
退还日期	

❶ 分配方案确定方式

《海事诉讼特别程序法》(1999 年)

第一百一十八条　债权人会议可以协商提出船舶价款或者海事赔偿责任限制基金的分配方案，签订受偿协议。

受偿协议经海事法院裁定认可，具有法律效力。

债权人会议协商不成的,由海事法院依照《中华人民共和国海商法》以及其他有关法律规定的受偿顺序,裁定船舶价款或者海事赔偿责任限制基金的分配方案。

② 先行拨付费用类型

《海事诉讼特别程序法》(1999 年)

第一百一十九条　拍卖船舶所得价款及其利息,或者海事赔偿责任限制基金及其利息,应当一并予以分配。

分配船舶价款时,应当由责任人承担的诉讼费用,为保存、拍卖船舶和分配船舶价款产生的费用,以及为债权人的共同利益支付的其他费用,应当从船舶价款中先行拨付。

清偿债务后的余款,应当退还船舶原所有人或者海事赔偿责任限制基金设立人。

③ 分得数额

最高人民法院《关于扣押与拍卖船舶适用法律若干问题的规定》(2015 年)

第十八条　申请拍卖船舶的海事请求人未经债权登记,直接要求参与拍卖船舶价款分配的,海事法院应予准许。

◆ 结案信息

结案方式❶	01. 受偿分配完毕 02. 终结债权登记与受偿程序
结案日期	
结案文书	

❶ 结案方式

最高人民法院《关于审理海事赔偿责任限制相关纠纷案件的若干规定》(2010 年)

第六条　海事诉讼特别程序法第一百一十二条规定的申请债权登记期间的届满之日,为海事法院受理设立海事赔偿责任限制基金申请的最后一次公告发布之次日起第六十日。

第七条　债权人申请登记债权,符合有关规定的,海事法院应当在海事赔偿责任限制基金设立后,依照海事诉讼特别程序法第一百一十四条的规定作出裁定;海事赔偿责任限制基金未依法设立的,海事法院应当裁定终结债权登记程序。债权人已经交纳的申请费由申请设立海事赔偿责任限制基金的人负担。

030512 撤销仲裁裁决案件

◆ 收案信息

本案案号	
收案来源	当事人申请
申请日期❶	
申请撤销仲裁类型	01. 劳动争议仲裁裁决 02. 其他民商事仲裁裁决
仲裁机构名称	
仲裁案件文号	
用人单位	(仅适用于劳动争议仲裁情形)
收案日期	
审查意见❷	01. 受理 02. 不予受理
审定日期	

❶ 申请日期

《劳动争议调解仲裁法》(2008 年)

第四十九条　用人单位有证据证明本法第四十七条规定的仲裁裁决有下列情形之一,可以自收到仲裁裁决书之日起三十日内向劳动争议仲裁委员会所在地的中级人民法院申请撤销裁决:

(一)适用法律、法规确有错误的;

(二)劳动争议仲裁委员会无管辖权的;

(三)违反法定程序的;

(四)裁决所根据的证据是伪造的;

(五)对方当事人隐瞒了足以影响公正裁决的证据的;

(六)仲裁员在仲裁该案时有索贿受贿、徇私舞弊、枉法裁决行为的。

人民法院经组成合议庭审查核实裁决有前款规定情形之一的,应当裁定撤销。

仲裁裁决被人民法院裁定撤销的,当事人可以自收到裁定书之日起十五日内就该劳动争议事项向人民法院提起诉讼。

② 审查意见

最高人民法院《全国法院涉港澳商事审判工作座谈会纪要》(2008年)

30. 当事人申请内地人民法院撤销香港特别行政区、澳门特别行政区仲裁机构作出的仲裁裁决或者临时仲裁庭在香港特别行政区、澳门特别行政区作出的仲裁裁决的,人民法院应不予受理。

◆ **审理信息**

通知重新仲裁日期❶	
是否重新仲裁	01. 是　02. 否
中止撤销仲裁程序日期	
恢复撤销仲裁程序日期	

① 通知重新仲裁日期

《仲裁法》(1995年)

第六十一条　人民法院受理撤销裁决的申请后,认为可以由仲裁庭重新仲裁的,通知仲裁庭在一定期限内重新仲裁,并裁定中止撤销程序。仲裁庭拒绝重新仲裁的,人民法院应当裁定恢复撤销程序。

最高人民法院《关于适用〈中华人民共和国仲裁法〉若干问题的解释》[2006年9月8日起施行,以下简称《仲裁法解释》(2006年)]

第二十一条第一款　当事人申请撤销国内仲裁裁决的案件属于下列情形之一的,人民法院可以依照仲裁法第六十一条的规定通知仲裁庭在一定期限内重新仲裁:

(一)仲裁裁决所根据的证据是伪造的;

(二)对方当事人隐瞒了足以影响公正裁决的证据的。

◆ **结案信息**

结案方式❶	01. 撤销或部分撤销仲裁裁决 02. 驳回申请 03. 准予撤回申请 04. 按撤回申请处理

续表

结案方式❶	05. 调解 06. 终结程序
结案日期	
结案文书	

❶ 结案方式

《仲裁法》(1995 年)

第五十八条　当事人提出证据证明裁决有下列情形之一的,可以向仲裁委员会所在地的中级人民法院申请撤销裁决:

(一)没有仲裁协议的;

(二)裁决的事项不属于仲裁协议的范围或者仲裁委员会无权仲裁的;

(三)仲裁庭的组成或者仲裁的程序违反法定程序的;

(四)裁决所根据的证据是伪造的;

(五)对方当事人隐瞒了足以影响公正裁决的证据的;

(六)仲裁员在仲裁该案时有索贿受贿,徇私舞弊,枉法裁决行为的。

人民法院经组成合议庭审查核实裁决有前款规定情形之一的,应当裁定撤销。

人民法院认定该裁决违背社会公共利益的,应当裁定撤销。

第五十九条　当事人申请撤销裁决的,应当自收到裁决书之日起六个月内提出。

第六十条　人民法院应当在受理撤销裁决申请之日起两个月内作出撤销裁决或者驳回申请的裁定。

《仲裁法解释》(2006 年)

第十九条　当事人以仲裁裁决事项超出仲裁协议范围为由申请撤销仲裁裁决,经审查属实的,人民法院应当撤销仲裁裁决中的超裁部分。但超裁部分与其他裁决事项不可分的,人民法院应当撤销仲裁裁决。

第二十二条　仲裁庭在人民法院指定的期限内开始重新仲裁的,人民法院应当裁定终结撤销程序;未开始重新仲裁的,人民法院应当裁定恢复撤销程序。

最高人民法院《关于审理劳动争议案件适用法律若干问题的解释(四)》[2013 年 2 月 1 日起施行,以下简称《劳动争议案件法律解释(四)》(2013 年)]

第三条　中级人民法院审理用人单位申请撤销终局裁决的案件,应当组成合议庭开庭审理。经过阅卷、调查和询问当事人,对没有新的事实、证据或者理由,合议庭认为不需要开庭审理的,可以不开庭审理。

中级人民法院可以组织双方当事人调解。达成调解协议的,可以制作调解书。一方当事人逾期不履行调解协议的,另一方可以申请人民法院强制执行。

030513 民事特别程序监督案件

◆ 收案信息

本案案号	
收案来源	01. 原案当事人异议 02. 利害关系人异议
原裁判案号	
收案日期	

◆ 结案信息

结案方式❶	01. 驳回异议 02. 作出新判决 03. 撤销原裁判 04. 变更原裁判 05. 调解 06. 不予受理 07. 终结
结案日期	
结案文书	

❶ 结案方式

《民事诉讼法解释》(2015 年)

第三百七十四条　适用特别程序作出的判决、裁定,当事人、利害关系人认为有错误的,可以向作出该判决、裁定的人民法院提出异议。人民法院经审查,异议成立或者部分成立的,作出新的判决、裁定撤销或者改变原判决、裁定;异议不成立的,裁定驳回。

对人民法院作出的确认调解协议、准许实现担保物权的裁定，当事人有异议的，应当自收到裁定之日起十五日内提出；利害关系人有异议的，自知道或者应当知道其民事权益受到侵害之日起六个月内提出。

030600 催告案件

030601 船舶优先权催告案件

◆ 收案信息

本案案号	
收案来源	当事人申请
申请人	
船舶权属证书号	
船舶名称	
收案日期❶	
审查意见❷	01. 准予申请 02. 不准予申请
审定日期	

❶ 收案日期

《海事诉讼特别程序法》(1999 年)

第一百二十条　船舶转让时，受让人可以向海事法院申请船舶优先权催告，催促船舶优先权人及时主张权利，消灭该船舶附有的船舶优先权。

第一百二十一条　受让人申请船舶优先权催告的，应当向转让船舶交付地或者受让人住所地海事法院提出。

❷ 审查意见

《海事诉讼特别程序法》(1999 年)

第一百二十三条　海事法院在收到申请书以及有关文件后，应当进行审查，在七日内作出准予或者不准予申请的裁定。

受让人对裁定不服的,可以申请复议一次。

◆ **审理信息**

催告公告日期❶	
优先权主张日期❷	
优先权人	
登记日期	
除权判决申请日期❸	
除权判决日期	
判决书	(文本)
判决公告日期	

① 催告公告日期

《海事诉讼特别程序法》(1999 年)

第一百二十四条　海事法院在准予申请的裁定生效后,应当通过报纸或者其他新闻媒体发布公告,催促船舶优先权人在催告期间主张船舶优先权。

船舶优先权催告期间为六十日。

② 优先权主张日期

《海事诉讼特别程序法》(1999 年)

第一百二十五条　船舶优先权催告期间,船舶优先权人主张权利的,应当在海事法院办理登记;不主张权利的,视为放弃船舶优先权。

③ 除权判决申请日期

《海事诉讼特别程序法》(1999 年)

第一百二十六条　船舶优先权催告期间届满,无人主张船舶优先权的,海事法院应当根据当事人的申请作出判决,宣告该转让船舶不附有船舶优先权。判决内容应当公告。

◈ **结案信息**

结案方式❶	01. 不准予申请 02. 作出除权判决 03. 终结程序
结案日期	
结案文书	

① 结案方式

《海事诉讼特别程序法》(1999 年)

第九十六条　利害关系人在船舶优先权催告期间提出优先权主张的，海事法院应当裁定优先权催告程序终结。

030602 公示催告案件

◈ **收案信息**

本案案号	
收案来源	当事人申请
催告单据类型❶	01. 提单等提货凭证 02. 可背书转让的票据
申请催告事由	01. 被盗 02. 遗失 03. 灭失
申请人	(姓名或名称)
票据票面数额	
票据付款日❷	
收案日期	
审查意见❸	01. 受理 02. 驳回申请
审定日期	

❶ 催告单据类型

《海事诉讼特别程序法》(1999 年)

第一百条　提单等提货凭证持有人,因提货凭证失控或者灭失,可以向货物所在地海事法院申请公示催告。

《海事诉讼特别程序法解释》(2003 年)

第七十条　海事诉讼特别程序法第一百条规定的失控指提单或者其他提货凭证被盗、遗失。

《民事诉讼法》(2012 年)

第二百一十八条　按照规定可以背书转让的票据持有人,因票据被盗、遗失或者灭失,可以向票据支付地的基层人民法院申请公示催告。依照法律规定可以申请公示催告的其他事项,适用本章规定。

申请人应当向人民法院递交申请书,写明票面金额、发票人、持票人、背书人等票据主要内容和申请的理由、事实。

《民事诉讼法解释》(2015 年)

第四百四十四条　民事诉讼法第二百一十八条规定的票据持有人,是指票据被盗、遗失或者灭失前的最后持有人。

❷ 票据付款日

《民事诉讼法解释》(2015 年)

第四百四十九条　公告期间不得少于六十日,且公示催告期间届满日不得早于票据付款日后十五日。

❸ 审查意见

《民事诉讼法解释》(2015 年)

第四百四十五条　人民法院收到公示催告的申请后,应当立即审查,并决定是否受理。经审查认为符合受理条件的,通知予以受理,并同时通知支付人停止支付;认为不符合受理条件的,七日内裁定驳回申请。

◆ **审理信息**

通知止付日期❶	
受理公告日期	

续表

受理公告期间(天数)	
权利申报人❷	
申报日期	
审查意见❸	01. 驳回申报 02. 终结催告程序
审定日期	
宣告票据无效申请日期❹	
判决公告日期	

❶ 通知止付日期

《民事诉讼法》(2012年)

第二百一十九条　人民法院决定受理申请,应当同时通知支付人停止支付,并在三日内发出公告,催促利害关系人申报权利。公示催告的期间,由人民法院根据情况决定,但不得少于六十日。

《民事诉讼法解释》(2015年)

第四百四十七条　人民法院依照民事诉讼法第二百一十九条规定发出的受理申请的公告,应当写明下列内容:

(一)公示催告申请人的姓名或者名称;

(二)票据的种类、号码、票面金额、出票人、背书人、持票人、付款期限等事项以及其他可以申请公示催告的权利凭证的种类、号码、权利范围、权利人、义务人、行权日期等事项;

(三)申报权利的期间;

(四)在公示催告期间转让票据等权利凭证,利害关系人不申报的法律后果。

《海事诉讼特别程序法解释》(2003年)

第七十二条　海事法院决定受理公示催告申请的,应当同时通知承运人、承运人的代理人或者货物保管人停止交付货物,并于三日内发出公告,敦促利害关系人申报权利。公示催告的期间由海事法院根据情况决定,但不得少于三十日。

② 权利申报人

《民事诉讼法》(2012 年)

第二百二十一条　利害关系人应当在公示催告期间向人民法院申报。

人民法院收到利害关系人的申报后,应当裁定终结公示催告程序,并通知申请人和支付人。

申请人或者申报人可以向人民法院起诉。

《民事诉讼法解释》(2015 年)

第四百五十条　在申报期届满后、判决作出之前,利害关系人申报权利的,应当适用民事诉讼法第二百二十一条第二款、第三款规定处理。

《海事诉讼特别程序法解释》(2003 年)

第七十六条　公示催告期间,利害关系人可以向海事法院申报权利。海事法院收到利害关系人的申报后,应当裁定终结公示催告程序,并通知申请人和承运人、承运人的代理人或者货物保管人。

申请人、申报人可以就有关纠纷向海事法院提起诉讼。

③ 审查意见

《民事诉讼法解释》(2015 年)

第四百五十一条　利害关系人申报权利,人民法院应当通知其向法院出示票据,并通知公示催告申请人在指定的期间查看该票据。公示催告申请人申请公示催告的票据与利害关系人出示的票据不一致的,应当裁定驳回利害关系人的申报。

④ 宣告票据无效申请日期

《民事诉讼法》(2012 年)

第二百二十二条　没有人申报的,人民法院应当根据申请人的申请,作出判决,宣告票据无效。判决应当公告,并通知支付人。自判决公告之日起,申请人有权向支付人请求支付。

《民事诉讼法解释》(2015 年)

第四百五十二条　在申报权利的期间无人申报权利,或者申报被驳回的,申请人应当自公示催告期间届满之日起一个月内申请作出判决。逾期不申请判决的,终结公示催告程序。

裁定终结公示催告程序的,应当通知申请人和支付人。

◈ **提货申请审查信息**

提货申请人	
提货申请日期	
申请提货事由❶	01. 国家重点建设项目待安装、施工、生产的货物 02. 救灾物资 03. 货物不宜长期保存 04. 季节性货物
审查意见	01. 准予提货 02. 不准予提货
审定日期	

❶ 申请提货事由

《海事诉讼特别程序法解释》(2003 年)

第七十五条　公示催告期间,国家重点建设项目待安装、施工、生产的货物,救灾物资,或者货物本身属性不宜长期保管以及季节性货物,在申请人提供充分可靠担保的情况下,海事法院可以依据申请人的申请作出由申请人提取货物的裁定。

承运人、承运人的代理人或者货物保管人收到海事法院准予提取货物的裁定后,应当依据裁定的指令将货物交付给指定的人。

◈ **结案信息**

结案方式❶	01. 作出除权判决 02. 驳回申请 03. 终结催告程序
结案日期	
结案文书	

❶ 结案方式

《民事诉讼法解释》(2015 年)

第四百五十二条　在申报权利的期间无人申报权利,或者申报被驳回的,申请人应当自公示催告期间届满之日起一个月内申请作出判决。逾期不申请判决的,终结公示催告程序。

裁定终结公示催告程序的,应当通知申请人和支付人。

第四百五十五条　公示催告申请人撤回申请,应在公示催告前提出;公示催告期间申请撤回的,人民法院可以径行裁定终结公示催告程序。

《海事诉讼特别程序法解释》(2003 年)

第七十七条　公示催告期间无人申报的,海事法院应当根据申请人的申请作出判决,宣告提单或者有关提货凭证无效。判决内容应当公告,并通知承运人、承运人的代理人或者货物保管人。自判决公告之日起,申请人有权请求承运人、承运人的代理人或者货物保管人交付货物。

030700 督促案件

030701 申请支付令审查案件

◆ **收案信息**

本案案号	
收案来源	当事人申请
申请人❶	(姓名或名称)
债务人	
申请支付事项❷	01. 金钱 02. 汇票 03. 本票 04. 支票 05. 股票 06. 债券 07. 国库券 08. 可转让的存款单 255. 其他有价证券 (可多选)

续表

标的额	
收案日期❸	
审查意见❹	01. 受理 02. 不予受理
审定日期	

❶ 申请人

《民事诉讼法》(2012 年)

第二百一十四条　债权人请求债务人给付金钱、有价证券,符合下列条件的,可以向有管辖权的基层人民法院申请支付令:

(一)债权人与债务人没有其他债务纠纷的;

(二)支付令能够送达债务人的。

申请书应当写明请求给付金钱或者有价证券的数量和所根据的事实、证据。

《海事诉讼特别程序法》(1999 年)

第九十九条　债权人基于海事事由请求债务人给付金钱或者有价证券,符合《中华人民共和国民事诉讼法》有关规定的,可以向有管辖权的海事法院申请支付令。

债务人是外国人、无国籍人、外国企业或者组织,但在中华人民共和国领域内有住所、代表机构或者分支机构并能够送达支付令的,债权人可以向有管辖权的海事法院申请支付令。

❷ 申请支付事项

《民事诉讼法解释》(2015 年)

第四百二十九条　债权人申请支付令,符合下列条件的,基层人民法院应当受理,并在收到支付令申请书后五日内通知债权人:

(一)请求给付金钱或者汇票、本票、支票、股票、债券、国库券、可转让的存款单等有价证券;

(二)请求给付的金钱或者有价证券已到期且数额确定,并写明了请求所根据的事实、证据;

(三)债权人没有对待给付义务;

(四)债务人在我国境内且未下落不明;

(五)支付令能够送达债务人;

(六)收到申请书的人民法院有管辖权;

(七)债权人未向人民法院申请诉前保全。

不符合前款规定的,人民法院应当在收到支付令申请书后五日内通知债权人不予受理。

基层人民法院受理申请支付令案件,不受债权金额的限制。

③ 收案日期

《民事诉讼法》(2012 年)

第二百一十五条　债权人提出申请后,人民法院应当在五日内通知债权人是否受理。

④ 审查意见

《民事诉讼法》(2012 年)

第二百一十五条　债权人提出申请后,人民法院应当在五日内通知债权人是否受理。

《民事诉讼法解释》(2015 年)

第四百二十八条　人民法院收到债权人的支付令申请书后,认为申请书不符合要求的,可以通知债权人限期补正。人民法院应当自收到补正材料之日起五日内通知债权人是否受理。

◆ **审理信息**

发出支付令日期	
送达债务人日期	
债务人对应行为❶	01. 清偿债务 02. 提出异议
异议债务人❷	
异议日期	
清偿债务日期	
异议针对请求事项	01. 金钱 02. 汇票

续表

异议针对请求事项	03. 本票 04. 支票 05. 股票 06. 债券 07. 国库券 08. 可转让的存款单 255. 其他有价证券
审查意见❸	01. 终结程序 02. 驳回异议 03. 准予撤回异议
审定日期	

❶ 债务人对应行为

《民事诉讼法》(2012 年)

第二百一十六条　人民法院受理申请后,经审查债权人提供的事实、证据,对债权债务关系明确、合法的,应当在受理之日起十五日内向债务人发出支付令;申请不成立的,裁定予以驳回。

债务人应当自收到支付令之日起十五日内清偿债务,或者向人民法院提出书面异议。

债务人在前款规定的期间不提出异议又不履行支付令的,债权人可以向人民法院申请执行。

《民事诉讼法解释》(2015 年)

第四百三十三条　债务人在收到支付令后,未在法定期间提出书面异议,而向其他人民法院起诉的,不影响支付令的效力。

债务人超过法定期间提出异议的,视为未提出异议。

第四百三十四条　债权人基于同一债权债务关系,在同一支付令申请中向债务人提出多项支付请求,债务人仅就其中一项或者几项请求提出异议的,不影响其他各项请求的效力。

② 异议债务人

《民事诉讼法解释》(2015 年)

第四百三十五条　债权人基于同一债权债务关系,就可分之债向多个债务人提出支付请求,多个债务人中的一人或者几人提出异议的,不影响其他请求的效力。

③ 审查意见

《民事诉讼法》(2012 年)

第二百一十七条　人民法院收到债务人提出的书面异议后,经审查,异议成立的,应当裁定终结督促程序,支付令自行失效。

支付令失效的,转入诉讼程序,但申请支付令的一方当事人不同意提起诉讼的除外。

第四百三十七条　经形式审查,债务人提出的书面异议有下列情形之一的,应当认定异议成立,裁定终结督促程序,支付令自行失效:

(一)本解释规定的不予受理申请情形的;

(二)本解释规定的裁定驳回申请情形的;

(三)本解释规定的应当裁定终结督促程序情形的;

(四)人民法院对是否符合发出支付令条件产生合理怀疑的。

《民事诉讼法解释》(2015 年)

第四百三十八条　债务人对债务本身没有异议,只是提出缺乏清偿能力、延缓债务清偿期限、变更债务清偿方式等异议的,不影响支付令的效力。

人民法院经审查认为异议不成立的,裁定驳回。

债务人的口头异议无效。

第四百三十九条　人民法院作出终结督促程序或者驳回异议裁定前,债务人请求撤回异议的,应当裁定准许。

债务人对撤回异议反悔的,人民法院不予支持。

◆ 结案信息

结案方式❶	01. 支付令生效 02. 驳回申请 03. 不予受理 04. 终结程序

续表

终结程序事由	01. 债权人就同一债权债务关系又提起诉讼 02. 发出支付令之日起三十日内无法送达债务人 03. 债权人撤回申请 04. 债务人异议成立
结案日期	
结案文书	

❶ 结案方式

《民事诉讼法》(2012年)

第二百一十六条第一款　人民法院受理申请后,经审查债权人提供的事实、证据,对债权债务关系明确、合法的,应当在受理之日起十五日内向债务人发出支付令;申请不成立的,裁定予以驳回。

第二百一十七条　人民法院收到债务人提出的书面异议后,经审查,异议成立的,应当裁定终结督促程序,支付令自行失效。

支付令失效的,转入诉讼程序,但申请支付令的一方当事人不同意提起诉讼的除外。

《民事诉讼法解释》(2015年)

第四百三十条　人民法院受理申请后,由审判员一人进行审查。经审查,有下列情形之一的,裁定驳回申请:

(一)申请人不具备当事人资格的;

(二)给付金钱或者有价证券的证明文件没有约定逾期给付利息或者违约金、赔偿金,债权人坚持要求给付利息或者违约金、赔偿金的;

(三)要求给付的金钱或者有价证券属于违法所得的;

(四)要求给付的金钱或者有价证券尚未到期或者数额不确定的。

人民法院受理支付令申请后,发现不符合本解释规定的受理条件的,应当在受理之日起十五日内裁定驳回申请。

第四百三十二条　有下列情形之一的,人民法院应当裁定终结督促程序,已发出支付令的,支付令自行失效:

(一)人民法院受理支付令申请后,债权人就同一债权债务关系又提起诉讼的;

(二)人民法院发出支付令之日起三十日内无法送达债务人的;

(三)债务人收到支付令前,债权人撤回申请的。

第四百三十六条　对设有担保的债务的主债务人发出的支付令,对担保人没有拘束力。

债权人就担保关系单独提起诉讼的,支付令自人民法院受理案件之日起失效。

最高人民法院《关于适用督促程序若干问题的规定》(2001 年)

第五条　人民法院受理债权人的支付令申请后,经审理,有下列情况之一的,应当裁定驳回申请:

(一)当事人不适格;

(二)给付金钱或者汇票、本票、支票以及股票、债券、国库券、可转让的存款单等有价证券的证明文件没有约定逾期给付利息或者违约金、赔偿金,债权人坚持要求给付利息或者违约金、赔偿金;

(三)债权人要求给付的金钱或者汇票、本票、支票以及股票、债券、国库券、可转让的存款单等有价证券属于违法所得;

(四)债权人申请支付令之前已向人民法院申请诉前保全,或者申请支付令同时又要求诉前保全。

第六条　人民法院受理支付令申请后,债权人就同一债权关系又提起诉讼,或者人民法院发出支付令之日起三十日内无法送达债务人的,应当裁定终结督促程序。

030702 支付令监督案件

◆ 收案信息

本案案号	
收案来源	01. 当事人请求 02. 依职权监督
监督动因	01. 本院发现错误 02. 检察院提出建议
收案日期❶	

❶ 收案日期

《民事诉讼法解释》(2015 年)

第四百四十三条　人民法院院长发现本院已经发生法律效力的支付令确有错误,

认为需要撤销的,应当提交本院审判委员会讨论决定后,裁定撤销支付令,驳回债权人的申请。

最高人民法院《关于适用督促程序若干问题的规定》(2001 年)

第十一条　人民法院院长对本院已发生法律效力的支付令,发现确有错误,认为需要撤销的,应当提交审判委员会讨论决定后,裁定撤销支付令,驳回债权人的申请。

◈ 结案信息

结案方式	01. 撤销支付令 02. 驳回当事人请求 03. 终结
结案日期	
结案文书	

030800 破产案件

基础信息

◈ 管理人指定与更换信息

管理人指定日期	
指定管理人❶	(可以有多个)
管理人更换方式	01. 债权人会议申请更换 02. 管理人申请辞职
申请日期	
申请更换事由❷	01. 管理人不能依法、公正执行职务 02. 有其他不能胜任职务情形
更换后管理人	
更换日期	

❶ 指定管理人

《破产法》(2007 年)

第十三条　人民法院裁定受理破产申请的,应当同时指定管理人。

第二十四条第一款　管理人可以由有关部门、机构的人员组成的清算组或者依法设立的律师事务所、会计师事务所、破产清算事务所等社会中介机构担任。

第二十四条第二款　人民法院根据债务人的实际情况,可以在征询有关社会中介机构的意见后,指定该机构具备相关专业知识并取得执业资格的人员担任管理人。

❷ 申请更换事由

《破产法》(2007 年)

第二十二条　管理人由人民法院指定。

债权人会议认为管理人不能依法、公正执行职务或者有其他不能胜任职务情形的,可以申请人民法院予以更换。

指定管理人和确定管理人报酬的办法,由最高人民法院规定。

最高人民法院《关于适用〈中华人民共和国企业破产法〉若干问题的规定(二)》[2013 年 9 月 16 日起施行,以下简称《破产法解释二》(2013 年)]

第二十三条　破产申请受理后,债权人就债务人财产向人民法院提起本规定第二十一条第一款所列诉讼的,人民法院不予受理。

债权人通过债权人会议或者债权人委员会,要求管理人依法向次债务人、债务人的出资人等追收债务人财产,管理人无正当理由拒绝追收,债权人会议依据企业破产法第二十二条的规定,申请人民法院更换管理人的,人民法院应予支持。

管理人不予追收,个别债权人代表全体债权人提起相关诉讼,主张次债务人或者债务人的出资人等向债务人清偿或者返还债务人财产,或者依法申请合并破产的,人民法院应予受理。

◆ 破产案件关联案件信息

债务人财产被保全案号	(可以有多个)
债务人被执行案号❶	(可以有多个)
涉债务人诉讼案号	(可以有多个)
涉债务人仲裁案号❷	(可以有多个)

续表

撤销债务人行为案号❸	(可以有多个)
追回债务人财产案号❹	(可以有多个)
取回担保物诉讼案号❺	(可以有多个)
请求取回财产案号❻	(可以有多个)
催缴出资案号❼	(可以有多个)
请求债务抵销案号❽	(可以有多个)
解除或继续履行合同诉讼案号❾	(可以有多个)
不必申报债权之诉案号	(可以有多个)

① 债务人被执行案号

《破产法》(2007年)

第十九条　人民法院受理破产申请后,有关债务人财产的保全措施应当解除,执行程序应当中止。

② 涉债务人仲裁案号

《破产法》(2007年)

第二十条　人民法院受理破产申请后,已经开始而尚未终结的有关债务人的民事诉讼或者仲裁应当中止;在管理人接管债务人的财产后,该诉讼或者仲裁继续进行。

第二十一条　人民法院受理破产申请后,有关债务人的民事诉讼,只能向受理破产申请的人民法院提起。

③ 撤销债务人行为案号

《破产法》(2007年)

第三十一条　人民法院受理破产申请前一年内,涉及债务人财产的下列行为,管理人有权请求人民法院予以撤销:

(一)无偿转让财产的;

(二)以明显不合理的价格进行交易的;

(三)对没有财产担保的债务提供财产担保的;

(四)对未到期的债务提前清偿的;

(五)放弃债权的。

第三十二条　人民法院受理破产申请前六个月内,债务人有本法第二条第一款规定的情形,仍对个别债权人进行清偿的,管理人有权请求人民法院予以撤销。但是,个别清偿使债务人财产受益的除外。

④ 追回债务人财产案号

《破产法》(2007 年)

第三十三条　涉及债务人财产的下列行为无效:

(一)为逃避债务而隐匿、转移财产的;

(二)虚构债务或者承认不真实的债务的。

第三十四条　因本法第三十一条、第三十二条或者第三十三条规定的行为而取得的债务人的财产,管理人有权追回。

第三十六条　债务人的董事、监事和高级管理人员利用职权从企业获取的非正常收入和侵占的企业财产,管理人应当追回。

⑤ 取回担保物诉讼案号

《破产法》(2007 年)

第三十七条　人民法院受理破产申请后,管理人可以通过清偿债务或者提供为债权人接受的担保,取回质物、留置物。

前款规定的债务清偿或者替代担保,在质物或者留置物的价值低于被担保的债权额时,以该质物或者留置物当时的市场价值为限。

⑥ 请求取回财产案号

《破产法》(2007 年)

第三十八条　人民法院受理破产申请后,债务人占有的不属于债务人的财产,该财产的权利人可以通过管理人取回。但是,本法另有规定的除外。

第三十九条　人民法院受理破产申请时,出卖人已将买卖标的物向作为买受人的债务人发运,债务人尚未收到且未付清全部价款的,出卖人可以取回在运途中的标的物。但是,管理人可以支付全部价款,请求出卖人交付标的物。

⑦ 催缴出资案号

《破产法》(2007 年)

第三十五条　人民法院受理破产申请后,债务人的出资人尚未完全履行出资义务的，管理人应当要求该出资人缴纳所认缴的出资，而不受出资期限的限制。

⑧ 请求债务抵销案号

《破产法》(2007年)

第四十条　债权人在破产申请受理前对债务人负有债务的，可以向管理人主张抵销。但是，有下列情形之一的，不得抵销：

(一)债务人的债务人在破产申请受理后取得他人对债务人的债权的。

(二)债权人已知债务人有不能清偿到期债务或者破产申请的事实，对债务人负担债务的；但是，债权人因为法律规定或者有破产申请一年前所发生的原因而负担债务的除外。

(三)债务人的债务人已知债务人有不能清偿到期债务或者破产申请的事实，对债务人取得债权的；但是，债务人的债务人因为法律规定或者有破产申请一年前所发生的原因而取得债权的除外。

⑨ 解除或继续履行合同诉讼案号

《破产法》(2007年)

第十八条　人民法院受理破产申请后，管理人对破产申请受理前成立而债务人和对方当事人均未履行完毕的合同有权决定解除或者继续履行，并通知对方当事人。管理人自破产申请受理之日起二个月内未通知对方当事人，或者自收到对方当事人催告之日起三十日内未答复的，视为解除合同。

管理人决定继续履行合同的，对方当事人应当履行；但是，对方当事人有权要求管理人提供担保。管理人不提供担保的，视为解除合同。

◆ 债权申报信息

债权人申报起始日期	
债权人申报届满日期❶	
债权编号	(一个债权人可以有多个债权编号)
申报债权人❷	(每一个债权人每一项债权单独记录)
申报债权数额❸	
财产担保状况	01. 无财产担保 02. 抵押

续表

财产担保状况	03. 质押 04. 留置
是否连带债权❹	01. 是　02. 否
其他连带债权人	(姓名或名称)
申报日期	
债权人会议核查意见	01. 无异议 02. 有异议
异议债权诉讼案号❺	

① 债权人申报届满日期

《破产法》(2007 年)

第四十五条　人民法院受理破产申请后,应当确定债权人申报债权的期限。债权申报期限自人民法院发布受理破产申请公告之日起计算,最短不得少于三十日,最长不得超过三个月。

② 申报债权人

《破产法》(2007 年)

第四十七条　附条件、附期限的债权和诉讼、仲裁未决的债权,债权人可以申报。

③ 申报债权数额

《破产法》(2007 年)

第四十六条　未到期的债权,在破产申请受理时视为到期。

附利息的债权自破产申请受理时起停止计息。

④ 是否连带债权

《破产法》(2007 年)

第四十九条　债权人申报债权时,应当书面说明债权的数额和有无财产担保,并提交有关证据。申报的债权是连带债权的,应当说明。

第五十条　连带债权人可以由其中一人代表全体连带债权人申报债权,也可以共同申报债权。

⑤ 异议债权诉讼案号

《破产法》(2007 年)

第五十八条 依照本法第五十七条规定编制的债权表,应当提交第一次债权人会议核查。

债务人、债权人对债权表记载的债权无异议的,由人民法院裁定确认。

债务人、债权人对债权表记载的债权有异议的,可以向受理破产申请的人民法院提起诉讼。

◆ 债权补充申报信息

补充债权编号	
补充申报债权人❶	
补充申报债权数额	
财产担保状况	01. 无财产担保 02. 抵押 03. 质押 04. 留置
是否连带债权	01. 是　02. 否
其他连带债权人	(姓名或名称)
补充申报日期	
债权人会议核查意见	01. 无异议 02. 有异议
异议债权诉讼案号❷	

① 补充申报债权人

《破产法》(2007 年)

第五十六条 在人民法院确定的债权申报期限内,债权人未申报债权的,可以在破产财产最后分配前补充申报;但是,此前已进行的分配,不再对其补充分配。为审查和确认补充申报债权的费用,由补充申报人承担。

债权人未依照本法规定申报债权的,不得依照本法规定的程序行使权利。

② 异议债权诉讼案号

《破产法》(2007年)

第五十八条　依照本法第五十七条规定编制的债权表,应当提交第一次债权人会议核查。

债务人、债权人对债权表记载的债权无异议的,由人民法院裁定确认。

债务人、债权人对债权表记载的债权有异议的,可以向受理破产申请的人民法院提起诉讼。

◆ 无需申报债权信息

无需申报债权编号	
无需申报债权类型❶	01. 债务人所欠职工的工资和医疗、伤残补助、抚恤费用 02. 债务人所欠的应当划入职工个人账户的基本养老保险、基本医疗保险费用 03. 法律、行政法规规定应当支付给职工的补偿金
关联诉讼案号	
无需申报债权数额	

① 无需申报债权类型

《破产法》(2007年)

第四十八条　债权人应当在人民法院确定的债权申报期限内向管理人申报债权。

债务人所欠职工的工资和医疗、伤残补助、抚恤费用,所欠的应当划入职工个人账户的基本养老保险、基本医疗保险费用,以及法律、行政法规规定应当支付给职工的补偿金,不必申报,由管理人调查后列出清单并予以公示。职工对清单记载有异议的,可以要求管理人更正;管理人不予更正的,职工可以向人民法院提起诉讼。

◆ 破产费用信息

破产费用编号	
破产费用类型❶	01. 破产案件诉讼费用 02. 管理、变价和分配债务人财产的费用

续表

破产费用类型❶	03. 管理人执行职务的费用 04. 管理人报酬和聘用工作人员的费用
破产费用数额	(每项单独记录)

❶ 破产费用类型

《破产法》(2007年)

第四十一条　人民法院受理破产申请后发生的下列费用,为破产费用:

(一)破产案件的诉讼费用;

(二)管理、变价和分配债务人财产的费用;

(三)管理人执行职务的费用、报酬和聘用工作人员的费用。

◆ **破产共益债务信息**

共益债务编号	
共益债务类型❶	01. 因管理人或者债务人请求对方当事人履行双方均未履行完毕的合同所产生的债务 02. 债务人财产受无因管理所产生的债务 03. 因债务人不当得利所产生的债务 04. 为债务人继续营业而应支付的劳动报酬和社会保险费用以及由此产生的其他债务 05. 管理人或者相关人员执行职务致人损害所产生的债务 06. 债务人财产致人损害所产生的债务
共益债务数额	(每项单独记录)

❶ 共益债务类型

《破产法》(2007年)

第四十二条　人民法院受理破产申请后发生的下列债务,为共益债务:

(一)因管理人或者债务人请求对方当事人履行双方均未履行完毕的合同所产生的债务;

(二)债务人财产受无因管理所产生的债务;

(三)因债务人不当得利所产生的债务;

(四)为债务人继续营业而应支付的劳动报酬和社会保险费用以及由此产生的其他债务;

(五)管理人或者相关人员执行职务致人损害所产生的债务;

(六)债务人财产致人损害所产生的债务。

◈ 债权人会议决议审查信息

会议编号	
召开日期	
召集主体❶	01. 人民法院 02. 管理人 03. 债权人委员会 04. 占债权总额四分之一以上的债权人
债权人会议主席	
债权人会议决议	(文本或录入)
请求撤销决议债权人	(可以多个)
请求撤销决议日期	
审查意见❷	01. 予以撤销并责令重新决议 02. 驳回债权人申请
审定日期	

❶ 召集主体

《破产法》(2007 年)

第六十二条　第一次债权人会议由人民法院召集,自债权申报期限届满之日起十五日内召开。

以后的债权人会议,在人民法院认为必要时,或者管理人、债权人委员会、占债权总额四分之一以上的债权人向债权人会议主席提议时召开。

❷ 审查意见

《破产法》(2007 年)

第六十四条　债权人会议的决议,由出席会议的有表决权的债权人过半数通过,并且其所代表的债权额占无财产担保债权总额的二分之一以上。但是,本法另有规定的除外。

债权人认为债权人会议的决议违反法律规定，损害其利益的，可以自债权人会议作出决议之日起十五日内，请求人民法院裁定撤销该决议，责令债权人会议依法重新作出决议。

债权人会议的决议，对于全体债权人均有约束力。

◈ 债权人会议未决事项裁定信息

裁定事项❶	01. 债务人财产的管理方案 02. 破产财产的变价方案 03. 破产财产的分配方案
方案内容	(文本)
裁定日期	
裁定书	(文本)

① 裁定事项

《破产法》(2007 年)

第六十一条　债权人会议行使下列职权：

(一)核查债权；

(二)申请人民法院更换管理人，审查管理人的费用和报酬；

(三)监督管理人；

(四)选任和更换债权人委员会成员；

(五)决定继续或者停止债务人的营业；

(六)通过重整计划；

(七)通过和解协议；

(八)通过债务人财产的管理方案；

(九)通过破产财产的变价方案；

(十)通过破产财产的分配方案；

(十一)人民法院认为应当由债权人会议行使的其他职权。

债权人会议应当对所议事项的决议作成会议记录。

第六十五条　本法第六十一条第一款第八项、第九项所列事项，经债权人会议表决未通过的,由人民法院裁定。

本法第六十一条第一款第十项所列事项,经债权人会议二次表决仍未通过的,由人民法院裁定。

对前两款规定的裁定,人民法院可以在债权人会议上宣布或者另行通知债权人。

第一百一十一条　管理人应当及时拟订破产财产变价方案,提交债权人会议讨论。

管理人应当按照债权人会议通过的或者人民法院依照本法第六十五条第一款规定裁定的破产财产变价方案,适时变价出售破产财产。

第一百一十五条第一款　管理人应当及时拟订破产财产分配方案,提交债权人会议讨论。

第一百一十五条第三款　债权人会议通过破产财产分配方案后,由管理人将该方案提请人民法院裁定认可。

◆ 债权人会议未决事项裁定复议信息

复议申请日期❶	
复议事项	01. 债务人财产的管理方案裁定 02. 破产财产的变价方案裁定 03. 破产财产的分配方案裁定
审查意见	01. 执行方案 02. 重新制订方案
审定日期	
复议决定书	(文本)

❶ 复议申请日期

《破产法》(2007 年)

第六十六条　债权人对人民法院依照本法第六十五条第一款作出的裁定不服的,债权额占无财产担保债权总额二分之一以上的债权人对人民法院依照本法第六十五条第二款作出的裁定不服的,可以自裁定宣布之日或者收到通知之日起十五日内向该人民法院申请复议。复议期间不停止裁定的执行。

第九十三条第一款　债务人不能执行或者不执行重整计划的,人民法院经管理人或者利害关系人请求,应当裁定终止重整计划的执行,并宣告债务人破产。

第一百零三条第一款　因债务人的欺诈或者其他违法行为而成立的和解协议,人民法院应当裁定无效,并宣告债务人破产。

第一百零四条第一款　债务人不能执行或者不执行和解协议的,人民法院经和解债权人请求,应当裁定终止和解协议的执行,并宣告债务人破产。

030801 破产清算案件

◈ 收案信息

本案案号	
收案来源❶	01. 申请人申请 02. 上级法院指令审理 03. 上级法院指令受理 04. 重整或和解程序裁定宣告破产 05. 其他法院移交
上级法院案件案号	
裁定宣告破产案件案号	(即裁定宣告破产的重整案件案号、和解案件案号)
强制清算案件案号	
申请人类型❷	01. 债务人 02. 债权人 03. 依法负有清算责任的人 04. 金融监管机构
申请人	
被申请人	
收案日期	
通知债务人日期❸	
债务人异议日期	
审查意见❹	01. 受理 02. 不予受理
审定日期	

① 收案来源

最高人民法院《关于适用〈中华人民共和国企业破产法〉若干问题的规定》[2011年9月26日起施行,以下简称《破产法解释一》(2011年)]

第九条　申请人向人民法院提出破产申请,人民法院未接收其申请,或者未按本规定第七条执行的,申请人可以向上一级人民法院提出破产申请。

上一级人民法院接到破产申请后,应当责令下级法院依法审查并及时作出是否受理的裁定;下级法院仍不作出是否受理裁定的,上一级人民法院可以径行作出裁定。

上一级人民法院裁定受理破产申请的,可以同时指令下级人民法院审理该案件。

《破产法》(2007年)

第九十三条第一款　债务人不能执行或者不执行重整计划的,人民法院经管理人或者利害关系人请求,应当裁定终止重整计划的执行,并宣告债务人破产。

第一百零三条第一款　因债务人的欺诈或者其他违法行为而成立的和解协议,人民法院应当裁定无效,并宣告债务人破产。

第一百零四条第一款　债务人不能执行或者不执行和解协议的,人民法院经和解债权人请求,应当裁定终止和解协议的执行,并宣告债务人破产。

② 申请人类型

《破产法》(2007年)

第七条　债务人有本法第二条规定的情形,可以向人民法院提出重整、和解或者破产清算申请。

债务人不能清偿到期债务,债权人可以向人民法院提出对债务人进行重整或者破产清算的申请。

企业法人已解散但未清算或者未清算完毕,资产不足以清偿债务的,依法负有清算责任的人应当向人民法院申请破产清算。

第一百三十四条　商业银行、证券公司、保险公司等金融机构有本法第二条规定情形的,国务院金融监督管理机构可以向人民法院提出对该金融机构进行重整或者破产清算的申请。国务院金融监督管理机构依法对出现重大经营风险的金融机构采取接管、托管等措施的,可以向人民法院申请中止以该金融机构为被告或者被执行人的民事诉讼程序或者执行程序。

金融机构实施破产的,国务院可以依据本法和其他有关法律的规定制定实施办法。

《破产法解释二》(2013 年)

第二十三条第三款　管理人不予追收,个别债权人代表全体债权人提起相关诉讼,主张次债务人或者债务人的出资人等向债务人清偿或者返还债务人财产,或者依法申请合并破产的,人民法院应予受理。

③ 通知债务人日期

《破产法》(2007 年)

第十条　债权人提出破产申请的,人民法院应当自收到申请之日起五日内通知债务人。债务人对申请有异议的,应当自收到人民法院的通知之日起七日内向人民法院提出。人民法院应当自异议期满之日起十日内裁定是否受理。

除前款规定的情形外,人民法院应当自收到破产申请之日起十五日内裁定是否受理。

有特殊情况需要延长前两款规定的裁定受理期限的,经上一级人民法院批准,可以延长十五日。

④ 审查意见

《破产法》(2007 年)

第九条　人民法院受理破产申请前,申请人可以请求撤回申请。

第十二条第一款　人民法院裁定不受理破产申请的,应当自裁定作出之日起五日内送达申请人并说明理由。申请人对裁定不服的,可以自裁定送达之日起十日内向上一级人民法院提起上诉。

《破产法解释一》(2011 年)

第五条　企业法人已解散但未清算或者未在合理期限内清算完毕,债权人申请债务人破产清算的,除债务人在法定异议期限内举证证明其未出现破产原因外,人民法院应当受理。

◆ 破产程序转换申请审查信息

申请转换程序类型❶	01. 破产重整 02. 破产和解
申请人类型❷	01. 债务人 02. 出资额占债务人注册资本十分之一以上的出资人

续表

申请人	
申请日期	
程序转换裁定日期	

❶ 申请转换程序类型

《民事诉讼法解释》(2015 年)

第五百一十四条　被执行人住所地人民法院应当自收到执行案件相关材料之日起三十日内,将是否受理破产案件的裁定告知执行法院。不予受理的,应当将相关案件材料退回执行法院。

仅当申请破产清算时才能转换,如果是终止破产重整或和解程序而宣告破产进入清算程序的,不能转换。

❷ 申请人类型

《破产法》(2007 年)

第七十条第二款　债权人申请对债务人进行破产清算的,在人民法院受理破产申请后、宣告债务人破产前,债务人或者出资额占债务人注册资本十分之一以上的出资人,可以向人民法院申请重整。

第九十五条　债务人可以依照本法规定,直接向人民法院申请和解;也可以在人民法院受理破产申请后、宣告债务人破产前,向人民法院申请和解。

债务人申请和解,应当提出和解协议草案。

◆ 破产重整信息

• 重整计划草案表决信息

重整计划草案提交人❶	01. 债务人 02. 管理人
重整计划草案提交日期	
重整计划草案	(文本)
分组表决债权类型❷	01. 对债务人的特定财产享有担保权的债权 02. 债务人所欠职工的工资和医疗、伤残补助、抚恤费用,所欠的应当划入职工个人账户的基本养老保险、基本医

续表

分组表决债权类型❷	疗保险费用，以及法律、行政法规规定应当支付给职工的补偿金 03. 债务人所欠税款 04. 普通债权 05. 出资人组
分组表决意见❸	01. 通过 02. 未通过
分组表决日期	(可能有两个以上日期)
方案总体表决意见	01. 通过 02. 未通过

① 重整计划草案提交人

《破产法》(2007 年)

第七十九条第一款　债务人或者管理人应当自人民法院裁定债务人重整之日起六个月内，同时向人民法院和债权人会议提交重整计划草案。

第七十九条第二款　前款规定的期限届满，经债务人或者管理人请求，有正当理由的，人民法院可以裁定延期三个月。

② 分组表决债权类型

《破产法》(2007 年)

第八十二条　下列各类债权的债权人参加讨论重整计划草案的债权人会议，依照下列债权分类，分组对重整计划草案进行表决：

(一)对债务人的特定财产享有担保权的债权；

(二)债务人所欠职工的工资和医疗、伤残补助、抚恤费用，所欠的应当划入职工个人账户的基本养老保险、基本医疗保险费用，以及法律、行政法规规定应当支付给职工的补偿金；

(三)债务人所欠税款；

(四)普通债权。

人民法院在必要时可以决定在普通债权组中设小额债权组对重整计划草案进行

表决。

第八十三条　重整计划不得规定减免债务人欠缴的本法第八十二条第一款第二项规定以外的社会保险费用;该项费用的债权人不参加重整计划草案的表决。

第八十五条　债务人的出资人代表可以列席讨论重整计划草案的债权人会议。

重整计划草案涉及出资人权益调整事项的,应当设出资人组,对该事项进行表决。

③ 分组表决意见

《破产法》(2007 年)

第八十四条　人民法院应当自收到重整计划草案之日起三十日内召开债权人会议,对重整计划草案进行表决。

出席会议的同一表决组的债权人过半数同意重整计划草案,并且其所代表的债权额占该组债权总额的三分之二以上的,即为该组通过重整计划草案。

债务人或者管理人应当向债权人会议就重整计划草案作出说明,并回答询问。

第八十七条第一款　部分表决组未通过重整计划草案的,债务人或者管理人可以同未通过重整计划草案的表决组协商。该表决组可以在协商后再表决一次。双方协商的结果不得损害其他表决组的利益。

- **重整计划批准审查信息**

批准重整计划申请日期❶	
审查意见	01. 批准并终止重整程序 02. 终止重整程序并宣告破产
审定日期	(裁定日期)

① 批准重整计划申请日期

《破产法》(2007 年)

第八十六条　各表决组均通过重整计划草案时,重整计划即为通过。

自重整计划通过之日起十日内,债务人或者管理人应当向人民法院提出批准重整计划的申请。人民法院经审查认为符合本法规定的,应当自收到申请之日起三十日内裁定批准,终止重整程序,并予以公告。

第八十七条第二款　未通过重整计划草案的表决组拒绝再次表决或者再次表决仍未通过重整计划草案,但重整计划草案符合下列条件的,债务人或者管理人可以申请人民法院批准重整计划草案:

(一)按照重整计划草案,本法第八十二条第一款第一项所列债权就该特定财产将获得全额清偿,其因延期清偿所受的损失将得到公平补偿,并且其担保权未受到实质性损害,或者该表决组已经通过重整计划草案;

(二)按照重整计划草案,本法第八十二条第一款第二项、第三项所列债权将获得全额清偿,或者相应表决组已经通过重整计划草案;

(三)按照重整计划草案,普通债权所获得的清偿比例,不低于其在重整计划草案被提请批准时依照破产清算程序所能获得的清偿比例,或者该表决组已经通过重整计划草案;

(四)重整计划草案对出资人权益的调整公平、公正,或者出资人组已经通过重整计划草案;

(五)重整计划草案公平对待同一表决组的成员,并且所规定的债权清偿顺序不违反本法第一百一十三条的规定;

(六)债务人的经营方案具有可行性。

第八十七条第三款　人民法院经审查认为重整计划草案符合前款规定的,应当自收到申请之日起三十日内裁定批准,终止重整程序,并予以公告。

◈ 和解信息

◈ 和解协议表决信息

和解协议表决日期	
表决结果❶	01. 通过 02. 未通过

❶ 表决结果

《破产法》(2007 年)

第九十七条　债权人会议通过和解协议的决议,由出席会议的有表决权的债权人过半数同意,并且其所代表的债权额占无财产担保债权总额的三分之二以上。

◆ **和解协议法院审查信息**

提请法院审查日期	
审查意见❶	01. 认可并终止和解程序 02. 终止和解程序并宣告破产
审定日期	

① 审查意见

《破产法》(2007 年)

第九十八条　债权人会议通过和解协议的,由人民法院裁定认可,终止和解程序,并予以公告。管理人应当向债务人移交财产和营业事务,并向人民法院提交执行职务的报告。

第九十九条　和解协议草案经债权人会议表决未获得通过,或者已经债权人会议通过的和解协议未获得人民法院认可的,人民法院应当裁定终止和解程序,并宣告债务人破产。

◆ **破产债权受偿分配信息**

债权编号	
破产费用编号	
共益债务编号	
受偿数额❶	
受偿分配日期❷	

① 受偿数额

《破产法》(2007 年)

第四十三条　破产费用和共益债务由债务人财产随时清偿。

债务人财产不足以清偿所有破产费用和共益债务的,先行清偿破产费用。

债务人财产不足以清偿所有破产费用或者共益债务的,按照比例清偿。

债务人财产不足以清偿破产费用的,管理人应当提请人民法院终结破产程序。人民法院应当自收到请求之日起十五日内裁定终结破产程序,并予以公告。

第一百一十三条　破产财产在优先清偿破产费用和共益债务后,依照下列顺序清偿：

（一）破产人所欠职工的工资和医疗、伤残补助、抚恤费用，所欠的应当划入职工个人账户的基本养老保险、基本医疗保险费用，以及法律、行政法规规定应当支付给职工的补偿金；

（二）破产人欠缴的除前项规定以外的社会保险费用和破产人所欠税款；

（三）普通破产债权。

破产财产不足以清偿同一顺序的清偿要求的，按照比例分配。

破产企业的董事、监事和高级管理人员的工资按照该企业职工的平均工资计算。

第一百一十四条　破产财产的分配应当以货币分配方式进行。但是，债权人会议另有决议的除外。

② 受偿分配日期

《破产法》（2007 年）

第一百一十六条　破产财产分配方案经人民法院裁定认可后，由管理人执行。

管理人按照破产财产分配方案实施多次分配的，应当公告本次分配的财产额和债权额。管理人实施最后分配的，应当在公告中指明，并载明本法第一百一十七条第二款规定的事项。

第一百一十七条　对于附生效条件或者解除条件的债权，管理人应当将其分配额提存。

管理人依照前款规定提存的分配额，在最后分配公告日，生效条件未成就或者解除条件成就的，应当分配给其他债权人；在最后分配公告日，生效条件成就或者解除条件未成就的，应当交付给债权人。

第一百一十八条　债权人未受领的破产财产分配额，管理人应当提存。债权人自最后分配公告之日起满二个月仍不领取的，视为放弃受领分配的权利，管理人或者人民法院应当将提存的分配额分配给其他债权人。

第一百一十九条　破产财产分配时，对于诉讼或者仲裁未决的债权，管理人应当将其分配额提存。自破产程序终结之日起满二年仍不能受领分配的，人民法院应当将提存的分配额分配给其他债权人。

◆ **追加分配信息**

财产价值数额	
债权编号	
分得价值数额	
分配日期	
上缴国库日期❶	

❶ 上缴国库日期

《破产法》(2007年)

第一百二十三条　自破产程序依照本法第四十三条第四款或者第一百二十条的规定终结之日起二年内,有下列情形之一的,债权人可以请求人民法院按照破产财产分配方案进行追加分配:

(一)发现有依照本法第三十一条、第三十二条、第三十三条、第三十六条规定应当追回的财产的;

(二)发现破产人有应当供分配的其他财产的。

有前款规定情形,但财产数量不足以支付分配费用的,不再进行追加分配,由人民法院将其上交国库。

◆ **结案信息**

结案方式❶	01. 撤回申请 02. 不予受理 03. 驳回申请 04. 终结破产程序
终结破产程序事由❷	01. 债务人财产不足以清偿破产费用的 02. 债务人已清偿全部债务 03. 第三人提供足额担保 04. 破产财产最后分配完结 05. 债务人与全体债权人就债务处理达成协议并获法院认可

续表

结案日期	
结案文书	

① 结案方式

《破产法》(2007 年)

第九条　人民法院受理破产申请前,申请人可以请求撤回申请。

第十条第一款　债权人提出破产申请的,人民法院应当自收到申请之日起五日内通知债务人。债务人对申请有异议的,应当自收到人民法院的通知之日起七日内向人民法院提出。人民法院应当自异议期满之日起十日内裁定是否受理。

第十二条第二款　人民法院受理破产申请后至破产宣告前,经审查发现债务人不符合本法第二条规定情形的,可以裁定驳回申请。申请人对裁定不服的,可以自裁定送达之日起十日内向上一级人民法院提起上诉。

第四十三条第四款　债务人财产不足以清偿破产费用的,管理人应当提请人民法院终结破产程序。人民法院应当自收到请求之日起十五日内裁定终结破产程序,并予以公告。

第一百二十条　破产人无财产可供分配的,管理人应当请求人民法院裁定终结破产程序。

管理人在最后分配完结后,应当及时向人民法院提交破产财产分配报告,并提请人民法院裁定终结破产程序。

人民法院应当自收到管理人终结破产程序的请求之日起十五日内作出是否终结破产程序的裁定。裁定终结的,应当予以公告。

② 终结破产程序事由

《破产法》(2007 年)

第一百零五条　人民法院受理破产申请后,债务人与全体债权人就债权债务的处理自行达成协议的,可以请求人民法院裁定认可,并终结破产程序。

第一百零八条　破产宣告前,有下列情形之一的,人民法院应当裁定终结破产程序,并予以公告:

(一)第三人为债务人提供足额担保或者为债务人清偿全部到期债务的;

(二)债务人已清偿全部到期债务的。

030802 破产重整案件

◆ 收案信息

本案案号	
收案来源❶	01. 当事人申请 02. 上级法院指令审理 03. 上级法院指令受理
上级法院案件案号	
申请人类型❷	01. 债务人 02. 债权人
申请人	
被申请人❸	(可以是次债务人或债务人的出资人,可以有多个)
收案日期	
通知债务人日期❹	
债务人异议日期	
审查意见❺	01. 裁定破产重整 02. 不予受理
审定日期	

❶ 收案来源

《破产法解释一》(2011 年)

第九条　申请人向人民法院提出破产申请,人民法院未接收其申请,或者未按本规定第七条执行的,申请人可以向上一级人民法院提出破产申请。

上一级人民法院接到破产申请后,应当责令下级法院依法审查并及时作出是否受理的裁定;下级法院仍不作出是否受理裁定的,上一级人民法院可以径行作出裁定。

上一级人民法院裁定受理破产申请的,可以同时指令下级人民法院审理该案件。

② 申请人类型

《破产法》(2007 年)

第七十条 债务人或者债权人可以依照本法规定,直接向人民法院申请对债务人进行重整。

债权人申请对债务人进行破产清算的,在人民法院受理破产申请后、宣告债务人破产前,债务人或者出资额占债务人注册资本十分之一以上的出资人,可以向人民法院申请重整。

③ 被申请人

《破产法解释二》(2013 年)

第二十三条第三款 管理人不予追收,个别债权人代表全体债权人提起相关诉讼,主张次债务人或者债务人的出资人等向债务人清偿或者返还债务人财产,或者依法申请合并破产的,人民法院应予受理。

④ 通知债务人日期

《破产法》(2007 年)

第十条 债权人提出破产申请的,人民法院应当自收到申请之日起五日内通知债务人。债务人对申请有异议的,应当自收到人民法院的通知之日起七日内向人民法院提出。人民法院应当自异议期满之日起十日内裁定是否受理。

除前款规定的情形外,人民法院应当自收到破产申请之日起十五日内裁定是否受理。

有特殊情况需要延长前两款规定的裁定受理期限的,经上一级人民法院批准,可以延长十五日。

⑤ 审查意见

《破产法》(2007 年)

第九条 人民法院受理破产申请前,申请人可以请求撤回申请。

第十二条第一款 人民法院裁定不受理破产申请的,应当自裁定作出之日起五日内送达申请人并说明理由。申请人对裁定不服的,可以自裁定送达之日起十日内向上一级人民法院提起上诉。

第七十一条 人民法院经审查认为重整申请符合本法规定的,应当裁定债务人重整,并予以公告。

◆ 破产重整信息

• 重整计划草案表决信息

重整计划草案提交人❶	01. 债务人 02. 管理人
重整计划草案提交日期	
重整计划草案	(文本)
分组表决债权类型❷	01. 对债务人的特定财产享有担保权的债权 02. 债务人所欠职工的工资和医疗、伤残补助、抚恤费用,所欠的应当划入职工个人账户的基本养老保险、基本医疗保险费用,以及法律、行政法规规定应当支付给职工的补偿金 03. 债务人所欠税款 04. 普通债权 05. 出资人组
分组表决意见❸	01. 通过 02. 未通过
分组表决日期	(可能有两个以上日期)
方案总体表决意见	01. 通过 02. 未通过

❶ 重整计划草案提交人

《破产法》(2007年)

第七十九条　债务人或者管理人应当自人民法院裁定债务人重整之日起六个月内,同时向人民法院和债权人会议提交重整计划草案。

前款规定的期限届满,经债务人或者管理人请求,有正当理由的,人民法院可以裁定延期三个月。

债务人或者管理人未按期提出重整计划草案的,人民法院应当裁定终止重整程序,并宣告债务人破产。

② 分组表决债权类型

《破产法》(2007 年)

第八十二条　下列各类债权的债权人参加讨论重整计划草案的债权人会议,依照下列债权分类,分组对重整计划草案进行表决:

(一)对债务人的特定财产享有担保权的债权;

(二)债务人所欠职工的工资和医疗、伤残补助、抚恤费用,所欠的应当划入职工个人账户的基本养老保险、基本医疗保险费用,以及法律、行政法规规定应当支付给职工的补偿金;

(三)债务人所欠税款;

(四)普通债权。

人民法院在必要时可以决定在普通债权组中设小额债权组对重整计划草案进行表决。

第八十三条　重整计划不得规定减免债务人欠缴的本法第八十二条第一款第二项规定以外的社会保险费用;该项费用的债权人不参加重整计划草案的表决。

第八十五条　债务人的出资人代表可以列席讨论重整计划草案的债权人会议。

重整计划草案涉及出资人权益调整事项的,应当设出资人组,对该事项进行表决。

③ 分组表决意见

《破产法》(2007 年)

第八十四条　人民法院应当自收到重整计划草案之日起三十日内召开债权人会议,对重整计划草案进行表决。

出席会议的同一表决组的债权人过半数同意重整计划草案,并且其所代表的债权额占该组债权总额的三分之二以上的,即为该组通过重整计划草案。

债务人或者管理人应当向债权人会议就重整计划草案作出说明,并回答询问。

第八十七条第一款　部分表决组未通过重整计划草案的,债务人或者管理人可以同未通过重整计划草案的表决组协商。该表决组可以在协商后再表决一次。双方协商的结果不得损害其他表决组的利益。

• 重整计划批准审查信息

批准重整计划申请日期❶	
审查意见	01. 批准并终止重整程序 02. 终止重整程序并宣告破产
审定日期	

① 批准重整计划申请日期

《破产法》(2007 年)

第八十六条　各表决组均通过重整计划草案时,重整计划即为通过。

自重整计划通过之日起十日内,债务人或者管理人应当向人民法院提出批准重整计划的申请。人民法院经审查认为符合本法规定的,应当自收到申请之日起三十日内裁定批准,终止重整程序,并予以公告。

第八十七条第二款　未通过重整计划草案的表决组拒绝再次表决或者再次表决仍未通过重整计划草案,但重整计划草案符合下列条件的,债务人或者管理人可以申请人民法院批准重整计划草案:

(一)按照重整计划草案,本法第八十二条第一款第一项所列债权就该特定财产将获得全额清偿,其因延期清偿所受的损失将得到公平补偿,并且其担保权未受到实质性损害,或者该表决组已经通过重整计划草案;

(二)按照重整计划草案,本法第八十二条第一款第二项、第三项所列债权将获得全额清偿,或者相应表决组已经通过重整计划草案;

(三)按照重整计划草案,普通债权所获得的清偿比例,不低于其在重整计划草案被提请批准时依照破产清算程序所能获得的清偿比例,或者该表决组已经通过重整计划草案;

(四)重整计划草案对出资人权益的调整公平、公正,或者出资人组已经通过重整计划草案;

(五)重整计划草案公平对待同一表决组的成员,并且所规定的债权清偿顺序不违反本法第一百一十三条的规定;

(六)债务人的经营方案具有可行性。

第八十七条第三款　人民法院经审查认为重整计划草案符合前款规定的,应当自收到申请之日起三十日内裁定批准,终止重整程序,并予以公告。

◆ 债权清偿与减免信息

债权编号	
破产费用编号	
共益债务编号	
减免数额	
减免日期	
清偿数额❶	
清偿日期	

❶ 清偿数额

《破产法》(2007年)

第四十三条　破产费用和共益债务由债务人财产随时清偿。

债务人财产不足以清偿所有破产费用和共益债务的,先行清偿破产费用。

债务人财产不足以清偿所有破产费用或者共益债务的,按照比例清偿。

债务人财产不足以清偿破产费用的,管理人应当提请人民法院终结破产程序。人民法院应当自收到请求之日起十五日内裁定终结破产程序,并予以公告。

◆ 结案信息

结案方式❶	01. 准予撤回申请 02. 不予受理 03. 驳回申请 04. 终结破产程序 05. 批准重整计划并终止重整程序 06. 终止重整程序并宣告破产
终结破产程序事由❷	01. 债务人财产不足以清偿破产费用的 02. 债务人已清偿全部债务 03. 第三人提供足额担保 04. 债务人与全体债权人就债务处理达成协议并获法院认可

续表

宣告破产事由❸	01. 重整期间经营和财产状况继续恶化 02. 重整期间债务人有欺诈、恶意减少财产等行为 03. 重整期间因债务人的原因致使管理人无法执行职务 04. 债务人或管理人未按期提交重整计划草案 05. 重整计划草案未获通过且未按规定获得法院批准 06. 重整计划草案获通过但未获法院批准
结案日期	
结案文书	

❶ 结案方式

《破产法》(2007 年)

第十二条第二款　人民法院受理破产申请后至破产宣告前,经审查发现债务人不符合本法第二条规定情形的,可以裁定驳回申请。申请人对裁定不服的,可以自裁定送达之日起十日内向上一级人民法院提起上诉。

第四十三条第四款　债务人财产不足以清偿破产费用的,管理人应当提请人民法院终结破产程序。人民法院应当自收到请求之日起十五日内裁定终结破产程序,并予以公告。

第一百二十条　破产人无财产可供分配的,管理人应当请求人民法院裁定终结破产程序。

管理人在最后分配完结后,应当及时向人民法院提交破产财产分配报告,并提请人民法院裁定终结破产程序。

人民法院应当自收到管理人终结破产程序的请求之日起十五日内作出是否终结破产程序的裁定。裁定终结的,应当予以公告。

❷ 终结破产程序事由

《破产法》(2007 年)

第一百零五条　人民法院受理破产申请后,债务人与全体债权人就债权债务的处理自行达成协议的,可以请求人民法院裁定认可,并终结破产程序。

第一百零八条　破产宣告前,有下列情形之一的,人民法院应当裁定终结破产程

序,并予以公告:

(一)第三人为债务人提供足额担保或者为债务人清偿全部到期债务的;

(二)债务人已清偿全部到期债务的。

③ 宣告破产事由

《破产法》(2007 年)

第七十八条　在重整期间,有下列情形之一的,经管理人或者利害关系人请求,人民法院应当裁定终止重整程序,并宣告债务人破产:

(一)债务人的经营状况和财产状况继续恶化,缺乏挽救的可能性;

(二)债务人有欺诈、恶意减少债务人财产或者其他显著不利于债权人的行为;

(三)由于债务人的行为致使管理人无法执行职务。

第七十九条　债务人或者管理人应当自人民法院裁定债务人重整之日起六个月内,同时向人民法院和债权人会议提交重整计划草案。

前款规定的期限届满,经债务人或者管理人请求,有正当理由的,人民法院可以裁定延期三个月。

债务人或者管理人未按期提出重整计划草案的,人民法院应当裁定终止重整程序,并宣告债务人破产。

第八十八条　重整计划草案未获得通过且未依照本法第八十七条的规定获得批准,或者已通过的重整计划未获得批准的,人民法院应当裁定终止重整程序,并宣告债务人破产。

第九十三条第一款　债务人不能执行或者不执行重整计划的,人民法院经管理人或者利害关系人请求,应当裁定终止重整计划的执行,并宣告债务人破产。

第九十九条　和解协议草案经债权人会议表决未获得通过,或者已经债权人会议通过的和解协议未获得人民法院认可的,人民法院应当裁定终止和解程序,并宣告债务人破产。

第一百零三条第一款　因债务人的欺诈或者其他违法行为而成立的和解协议,人民法院应当裁定无效,并宣告债务人破产。

第一百零四条第一款　债务人不能执行或者不执行和解协议的,人民法院经和解债权人请求,应当裁定终止和解协议的执行,并宣告债务人破产。

030803 破产和解案件

◆ 收案信息

本案案号	
收案来源❶	01. 当事人申请 02. 上级法院指令审理 03. 上级法院指令受理
上级法院案件案号	
申请人类型❷	01. 债务人 02. 债权人
申请人	
被申请人❸	
收案日期	
通知债务人日期❹	
债务人异议日期	
审查意见❺	01. 裁定破产和解 02. 不予受理
审定日期	

① 收案来源

《破产法解释一》(2007 年)

第九条　申请人向人民法院提出破产申请,人民法院未接收其申请,或者未按本规定第七条执行的,申请人可以向上一级人民法院提出破产申请。

上一级人民法院接到破产申请后,应当责令下级法院依法审查并及时作出是否受理的裁定;下级法院仍不作出是否受理裁定的,上一级人民法院可以径行作出裁定。

上一级人民法院裁定受理破产申请的,可以同时指令下级人民法院审理该案件。

② 申请人类型

《破产法》(2007 年)

第七条　债务人有本法第二条规定的情形,可以向人民法院提出重整、和解或者破产清算申请。

债务人不能清偿到期债务，债权人可以向人民法院提出对债务人进行重整或者破产清算的申请。

企业法人已解散但未清算或者未清算完毕，资产不足以清偿债务的，依法负有清算责任的人应当向人民法院申请破产清算。

第九十五条　债务人可以依照本法规定，直接向人民法院申请和解；也可以在人民法院受理破产申请后、宣告债务人破产前，向人民法院申请和解。

债务人申请和解，应当提出和解协议草案。

③ 被申请人

《破产法解释二》(2013 年)

第二十三条第三款　管理人不予追收，个别债权人代表全体债权人提起相关诉讼，主张次债务人或者债务人的出资人等向债务人清偿或者返还债务人财产，或者依法申请合并破产的，人民法院应予受理。

④ 通知债务人日期

《破产法》(2007 年)

第十条　债权人提出破产申请的，人民法院应当自收到申请之日起五日内通知债务人。债务人对申请有异议的，应当自收到人民法院的通知之日起七日内向人民法院提出。人民法院应当自异议期满之日起十日内裁定是否受理。

除前款规定的情形外，人民法院应当自收到破产申请之日起十五日内裁定是否受理。

有特殊情况需要延长前两款规定的裁定受理期限的，经上一级人民法院批准，可以延长十五日。

⑤ 审查意见

《破产法》(2007 年)

第九条　人民法院受理破产申请前，申请人可以请求撤回申请。

第十二条　人民法院裁定不受理破产申请的，应当自裁定作出之日起五日内送达申请人并说明理由。申请人对裁定不服的，可以自裁定送达之日起十日内向上一级人民法院提起上诉。

人民法院受理破产申请后至破产宣告前，经审查发现债务人不符合本法第二条规定情形的,可以裁定驳回申请。申请人对裁定不服的,可以自裁定送达之日起十日内向上一级人民法院提起上诉。

第七十一条　人民法院经审查认为重整申请符合本法规定的,应当裁定债务人重整,并予以公告。

第九十六条　人民法院经审查认为和解申请符合本法规定的,应当裁定和解,予以公告,并召集债权人会议讨论和解协议草案。

对债务人的特定财产享有担保权的权利人,自人民法院裁定和解之日起可以行使权利。

和解信息

和解协议表决信息

和解协议表决日期	
表决结果❶	01. 通过 02. 未通过

❶ 表决结果

《破产法》(2007 年)

第九十七条　债权人会议通过和解协议的决议,由出席会议的有表决权的债权人过半数同意,并且其所代表的债权额占无财产担保债权总额的三分之二以上。

和解协议法院审查信息

提请法院审查日期	
审查意见❶	01. 认可并终止和解程序 02. 终止和解程序并宣告破产
审定日期	

❶ 审查意见

《破产法》(2007 年)

第九十八条　债权人会议通过和解协议的,由人民法院裁定认可,终止和解程序,并予以公告。管理人应当向债务人移交财产和营业事务,并向人民法院提交执行职务的报告。

第九十九条　和解协议草案经债权人会议表决未获得通过,或者已经债权人会议通过的和解协议未获得人民法院认可的，人民法院应当裁定终止和解程序，并宣告债务人破产。

◆ 债权清偿与减免信息

债权编号	
破产费用编号	
共益债务编号	
减免数额	
减免日期	
清偿数额❶	
清偿日期	

① 清偿数额

《破产法》(2007 年)

第四十三条　破产费用和共益债务由债务人财产随时清偿。

债务人财产不足以清偿所有破产费用和共益债务的，先行清偿破产费用。

债务人财产不足以清偿所有破产费用或者共益债务的，按照比例清偿。

债务人财产不足以清偿破产费用的，管理人应当提请人民法院终结破产程序。人民法院应当自收到请求之日起十五日内裁定终结破产程序，并予以公告。

◆ 结案信息

结案方式❶	01. 准予撤回申请 02. 不予受理 03. 驳回申请 04. 终结破产程序 05. 认可和解协议并终止和解程序 06. 终止和解程序并宣告破产
宣告破产事由❷	01. 和解协议草案未获通过 02. 和解协议草案通过但未获法院认可 03. 和解协议因债务人欺诈或其他违法行为属于无效

续表

终结破产程序事由❸	01. 债务人财产不足以清偿破产费用的 02. 债务人已清偿全部债务 03. 第三人提供足额担保 04. 债务人与全体债权人就债务处理达成协议并获法院认可
结案日期	
结案文书	

① 结案方式

《破产法》(2007 年)

第九条　人民法院受理破产申请前,申请人可以请求撤回申请。

第十条　债权人提出破产申请的,人民法院应当自收到申请之日起五日内通知债务人。债务人对申请有异议的,应当自收到人民法院的通知之日起七日内向人民法院提出。人民法院应当自异议期满之日起十日内裁定是否受理。

除前款规定的情形外,人民法院应当自收到破产申请之日起十五日内裁定是否受理。

有特殊情况需要延长前两款规定的裁定受理期限的,经上一级人民法院批准,可以延长十五日。

第十二条第二款　人民法院受理破产申请后至破产宣告前,经审查发现债务人不符合本法第二条规定情形的,可以裁定驳回申请。申请人对裁定不服的,可以自裁定送达之日起十日内向上一级人民法院提起上诉。

第四十三条第四款　债务人财产不足以清偿破产费用的,管理人应当提请人民法院终结破产程序。人民法院应当自收到请求之日起十五日内裁定终结破产程序,并予以公告。

② 宣告破产事由

《破产法》(2007 年)

第九十九条　和解协议草案经债权人会议表决未获得通过,或者已经债权人会议通过的和解协议未获得人民法院认可的,人民法院应当裁定终止和解程序,并宣告债务人破产。

第一百零三条第一款　因债务人的欺诈或者其他违法行为而成立的和解协议，人民法院应当裁定无效，并宣告债务人破产。

第一百零四条第一款　债务人不能执行或者不执行和解协议的，人民法院经和解债权人请求，应当裁定终止和解协议的执行，并宣告债务人破产。

③ 终结破产程序事由

《破产法》(2007 年)

第一百零五条　人民法院受理破产申请后，债务人与全体债权人就债权债务的处理自行达成协议的，可以请求人民法院裁定认可，并终结破产程序。

第一百零八条　破产宣告前，有下列情形之一的，人民法院应当裁定终结破产程序，并予以公告：

(一)第三人为债务人提供足额担保或者为债务人清偿全部到期债务的；

(二)债务人已清偿全部到期债务的。

030900 强制清算案件

◆ 收案信息

本案案号	
收案来源❶	01. 当事人申请 02. 上级法院指令受理 03. 上级法院指令审理
申请人类型	01. 债权人 02. 股东
申请人	
被申请人	
收案日期	
召开听证会日期❷	
通知被申请人日期	
被申请人提出异议日期❸	

续表

审查意见❹	01. 受理 02. 不予受理
审定日期	

❶ 收案来源

最高人民法院《关于审理公司强制清算案件工作会谈纪要》(2009年)

7. 公司债权人或者股东向人民法院申请强制清算应当提交清算申请书。申请书应当载明申请人、被申请人的基本情况和申请的事实和理由。同时,申请人应当向人民法院提交被申请人已经发生解散事由以及申请人对被申请人享有债权或者股权的有关证据。公司解散后已经自行成立清算组进行清算,但债权人或者股东以其故意拖延清算,或者存在其他违法清算可能严重损害债权人或者股东利益为由,申请人民法院强制清算的,申请人还应当向人民法院提交公司故意拖延清算,或者存在其他违法清算行为可能严重损害其利益的相应证据材料。

❷ 召开听证会日期

最高人民法院《关于审理公司强制清算案件工作会谈纪要》(2009年)

9. 审理强制清算案件的审判庭审定是否受理强制清算申请时,一般应当召开听证会。对于事实清楚、法律关系明确、证据确实充分的案件,经书面通知被申请人,其对书面审查方式无异议的,也可决定不召开听证会,而采用书面方式进行审查。

❸ 被申请人提出异议日期

最高人民法院《关于审理公司强制清算案件工作会谈纪要》(2009年)

11. 人民法院决定不召开听证会的,应当及时通知申请人和被申请人,并向被申请人送达有关申请材料,同时告知被申请人若对申请人的申请有异议,应当自收到人民法院通知之日起七日内向人民法院书面提出。

❹ 审查意见

最高人民法院《关于审理公司强制清算案件工作会谈纪要》(2009年)

12. 人民法院应当在听证会召开之日或者自异议期满之日起十日内,依法作出是否受理强制清算申请的裁定。

13. 被申请人就申请人对其是否享有债权或者股权,或者对被申请人是否发生解散事由提出异议的，人民法院对申请人提出的强制清算申请应不予受理。申请人可就有关争议单独提起诉讼或者仲裁予以确认后，另行向人民法院提起强制清算申请。但对上述异议事项已有生效法律文书予以确认，以及发生被吊销企业法人营业执照、责令关闭或者被撤销等解散事由有明确、充分证据的除外。

◆ 强制清算案件关联案件信息

涉被强制清算公司诉讼案号❶	（可以有多个）
涉被强制清算公司仲裁案号❷	（可以有多个）

❶ 涉被强制清算公司诉讼案号

最高人民法院《关于审理公司强制清算案件工作会谈纪要》（2009 年）

30. 人民法院受理强制清算申请前已经开始，人民法院受理强制清算申请时尚未审结的有关被强制清算公司的民事诉讼，由原受理法院继续审理，但应依法将原法定代表人变更为清算组负责人。

❷ 涉被强制清算公司仲裁案号

最高人民法院《关于审理公司强制清算案件工作会谈纪要》（2009 年）

31. 人民法院受理强制清算申请后，就强制清算公司的权利义务产生争议的，应当向受理强制清算申请的人民法院提起诉讼，并由清算组负责人代表清算中公司参加诉讼活动。受理强制清算申请的人民法院对此类案件，可以适用民事诉讼法第三十七条和第三十九条的规定确定审理法院。上述案件在受理法院内部各审判庭之间按照业务分工进行审理。人民法院受理强制清算申请后，就强制清算公司的权利义务产生争议，当事人双方就产生争议约定有明确有效的仲裁条款的，应当按照约定通过仲裁方式解决。

◆ 强制清算费用信息

强制清算费用编号	
费用类型❶	01. 强制清算案件申请费 02. 管理、变价和分配清算财产的费用 03. 清算组织报酬和聘用工作人员的费用
费用数额	（每项单独记录）

❶ 费用类型

最高人民法院《关于审理公司强制清算案件工作会谈纪要》(2009年)

20. 参照《诉讼费用交纳办法》第十条、第十四条、第二十条和第四十二条关于企业破产案件申请费的有关规定,公司强制清算案件的申请费以强制清算财产总额为基数,按照财产案件受理费标准减半计算,人民法院受理强制清算申请后从被申请人财产中优先拨付。因财产不足以清偿全部债务,强制清算程序依法转入破产清算程序的,不再另行计收破产案件申请费;按照上述标准计收的强制清算案件申请费超过30万元的,超过部分不再收取,已经收取的,应予退还。

21. 人民法院裁定受理强制清算申请前,申请人请求撤回申请,人民法院准许的,强制清算案件的申请费不再从被申请人财产中予以拨付;人民法院受理强制清算申请后,申请人请求撤回申请,人民法院准许的,已经从被申请人财产中优先拨付的强制清算案件申请费不予退回。

◆ 清算组织成员指定与更换信息

清算组成员指定日期	
指定清算组成员❶	(有多个)
清算组负责人❷	
成员更换方式	01. 利害关系人申请更换 02. 法院依职权
申请日期	
更换后成员	
更换日期	

❶ 指定清算组成员

最高人民法院《关于审理公司强制清算案件工作会谈纪要》(2009年)

22. 人民法院受理强制清算案件后,应当及时指定清算组成员。公司股东、董事、监事、高级管理人员能够而且愿意参加清算的,人民法院可优先考虑指定上述人员组成清算组;上述人员不能、不愿进行清算,或者由其负责清算不利于清算依法进行的,人民法院可以指定《人民法院中介机构管理人名册》和《人民法院个人管理人名册》中的中介机构或者个人组成清算组;人民法院也可根据实际需要,指定公司股东、董事、监事、高级管理人员，与管理人名册中的中介机构或者个人共同组成清算组。人民法院指定管理人名册中的中介机构或者个人组成清算组，或者担任清算组成员的，应当参照适用《最高人民法院关于审理企业破产案件指定管理人的规定》。

❷ 清算组负责人

最高人民法院《关于审理公司强制清算案件工作会谈纪要》(2009 年)

23. 强制清算组成员的人数应当为单数。人民法院指定清算组成员的同时，应当根据清算组成员的推选，或者依职权，指定清算组负责人。清算组负责人代行清算中公司诉讼代表人职权。清算组成员未依法履行职责的，人民法院应当依据利害关系人的申请，或者依职权及时予以更换。

◆ 清算组议事及审查信息

召开日期	
清算组会议决议	（文本）
法院决定结果❶	
法院决定日期	
撤销决议请求人	01. 债权人 02. 清算组成员
请求撤销决议日期	
审查意见	01. 予以撤销 02. 驳回请求
审定日期	

❶ 法院决定结果

最高人民法院《关于审理公司强制清算案件工作会谈纪要》(2009 年)

26. 公司强制清算中的清算组因清算事务发生争议的，应当参照公司法第一百一十二条的规定，经全体清算组成员过半数决议通过。与争议事项有直接利害关系的清算组成员可以发表意见，但不得参与投票；因利害关系人回避表决无法形成多数意见的，清算组可以请求人民法院作出决定。与争议事项有直接利害关系的清算组成员未回避表决形成决定的，债权人或者清算组其他成员可以参照公司法第二十二条的规定，自决定作出之日起六十日内，请求人民法院予以撤销。

结案信息

结案方式❶	01. 不予受理 02. 驳回申请 03. 准予撤回强制清算申请 04. 终结强制清算程序
终结强制清算程序事由❷	01. 清算完毕 02. 债权得到全面清偿 03. 转入破产程序
结案日期	
结案文书	

❶ 结案方式

最高人民法院《关于审理公司强制清算案件工作会谈纪要》(2009 年)

12. 人民法院应当在听证会召开之日或者自异议期满之日起十日内,依法作出是否受理强制清算申请的裁定。

15. 人民法院受理强制清算申请后,经审查发现强制清算申请不符合法律规定的,可以裁定驳回强制清算申请。

16. 人民法院裁定不予受理或者驳回受理申请,申请人不服的,可以向上一级人民法院提起上诉。

17. 人民法院裁定受理公司强制清算申请前,申请人请求撤回其申请的,人民法院应予准许。

18. 公司因公司章程规定的营业期限届满或者公司章程规定的其他解散事由出现,或者股东会、股东大会决议自愿解散的,人民法院受理强制清算申请后,清算组对股东进行剩余财产分配前,申请人以公司修改章程,或者股东会、股东大会决议公司继续存续为由,请求撤回强制清算申请的,人民法院应予准许。

19. 公司因依法被吊销营业执照、责令关闭或者被撤销,或者被人民法院判决强制解散的,人民法院受理强制清算申请后,清算组对股东进行剩余财产分配前,申请人向人民法院申请撤回强制清算申请的,人民法院应不予准许。但申请人有证据证明相关行政决定被撤销,或者人民法院作出解散公司判决后当事人又达成公司存续和解协议的除外。

33. 公司强制清算中，有关权利人依据企业破产法第二条和第七条的规定向人民法院另行提起破产申请的，人民法院应当依法进行审查。权利人的破产申请符合企业破产法规定的，人民法院应当依法裁定予以受理。人民法院裁定受理破产申请后，应当裁定终结强制清算程序。

36. 公司依法清算结束，清算组制作清算报告并报人民法院确认后，人民法院应当裁定终结清算程序。公司登记机关依清算组的申请注销公司登记后，公司终止。

② 终结强制清算程序事由

最高人民法院《关于审理公司强制清算案件工作会谈纪要》(2009年)

17. 人民法院裁定受理公司强制清算申请前，申请人请求撤回其申请的，人民法院应予准许。

37. 公司因公司章程规定的营业期限届满或者公司章程规定的其他解散事由出现，或者股东会、股东大会决议自愿解散的，人民法院受理债权人提出的强制清算申请后，对股东进行剩余财产分配前，公司修改章程或者股东会、股东大会决议公司继续存续，申请人在其个人债权及他人债权均得到全额清偿后，未撤回申请的，人民法院可以根据被申请人的请求裁定终结强制清算程序，强制清算程序终结后，公司可以继续存续。

031000 其他民事案件

◆ 收案信息

本案案号	
收案来源	下级法院报请
涉及事项❶	01. 拟以仲裁协议无效、失效或内容不明确无法执行为由处理涉港澳商事案件管辖权异议 02. 拟以仲裁协议无效、失效或内容不明确无法执行为由受理涉外、涉港澳和涉台经济、海事海商纠纷 03. 拟受理第三人或被告为外交豁免人员民事案件 04. 拟认定涉外仲裁协议无效 05. 拟撤销内地仲裁机构涉外、涉港澳仲裁裁决及通知重新仲裁

续表

涉及事项❶	06. 对申请确认涉及中国贸仲或者上海贸仲、华南贸仲仲裁协议效力案件拟作出的裁判 07. 对当事人申请撤销或者不予执行中国贸仲或者上海贸仲、华南贸仲作出仲裁裁决案件拟作出的裁判 08. 延长审限审批 255. 其他事项
其他事项内容	
报请法院	
收案日期	

❶ 涉及事项

最高人民法院《关于人民法院受理涉及特权与豁免的民事案件有关问题的通知》(2007年)

各省、自治区、直辖市高级人民法院,解放军军事法院,新疆维吾尔自治区高级人民法院生产建设兵团分院:

为严格执行《中华人民共和国民事诉讼法》以及我国参加的有关国际公约的规定,保障正确受理涉及特权与豁免的民事案件,我院决定对人民法院受理的涉及特权与豁免的案件建立报告制度,特做如下通知:

凡以下列在中国享有特权与豁免的主体为被告、第三人向人民法院起诉的民事案件,人民法院应在决定受理之前,报请本辖区高级人民法院审查;高级人民法院同意受理的,应当将其审查意见报最高人民法院。在最高人民法院答复前,一律暂不受理。

一、外国国家;

二、外国驻中国使馆和使馆人员;

三、外国驻中国领馆和领馆成员;

四、途经中国的外国驻第三国的外交代表和与其共同生活的配偶及未成年子女;

五、途经中国的外国驻第三国的领事官员和与其共同生活的配偶及未成年子女;

六、持有中国外交签证或者持有外交护照(仅限互免签证的国家)来中国的外国官员;

七、持有中国外交签证或者持有与中国互免签证国家外交护照的领事官员;

八、来中国访问的外国国家元首、政府首脑、外交部长及其他具有同等身份的官员；

九、来中国参加联合国及其专门机构召开的国际会议的外国代表；

十、临时来中国的联合国及其专门机构的官员和专家；

十一、联合国系统组织驻中国的代表机构和人员；

十二、其他在中国享有特权与豁免的主体。

最高人民法院《关于审理和执行涉外民商事案件应当注意的几个问题的通知》(2001年)

三、严格遵守涉外民商事案件生效法律文书的执行规定，切实维护国家司法权威。各级人民法院在强化执行工作过程中，应从维护国家司法形象和法制尊严的高度认识涉外执行工作的重要性，进一步加强涉外案件的执行，要注意执行方法，提高执行效率，注重执行效果。

对涉外仲裁裁决和国外仲裁裁决的审查与执行，要严格护照有关国际公约和《中华人民共和国民事诉讼法》、最高人民法院《关于适用〈中华人民共和国民事诉讼法〉若干问题的意见》、《最高人民法院关于人民法院执行工作若干问题的规定(试行)》中有关涉外执行的规定和最高人民法院(法)经发〔1987〕5号通知、法发〔1995〕18号通知、法释〔1998〕28号规定及法〔1998〕40号通知办理。各级人民法院凡拟适用《中华人民共和国民事诉讼法》第二百五十八条和有关国际公约规定，不予执行涉外仲裁裁决、撤销涉外仲裁裁决或拒绝承认和执行外国仲裁机构的裁决的，均应按规定逐级呈报最高人民法院审查，在最高人民法院答复前，不得制发裁定。

最高人民法院《关于人民法院处理与涉外仲裁及外国仲裁事项有关问题的通知》(1995年)

各省、自治区、直辖市高级人民法院，解放军军事法院：

为严格执行《中华人民共和国民事诉讼法》以及我国参加的有关国际公约的规定，保障诉讼和仲裁活动依法进行，现决定对人民法院受理具有仲裁协议的涉外经济纠纷案、不予执行涉外仲裁裁决以及拒绝承认和执行外国仲裁裁决等问题建立报告制度。为此，特作如下通知：

一、凡起诉到人民法院的涉外、涉港澳和涉台经济、海事海商纠纷案件，如果当事人在合同中订有仲裁条款或者事后达成仲裁协议，人民法院认为该仲裁条款或者仲裁协议无效、失效或者内容不明确无法执行的，在决定受理一方当事人起诉之前，必须报请本辖区所属高级人民法院进行审查;如果高级人民法院同意受理,应将其审查意见报最高人民法院。在最高人民法院未作答复前,可暂不予受理。

二、凡一方当事人向人民法院申请执行我国涉外仲裁机构裁决,或者向人民法院申请承认和执行外国仲裁机构的裁决,如果人民法院认为我国涉外仲裁机构裁决具有民事诉讼法第二百五十八条情形之一的,或者申请承认和执行的外国仲裁裁决不符合我国参加的国际公约的规定或者不符合互惠原则的,在裁定不予执行或者拒绝承认和执行之前,必须报请本辖区所属高级人民法院进行审查;如果高级人民法院同意不予执行或者拒绝承认和执行,应将其审查意见报最高人民法院。待最高人民法院答复后,方可裁定不予执行或者拒绝承认和执行。

最高人民法院《关于承认和执行外国仲裁裁决收费及审查期限问题的规定》(1998年)

四、当事人依照纽约公约第四条规定的条件申请承认和执行外国仲裁裁决,受理申请的人民法院决定予以承认和执行的,应在受理申请之日起两个月内作出裁定,如无特殊情况,应在裁定后六个月内执行完毕;决定不予承认和执行的,须按最高人民法院法发〔1995〕18号《关于人民法院处理与涉外仲裁及外国仲裁事项有关问题的通知》的有关规定,在受理申请之日起两个月内上报最高人民法院。

最高人民法院《关于人民法院撤销涉外仲裁裁决有关事项的通知》(1998年)

各省、自治区、直辖市高级人民法院,解放军军事法院:

为严格执行《中华人民共和国仲裁法》(以下简称仲裁法)和《中华人民共和国民事诉讼法》(以下简称民事诉讼法),保障诉讼和仲裁活动依法进行,现决定对人民法院撤销我国涉外仲裁裁决建立报告制度,为此,特作如下通知:

一、凡一方当事人按照仲裁法的规定向人民法院申请撤销我国涉外仲裁裁决,如果人民法院经审查认为涉外仲裁裁决具有民事诉讼法第二百五十八条第一款规定的情形之一的,在裁定撤销裁决或通知仲裁重新仲裁之前,须报请本辖区所属高级人民法院进行审查。如果高级人民法院同意撤销裁决或通知仲裁庭重新仲裁,应将其审查意见报最高人民法院。待最高人民法院答复后,方可裁定撤销裁决或通知仲裁庭重新仲裁。

二、受理申请撤销裁决的人民法院如认为应予撤销裁决或通知仲裁庭重新仲裁的,应在受理申请后三十日内报其所属的高级人民法院,该高级人民法院如同意撤销裁决或通知仲裁庭重新仲裁的,应在十五日内报最高人民法院,以严格执行仲裁法第六十条的规定。

最高人民法院《关于印发〈全国法院涉港澳商事审判工作座谈会纪要〉的通知》(2008 年)

29. 当事人向人民法院申请撤销内地仲裁机构作出的涉港澳仲裁裁决,人民法院经审查认为裁决存在依法应予撤销或者可以重新仲裁的情形,在裁定撤销裁决或者通知仲裁庭重新仲裁之前,应当报请本辖区所属高级人民法院进行审查;如果高级人民法院同意撤销或者通知仲裁庭重新仲裁,应将其审查意见报最高人民法院,待最高人民法院答复后,方可裁定撤销或者通知仲裁庭重新仲裁。

最高人民法院《关于正确审理仲裁司法审查案件有关问题的通知》(2013 年)

各省、自治区、直辖市高级人民法院,解放军军事法院,新疆维吾尔自治区高级人民法院生产建设兵团分院:

最近一段时间以来,因中国国际经济贸易仲裁委员会(以下简称中国贸仲)于 2012 年 5 月 1 日施行修订后的仲裁规则以及原中国国际经济贸易仲裁委员会上海分会(以下简称上海贸仲)、原中国国际经济贸易仲裁委员会华南分会(以下简称华南贸仲)变更名称并施行新的仲裁规则,致使有的当事人对仲裁规则的适用以及上述各仲裁机构受理仲裁案件的权限等问题产生争议。各地人民法院陆续受理了因上述争议而引发的仲裁司法审查案件。为统一裁判尺度,保证人民法院正确审理案件,现就有关问题通知如下:

对于因上述争议产生的当事人申请确认仲裁协议效力的案件以及当事人申请撤销或者不予执行中国贸仲或者上海贸仲、华南贸仲作出的仲裁裁决的案件,人民法院在作出裁定之前,须经审判委员会讨论提出意见后,逐级上报至最高人民法院,待最高人民法院答复后,方可作出裁定。

◈ 结案信息

结案方式	01. 不同意报请法院处理意见 02. 同意报请法院处理意见 03. 变更报请法院处理意见 04. 撤回请求 255. 其他
结案日期	
结案文书	

040000 行政案件

040100 行政一审案件

◆ 收案信息

本案案号	
收案来源❶	01. 当事人起诉 02. 上级法院发回重审 03. 上级法院指令受理 04. 上级法院指令审理 05. 上级法院指定管辖 06. 其他法院裁定移送管辖 07. 本院提级管辖
当事人	(姓名或名称)
当事人案件地位	01. 原告 02. 被告 03. 第三人
收案日期❷	
起诉行政案由(主体类型)	
起诉行政案由(行政行为种类)	
被告类型❸	01. 作出行政行为的行政机关 02. 维持行政行为的复议机关 03. 复议改变行政行为的复议机关 04. 继续行使被撤销或职权变更行政机关职权的行政机关 05. 批准下级行政行为并署名的行政机关

续表

被告类型❸	06. 组建不具独立承担责任能力的机构的行政机关 07. 超越法定授权作出行为的内设机构、派出机构、其他组织 08. 法律、法规授权的组织 09. 不作为的行政机关（包括不受理复议申请或逾期未作出复议决定的复议机关）
是否经过复议❹	01. 是　02. 否
不予立案裁定日期❺	
不予登记立案裁定日期	
不予登记立案事由❻	01. 违法起诉或者不符合法律规定的 02. 涉及危害国家主权和领土完整的 03. 危害国家安全的 04. 破坏国家统一和民族团结的 05. 破坏国家宗教政策的 06. 所诉事项不属于人民法院主管的
登记立案日期❼	
立案案由（主体类型）	
立案案由（行政行为种类）	

❶ 收案来源

《行政诉讼法》（2014 年）

第二十二条　人民法院发现受理的案件不属于本院管辖的，应当移送有管辖权的人民法院，受移送的人民法院应当受理。受移送的人民法院认为受移送的案件按照规定不属于本院管辖的，应当报请上级人民法院指定管辖，不得再自行移送。

第二十三条　有管辖权的人民法院由于特殊原因不能行使管辖权的，由上级人民法院指定管辖。

人民法院对管辖权发生争议，由争议双方协商解决。协商不成的，报它们的共同上级人民法院指定管辖。

第二十四条　上级人民法院有权审理下级人民法院管辖的第一审行政案件。

下级人民法院对其管辖的第一审行政案件,认为需要由上级人民法院审理或者指定管辖的,可以报请上级人民法院决定。

第八十九条　人民法院审理上诉案件,按照下列情形,分别处理:

(一)原判决、裁定认定事实清楚,适用法律、法规正确的,判决或者裁定驳回上诉,维持原判决、裁定;

(二)原判决、裁定认定事实错误或者适用法律、法规错误的,依法改判、撤销或者变更;

(三)原判决认定基本事实不清、证据不足的,发回原审人民法院重审,或者查清事实后改判;

(四)原判决遗漏当事人或者违法缺席判决等严重违反法定程序的,裁定撤销原判决,发回原审人民法院重审。

原审人民法院对发回重审的案件作出判决后,当事人提起上诉的,第二审人民法院不得再次发回重审。

人民法院审理上诉案件,需要改变原审判决的,应当同时对被诉行政行为作出判决。

《行政诉讼法解释》(2000 年)

第六十八条　第二审人民法院经审理认为原审人民法院不予受理或者驳回起诉的裁定确有错误,且起诉符合法定条件的,应当裁定撤销原审人民法院的裁定,指令原审人民法院依法立案受理或者继续审理。

第七十一条　原审判决遗漏了必须参加诉讼的当事人或者诉讼请求的,第二审人民法院应当裁定撤销原审判决,发回重审。

原审判决遗漏行政赔偿请求,第二审人民法院经审查认为依法不应当予以赔偿的,应当判决驳回行政赔偿请求。

原审判决遗漏行政赔偿请求,第二审人民法院经审理认为依法应当予以赔偿的,在确认被诉具体行政行为违法的同时,可以就行政赔偿问题进行调解;调解不成的,应当就行政赔偿部分发回重审。

当事人在第二审期间提出行政赔偿请求的,第二审人民法院可以进行调解;调解不成的,应当告知当事人另行起诉。

②收案日期

《行政诉讼法解释》(2015 年)

第一条　人民法院对符合起诉条件的案件应当立案,依法保障当事人行使诉讼权利。

对当事人依法提起的诉讼,人民法院应当根据行政诉讼法第五十一条的规定,一律接收起诉状。能够判断符合起诉条件的,应当当场登记立案;当场不能判断是否符合起诉条件的,应当在接收起诉状后七日内决定是否立案;七日内仍不能作出判断的,应当先予立案。

起诉状内容或者材料欠缺的,人民法院应当一次性全面告知当事人需要补正的内容、补充的材料及期限。在指定期限内补正并符合起诉条件的,应当登记立案。当事人拒绝补正或者经补正仍不符合起诉条件的,裁定不予立案,并载明不予立案的理由。

当事人对不予立案裁定不服的,可以提起上诉。

最高人民法院《关于人民法院登记立案若干问题的规定》(2015 年)

第一条　人民法院对依法应该受理的一审民事起诉、行政起诉和刑事自诉,实行立案登记制。

第二条　对起诉、自诉,人民法院应当一律接收诉状,出具书面凭证并注明收到日期。

对符合法律规定的起诉、自诉,人民法院应当当场予以登记立案。

对不符合法律规定的起诉、自诉,人民法院应当予以释明。

第七条　当事人提交的诉状和材料不符合要求的,人民法院应当一次性书面告知在指定期限内补正。

当事人在指定期限内补正的,人民法院决定是否立案的期间,自收到补正材料之日起计算。

当事人在指定期限内没有补正的,退回诉状并记录在册;坚持起诉、自诉的,裁定或者决定不予受理、不予立案。

经补正仍不符合要求的,裁定或者决定不予受理、不予立案。

第八条　对当事人提出的起诉、自诉,人民法院当场不能判定是否符合法律规定的,应当作出以下处理:

(一)对民事、行政起诉,应当在收到起诉状之日起七日内决定是否立案;

(二)对刑事自诉,应当在收到自诉状次日起十五日内决定是否立案;

(三)对第三人撤销之诉,应当在收到起诉状之日起三十日内决定是否立案;

(四)对执行异议之诉,应当在收到起诉状之日起十五日内决定是否立案。

人民法院在法定期间内不能判定起诉、自诉是否符合法律规定的,应当先行立案。

③ 被告类型

《行政诉讼法》(2014 年)

第二十六条　公民、法人或者其他组织直接向人民法院提起诉讼的,作出行政行为的行政机关是被告。

经复议的案件,复议机关决定维持原行政行为的,作出原行政行为的行政机关和复议机关是共同被告;复议机关改变原行政行为的,复议机关是被告。

复议机关在法定期限内未作出复议决定,公民、法人或者其他组织起诉原行政行为的,作出原行政行为的行政机关是被告;起诉复议机关不作为的,复议机关是被告。

两个以上行政机关作出同一行政行为的,共同作出行政行为的行政机关是共同被告。

行政机关委托的组织所作的行政行为,委托的行政机关是被告。

行政机关被撤销或者职权变更的,继续行使其职权的行政机关是被告。

《行政诉讼法解释》(2000 年)

第十九条　当事人不服经上级行政机关批准的具体行政行为,向人民法院提起诉讼的,应当以在对外发生法律效力的文书上署名的机关为被告。

第二十条　行政机关组建并赋予行政管理职能但不具有独立承担法律责任能力的机构,以自己的名义作出具体行政行为,当事人不服提起诉讼的,应当以组建该机构的行政机关为被告。

行政机关的内设机构或者派出机构在没有法律、法规或者规章授权的情况下,以自己的名义作出具体行政行为,当事人不服提起诉讼的,应当以该行政机关为被告。

法律、法规或者规章授权行使行政职权的行政机关内设机构、派出机构或者其他组织,超出法定授权范围实施行政行为,当事人不服提起诉讼的,应当以实施该行为的机构或者组织为被告。

第二十一条　行政机关在没有法律、法规或者规章规定的情况下,授权其内设机构、派出机构或者其他组织行使行政职权的，应当视为委托。当事人不服提起诉讼的，应当以该行政机关为被告。

④ 是否经过复议

《行政诉讼法》(2014)年

第四十四条　对属于人民法院受案范围的行政案件，公民、法人或者其他组织可以先向行政机关申请复议，对复议决定不服的，再向人民法院提起诉讼；也可以直接向人民法院提起诉讼。

法律、法规规定应当先向行政机关申请复议，对复议决定不服再向人民法院提起诉讼的，依照法律、法规的规定。

第四十五条　公民、法人或者其他组织不服复议决定的，可以在收到复议决定书之日起十五日内向人民法院提起诉讼。复议机关逾期不作决定的，申请人可以在复议期满之日起十五日内向人民法院提起诉讼。法律另有规定的除外。

⑤ 不予立案裁定日期

《行政诉讼法解释》)(2015 年)

第一条　人民法院对符合起诉条件的案件应当立案，依法保障当事人行使诉讼权利。

对当事人依法提起的诉讼，人民法院应当根据行政诉讼法第五十一条的规定，一律接收起诉状。能够判断符合起诉条件的，应当当场登记立案；当场不能判断是否符合起诉条件的，应当在接收起诉状后七日内决定是否立案；七日内仍不能作出判断的，应当先予立案。

起诉状内容或者材料欠缺的，人民法院应当一次性全面告知当事人需要补正的内容、补充的材料及期限。在指定期限内补正并符合起诉条件的，应当登记立案。当事人拒绝补正或者经补正仍不符合起诉条件的，裁定不予立案，并载明不予立案的理由。

当事人对不予立案裁定不服的，可以提起上诉。

⑥ 不予登记立案事由

最高人民法院《关于人民法院登记立案若干问题的规定》(2015 年)

第十条　人民法院对下列起诉、自诉不予登记立案：

(一)违法起诉或者不符合法律规定的;

(二)涉及危害国家主权和领土完整的;

(三)危害国家安全的;

(四)破坏国家统一和民族团结的;

(五)破坏国家宗教政策的;

(六)所诉事项不属于人民法院主管的。

⑦ 登记立案日期

《行政诉讼法》(2014 年)

第十三条　人民法院不受理公民、法人或者其他组织对下列事项提起的诉讼:

(一)国防、外交等国家行为;

(二)行政法规、规章或者行政机关制定、发布的具有普遍约束力的决定、命令;

(三)行政机关对行政机关工作人员的奖惩、任免等决定;

(四)法律规定由行政机关最终裁决的行政行为。

第四十九条　提起诉讼应当符合下列条件:

(一)原告是符合本法第二十五条规定的公民、法人或者其他组织;

(二)有明确的被告;

(三)有具体的诉讼请求和事实根据;

(四)属于人民法院受案范围和受诉人民法院管辖。

第五十一条　人民法院在接到起诉状时对符合本法规定的起诉条件的,应当登记立案。

对当场不能判定是否符合本法规定的起诉条件的,应当接收起诉状,出具注明收到日期的书面凭证,并在七日内决定是否立案。不符合起诉条件的,作出不予立案的裁定。裁定书应当载明不予立案的理由。原告对裁定不服的,可以提起上诉。

起诉状内容欠缺或者有其他错误的,应当给予指导和释明,并一次性告知当事人需要补正的内容。不得未经指导和释明即以起诉不符合条件为由不接收起诉状。

对于不接收起诉状、接收起诉状后不出具书面凭证,以及不一次性告知当事人需要补正的起诉状内容的，当事人可以向上级人民法院投诉，上级人民法院应当责令改正，并对直接负责的主管人员和其他直接责任人员依法给予处分。

◈ **收案关联案件案号**

裁定移送案件案号	
上级法院案件案号	
管辖案件案号	
合并审理行政赔偿案号❶	
一并解决民事争议案号	（单独立案的情形）
被合并诉讼案号	

❶ 合并审理行政赔偿案号

最高人民法院《关于审理行政赔偿案件若干问题的规定》（1997 年）

第二十八条　当事人在提起行政诉讼的同时一并提出行政赔偿请求，或者因具体行政行为和与先例行政职权有关的其他行为侵权造成损害一并提出行政赔偿请求的，人民法院应当分别立案，根据具体情况可以合并审理，也可以单独审理。

◈ **涉外涉港澳台信息**

是否涉外❶	01. 是　02. 否
涉及国别或地区	（参照国标）
涉港澳台情况	01. 涉台 02. 涉港 03. 涉澳

❶ 是否涉外

《行政诉讼法》（2014 年）

第九十八条　外国人、无国籍人、外国组织在中华人民共和国进行行政诉讼，适用本法。法律另有规定的除外。

◆ 共同诉讼信息

是否共同诉讼❶	01. 是　02. 否
共同诉讼代表人❷	

① 是否共同诉讼

《行政诉讼法》(2014 年)

第二十七条　当事人一方或者双方为二人以上,因同一行政行为发生的行政案件,或者因同类行政行为发生的行政案件、人民法院认为可以合并审理并经当事人同意的,为共同诉讼。

第二十八条　当事人一方人数众多的共同诉讼,可以由当事人推选代表人进行诉讼。代表人的诉讼行为对其所代表的当事人发生效力,但代表人变更、放弃诉讼请求或者承认对方当事人的诉讼请求,应当经被代表的当事人同意。

② 共同诉讼代表人

《行政诉讼法解释》(2000 年)

第十四条　合伙企业向人民法院提起诉讼的,应当以核准登记的字号为原告,由执行合伙企业事务的合伙人作诉讼代表人;其他合伙组织提起诉讼的,合伙人为共同原告。

不具备法人资格的其他组织向人民法院提起诉讼的,由该组织的主要负责人作诉讼代表人;没有主要负责人的,可以由推选的负责人作诉讼代表人。

同案原告为 5 人以上,应当推选 1 至 5 名诉讼代表人参加诉讼;在指定期限内未选定的,人民法院可以依职权指定。

◆ 管辖权争议协商信息

与本院争议法院	(可以有多个)
自行协商结果❶	01. 商定由本院审理 02. 商定由其他法院审理 03. 协商不成
协商日期	
指定管辖案件案号	

❶ 自行协商结果

《行政诉讼法》(2014 年)

第二十三条　有管辖权的人民法院由于特殊原因不能行使管辖权的,由上级人民法院指定管辖。

人民法院对管辖权发生争议,由争议双方协商解决。协商不成的,报它们的共同上级人民法院指定管辖。

◆ 管辖异议审查信息

提出管辖异议被告	
管辖异议类型	01. 地域管辖 02. 级别管辖 03. 专属管辖 (可多选)
提出异议日期	
审查意见❶	01. 裁定移送有管辖权法院 02. 裁定驳回管辖异议 03. 撤回管辖异议
审定日期	
管辖上诉案件案号	

❶ 审查意见

《行政诉讼法解释》(2000 年)

第十条　当事人提出管辖异议,应当在接到人民法院应诉通知之日起 10 日内以书面形式提出。

对当事人提出的管辖异议,人民法院应当进行审查。异议成立的,裁定将案件移送有管辖权的人民法院;异议不成立的,裁定驳回。

◆ 诉讼请求变化信息

诉求变化类型❶	01. 增加诉讼请求 02. 放弃部分诉讼请求 03. 变更诉讼请求

续表

申请日期	
审查意见	01. 准许 02. 不准许
审定日期	

❶ 诉求变化类型

《行政诉讼法解释》(2000年)

第四十五条　起诉状副本送达被告后,原告提出新的诉讼请求的,人民法院不予准许,但有正当理由的除外。

◆ **附加诉讼审查信息**

附加诉讼类型❶	01. 并案审理的其他行政诉讼 02. 请求一并解决行政裁决对应的民事争议 03. 对改变行政行为提起诉讼 04. 对因不作为被诉的行政机关作出行政行为提起诉讼
附加诉讼请求日期	
民事争议标的数额	
审查意见	01. 决定并案审理 02. 不准许一并审理
审定日期	

❶ 附加诉讼类型

《行政诉讼法》

第二十七条　当事人一方或者双方为二人以上,因同一行政行为发生的行政案件,或者因同类行政行为发生的行政案件、人民法院认为可以合并审理并经当事人同意的,为共同诉讼。

第六十一条　在涉及行政许可、登记、征收、征用和行政机关对民事争议所作的裁决的行政诉讼中,当事人申请一并解决相关民事争议的,人民法院可以一并审理。

在行政诉讼中,人民法院认为行政案件的审理需以民事诉讼的裁判为依据的,可以裁定中止行政诉讼。

《行政诉讼法解释》(2000 年)

第四十六条　有下列情形之一的,人民法院可以决定合并审理:

(一)两个以上行政机关分别依据不同的法律、法规对同一事实作出具体行政行为,公民、法人或者其他组织不服向同一人民法院起诉的;

(二)行政机关就同一事实对若干公民、法人或者其他组织分别作出具体行政行为,公民、法人或者其他组织不服分别向同一人民法院起诉的;

(三)在诉讼过程中,被告对原告作出新的具体行政行为,原告不服向同一人民法院起诉的;

(四)人民法院认为可以合并审理的其他情形。

第五十条　被告在一审期间改变被诉具体行政行为的,应当书面告知人民法院。

原告或者第三人对改变后的行为不服提起诉讼的,人民法院应当就改变后的具体行政行为进行审理。

被告改变原具体行政行为,原告不撤诉,人民法院经审查认为原具体行政行为违法的,应当作出确认其违法的判决;认为原具体行政行为合法的,应当判决驳回原告的诉讼请求。

原告起诉被告不作为,在诉讼中被告作出具体行政行为,原告不撤诉的,参照上述规定处理。

《行政诉讼法解释》(2015 年)

第十七条　公民、法人或者其他组织请求一并审理行政诉讼法第六十一条规定的相关民事争议,应当在第一审开庭审理前提出;有正当理由的,也可以在法庭调查中提出。

有下列情形之一的,人民法院应当作出不予准许一并审理民事争议的决定,并告知当事人可以依法通过其他渠道主张权利:

(一)法律规定应当由行政机关先行处理的;

(二)违反民事诉讼法专属管辖规定或者协议管辖约定的;

(三)已经申请仲裁或者提起民事诉讼的;

(四)其他不宜一并审理的民事争议。

对不予准许的决定可以申请复议一次。

第十八条　人民法院在行政诉讼中一并审理相关民事争议的，民事争议应当单独立案，由同一审判组织审理。

审理行政机关对民事争议所作裁决的案件，一并审理民事争议的，不另行立案。

◆ 附加诉讼并案审理后中间处理信息

处理方式	01. 撤诉 02. 按撤诉处理 03. 调解 04. 行政诉讼请求撤诉后民事争议独立成案
按撤诉处理事由	01. 经传票传唤，无正当理由拒不到庭 02. 未经许可中途退庭 03. 未按期预交案件受理费
处理日期	

◆ 审查规范性文件信息

请求审查日期	
规范性文件类型❶	01. 国务院部门规范性文件 02. 地方政府规范性文件 03. 地方政府所属部门规范性文件
审查意见	01. 认定规范性文件合法 02. 认定规范性文件不合法
审定日期	
处理建议受文单位类型❷	01. 制定机关 02. 制定机关的同级政府 03. 制定机关的上一级行政机关
处理建议送交日期	

❶ 规范性文件类型

《行政诉讼法》(2014 年)

第五十三条　公民、法人或者其他组织认为行政行为所依据的国务院部门和地方人民政府及其部门制定的规范性文件不合法，在对行政行为提起诉讼时，可以一并请求对该规范性文件进行审查。

前款规定的规范性文件不含规章。

第六十四条　人民法院在审理行政案件中，经审查认为本法第五十三条规定的规范性文件不合法的，不作为认定行政行为合法的依据，并向制定机关提出处理建议。

《行政诉讼法解释》(2015 年)

第二十条　公民、法人或者其他组织请求人民法院一并审查行政诉讼法第五十三条规定的规范性文件，应当在第一审开庭审理前提出；有正当理由的，也可以在法庭调查中提出。

② 处理建议受文单位类型

《行政诉讼法解释》(2015 年)

第二十一条　规范性文件不合法的，人民法院不作为认定行政行为合法的依据，并在裁判理由中予以阐明。作出生效裁判的人民法院应当向规范性文件的制定机关提出处理建议，并可以抄送制定机关的同级人民政府或者上一级行政机关。

停止执行行政行为裁定及复议信息

停止执行启动方式	01. 依职权 02. 依申请
停止执行事由❶	01. 被告认为需要停止执行 02. 原告或者利害关系人申请停止执行，人民法院认为该行政行为的执行会造成难以弥补的损失，并且停止执行不损害国家利益、社会公共利益 03. 人民法院认为该行政行为的执行会给国家利益、社会公共利益造成重大损害 255. 法律、法规规定停止执行
裁定停止执行日期	

续表

复议申请日期	
审查意见	01. 维持 02. 撤销原裁定并裁定停止执行 03. 撤销原停止执行裁定 04. 撤回复议申请 05. 准予撤回复议申请 06. 终结
审定日期	

❶ 停止执行事由

《行政诉讼法》(2014年)

第五十六条　诉讼期间,不停止行政行为的执行。但有下列情形之一的,裁定停止执行:

(一)被告认为需要停止执行的;

(二)原告或者利害关系人申请停止执行,人民法院认为该行政行为的执行会造成难以弥补的损失,并且停止执行不损害国家利益、社会公共利益的;

(三)人民法院认为该行政行为的执行会给国家利益、社会公共利益造成重大损害的;

(四)法律、法规规定停止执行的。

当事人对停止执行或者不停止执行的裁定不服的,可以申请复议一次。

◆ 审理程序信息

适用程序	01. 简易程序 02. 普通程序
适用简易程序事由❶	01. 被诉行政行为是依法当场作出的 02. 案件涉及款额2000元以下 03. 属于政府信息公开案件 04. 当事人各方同意适用简易程序
转为普通程序事由❷	01. 当事人就适用简易程序提出异议且理由成立 02. 法院认为不宜继续适用简易程序
裁定日期	

❶ 适用简易程序事由

《行政诉讼法》(2014 年)

第八十二条　人民法院审理下列第一审行政案件,认为事实清楚、权利义务关系明确、争议不大的,可以适用简易程序:

(一)被诉行政行为是依法当场作出的;

(二)案件涉及款额二千元以下的;

(三)属于政府信息公开案件的。

除前款规定以外的第一审行政案件,当事人各方同意适用简易程序的,可以适用简易程序。

发回重审、按照审判监督程序再审的案件不适用简易程序。

❷ 转为普通程序事由

《行政诉讼法》(2014 年)

第八十四条　人民法院在审理过程中,发现案件不宜适用简易程序的,裁定转为普通程序。

最高人民法院《关于适用简易程序审理民事案件的若干规定》(2003 年)

第三条　当事人就适用简易程序提出异议,人民法院认为异议成立的,或者人民法院在审理过程中发现不宜适用简易程序的,应当将案件转入普通程序审理。

◆ 结案信息

结案方式❶	01. 判决 02. 不予立案 03. 驳回起诉 04. 准予撤诉 05. 按撤诉处理 06. 调解 07. 裁定移送其他法院管辖 08. 被上级法院提级管辖 09. 被指定其他法院管辖 10. 与本院其他案件并案审理 11. 指定其他下级法院立案审理

续表

结案方式❶	12. 终结 13. 不予登记立案
判决结果❷	01. 驳回原告诉讼请求 02. 撤销或者部分撤销行政行为 03. 撤销或者部分撤销行政行为并判决重新作出行政行为 04. 判决被告限期履行法定职责 05. 判决变更行政行为 06. 判决被告履行给付义务 07. 确认行政行为违法但不撤销行政行为 08. 确认行政行为违法但不需要撤销、判决履行 09. 确认行政行为无效 10. 确认行政行为合法或有效 11. 判决被告继续履行行政协议
是否判决采取补救措施	
是否判决赔偿损失❸	
按撤诉处理事由❹	01. 经传票传唤,无正当理由拒不到庭 02. 未经许可中途退庭 03. 未预交案件受理费
终结事由❺	01. 原告死亡,没有近亲属或者近亲属放弃诉讼权利的 02. 作为原告的法人或者其他组织终止后,其权利义务的承受人放弃诉讼权利的 03. 因原告死亡、丧失行为能力或被告组织终止而中止诉讼满 90 日仍无人继续诉讼的
驳回起诉事由❻	01. 不符合行政诉讼法第四十九条规定的 02. 超过法定起诉期限且无正当理由的 03. 错列被告且拒绝变更的

续表

驳回起诉事由❻	04. 未按照法律规定由法定代理人、指定代理人、代表人为诉讼行为的 05. 未按照法律、法规规定先向行政机关申请复议的 06. 重复起诉的 07. 撤回起诉后无正当理由再行起诉的 08. 行政行为对其合法权益明显不产生实际影响的 09. 诉讼标的已为生效裁判所羁束的 255. 不符合其他法定起诉条件的
撤诉事由❼	01. 原告主动撤诉 02. 原告因被告改变行政行为而撤诉
结案案由(主体类型)	
结案案由(行政行为种类)	
结案日期	
结案文书	

❶ 结案方式

《行政诉讼法》(2014 年)

第二十二条　人民法院发现受理的案件不属于本院管辖的,应当移送有管辖权的人民法院,受移送的人民法院应当受理。受移送的人民法院认为受移送的案件按照规定不属于本院管辖的,应当报请上级人民法院指定管辖,不得再自行移送。

第二十四条　上级人民法院有权审理下级人民法院管辖的第一审行政案件。

下级人民法院对其管辖的第一审行政案件,认为需要由上级人民法院审理或者指定管辖的,可以报请上级人民法院决定。

第二十七条　当事人一方或者双方为二人以上,因同一行政行为发生的行政案件,或者因同类行政行为发生的行政案件、人民法院认为可以合并审理并经当事人同意的,为共同诉讼。

第五十二条　人民法院既不立案,又不作出不予立案裁定的,当事人可以向上一级人民法院起诉。上一级人民法院认为符合起诉条件的,应当立案、审理,也可以指定其他下级人民法院立案、审理。

第六十条　人民法院审理行政案件,不适用调解。但是,行政赔偿、补偿以及行政机关行使法律、法规规定的自由裁量权的案件可以调解。

调解应当遵循自愿、合法原则,不得损害国家利益、社会公共利益和他人合法权益。

第六十二条　人民法院对行政案件宣告判决或者裁定前,原告申请撤诉的,或者被告改变其所作的行政行为,原告同意并申请撤诉的,是否准许,由人民法院裁定。

《行政诉讼法解释》(2000 年)

第三十二条　人民法院应当组成合议庭对原告的起诉进行审查。符合起诉条件的,应当在 7 日内立案;不符合起诉条件的,应当在 7 日内裁定不予受理。

7 日内不能决定是否受理的,应当先予受理;受理后经审查不符合起诉条件的,裁定驳回起诉。

受诉人民法院在 7 日内既不立案,又不作出裁定的,起诉人可以向上一级人民法院申诉或者起诉。上一级人民法院认为符合受理条件的,应予受理;受理后可以移交或者指定下级人民法院审理,也可以自行审理。

前三款规定的期限,从受诉人民法院收到起诉状之日起计算;因起诉状内容欠缺而责令原告补正的,从人民法院收到补正材料之日起计算。

第三十三条　法律、法规规定应当先申请复议,公民、法人或者其他组织未申请复议直接提起诉讼的,人民法院不予受理。

复议机关不受理复议申请或者在法定期限内不作出复议决定,公民、法人或者其他组织不服,依法向人民法院提起诉讼的,人民法院应当依法受理。

第三十四条　法律、法规未规定行政复议为提起行政诉讼必经程序,公民、法人或者其他组织既提起诉讼又申请行政复议的,由先受理的机关管辖;同时受理的,由公民、法人或者其他组织选择。公民、法人或者其他组织已经申请行政复议,在法定复议期间内又向人民法院提起诉讼的,人民法院不予受理。

第四十六条　有下列情形之一的,人民法院可以决定合并审理:

(一)两个以上行政机关分别依据不同的法律、法规对同一事实作出具体行政行为,公民、法人或者其他组织不服向同一人民法院起诉的;

(二)行政机关就同一事实对若干公民、法人或者其他组织分别作出具体行政行为,公民、法人或者其他组织不服分别向同一人民法院起诉的;

（三）在诉讼过程中，被告对原告作出新的具体行政行为，原告不服向同一人民法院起诉的；

（四）人民法院认为可以合并审理的其他情形。

第五十二条　在诉讼过程中，有下列情形之一的，终结诉讼：

（一）原告死亡，没有近亲属或者近亲属放弃诉讼权利的；

（二）作为原告的法人或者其他组织终止后，其权利义务的承受人放弃诉讼权利的。

因本解释第五十一条第一款第（一）、（二）、（三）项原因中止诉讼满 90 日仍无人继续诉讼的，裁定终结诉讼，但有特殊情况的除外。

《行政诉讼法解释》（2015 年）

第三条　有下列情形之一，已经立案的，应当裁定驳回起诉：

（一）不符合行政诉讼法第四十九条规定的；

（二）超过法定起诉期限且无正当理由的；

（三）错列被告且拒绝变更的；

（四）未按照法律规定由法定代理人、指定代理人、代表人为诉讼行为的；

（五）未按照法律、法规规定先向行政机关申请复议的；

（六）重复起诉的；

（七）撤回起诉后无正当理由再行起诉的；

（八）行政行为对其合法权益明显不产生实际影响的；

（九）诉讼标的已为生效裁判所羁束的；

（十）不符合其他法定起诉条件的。

人民法院经过阅卷、调查和询问当事人，认为不需要开庭审理的，可以迳行裁定驳回起诉。

第六条　准许撤诉裁定可以载明被告改变被诉具体行政行为的主要内容及履行情况，并可以根据案件具体情况，在裁定理由中明确被诉具体行政行为全部或者部分不再执行。

最高人民法院《关于行政诉讼撤诉若干问题的规定》（2008 年）

第二条　被告改变被诉具体行政行为，原告申请撤诉，符合下列条件的，人民法院应当裁定准许：

（一）申请撤诉是当事人真实意思表示；

(二)被告改变被诉具体行政行为,不违反法律、法规的禁止性规定,不超越或者放弃职权,不损害公共利益和他人合法权益;

(三)被告已经改变或者决定改变被诉具体行政行为,并书面告知人民法院;

(四)第三人无异议。

最高人民法院《关于行政案件管辖若干问题的规定》(2008 年)

第二条　当事人以案件重大复杂为由或者认为有管辖权的基层人民法院不宜行使管辖权,直接向中级人民法院起诉,中级人民法院应当根据不同情况在 7 日内分别作出以下处理:

(一)指定本辖区其他基层人民法院管辖;

(二)决定自己审理;

(三)书面告知当事人向有管辖权的基层人民法院起诉。

第三条　当事人向有管辖权的基层人民法院起诉,受诉人民法院在 7 日内未立案也未作出裁定,当事人向中级人民法院起诉,中级人民法院应当根据不同情况在 7 日内分别作出以下处理:

(一)要求有管辖权的基层人民法院依法处理;

(二)指定本辖区其他基层人民法院管辖;

(三)决定自己审理。

②判决结果

《行政诉讼法》(2014 年)

第六十九条　行政行为证据确凿,适用法律、法规正确,符合法定程序的,或者原告申请被告履行法定职责或者给付义务理由不成立的,人民法院判决驳回原告的诉讼请求。

第七十条　行政行为有下列情形之一的,人民法院判决撤销或者部分撤销,并可以判决被告重新作出行政行为:

(一)主要证据不足的;

(二)适用法律、法规错误的;

(三)违反法定程序的;

(四)超越职权的;

(五)滥用职权的;

(六)明显不当的。

第七十二条　人民法院经过审理，查明被告不履行法定职责的，判决被告在一定期限内履行。

第七十三条　人民法院经过审理，查明被告依法负有给付义务的，判决被告履行给付义务。

第七十四条　行政行为有下列情形之一的，人民法院判决确认违法，但不撤销行政行为：

（一）行政行为依法应当撤销，但撤销会给国家利益、社会公共利益造成重大损害的；

（二）行政行为程序轻微违法，但对原告权利不产生实际影响的。

行政行为有下列情形之一，不需要撤销或者判决履行的，人民法院判决确认违法：

（一）行政行为违法，但不具有可撤销内容的；

（二）被告改变原违法行政行为，原告仍要求确认原行政行为违法的；

（三）被告不履行或者拖延履行法定职责，判决履行没有意义的。

第七十五条　行政行为有实施主体不具有行政主体资格或者没有依据等重大且明显违法情形，原告申请确认行政行为无效的，人民法院判决确认无效。

第七十七条　行政处罚明显不当，或者其他行政行为涉及对款额的确定、认定确有错误的，人民法院可以判决变更。

人民法院判决变更，不得加重原告的义务或者减损原告的权益。但利害关系人同为原告，且诉讼请求相反的除外。

第七十八条　被告不依法履行、未按照约定履行或者违法变更、解除本法第十二条第一款第十一项规定的协议的，人民法院判决被告承担继续履行、采取补救措施或者赔偿损失等责任。

被告变更、解除本法第十二条第一款第十一项规定的协议合法，但未依法给予补偿的，人民法院判决给予补偿。

第七十九条　复议机关与作出原行政行为的行政机关为共同被告的案件，人民法院应当对复议决定和原行政行为一并作出裁判。

《行政诉讼法解释》（2015年）

第十条　人民法院对原行政行为作出判决的同时，应当对复议决定一并作出相应判决。

人民法院判决撤销原行政行为和复议决定的,可以判决作出原行政行为的行政机关重新作出行政行为。

人民法院判决作出原行政行为的行政机关履行法定职责或者给付义务的,应当同时判决撤销复议决定。

原行政行为合法、复议决定违反法定程序的,应当判决确认复议决定违法,同时判决驳回原告针对原行政行为的诉讼请求。

原行政行为被撤销、确认违法或者无效,给原告造成损失的,应当由作出原行政行为的行政机关承担赔偿责任;因复议程序违法给原告造成损失的,由复议机关承担赔偿责任。

第十五条　原告主张被告不依法履行、未按照约定履行协议或者单方变更、解除协议违法,理由成立的,人民法院可以根据原告的诉讼请求判决确认协议有效、判决被告继续履行协议,并明确继续履行的具体内容;被告无法继续履行或者继续履行已无实际意义的,判决被告采取相应的补救措施;给原告造成损失的,判决被告予以赔偿。

原告请求解除协议或者确认协议无效,理由成立的,判决解除协议或者确认协议无效,并根据合同法等相关法律规定作出处理。

被告因公共利益需要或者其他法定理由单方变更、解除协议,给原告造成损失的,判决被告予以补偿。

第二十二条　原告请求被告履行法定职责的理由成立,被告违法拒绝履行或者无正当理由逾期不予答复的,人民法院可以根据行政诉讼法第七十二条的规定,判决被告在一定期限内依法履行原告请求的法定职责;尚需被告调查或者裁量的,应当判决被告针对原告的请求重新作出处理。

《行政诉讼法解释》(2000 年)

第五十条　被告在一审期间改变被诉具体行政行为的,应当书面告知人民法院。

原告或者第三人对改变后的行为不服提起诉讼的,人民法院应当就改变后的具体行政行为进行审理。

被告改变原具体行政行为,原告不撤诉,人民法院经审查认为原具体行政行为违法的,应当作出确认其违法的判决;认为原具体行政行为合法的,应当判决驳回原告的诉讼请求。

原告起诉被告不作为,在诉讼中被告作出具体行政行为,原告不撤诉的,参照上述规定处理。

第五十三条　复议决定维持原具体行政行为的,人民法院判决撤销原具体行政行为,复议决定自然无效。

复议决定改变原具体行政行为错误,人民法院判决撤销复议决定时,应当责令复议机关重新作出复议决定。

第五十六条　有下列情形之一的,人民法院应当判决驳回原告的诉讼请求:

(一)起诉被告不作为理由不能成立的;

(二)被诉具体行政行为合法但存在合理性问题的;

(三)被诉具体行政行为合法,但因法律、政策变化需要变更或者废止的;

(四)其他应当判决驳回诉讼请求的情形。

第五十七条　人民法院认为被诉具体行政行为合法,但不适宜判决维持或者驳回诉讼请求的,可以作出确认其合法或者有效的判决。

有下列情形之一的,人民法院应当作出确认被诉具体行政行为违法或者无效的判决:

(一)被告不履行法定职责,但判决责令其履行法定职责已无实际意义的;

(二)被诉具体行政行为违法,但不具有可撤销内容的;

(三)被诉具体行政行为依法不成立或者无效的。

③ 是否判决赔偿损失

《行政诉讼法》(2014 年)

第七十六条　人民法院判决确认违法或者无效的,可以同时判决责令被告采取补救措施;给原告造成损失的,依法判决被告承担赔偿责任。

④ 按撤诉处理事由

《行政诉讼法》(2014 年)

第五十八条　经人民法院传票传唤,原告无正当理由拒不到庭,或者未经法庭许可中途退庭的,可以按照撤诉处理;被告无正当理由拒不到庭,或者未经法庭许可中途退庭的,可以缺席判决。

《行政诉讼法解释》(2000 年)

第三十七条　原告或者上诉人未按规定的期限预交案件受理费,又不提出缓交、减交、免交申请,或者提出申请未获批准的,按自动撤诉处理。在按撤诉处理后,原告或者上诉人在法定期限内再次起诉或者上诉,并依法解决诉讼费预交问题的,人民法院应予受理。

第四十九条　原告或者上诉人经合法传唤,无正当理由拒不到庭或者未经法庭许可中途退庭的,可以按撤诉处理。

原告或者上诉人申请撤诉,人民法院裁定不予准许的,原告或者上诉人经合法传唤无正当理由拒不到庭,或者未经法庭许可而中途退庭的,人民法院可以缺席判决。

第三人经合法传唤无正当理由拒不到庭,或者未经法庭许可中途退庭的,不影响案件的审理。

⑤ 终结事由

《行政诉讼法解释》(2000 年)

第五十二条　在诉讼过程中,有下列情形之一的,终结诉讼:

(一)原告死亡,没有近亲属或者近亲属放弃诉讼权利的;

(二)作为原告的法人或者其他组织终止后,其权利义务的承受人放弃诉讼权利的。

因本解释第五十一条第一款第(一)、(二)、(三)项原因中止诉讼满 90 日仍无人继续诉讼的,裁定终结诉讼,但有特殊情况的除外。

⑥ 驳回起诉事由

《行政诉讼法解释》(2015 年)

第三条　有下列情形之一,已经立案的,应当裁定驳回起诉:

(一)不符合行政诉讼法第四十九条规定的;

(二)超过法定起诉期限且无正当理由的;

(三)错列被告且拒绝变更的;

(四)未按照法律规定由法定代理人、指定代理人、代表人为诉讼行为的;

(五)未按照法律、法规规定先向行政机关申请复议的;

(六)重复起诉的;

(七)撤回起诉后无正当理由再行起诉的;

(八)行政行为对其合法权益明显不产生实际影响的;

(九)诉讼标的已为生效裁判所羁束的;

(十)不符合其他法定起诉条件的。

人民法院经过阅卷、调查和询问当事人，认为不需要开庭审理的，可以径行裁定驳回起诉。

《行政诉讼法》（2014 年）

第四十九条　提起诉讼应当符合下列条件：

（一）原告是符合本法第二十五条规定的公民、法人或者其他组织；

（二）有明确的被告；

（三）有具体的诉讼请求和事实根据；

（四）属于人民法院受案范围和受诉人民法院管辖。

《行政诉讼法解释》（2000 年）

第一条　公民、法人或者其他组织对具有国家行政职权的机关和组织及其工作人员的行政行为不服，依法提起诉讼的，属于人民法院行政诉讼的受案范围。

公民、法人或者其他组织对下列行为不服提起诉讼的，不属于人民法院行政诉讼的受案范围：

（一）行政诉讼法第十二条规定的行为；

（二）公安、国家安全等机关依照刑事诉讼法的明确授权实施的行为；

（三）调解行为以及法律规定的仲裁行为；

（四）不具有强制力的行政指导行为；

（五）驳回当事人对行政行为提起申诉的重复处理行为；

（六）对公民、法人或者其他组织权利义务不产生实际影响的行为。

第二十三条　原告所起诉的被告不适格，人民法院应当告知原告变更被告；原告不同意变更的，裁定驳回起诉。

应当追加被告而原告不同意追加的，人民法院应当通知其以第三人的身份参加诉讼。

⑦ 撤诉事由

《行政诉讼法》（2014 年）

第六十二条　人民法院对行政案件宣告判决或者裁定前，原告申请撤诉的，或者被告改变其所作的行政行为，原告同意并申请撤诉的，是否准许，由人民法院裁定。

040200 行政二审案件

◈ 收案信息

本案案号	
收案来源	01. 当事人上诉 02. 再审撤销按撤诉处理裁定并恢复二审程序 03. 再审发回重审
当事人	(姓名或名称)
当事人案件地位❶	01. 上诉人 02. 被上诉人 03. 原审原告 04. 原审被告 05. 原审第三人
收案日期	

❶ 当事人案件地位

《行政诉讼法》(2014年)

第二十九条　公民、法人或者其他组织同被诉行政行为有利害关系但没有提起诉讼,或者同案件处理结果有利害关系的,可以作为第三人申请参加诉讼,或者由人民法院通知参加诉讼。

人民法院判决第三人承担义务或者减损第三人权益的,第三人有权依法提起上诉。

◈ 收案关联案号信息

行政一审案号	
再审案件案号	
民事一审案号	(一并解决民事争议并分别立案的情形)

◈ 结案信息

结案方式❶	01. 维持 02. 改判 03. 发回重审 04. 准予撤回上诉 05. 按撤回上诉处理 06. 撤销原判并驳回起诉 07. 撤销原裁定并指令受理 08. 撤销原裁定并指令审理 09. 撤销原判并裁定移送其他法院管辖 10. 调解 11. 终结
发回重审事由❷	01. 审理本案的审判人员、书记员应当回避而未回避 02. 依法应当开庭审理而未经开庭即作出判决 03. 未经合法传唤当事人而缺席判决 04. 遗漏必须参加诉讼的当事人 05. 对与本案有关的诉讼请求未予裁判 255. 其他违反法定程序可能影响案件正确裁判的
驳回起诉事由❸	01. 不符合行政诉讼法第四十九条规定的 02. 超过法定起诉期限且无正当理由的 03. 错列被告且拒绝变更的 04. 未按照法律规定由法定代理人、指定代理人、代表人为诉讼行为的 05. 未按照法律、法规规定先向行政机关申请复议的 06. 重复起诉的 07. 撤回起诉后无正当理由再行起诉的 08. 行政行为对其合法权益明显不产生实际影响的 09. 诉讼标的已为生效裁判所羁束的 255. 不符合其他法定起诉条件的

续表

按撤诉处理事由❹	01. 经传票传唤,无正当理由拒不到庭 02. 未经许可中途退庭 03. 未预交案件受理费
终结事由❺	01. 原审原告死亡,没有近亲属或者近亲属放弃诉讼权利的 02. 作为原审原告的法人或者其他组织终止后,其权利义务的承受人放弃诉讼权利的 03. 因原审原告死亡、丧失行为能力或被告组织终止而中止诉讼满90日仍无人继续诉讼的
结案日期	
结案文书	

❶ 结案方式

《行政诉讼法》(2014年)

第六十条　人民法院审理行政案件,不适用调解。但是,行政赔偿、补偿以及行政机关行使法律、法规规定的自由裁量权的案件可以调解。

调解应当遵循自愿、合法原则,不得损害国家利益、社会公共利益和他人合法权益。

第八十九条　人民法院审理上诉案件,按照下列情形,分别处理:

(一)原判决、裁定认定事实清楚,适用法律、法规正确的,判决或者裁定驳回上诉,维持原判决、裁定;

(二)原判决、裁定认定事实错误或者适用法律、法规错误的,依法改判、撤销或者变更;

(三)原判决认定基本事实不清、证据不足的,发回原审人民法院重审,或者查清事实后改判;

(四)原判决遗漏当事人或者违法缺席判决等严重违反法定程序的,裁定撤销原判决,发回原审人民法院重审。

原审人民法院对发回重审的案件作出判决后,当事人提起上诉的,第二审人民法院不得再次发回重审。

人民法院审理上诉案件，需要改变原审判决的，应当同时对被诉行政行为作出判决。

最高人民法院《关于行政诉讼撤诉若干问题的规定》(2008 年)

第八条　第二审或者再审期间行政机关改变被诉具体行政行为，当事人申请撤回上诉或者再审申请的，参照本规定。

准许撤回上诉或者再审申请的裁定可以载明行政机关改变被诉具体行政行为的主要内容及履行情况，并可以根据案件具体情况，在裁定理由中明确被诉具体行政行为或者原裁判全部或者部分不再执行。

《行政诉讼法解释》(2000 年)

第三十七条　原告或者上诉人未按规定的期限预交案件受理费，又不提出缓交、减交、免交申请，或者提出申请未获批准的，按自动撤诉处理。在按撤诉处理后，原告或者上诉人在法定期限内再次起诉或者上诉，并依法解决诉讼费预交问题的，人民法院应予受理。

第四十九条　原告或者上诉人经合法传唤，无正当理由拒不到庭或者未经法庭许可中途退庭的，可以按撤诉处理。

原告或者上诉人申请撤诉，人民法院裁定不予准许的，原告或者上诉人经合法传唤无正当理由拒不到庭，或者未经法庭许可而中途退庭的，人民法院可以缺席判决。

第三人经合法传唤无正当理由拒不到庭，或者未经法庭许可中途退庭的，不影响案件的审理。

第六十八条　第二审人民法院经审理认为原审人民法院不予受理或者驳回起诉的裁定确有错误，且起诉符合法定条件的，应当裁定撤销原审人民法院的裁定，指令原审人民法院依法立案受理或者继续审理。

第七十九条　人民法院审理二审案件和再审案件，对原审法院受理、不予受理或者驳回起诉错误的，应当分别情况作如下处理：

(一)第一审人民法院作出实体判决后，第二审人民法院认为不应当受理的，在撤销第一审人民法院判决的同时，可以发回重审，也可以径行驳回起诉；

(二)第二审人民法院维持第一审人民法院不予受理裁定错误的，再审法院应当撤销第一审、第二审人民法院裁定，指令第一审人民法院受理；

(三)第二审人民法院维持第一审人民法院驳回起诉裁定错误的，再审法院应当撤销第一审、第二审人民法院裁定,指令第一审人民法院审理。

②发回重审事由

《行政诉讼法》(2014年)

第八十九条　人民法院审理上诉案件,按照下列情形,分别处理:

(一)原判决、裁定认定事实清楚,适用法律、法规正确的,判决或者裁定驳回上诉,维持原判决、裁定;

(二)原判决、裁定认定事实错误或者适用法律、法规错误的,依法改判、撤销或者变更;

(三)原判决认定基本事实不清、证据不足的,发回原审人民法院重审,或者查清事实后改判;

(四)原判决遗漏当事人或者违法缺席判决等严重违反法定程序的,裁定撤销原判决,发回原审人民法院重审。

原审人民法院对发回重审的案件作出判决后,当事人提起上诉的,第二审人民法院不得再次发回重审。

人民法院审理上诉案件,需要改变原审判决的,应当同时对被诉行政行为作出判决。

《行政诉讼法解释》(2000年)

第七十一条第一款　原审判决遗漏了必须参加诉讼的当事人或者诉讼请求的,第二审人民法院应当裁定撤销原审判决,发回重审。

第八十条　人民法院审理再审案件,发现生效裁判有下列情形之一的,应当裁定发回作出生效判决、裁定的人民法院重新审理:

(一)审理本案的审判人员、书记员应当回避而未回避的;

(二)依法应当开庭审理而未经开庭即作出判决的;

(三)未经合法传唤当事人而缺席判决的;

(四)遗漏必须参加诉讼的当事人的;

(五)对与本案有关的诉讼请求未予裁判的;

(六)其他违反法定程序可能影响案件正确裁判的。

③驳回起诉事由

《行政诉讼法解释》(2015年)

第三条　有下列情形之一,已经立案的,应当裁定驳回起诉:

(一)不符合行政诉讼法第四十九条规定的;

(二)超过法定起诉期限且无正当理由的;

(三)错列被告且拒绝变更的;

(四)未按照法律规定由法定代理人、指定代理人、代表人为诉讼行为的;

(五)未按照法律、法规规定先向行政机关申请复议的;

(六)重复起诉的;

(七)撤回起诉后无正当理由再行起诉的;

(八)行政行为对其合法权益明显不产生实际影响的;

(九)诉讼标的已为生效裁判所羁束的;

(十)不符合其他法定起诉条件的。

人民法院经过阅卷、调查和询问当事人,认为不需要开庭审理的,可以迳行裁定驳回起诉。

《行政诉讼法》(2014年)

第四十九条　提起诉讼应当符合下列条件:

(一)原告是符合本法第二十五条规定的公民、法人或者其他组织;

(二)有明确的被告;

(三)有具体的诉讼请求和事实根据;

(四)属于人民法院受案范围和受诉人民法院管辖。

《行政诉讼法解释》(2000年)

第一条　公民、法人或者其他组织对具有国家行政职权的机关和组织及其工作人员的行政行为不服,依法提起诉讼的,属于人民法院行政诉讼的受案范围。

公民、法人或者其他组织对下列行为不服提起诉讼的,不属于人民法院行政诉讼的受案范围:

(一)行政诉讼法第十二条规定的行为;

(二)公安、国家安全等机关依照刑事诉讼法的明确授权实施的行为;

(三)调解行为以及法律规定的仲裁行为;

(四)不具有强制力的行政指导行为;

(五)驳回当事人对行政行为提起申诉的重复处理行为;

(六)对公民、法人或者其他组织权利义务不产生实际影响的行为。

第二十三条　原告所起诉的被告不适格,人民法院应当告知原告变更被告;原告不同意变更的,裁定驳回起诉。

应当追加被告而原告不同意追加的,人民法院应当通知其以第三人的身份参加诉讼。

④ 按撤诉处理事由

《行政诉讼法》(2014 年)

第五十八条　经人民法院传票传唤,原告无正当理由拒不到庭,或者未经法庭许可中途退庭的,可以按照撤诉处理;被告无正当理由拒不到庭,或者未经法庭许可中途退庭的,可以缺席判决。

《行政诉讼法解释》(2000 年)

第三十七条　原告或者上诉人未按规定的期限预交案件受理费,又不提出缓交、减交、免交申请,或者提出申请未获批准的,按自动撤诉处理。在按撤诉处理后,原告或者上诉人在法定期限内再次起诉或者上诉,并依法解决诉讼费预交问题的,人民法院应予受理。

第四十九条　原告或者上诉人经合法传唤,无正当理由拒不到庭或者未经法庭许可中途退庭的,可以按撤诉处理。

原告或者上诉人申请撤诉,人民法院裁定不予准许的,原告或者上诉人经合法传唤无正当理由拒不到庭,或者未经法庭许可而中途退庭的,人民法院可以缺席判决。

第三人经合法传唤无正当理由拒不到庭,或者未经法庭许可中途退庭的,不影响案件的审理。

⑤ 终结事由

《行政诉讼法解释》(2000 年)

第五十二条　在诉讼过程中,有下列情形之一的,终结诉讼:

(一)原告死亡,没有近亲属或者近亲属放弃诉讼权利的;

(二)作为原告的法人或者其他组织终止后,其权利义务的承受人放弃诉讼权利的。

因本解释第五十一条第一款第(一)、(二)、(三)项原因中止诉讼满 90 日仍无人继续诉讼的,裁定终结诉讼,但有特殊情况的除外。

040300 行政审判监督案件

040301 行政依职权再审审查案件

◆ 收案信息

本案案号	
收案来源	依职权审查
审查动因❶	01. 发现本院生效裁判错误 02. 发现下级法院生效裁判错误 03. 检察院提出建议
生效裁判案号	
检察机关名称	
检察建议文号	
收案日期	（依职权启动审查或收到检察建议日期）

❶ 审查动因

《行政诉讼法》(2014年)

第九十二条　各级人民法院院长对本院已经发生法律效力的判决、裁定，发现有本法第九十一条规定情形之一，或者发现调解违反自愿原则或者调解书内容违法，认为需要再审的，应当提交审判委员会讨论决定。

最高人民法院对地方各级人民法院已经发生法律效力的判决、裁定，上级人民法院对下级人民法院已经发生法律效力的判决、裁定，发现有本法第九十一条规定情形之一，或者发现调解违反自愿原则或者调解书内容违法的，有权提审或者指令下级人民法院再审。

第九十三条　最高人民检察院对各级人民法院已经发生法律效力的判决、裁定，上级人民检察院对下级人民法院已经发生法律效力的判决、裁定，发现有本法第九十一条规定情形之一，或者发现调解书损害国家利益、社会公共利益的，应当提出抗诉。

地方各级人民检察院对同级人民法院已经发生法律效力的判决、裁定，发现有本法第九十一条规定情形之一,或者发现调解书损害国家利益、社会公共利益的,可以向同级人民法院提出检察建议,并报上级人民检察院备案;也可以提请上级人民检察院向同级人民法院提出抗诉。

各级人民检察院对审判监督程序以外的其他审判程序中审判人员的违法行为,有权向同级人民法院提出检察建议。

◈ 结案信息

结案方式	01. 本院决定再审 02. 本院提审 03. 指令原审法院再审 04. 指定其他法院再审 05. 终结 255. 其他
再审事由❶	01. 不予立案或者驳回起诉确有错误的 02. 有新的证据,足以推翻原判决、裁定的 03. 原判决、裁定认定事实的主要证据不足、未经质证或者系伪造的 04. 原判决、裁定适用法律、法规确有错误的 05. 违反法律规定的诉讼程序,可能影响公正审判的 06. 原判决、裁定遗漏诉讼请求的 07. 据以作出原判决、裁定的法律文书被撤销或者变更的 08. 审判人员在审理该案件时有贪污受贿、徇私舞弊、枉法裁判行为的 09. 调解书损害国家利益、社会公共利益 255. 其他
结案日期	
结案文书	

❶ 再审事由

《行政诉讼法》(2014 年)

第九十一条　当事人的申请符合下列情形之一的,人民法院应当再审:

(一)不予立案或者驳回起诉确有错误的;

(二)有新的证据,足以推翻原判决、裁定的;

(三)原判决、裁定认定事实的主要证据不足、未经质证或者系伪造的;

(四)原判决、裁定适用法律、法规确有错误的;

(五)违反法律规定的诉讼程序,可能影响公正审判的;

(六)原判决、裁定遗漏诉讼请求的;

(七)据以作出原判决、裁定的法律文书被撤销或者变更的;

(八)审判人员在审理该案件时有贪污受贿、徇私舞弊、枉法裁判行为的。

040302 行政申请再审审查案件

◈ **收案信息**

本案案号	
收案来源❶	申请再审
再审申请人	(姓名或名称)
申请人类型	01. 原审当事人 02. 原审当事人的权利义务继受人 03. 案外人
被申请人	(姓名或名称)
申请再审事由❷ (可多选)	01. 不予立案或者驳回起诉确有错误的 02. 有新的证据,足以推翻原判决、裁定的 03. 原判决、裁定认定事实的主要证据不足、未经质证或者系伪造的 04. 原判决、裁定适用法律、法规确有错误的 05. 违反法律规定的诉讼程序,可能影响公正审判的 06. 原判决、裁定遗漏诉讼请求的 07. 据以作出原判决、裁定的法律文书被撤销或者变更的

续表

申请再审事由❷ (可多选)	08. 审判人员在审理该案件时有贪污受贿、徇私舞弊、枉法裁判行为的 09. 提出证据证明调解违反自愿原则或者调解协议的内容违反法律规定的 255. 其他
生效裁判案号	
收案日期	
审查意见❸	01. 立案 02. 不予立案
审定日期	

① 收案来源

《行政诉讼法》(2014 年)

第九十条　当事人对已经发生法律效力的判决、裁定,认为确有错误的,可以向上一级人民法院申请再审,但判决、裁定不停止执行。

② 申请再审事由

《行政诉讼法》(2014 年)

第九十一条　当事人的申请符合下列情形之一的,人民法院应当再审:

(一)不予立案或者驳回起诉确有错误的;

(二)有新的证据,足以推翻原判决、裁定的;

(三)原判决、裁定认定事实的主要证据不足、未经质证或者系伪造的;

(四)原判决、裁定适用法律、法规确有错误的;

(五)违反法律规定的诉讼程序,可能影响公正审判的;

(六)原判决、裁定遗漏诉讼请求的;

(七)据以作出原判决、裁定的法律文书被撤销或者变更的;

(八)审判人员在审理该案件时有贪污受贿、徇私舞弊、枉法裁判行为的。

③ 审查意见

《行政诉讼法解释》(2015年)

第二十五条第二款　人民法院基于抗诉或者检察建议作出再审判决、裁定后，当事人申请再审的，人民法院不予立案。

◆ 结案信息

结案方式❶	01. 本院提审 02. 指令原审法院再审 03. 指定其他法院再审 04. 裁定驳回再审申请 05. 准予撤回再审申请 06. 按撤回再审申请处理 07. 终结
再审事由❷	01. 不予立案或者驳回起诉确有错误的 02. 有新的证据，足以推翻原判决、裁定的 03. 原判决、裁定认定事实的主要证据不足、未经质证或者系伪造的 04. 原判决、裁定适用法律、法规确有错误的 05. 违反法律规定的诉讼程序 06. 原判决、裁定遗漏诉讼请求的 07. 据以作出原判决、裁定的法律文书被撤销或者变更的 08. 审判人员在审理该案件时有贪污受贿、徇私舞弊、枉法裁判行为的 09. 调解违反自愿原则或者调解协议的内容违反法律规定的 255. 其他
结案日期	
结案文书	

① 结案方式

《行政诉讼法解释》(2000年)

第七十四条　人民法院接到当事人的再审申请后,经审查,符合再审条件的,应当立案并及时通知各方当事人;不符合再审条件的,予以驳回。

第七十七条　按照审判监督程序决定再审的案件,应当裁定中止原判决的执行;裁定由院长署名,加盖人民法院印章。

上级人民法院决定提审或者指令下级人民法院再审的,应当作出裁定,裁定应当写明中止原判决的执行;情况紧急的,可以将中止执行的裁定口头通知负责执行的人民法院或者作出生效判决、裁定的人民法院,但应当在口头通知后10日内发出裁定书。

② 再审事由

《行政诉讼法》(2014年)

第九十一条　当事人的申请符合下列情形之一的,人民法院应当再审:

(一)不予立案或者驳回起诉确有错误的;

(二)有新的证据,足以推翻原判决、裁定的;

(三)原判决、裁定认定事实的主要证据不足、未经质证或者系伪造的;

(四)原判决、裁定适用法律、法规确有错误的;

(五)违反法律规定的诉讼程序,可能影响公正审判的;

(六)原判决、裁定遗漏诉讼请求的;

(七)据以作出原判决、裁定的法律文书被撤销或者变更的;

(八)审判人员在审理该案件时有贪污受贿、徇私舞弊、枉法裁判行为的。

040303 行政抗诉再审审查案件

◆ 收案信息

本案案号	
收案来源	抗诉
抗诉启动方式❶	01. 当事人申请检察机关抗诉 02. 检察机关依职权
检察机关名称	

续表

抗诉文号	
生效裁判案号	
申请再审审查案号	
收案日期	
审查意见	01. 受理 02. 不予受理
审定日期	

① 抗诉启动方式

《行政诉讼法解释》(2015 年)

第二十五条 有下列情形之一的,当事人可以向人民检察院申请抗诉或者检察建议:

(一)人民法院驳回再审申请的;

(二)人民法院逾期未对再审申请作出裁定的;

(三)再审判决、裁定有明显错误的。

人民法院基于抗诉或者检察建议作出再审判决、裁定后,当事人申请再审的,人民法院不予立案。

◆ 结案信息

结案方式	01. 本院提审 02. 指令原审法院再审 03. 指定其他法院再审 04. 准予撤回抗诉 05. 不予受理 255. 其他
结案日期	
结案文书	

040304 行政再审案件

◈ 收案信息

本案案号	
收案来源	01. 本院决定再审 02. 上级法院指令再审 03. 上级法院指定再审 04. 本院提审 05. 当事人上诉
裁定再审案件案号	
收案日期	

◈ 审理程序信息

适用程序	01. 第一审程序 02. 第二审程序

◈ 结案信息

结案方式❶	01. 维持 02. 改判 03. 发回重审 04. 撤销原判并驳回起诉 05. 调解 06. 按撤回抗诉处理 07. 准予撤回抗诉 08. 准予撤回再审申请 09. 撤销原裁判并裁定移送 10. 撤销原裁定并指令审理 11. 撤销原裁定并指令受理 12. 撤销原裁定并恢复二审程序 13. 裁定驳回再审申请

续表

结案方式❶	14. 终结 15. 准予撤回上诉 16. 按撤回上诉处理 255. 其他
结案日期	
结案文书	

❶ 结案方式

《行政诉讼法解释》(2000 年)

第七十九条　人民法院审理二审案件和再审案件,对原审法院受理、不予受理或者驳回起诉错误的,应当分别情况作如下处理:

(一)第一审人民法院作出实体判决后,第二审人民法院认为不应当受理的,在撤销第一审人民法院判决的同时,可以发回重审,也可以径行驳回起诉;

(二)第二审人民法院维持第一审人民法院不予受理裁定错误的,再审法院应当撤销第一审、第二审人民法院裁定,指令第一审人民法院受理;

(三)第二审人民法院维持第一审人民法院驳回起诉裁定错误的,再审法院应当撤销第一审、第二审人民法院裁定,指令第一审人民法院审理。

第八十条　人民法院审理再审案件,发现生效裁判有下列情形之一的,应当裁定发回作出生效判决、裁定的人民法院重新审理:

(一)审理本案的审判人员、书记员应当回避而未回避的;

(二)依法应当开庭审理而未经开庭即作出判决的;

(三)未经合法传唤当事人而缺席判决的;

(四)遗漏必须参加诉讼的当事人的;

(五)对与本案有关的诉讼请求未予裁判的;

(六)其他违反法定程序可能影响案件正确裁判的。

最高人民法院《关于行政诉讼撤诉若干问题的规定》(2008 年)

第八条　第二审或者再审期间行政机关改变被诉具体行政行为,当事人申请撤回上诉或者再审申请的,参照本规定。

准许撤回上诉或者再审申请的裁定可以载明行政机关改变被诉具体行政行为的

主要内容及履行情况,并可以根据案件具体情况,在裁定理由中明确被诉具体行政行为或者原裁判全部或者部分不再执行。

040400 行政非诉审查案件

040401 非诉行政行为申请执行审查案件

◈ **收案信息**

本案案号	
收案来源❶	申请人申请
申请人类型	01. 行政机关 02. 享有权利的公民、法人或其他组织
申请人	(姓名或名称)
行政行为文号	
收案日期❷	
审查意见❸	01. 受理 02. 不予受理
审定日期	

❶ 收案来源

《行政诉讼法》(2014 年)

第九十七条　公民、法人或者其他组织对行政行为在法定期限内不提起诉讼又不履行的,行政机关可以申请人民法院强制执行,或者依法强制执行。

最高人民法院《关于执行权合理配置和科学运行的若干意见》(2011 年)

13. 行政非诉案件、行政诉讼案件的执行申请,由立案机构登记后转行政审判机构进行合法性审查;裁定准予强制执行的,再由立案机构办理执行立案登记后移交执行局执行。

《行政诉讼法解释》(2000 年)

第九十条　行政机关根据法律的授权对平等主体之间民事争议作出裁决后,当事人在法定期限内不起诉又不履行,作出裁决的行政机关在申请执行的期限内未申请人民法院强制执行的,生效具体行政行为确定的权利人或者其继承人、权利承受人在90

日内可以申请人民法院强制执行。

享有权利的公民、法人或者其他组织申请人民法院强制执行具体行政行为，参照行政机关申请人民法院强制执行具体行政行为的规定。

② 收案日期

最高人民法院《关于办理申请人民法院强制执行国有土地上房屋征收补偿决定案件若干问题的规定》(2012 年)

第四条　人民法院应当自立案之日起三十日内作出是否准予执行的规定；有特殊情况需要延长审查期限的，由高级人民法院批准。

③ 审查意见

《行政诉讼法解释》(2000 年)

第八十六条　行政机关根据行政诉讼法第六十六条的规定申请执行其具体行政行为，应当具备以下条件：

(一)具体行政行为依法可以由人民法院执行；

(二)具体行政行为已经生效并具有可执行内容；

(三)申请人是作出该具体行政行为的行政机关或者法律、法规、规章授权的组织；

(四)被申请人是该具体行政行为所确定的义务人；

(五)被申请人在具体行政行为确定的期限内或者行政机关另行指定的期限内未履行义务；

(六)申请人在法定期限内提出申请；

(七)被申请执行的行政案件属于受理申请执行的人民法院管辖。

人民法院对符合条件的申请，应当立案受理，并通知申请人；对不符合条件的申请，应当裁定不予受理。

第八十八条　行政机关申请人民法院强制执行其具体行政行为，应当自被执行人的法定起诉期限届满之日起 180 日内提出。逾期申请的，除有正当理由外，人民法院不予受理。

最高人民法院《关于办理申请人民法院强制执行国有土地上房屋征收补偿决定案件若干问题的规定》(2012 年)

第二条　申请机关向人民法院申请强制执行，除提供《条例》第二十八条规定的强制执行申请书及附具材料外，还应当提供下列材料：

(一)征收补偿决定及相关证据和所依据的规范性文件;

(二)征收补偿决定送达凭证、催告情况及房屋被征收人、直接利害关系人的意见;

(三)社会稳定风险评估材料;

(四)申请强制执行的房屋状况;

(五)被执行人的姓名或者名称、住址及与强制执行相关的财产状况等具体情况;

(六)法律、行政法规规定应当提交的其他材料。

强制执行申请书应当由申请机关负责人签名,加盖申请机关印章,并注明日期。

强制执行的申请应当自被执行人的法定起诉期限届满之日起三个月内提出;逾期申请的,除有正当理由外,人民法院不予受理。

第三条第一款　人民法院认为强制执行的申请符合形式要件且材料齐全的,应当在接到申请后五日内立案受理,并通知申请机关;不符合形式要件或者材料不全的应当限期补正,并在最终补正的材料提供后五日内立案受理;不符合形式要件或者逾期无正当理由不补正材料的,裁定不予受理。

◆ 结案信息

结案方式❶	01. 裁定准予强制执行 02. 裁定不准予强制执行 03. 不予受理 04. 准予撤回申请 05. 按撤回申请处理 06. 终结 255. 其他
结案日期	
结案文书	

❶ 结案方式

《行政强制法》(2012 年)

第五十七条　人民法院对行政机关强制执行的申请进行书面审查,对符合本法第五十五条规定,且行政决定具备法定执行效力的,除本法第五十八条规定的情形外,人民法院应当自受理之日起七日内作出执行裁定。

第五十八条　人民法院发现有下列情形之一的，在作出裁定前可以听取被执行人和行政机关的意见：

（一）明显缺乏事实根据的；

（二）明显缺乏法律、法规依据的；

（三）其他明显违法并损害被执行人合法权益的。

人民法院应当自受理之日起三十日内作出是否执行的裁定。裁定不予执行的，应当说明理由，并在五日内将不予执行的裁定送达行政机关。

行政机关对人民法院不予执行的裁定有异议的，可以自收到裁定之日起十五日内向上一级人民法院申请复议，上一级人民法院应当自收到复议申请之日起三十日内作出是否执行的裁定。

第五十九条　因情况紧急，为保障公共安全，行政机关可以申请人民法院立即执行。经人民法院院长批准，人民法院应当自作出执行裁定之日起五日内执行。

《行政诉讼法解释》（2000 年）

第九十三条　人民法院受理行政机关申请执行其具体行政行为的案件后，应当在30 日内由行政审判庭组成合议庭对具体行政行为的合法性进行审查，并就是否准予强制执行作出裁定；需要采取强制执行措施的，由本院负责强制执行非诉行政行为的机构执行。

第九十五条　被申请执行的具体行政行为有下列情形之一的，人民法院应当裁定不准予执行：

（一）明显缺乏事实根据的；

（二）明显缺乏法律依据的；

（三）其他明显违法并损害被执行人合法权益的。

最高人民法院《关于办理申请人民法院强制执行国有土地上房屋征收补偿决定案件若干问题的规定》（2012 年）

第六条　征收补偿决定存在下列情形之一的，人民法院应当裁定不准予执行：

（一）明显缺乏事实根据；

（二）明显缺乏法律、法规依据；

（三）明显不符合公平补偿原则，严重损害被执行人合法权益，或者使被执行人基

本生活、生产经营条件没有保障;

(四)明显违反行政目的,严重损害公共利益;

(五)严重违反法定程序或者正当程序;

(六)超越职权;

(七)法律、法规、规章等规定的其他不宜强制执行的情形。

人民法院裁定不准予执行的,应当说明理由,并在五日内将裁定送达申请机关。

040402 非诉行政行为申请执行审查复议案件

◈ 收案信息

本案案号	
收案来源	当事人申请
复议申请人❶	(姓名或名称)
非诉审查案件案号	
收案日期	

❶ 复议申请人

《行政强制法》(2012 年)

第五十六条　人民法院接到行政机关强制执行的申请,应当在五日内受理。

行政机关对人民法院不予受理的裁定有异议的,可以在十五日内向上一级人民法院申请复议,上一级人民法院应当自收到复议申请之日起十五日内作出是否受理的裁定。

第五十八条第三款　行政机关对人民法院不予执行的裁定有异议的,可以自收到裁定之日起十五日内向上一级人民法院申请复议,上一级人民法院应当自收到复议申请之日起三十日内作出是否执行的裁定。

最高人民法院《关于办理申请人民法院强制执行国有土地上房屋征收补偿决定案件若干问题的规定》(2012 年)

第三条　人民法院认为强制执行的申请符合形式要件且材料齐全的,应当在接到申请后五日内立案受理,并通知申请机关;不符合形式要件或者材料不全的应当限期补正,并在最终补正的材料提供后五日内立案受理;不符合形式要件或者逾期无正当理由不补正材料的,裁定不予受理。

申请机关对不予受理的裁定有异议的，可以自收到裁定之日起十五日内向上一级人民法院申请复议，上一级人民法院应当自收到复议申请之日起十五日内作出裁定。

第七条　申请机关对不准予执行的裁定有异议的，可以自收到裁定之日起十五日内向上一级人民法院申请复议，上一级人民法院应当自收到复议申请之日起三十日内作出裁定。

第十条　《条例》施行前已依法取得房屋拆迁许可证的项目，人民法院裁定准予执行房屋拆迁裁决的，参照本规定第九条精神办理。

◆ 结案信息

结案方式❶	01. 维持 02. 撤销原裁定并裁定准予强制执行 03. 撤销原裁定并裁定不准予强制执行 04. 变更原裁定(部分准予强制执行) 05. 发回重新审查 06. 撤销原裁定并指令受理 07. 准予撤回复议申请 08. 按撤回复议申请处理 09. 终结 255. 其他
结案日期	
结案文书	

❶ 结案方式

最高人民法院《关于认真贯彻执行〈关于办理申请人民法院强制执行国有土地上房屋征收补偿决定案件若干问题的规定〉的通知》(2012)

五是裁决方式问题。人民法院在相关案件受理、审查和复议程序中所作的裁定，都应当说明理由，特别要注重增强不准予执行裁定的逻辑严密性和说理透彻性。上级人民法院经复议撤销原审裁定的同时，既可以直接作出是否受理或者是否准予执行的裁定，也可以针对原审裁定认定事实不清、证据不足等情形，裁定发回原审法院重新审查，申请机关对重新审查后的裁定可再次依法申请复议。

040500 其他行政案件

◆ 收案信息

本案案号	
收案来源	下级法院报请
涉及事项	01. 延长审限审批 255. 其他事项
其他事项内容	
报请法院	
收案日期	

◆ 结案信息

结案方式	01. 不同意报请法院处理意见 02. 同意报请法院处理意见 03. 变更报请法院处理意见 04. 撤回请求 255. 其他
结案日期	
结案文书	

050000 国家赔偿与司法救助案件

050100 行政赔偿案件

050101 行政赔偿一审案件

◆ 收案信息

本案案号	
收案来源❶	01. 当事人起诉 02. 上级法院发回重审 03. 上级法院指令受理 04. 上级法院指令审理 05. 上级法院指定管辖 06. 其他法院裁定移送管辖 07. 本院提级管辖
当事人	(姓名或名称)
当事人案件地位	01. 原告 02. 被告 03. 第三人
收案日期	
请求行政赔偿事由❷	01. 违法拘留或者违法采取限制公民人身自由的行政强制措施的 02. 非法拘禁或者以其他方法非法剥夺公民人身自由的 03. 以殴打、虐待等行为或者唆使、放纵他人以殴打、虐待等行为造成公民身体伤害或者死亡的 04. 违法使用武器、警械造成公民身体伤害或者死亡的 05. 违法实施罚款、吊销许可证和执照、责令停产停业、没收财物等行政处罚的

续表

请求行政赔偿事由❷	06. 违法对财产采取查封、扣押、冻结等行政强制措施的 07. 违法征收、征用财产的 255. 造成公民身体伤害或者死亡、财产损害的其他违法行为
不予立案裁定日期❸	
不予登记立案裁定日期	
不予登记立案事由	01. 违法起诉或者不符合法律规定的 02. 涉及危害国家主权和领土完整的 03. 危害国家安全的 04. 破坏国家统一和民族团结的 05. 破坏国家宗教政策的 06. 所诉事项不属于人民法院主管的
登记立案日期	
行政赔偿案由(主体类型)	
行政赔偿案由(行政行为种类)	

❶ 收案来源

《行政诉讼法解释》(2000年)

第六十八条　第二审人民法院经审理认为原审人民法院不予受理或者驳回起诉的裁定确有错误,且起诉符合法定条件的,应当裁定撤销原审人民法院的裁定,指令原审人民法院依法立案受理或者继续审理。

第七十一条　原审判决遗漏了必须参加诉讼的当事人或者诉讼请求的,第二审人民法院应当裁定撤销原审判决,发回重审。

原审判决遗漏行政赔偿请求,第二审人民法院经审查认为依法不应当予以赔偿的,应当判决驳回行政赔偿请求。

原审判决遗漏行政赔偿请求,第二审人民法院经审理认为依法应当予以赔偿的,在确认被诉具体行政行为违法的同时,可以就行政赔偿问题进行调解;调解不成的,应当就行政赔偿部分发回重审。

当事人在第二审期间提出行政赔偿请求的,第二审人民法院可以进行调解;调解不成的,应当告知当事人另行起诉。

《行政诉讼法》(2014年)

第二十二条　人民法院发现受理的案件不属于本院管辖的,应当移送有管辖权的人民法院,受移送的人民法院应当受理。受移送的人民法院认为受移送的案件按照规定不属于本院管辖的,应当报请上级人民法院指定管辖,不得再自行移送。

第二十三条　有管辖权的人民法院由于特殊原因不能行使管辖权的,由上级人民法院指定管辖。

人民法院对管辖权发生争议,由争议双方协商解决。协商不成的,报它们的共同上级人民法院指定管辖。

第二十四条　上级人民法院有权审理下级人民法院管辖的第一审行政案件。

下级人民法院对其管辖的第一审行政案件,认为需要由上级人民法院审理或者指定管辖的,可以报请上级人民法院决定。

第八十九条　人民法院审理上诉案件,按照下列情形,分别处理:

(一)原判决、裁定认定事实清楚,适用法律、法规正确的,判决或者裁定驳回上诉,维持原判决、裁定;

(二)原判决、裁定认定事实错误或者适用法律、法规错误的,依法改判、撤销或者变更;

(三)原判决认定基本事实不清、证据不足的,发回原审人民法院重审,或者查清事实后改判;

(四)原判决遗漏当事人或者违法缺席判决等严重违反法定程序的,裁定撤销原判决,发回原审人民法院重审。

原审人民法院对发回重审的案件作出判决后,当事人提起上诉的,第二审人民法院不得再次发回重审。

人民法院审理上诉案件,需要改变原审判决的,应当同时对被诉行政行为作出判决。

第九十二条　各级人民法院院长对本院已经发生法律效力的判决、裁定,发现有本法第九十一条规定情形之一,或者发现调解违反自愿原则或者调解书内容违法,认为需要再审的,应当提交审判委员会讨论决定。

最高人民法院对地方各级人民法院已经发生法律效力的判决、裁定,上级人民法院对下级人民法院已经发生法律效力的判决、裁定,发现有本法第九十一条规定情形之一,或者发现调解违反自愿原则或者调解书内容违法的,有权提审或者指令下级人民法院再审。

② 请求行政赔偿事由

《国家赔偿法》(2013 年)

第三条　行政机关及其工作人员在行使行政职权时有下列侵犯人身权情形之一的,受害人有取得赔偿的权利:

(一)违法拘留或者违法采取限制公民人身自由的行政强制措施的;

(二)非法拘禁或者以其他方法非法剥夺公民人身自由的;

(三)以殴打、虐待等行为或者唆使、放纵他人以殴打、虐待等行为造成公民身体伤害或者死亡的;

(四)违法使用武器、警械造成公民身体伤害或者死亡的;

(五)造成公民身体伤害或者死亡的其他违法行为。

第四条　行政机关及其工作人员在行使行政职权时有下列侵犯财产权情形之一的,受害人有取得赔偿的权利:

(一)违法实施罚款、吊销许可证和执照、责令停产停业、没收财物等行政处罚的;

(二)违法对财产采取查封、扣押、冻结等行政强制措施的;

(三)违法征收、征用财产的;

(四)造成财产损害的其他违法行为。

③ 不予立案裁定日期

《行政诉讼法解释》(2015 年)

第一条　人民法院对符合起诉条件的案件应当立案,依法保障当事人行使诉讼权利。

对当事人依法提起的诉讼,人民法院应当根据行政诉讼法第五十一条的规定,一律接收起诉状。能够判断符合起诉条件的,应当当场登记立案;当场不能判断是否符合起诉条件的,应当在接收起诉状后七日内决定是否立案;七日内仍不能作出判断的,应当先予立案。

起诉状内容或者材料欠缺的,人民法院应当一次性全面告知当事人需要补正的内容、补充的材料及期限。在指定期限内补正并符合起诉条件的,应当登记立案。当事人拒绝补正或者经补正仍不符合起诉条件的,裁定不予立案,并载明不予立案的理由。

当事人对不予立案裁定不服的，可以提起上诉。

◆ 行政机关赔偿决定信息

行政机关赔偿决定	01. 决定不予赔偿 02. 决定赔偿
行政机关决定赔偿数额❶	

❶ 行政机关决定赔偿数额

最高人民法院《关于审理行政赔偿案件若干问题的规定》(1997年)

第二条　赔偿请求人对行政机关确认具体行政行为违法但又决定不予赔偿，或者对确定的赔偿数额有异议提起行政赔偿诉讼的，人民法院应予受理。

◆ 收案关联案件案号

裁定移送案件案号	
上级法院案件案号	
行政诉讼案件案号❶	
被合并审理案件案号	

❶ 行政诉讼案件案号

最高人民法院《关于审理行政赔偿案件若干问题的规定》(1997年)

第二十八条　当事人在提起行政诉讼的同时一并提出行政赔偿请求，或者因具体行政行为和与先例行政职权有关的其他行为侵权造成损害一并提出行政赔偿请求的，人民法院应当分别立案，根据具体情况可以合并审理，也可以单独审理。

◆ 涉外涉港澳台信息

是否涉外❶	01. 是　02. 否
涉及国别或地区	(参照国标)
涉港澳台情形	01. 涉港 02. 涉澳 03. 涉台

❶ 是否涉外

《行政诉讼法》(2014 年)

第九十八条　外国人、无国籍人、外国组织在中华人民共和国进行行政诉讼,适用本法。法律另有规定的除外。

◆ 共同诉讼信息

是否共同诉讼❶	01. 是　02. 否
共同诉讼代表人❷	

❶ 是否共同诉讼

《行政诉讼法》(2014 年)

第二十七条　当事人一方或者双方为二人以上,因同一行政行为发生的行政案件,或者因同类行政行为发生的行政案件、人民法院认为可以合并审理并经当事人同意的,为共同诉讼。

第二十八条　当事人一方人数众多的共同诉讼,可以由当事人推选代表人进行诉讼。代表人的诉讼行为对其所代表的当事人发生效力,但代表人变更、放弃诉讼请求或者承认对方当事人的诉讼请求,应当经被代表的当事人同意。

❷ 共同诉讼代表人

《行政诉讼法解释》(2000 年)

第十四条　合伙企业向人民法院提起诉讼的,应当以核准登记的字号为原告,由执行合伙企业事务的合伙人作诉讼代表人;其他合伙组织提起诉讼的,合伙人为共同原告。

不具备法人资格的其他组织向人民法院提起诉讼的,由该组织的主要负责人作诉讼代表人;没有主要负责人的,可以由推选的负责人作诉讼代表人。

同案原告为 5 人以上,应当推选 1 至 5 名诉讼代表人参加诉讼;在指定期限内未选定的,人民法院可以依职权指定。

◆ 诉讼请求变化信息

诉讼请求变化类型❶	01. 增加诉讼请求 02. 放弃部分诉讼请求 03. 变更诉讼请求

续表

申请日期	
审查意见	01. 准许 02. 不准许
审定日期	

❶ 诉讼请求变化类型

《行政诉讼法解释》(2000 年)

第四十五条　起诉状副本送达被告后,原告提出新的诉讼请求的,人民法院不予准许,但有正当理由的除外。

◆ 管辖异议审查信息

提出管辖异议被告	
提出异议日期	
审查意见❶	01. 裁定移送有管辖权法院 02. 裁定驳回管辖异议 03. 撤回管辖异议
审定日期	
管辖上诉案件案号	

❶ 审查意见

《行政诉讼法解释》(2000 年)

第十条　当事人提出管辖异议,应当在接到人民法院应诉通知之日起 10 日内以书面形式提出。

对当事人提出的管辖异议,人民法院应当进行审查。异议成立的,裁定将案件移送有管辖权的人民法院;异议不成立的,裁定驳回。

◆ 管辖权争议协商信息

与本院争议法院	(可以有多个)
自行协商结果	01. 商定由本院审理 02. 商定由其他法院审理

续表

自行协商结果	03. 协商不成
协商日期	
指定管辖案件案号	

◆ **审理程序信息**

适用程序	01. 简易程序 02. 普通程序
转为普通程序事由❶	01. 当事人就适用简易程序提出异议且理由成立 02. 法院认为不宜继续适用简易程序
裁定日期	

① 转为普通程序事由

《行政诉讼法》(2014 年)

第八十四条　人民法院在审理过程中,发现案件不宜适用简易程序的,裁定转为普通程序。

最高人民法院《关于适用简易程序审理民事案件的若干规定》(2003 年)

第三条　当事人就适用简易程序提出异议,人民法院认为异议成立的,或者人民法院在审理过程中发现不宜适用简易程序的,应当将案件转入普通程序审理。

◆ **结案信息**

结案方式❶	01. 判决 02. 不予立案 03. 驳回起诉 04. 准予撤诉 05. 按撤诉处理 06. 调解 07. 裁定移送其他法院管辖 08. 被上级法院提级管辖 09. 被指定其他法院管辖

续表

结案方式❶	10. 与本院其他案件并案审理 11. 指定其他下级法院立案审理 12. 终结 13. 不予登记立案
按撤诉处理事由❷	01. 经传票传唤,无正当理由拒不到庭 02. 未经许可中途退庭 03. 未预交案件受理费
终结事由❸	01. 原告死亡,没有近亲属或者近亲属放弃诉讼权利的 02. 作为原告的法人或者其他组织终止后,其权利义务的承受人放弃诉讼权利的 03. 因原告死亡、丧失行为能力或被告组织终止而中止诉讼满 90 日仍无人继续诉讼的
驳回起诉事由❹	01. 不符合行政诉讼法第四十九条规定的 02. 超过法定起诉期限且无正当理由的 03. 错列被告且拒绝变更的 04. 未按照法律规定由法定代理人、指定代理人、代表人为诉讼行为的 05. 未按照法律、法规规定先向行政机关申请复议的 06. 重复起诉的 07. 撤回起诉后无正当理由再行起诉的 08. 行政行为对其合法权益明显不产生实际影响的 09. 诉讼标的已为生效裁判所羁束的 255. 不符合其他法定起诉条件的
撤诉事由❺	01. 原告主动撤诉 02. 原告因被告改变行政行为而撤诉
结案日期	
结案文书	

❶ 结案方式

最高人民法院《关于行政诉讼撤诉若干问题的规定》(2008 年)

第二条　被告改变被诉具体行政行为,原告申请撤诉,符合下列条件的,人民法院应当裁定准许:

(一)申请撤诉是当事人真实意思表示;

(二)被告改变被诉具体行政行为,不违反法律、法规的禁止性规定,不超越或者放弃职权,不损害公共利益和他人合法权益;

(三)被告已经改变或者决定改变被诉具体行政行为,并书面告知人民法院;

(四)第三人无异议。

第六条　准许撤诉裁定可以载明被告改变被诉具体行政行为的主要内容及履行情况,并可以根据案件具体情况,在裁定理由中明确被诉具体行政行为全部或者部分不再执行。

第五十二条　人民法院既不立案,又不作出不予立案裁定的,当事人可以向上一级人民法院起诉。上一级人民法院认为符合起诉条件的,应当立案、审理,也可以指定其他下级人民法院立案、审理。

第六十条　人民法院审理行政案件,不适用调解。但是,行政赔偿、补偿以及行政机关行使法律、法规规定的自由裁量权的案件可以调解。

调解应当遵循自愿、合法原则,不得损害国家利益、社会公共利益和他人合法权益。

《行政诉讼法》(2014 年)

第二十二条　人民法院发现受理的案件不属于本院管辖的,应当移送有管辖权的人民法院,受移送的人民法院应当受理。受移送的人民法院认为受移送的案件按照规定不属于本院管辖的,应当报请上级人民法院指定管辖,不得再自行移送。

第二十四条　上级人民法院有权审理下级人民法院管辖的第一审行政案件。

下级人民法院对其管辖的第一审行政案件,认为需要由上级人民法院审理或者指定管辖的,可以报请上级人民法院决定。

第二十七条　当事人一方或者双方为二人以上,因同一行政行为发生的行政案件,或者因同类行政行为发生的行政案件、人民法院认为可以合并审理并经当事人同意的,为共同诉讼。

第六十二条　人民法院对行政案件宣告判决或者裁定前,原告申请撤诉的,或者被告改变其所作的行政行为,原告同意并申请撤诉的,是否准许,由人民法院裁定。

《行政诉讼法解释》(2000年)

第四十六条　有下列情形之一的,人民法院可以决定合并审理:

(一)两个以上行政机关分别依据不同的法律、法规对同一事实作出具体行政行为,公民、法人或者其他组织不服向同一人民法院起诉的;

(二)行政机关就同一事实对若干公民、法人或者其他组织分别作出具体行政行为,公民、法人或者其他组织不服分别向同一人民法院起诉的;

(三)在诉讼过程中,被告对原告作出新的具体行政行为,原告不服向同一人民法院起诉的;

(四)人民法院认为可以合并审理的其他情形。

第五十二条　在诉讼过程中,有下列情形之一的,终结诉讼:

(一)原告死亡,没有近亲属或者近亲属放弃诉讼权利的;

(二)作为原告的法人或者其他组织终止后,其权利义务的承受人放弃诉讼权利的。

因本解释第五十一条第一款第(一)、(二)、(三)项原因中止诉讼满90日仍无人继续诉讼的,裁定终结诉讼,但有特殊情况的除外。

最高人民法院《关于行政案件管辖若干问题的规定》(2008年)

第二条　当事人以案件重大复杂为由或者认为有管辖权的基层人民法院不宜行使管辖权,直接向中级人民法院起诉,中级人民法院应当根据不同情况在7日内分别作出以下处理:

(一)指定本辖区其他基层人民法院管辖;

(二)决定自己审理;

(三)书面告知当事人向有管辖权的基层人民法院起诉。

第三条　当事人向有管辖权的基层人民法院起诉,受诉人民法院在7日内未立案也未作出裁定,当事人向中级人民法院起诉,中级人民法院应当根据不同情况在7日内分别作出以下处理:

(一)要求有管辖权的基层人民法院依法处理;

(二)指定本辖区其他基层人民法院管辖;

(三)决定自己审理。

② 按撤诉处理事由

《行政诉讼法》

第五十八条　经人民法院传票传唤,原告无正当理由拒不到庭,或者未经法庭许可中途退庭的,可以按照撤诉处理;被告无正当理由拒不到庭,或者未经法庭许可中途退庭的,可以缺席判决。

《行政诉讼法解释》(2000 年)

第三十七条　原告或者上诉人未按规定的期限预交案件受理费,又不提出缓交、减交、免交申请,或者提出申请未获批准的,按自动撤诉处理。在按撤诉处理后,原告或者上诉人在法定期限内再次起诉或者上诉,并依法解决诉讼费预交问题的,人民法院应予受理。

③ 终结事由

《行政诉讼法解释》(2000 年)

第五十二条　在诉讼过程中,有下列情形之一的,终结诉讼:

(一)原告死亡,没有近亲属或者近亲属放弃诉讼权利的;

(二)作为原告的法人或者其他组织终止后,其权利义务的承受人放弃诉讼权利的。

因本解释第五十一条第一款第(一)、(二)、(三)项原因中止诉讼满 90 日仍无人继续诉讼的,裁定终结诉讼,但有特殊情况的除外。

④驳回起诉事由

《行政诉讼法解释》(2015 年)

第三条　有下列情形之一,已经立案的,应当裁定驳回起诉:

(一)不符合行政诉讼法第四十九条规定的;

(二)超过法定起诉期限且无正当理由的;

(三)错列被告且拒绝变更的;

(四)未按照法律规定由法定代理人、指定代理人、代表人为诉讼行为的;

(五)未按照法律、法规规定先向行政机关申请复议的;

(六)重复起诉的;

(七)撤回起诉后无正当理由再行起诉的;

(八)行政行为对其合法权益明显不产生实际影响的;

(九)诉讼标的已为生效裁判所羁束的;

(十)不符合其他法定起诉条件的。

人民法院经过阅卷、调查和询问当事人,认为不需要开庭审理的,可以迳行裁定驳回起诉。

《行政诉讼法解释》(2000 年)

第一条　公民、法人或者其他组织对具有国家行政职权的机关和组织及其工作人员的行政行为不服,依法提起诉讼的,属于人民法院行政诉讼的受案范围。

公民、法人或者其他组织对下列行为不服提起诉讼的,不属于人民法院行政诉讼的受案范围:

(一)行政诉讼法第十二条规定的行为;

(二)公安、国家安全等机关依照刑事诉讼法的明确授权实施的行为;

(三)调解行为以及法律规定的仲裁行为;

(四)不具有强制力的行政指导行为;

(五)驳回当事人对行政行为提起申诉的重复处理行为;

(六)对公民、法人或者其他组织权利义务不产生实际影响的行为。

第二十三条　原告所起诉的被告不适格,人民法院应当告知原告变更被告;原告不同意变更的,裁定驳回起诉。

应当追加被告而原告不同意追加的,人民法院应当通知其以第三人的身份参加诉讼。

最高人民法院《关于审理行政赔偿案件若干问题的规定》(1997 年)

第二十条　人民法院审理行政赔偿案件,需要变更被告而原告不同意变更的,裁定驳回起诉。

《行政诉讼法》

第四十九条　提起诉讼应当符合下列条件:

(一)原告是符合本法第二十五条规定的公民、法人或者其他组织;

(二)有明确的被告;

(三)有具体的诉讼请求和事实根据;

(四)属于人民法院受案范围和受诉人民法院管辖。

⑤ 撤诉事由

《行政诉讼法》(2014 年)

第六十二条　人民法院对行政案件宣告判决或者裁定前,原告申请撤诉的,或者被告改变其所作的行政行为,原告同意并申请撤诉的,是否准许,由人民法院裁定。

最高人民法院《关于审理行政赔偿案件若干问题的规定》(1997年)

第三十一条　被告在一审判决前同原告达成赔偿协议,原告申请撤诉的,人民法院应当依法予以审查并裁定是否准许。

050102 行政赔偿二审案件

◈ 收案信息

本案案号	
收案来源	01. 当事人上诉 02. 再审撤销按撤诉处理裁定并恢复二审程序 03. 再审发回重审
当事人	
案件(诉讼)地位❶	01. 上诉人 02. 被上诉人 03. 原审原告 04. 原审被告 05. 原审第三人
收案日期	

❶ 案件(诉讼)地位

《行政诉讼法》(2014年)

第二十九条　公民、法人或者其他组织同被诉行政行为有利害关系但没有提起诉讼,或者同案件处理结果有利害关系的,可以作为第三人申请参加诉讼,或者由人民法院通知参加诉讼。

人民法院判决第三人承担义务或者减损第三人权益的,第三人有权依法提起上诉。

◈ 收案关联案号信息

一审案号	
再审案件案号	

◈ **结案信息**

结案方式	01. 维持 02. 改判 03. 发回重审 04. 准予撤回上诉 05. 按撤回上诉处理 06. 撤销原判并驳回起诉 07. 撤销原裁定并指令受理 08. 撤销原裁定并指令审理 09. 撤销原判并裁定移送其他法院管辖 10. 调解 11. 终结
发回重审事由	01. 审理本案的审判人员、书记员应当回避而未回避 02. 依法应当开庭审理而未经开庭即作出判决 03. 未经合法传唤当事人而缺席判决 04. 遗漏必须参加诉讼的当事人 05. 对与本案有关的诉讼请求未予裁判 255. 其他违反法定程序可能影响案件正确裁判
驳回起诉事由❶	01. 不符合行政诉讼法第四十九条规定的 02. 超过法定起诉期限且无正当理由的 03. 错列被告且拒绝变更的 04. 未按照法律规定由法定代理人、指定代理人、代表人为诉讼行为的 05. 重复起诉的 06. 撤回起诉后无正当理由再行起诉的 255. 不符合其他法定起诉条件的
按撤诉处理事由	01. 经传票传唤，无正当理由拒不到庭 02. 未经许可中途退庭 03. 未预交案件受理费

续表

终结事由	01. 原审原告死亡,没有近亲属或者近亲属放弃诉讼权利的 02. 作为原审原告的法人或者其他组织终止后,其权利义务的承受人放弃诉讼权利的 03. 因原审原告死亡、丧失行为能力或被告组织终止而中止诉讼满90日仍无人继续诉讼的
结案日期	
结案文书	

❶ 驳回起诉事由

《行政诉讼法》(2014年)

第四十九条　提起诉讼应当符合下列条件:

(一)原告是符合本法第二十五条规定的公民、法人或者其他组织;

(二)有明确的被告;

(三)有具体的诉讼请求和事实根据;

(四)属于人民法院受案范围和受诉人民法院管辖。

《行政诉讼法解释》(2000年)

第一条　公民、法人或者其他组织对具有国家行政职权的机关和组织及其工作人员的行政行为不服,依法提起诉讼的,属于人民法院行政诉讼的受案范围。

公民、法人或者其他组织对下列行为不服提起诉讼的,不属于人民法院行政诉讼的受案范围:

(一)行政诉讼法第十二条规定的行为;

(二)公安、国家安全等机关依照刑事诉讼法的明确授权实施的行为;

(三)调解行为以及法律规定的仲裁行为;

(四)不具有强制力的行政指导行为;

(五)驳回当事人对行政行为提起申诉的重复处理行为;

(六)对公民、法人或者其他组织权利义务不产生实际影响的行为。

第二十三条　原告所起诉的被告不适格,人民法院应当告知原告变更被告;原告不同意变更的,裁定驳回起诉。

应当追加被告而原告不同意追加的,人民法院应当通知其以第三人的身份参加诉讼。

050103 行政赔偿依职权再审审查案件

◈ 收案信息

本案案号	
收案来源	依职权审查
审查动因❶	01. 发现本院生效裁判错误 02. 发现下级法院生效裁判错误 03. 检察院提出建议
生效裁判案号	
检察机关名称	
检察建议文号	
收案日期	(依职权启动审查、收到检察建议日期)

❶ 审查动因

《行政诉讼法》(2014年)

第九十二条　各级人民法院院长对本院已经发生法律效力的判决、裁定,发现有本法第九十一条规定情形之一,或者发现调解违反自愿原则或者调解书内容违法,认为需要再审的,应当提交审判委员会讨论决定。

最高人民法院对地方各级人民法院已经发生法律效力的判决、裁定,上级人民法院对下级人民法院已经发生法律效力的判决、裁定,发现有本法第九十一条规定情形之一,或者发现调解违反自愿原则或者调解书内容违法的,有权提审或者指令下级人民法院再审。

第九十三条　最高人民检察院对各级人民法院已经发生法律效力的判决、裁定,上级人民检察院对下级人民法院已经发生法律效力的判决、裁定,发现有本法第九十一条规定情形之一,或者发现调解书损害国家利益、社会公共利益的,应当提出抗诉。

地方各级人民检察院对同级人民法院已经发生法律效力的判决、裁定,发现有本法第九十一条规定情形之一,或者发现调解书损害国家利益、社会公共利益的,可以向同级人民法院提出检察建议,并报上级人民检察院备案;也可以提请上级人民检察院向同级人民法院提出抗诉。

各级人民检察院对审判监督程序以外的其他审判程序中审判人员的违法行为,有权向同级人民法院提出检察建议。

◆ 结案信息

结案方式	01. 本院决定再审 02. 本院提审 03. 指令原审法院再审 04. 指定其他法院再审 05. 终结 255. 其他
再审事由❶	01. 不予立案或者驳回起诉确有错误的 02. 有新的证据,足以推翻原判决、裁定的 03. 原判决、裁定认定事实的主要证据不足、未经质证或者系伪造的 04. 原判决、裁定适用法律、法规确有错误的 05. 违反法律规定的诉讼程序,可能影响公正审判的 06. 原判决、裁定遗漏诉讼请求的 07. 据以作出原判决、裁定的法律文书被撤销或者变更的 08. 审判人员在审理该案件时有贪污受贿、徇私舞弊、枉法裁判行为的 09. 调解书损害国家利益、社会公共利益 255. 其他
结案日期	
结案文书	

❶ 再审事由

《行政诉讼法》(2014 年)

第九十一条　当事人的申请符合下列情形之一的,人民法院应当再审:

(一)不予立案或者驳回起诉确有错误的;

(二)有新的证据,足以推翻原判决、裁定的;

(三)原判决、裁定认定事实的主要证据不足、未经质证或者系伪造的;

（四）原判决、裁定适用法律、法规确有错误的；

（五）违反法律规定的诉讼程序，可能影响公正审判的；

（六）原判决、裁定遗漏诉讼请求的；

（七）据以作出原判决、裁定的法律文书被撤销或者变更的；

（八）审判人员在审理该案件时有贪污受贿、徇私舞弊、枉法裁判行为的。

050104 行政赔偿申请再审审查案件

◈ 收案信息

本案案号	
收案来源❶	申请再审
再审申请人	（姓名或名称）
申请人类型	01. 原审当事人 02. 原审当事人的权利义务继受人 03. 案外人
被申请人	（姓名或名称）
申请再审事由（可多选）❷	01. 不予立案或者驳回起诉确有错误的 02. 有新的证据，足以推翻原判决、裁定的 03. 原判决、裁定认定事实的主要证据不足、未经质证或者系伪造的 04. 原判决、裁定适用法律、法规确有错误的 05. 违反法律规定的诉讼程序，可能影响公正审判的 06. 原判决、裁定遗漏诉讼请求的 07. 据以作出原判决、裁定的法律文书被撤销或者变更的 08. 审判人员在审理该案件时有贪污受贿、徇私舞弊、枉法裁判行为的 09. 提出证据证明调解违反自愿原则或者调解协议的内容违反法律规定的 255. 其他

续表

生效裁判案号	
收案日期	
审查意见❸	01. 立案 02. 不予立案
审定日期	

❶ 收案来源

《行政诉讼法》(2014 年)

第九十条　当事人对已经发生法律效力的判决、裁定,认为确有错误的,可以向上一级人民法院申请再审,但判决、裁定不停止执行。

❷ 申请再审事由(可多选)

《行政诉讼法》(2014 年)

第九十一条　当事人的申请符合下列情形之一的,人民法院应当再审:

(一)不予立案或者驳回起诉确有错误的;

(二)有新的证据,足以推翻原判决、裁定的;

(三)原判决、裁定认定事实的主要证据不足、未经质证或者系伪造的;

(四)原判决、裁定适用法律、法规确有错误的;

(五)违反法律规定的诉讼程序,可能影响公正审判的;

(六)原判决、裁定遗漏诉讼请求的;

(七)据以作出原判决、裁定的法律文书被撤销或者变更的;

(八)审判人员在审理该案件时有贪污受贿、徇私舞弊、枉法裁判行为的。

《行政诉讼法解释》(2000 年)

第七十三条　当事人申请再审,应当在判决、裁定发生法律效力后 2 年内提出。

当事人对已经发生法律效力的行政赔偿调解书,提出证据证明调解违反自愿原则或者调解协议的内容违反法律规定的,可以在 2 年内申请再审。

❸ 审查意见

《行政诉讼法解释》(2015 年)

第二十五条第二款　人民法院基于抗诉或者检察建议作出再审判决、裁定后,当事人申请再审的，人民法院不予立案。

◆ **结案信息**

结案方式❶	01. 本院提审 02. 指令原审法院再审 03. 指定其他法院再审 04. 裁定驳回再审申请 05. 准予撤回再审申请 06. 按撤回再审申请处理 07. 终结
再审事由❷	01. 不予立案或者驳回起诉确有错误的 02. 有新的证据，足以推翻原判决、裁定的 03. 原判决、裁定认定事实的主要证据不足、未经质证或者系伪造的 04. 原判决、裁定适用法律、法规确有错误的 05. 违反法律规定的诉讼程序 06. 原判决、裁定遗漏诉讼请求的 07. 据以作出原判决、裁定的法律文书被撤销或者变更的 08. 审判人员在审理该案件时有贪污受贿、徇私舞弊、枉法裁判行为的 09. 调解违反自愿原则或者调解协议的内容违反法律规定的 255. 其他
结案日期	
结案文书	

❶ 结案方式

《行政诉讼法解释》(2000 年)

第七十四条　人民法院接到当事人的再审申请后，经审查，符合再审条件的，应当立案并及时通知各方当事人；不符合再审条件的，予以驳回。

第七十七条　按照审判监督程序决定再审的案件，应当裁定中止原判决的执行；裁定由院长署名，加盖人民法院印章。

上级人民法院决定提审或者指令下级人民法院再审的,应当作出裁定,裁定应当写明中止原判决的执行;情况紧急的,可以将中止执行的裁定口头通知负责执行的人民法院或者作出生效判决、裁定的人民法院,但应当在口头通知后10日内发出裁定书。

②再审事由

《行政诉讼法》(2014年)

第九十一条　当事人的申请符合下列情形之一的,人民法院应当再审:

(一)不予立案或者驳回起诉确有错误的;

(二)有新的证据,足以推翻原判决、裁定的;

(三)原判决、裁定认定事实的主要证据不足、未经质证或者系伪造的;

(四)原判决、裁定适用法律、法规确有错误的;

(五)违反法律规定的诉讼程序,可能影响公正审判的;

(六)原判决、裁定遗漏诉讼请求的;

(七)据以作出原判决、裁定的法律文书被撤销或者变更的;

(八)审判人员在审理该案件时有贪污受贿、徇私舞弊、枉法裁判行为的。

050105 行政赔偿抗诉再审审查案件

◆ **收案信息**

本案案号	
收案来源	抗诉
抗诉启动方式❶	01. 当事人申请检察机关抗诉 02. 检察机关依职权
检察机关名称	
抗诉文号	
生效裁判案号	
申请再审审查案号	
收案日期	
审查意见	01. 受理 02. 不予受理
审定日期	

❶ 抗诉启动方式

《行政诉讼法解释》(2015 年)

第二十五条　有下列情形之一的，当事人可以向人民检察院申请抗诉或者检察建议：

(一)人民法院驳回再审申请的；

(二)人民法院逾期未对再审申请作出裁定的；

(三)再审判决、裁定有明显错误的。

人民法院基于抗诉或者检察建议作出再审判决、裁定后，当事人申请再审的，人民法院不予立案。

◆ 结案信息

结案方式	01. 本院提审 02. 指令原审法院再审 03. 指定其他法院再审 04. 准予撤回抗诉 05. 不予受理 255. 其他
结案日期	
结案文书	

050106 行政赔偿再审案件

◆ 收案信息

本案案号	
收案来源	01. 本院决定再审 02. 上级法院指令再审 03. 上级法院指定再审 04. 本院提审 05. 当事人上诉
裁定再审案件案号	
收案日期	

◆ **审理程序信息**

适用程序	01. 第一审程序 02. 第二审程序

◆ **结案信息**

结案方式❶	01. 维持 02. 改判 03. 发回重审 04. 撤销原判并驳回起诉 05. 调解 06. 按撤回抗诉处理 07. 准予撤回抗诉 08. 准予撤回再审申请 09. 撤销原裁判并裁定移送 10. 撤销原裁定并指令审理 11. 撤销原裁定并指令受理 12. 撤销原裁定并恢复二审程序 13. 裁定驳回再审申请 14. 终结 15. 准予撤回上诉 16. 按撤回上诉处理 255. 其他
结案日期	
结案文书	

❶ 结案方式

《行政诉讼法解释》(2000 年)

第七十九条　人民法院审理二审案件和再审案件,对原审法院受理、不予受理或者驳回起诉错误的,应当分别情况作如下处理:

(一)第一审人民法院作出实体判决后,第二审人民法院认为不应当受理的,在撤销第一审人民法院判决的同时,可以发回重审,也可以径行驳回起诉;

（二）第二审人民法院维持第一审人民法院不予受理裁定错误的，再审法院应当撤销第一审、第二审人民法院裁定，指令第一审人民法院受理；

（三）第二审人民法院维持第一审人民法院驳回起诉裁定错误的，再审法院应当撤销第一审、第二审人民法院裁定，指令第一审人民法院审理。

第八十条　人民法院审理再审案件，发现生效裁判有下列情形之一的，应当裁定发回作出生效判决、裁定的人民法院重新审理：

（一）审理本案的审判人员、书记员应当回避而未回避的；

（二）依法应当开庭审理而未经开庭即作出判决的；

（三）未经合法传唤当事人而缺席判决的；

（四）遗漏必须参加诉讼的当事人的；

（五）对与本案有关的诉讼请求未予裁判的；

（六）其他违反法定程序可能影响案件正确裁判的。

最高人民法院《关于行政诉讼撤诉若干问题的规定》（2008 年）

第八条　第二审或者再审期间行政机关改变被诉具体行政行为，当事人申请撤回上诉或者再审申请的，参照本规定。

准许撤回上诉或者再审申请的裁定可以载明行政机关改变被诉具体行政行为的主要内容及履行情况，并可以根据案件具体情况，在裁定理由中明确被诉具体行政行为或者原裁判全部或者部分不再执行。

050200 司法赔偿案件

基础信息

信息采集的案件范围
五、国家赔偿与司法救助案件
（二）司法赔偿案件
01. 法院作为赔偿义务机关自赔案件
02. 赔偿委员会审理赔偿案件
04. 司法赔偿监督上级法院赔偿委员会重审案件
05. 司法赔偿监督本院赔偿委员会重审案件

◆ **赔偿决定信息**

决定赔偿方式❶	01. 损害赔偿 02. 返还财产 03. 恢复原状 04. 消除影响、恢复名誉、赔礼道歉 255. 其他 （可以多选）
损害赔偿项目	01. 人身自由赔偿金 02. 生命健康赔偿金 03. 财产损害赔偿金 04. 精神损害抚慰金 255. 其他赔偿
赔偿数额	
结案事由	01. 违法刑事拘留赔偿 02. 无罪逮捕赔偿 03. 二审无罪赔偿 04. 重审无罪赔偿 05. 再审无罪赔偿 06. 刑讯逼供致伤、致死赔偿 07. 殴打、虐待或唆使他人以殴打、虐待等行为致伤、致死赔偿 08. 违法使用武器、警械致伤、致死赔偿 09. 刑事违法查封、扣押、冻结、追缴赔偿 10. 错判罚金、没收财产赔偿 11. 违法司法罚款赔偿 12. 违法司法拘留赔偿 13. 违法保全赔偿 14. 错误执行赔偿

续表

违法刑事拘留赔偿情形	01. 违反条件拘留 02. 违反程序拘留 03. 超期拘留，嗣后被终止追究刑事责任 255. 其他
无罪逮捕赔偿情形	01. 一审判决无罪（依法认定无罪） 02. 一审判决无罪（证据不足、自诉的犯罪不能成立） 03. 一审判决无罪，二审予以维持 04. 一审判决无罪（证据不足、指控的犯罪不能成立） 05. 一审判决无罪，二审予以维持 06. 一审判决无罪，二审发回重审后，一审法院在重审期间退回检察院补充侦查，检察院决定不起诉或者撤销案件 07. 一审判决无罪，二审发回重审后，一审法院在重审期间，检察院退回公安机关补充侦查，公安机关决定撤销案件 08. 一审判决无罪，二审发回重审后，检察院要求撤回起诉，一审法院裁定准许撤诉后，检察院决定不起诉或者撤销案件 255. 其他
重审无罪赔偿情形	01. 一审判决有罪，二审发回重审后，一审法院改判无罪 02. 一审判决有罪，二审发回重审后，一审法院在重审期间退回检察院补充侦查，检察院决定不起诉或者撤销案件 03. 一审判决有罪，二审发回重审后，检察院要求撤回起诉，一审法院裁定准许撤诉后，检察院决定不起诉或者撤销案件 04. 一审判决有罪，二审发回重审后，一审法院在重审期间，检察院退回公安机关补充侦查，公安机关决定撤销案件 255. 其他

续表

再审无罪赔偿情形	01. 再审改判无罪(依法认定无罪) 02. 再审改判无罪(证据不足、指控的犯罪不能成立) 03. 再审发回重审后改判无罪 255. 其他
违法司法罚款赔偿情形❷	01. 对没有妨害诉讼行为的人或没有证据证明实施妨碍诉讼的人采取司法罚款措施 02. 对同一妨碍诉讼行为重复采取罚款措施 03. 超过法律规定金额实施罚款 255. 其他
违法司法拘留赔偿情形	01. 对没有妨害诉讼行为的人或没有证据证明实施妨碍诉讼的人采取司法拘留措施 02. 对同一妨碍诉讼行为重复采取拘留措施 03. 超过法律规定金额实施拘留 255. 其他
违法保全赔偿情形❸	01. 依法不应当采取保全措施而采取保全措施或者依法不应当解除保全措施而解除保全措施的 02. 保全案外人财产的,但案外人对案件当事人负有到期债务的情形除外 03. 明显超过申请人申请保全数额或者保全范围的 04. 对查封、扣押的财物不履行监管职责,严重不负责任,造成毁损、灭失的,但依法交由有关单位、个人负责保管的情形除外 05. 变卖财产未由合法评估机构估价,或者应当拍卖而未依法拍卖,强行将财物变卖给他人的 255. 违反法律规定的其他情形
错误执行赔偿情形❹	01. 执行尚未发生法律效力的判决、裁定、民事制裁决定等法律文书的

续表

错误执行赔偿情形❹	02. 违反法律规定先予执行的 03. 违法执行案外人财产且无法执行回转的 04. 明显超过申请数额、范围执行且无法执行回转的 05. 执行过程中，对查封、扣押的财产不履行监管职责，严重不负责任，造成财物毁损、灭失的 06. 执行过程中，变卖财物未由合法评估机构估价，或者应当拍卖而未依法拍卖，强行将财物变卖给他人的 255. 违反法律规定的其他情形

❶ 决定赔偿方式

《国家赔偿法》(2013 年)

第三十二条　国家赔偿以支付赔偿金为主要方式。

能够返还财产或者恢复原状的，予以返还财产或者恢复原状。

第三十五条　有本法第三条或者第十七条规定情形之一，致人精神损害的，应当在侵权行为影响的范围内，为受害人消除影响，恢复名誉，赔礼道歉；造成严重后果的，应当支付相应的精神损害抚慰金。

❷ 违法司法罚款赔偿情形

最高人民法院《关于民事、行政诉讼中司法赔偿若干问题的解释》(2000 年)

第二条　违法采取对妨害诉讼的强制措施，是指下列行为：

（一）对没有实施妨害诉讼行为的人或者没有证据证明实施妨害诉讼的人采取司法拘留、罚款措施的；

（二）超过法律规定期限实施司法拘留的；

（三）对同一妨害诉讼行为重复采取罚款、司法拘留措施的；

（四）超过法律规定金额实施罚款的；

（五）违反法律规定的其他情形。

❸ 违法保全赔偿情形

最高人民法院《关于民事、行政诉讼中司法赔偿若干问题的解释》(2000 年)

第三条　违法采取保全措施，是指人民法院依职权采取的下列行为：

(一)依法不应当采取保全措施而采取保全措施或者依法不应当解除保全措施而解除保全措施的;

(二)保全案外人财产的,但案外人对案件当事人负有到期债务的情形除外;

(三)明显超过申请人申请保全数额或者保全范围的;

(四)对查封、扣押的财物不履行监管职责,严重不负责任,造成毁损、灭失的,但依法交由有关单位、个人负责保管的情形除外;

(五)变卖财产未由合法评估机构估价,或者应当拍卖而未依法拍卖,强行将财物变卖给他人的;

(六)违反法律规定的其他情形。

④ 错误执行赔偿情形

最高人民法院《关于民事、行政诉讼中司法赔偿若干问题的解释》(2000年)

第四条　对判决、裁定及其他生效法律文书执行错误,是指对已经发生法律效力的判决、裁定、民事制裁决定、调解、支付令、仲裁裁决、具有强制执行效力的公证债权文书以及行政处罚、处理决定等执行错误。包括下列行为:

(一)执行尚未发生法律效力的判决、裁定、民事制裁决定等法律文书的;

(二)违反法律规定先予执行的;

(三)违法执行案外人财产且无法执行回转的;

(四)明显超过申请数额、范围执行且无法执行回转的;

(五)执行过程中,对查封、扣押的财产不履行监管职责,严重不负责任,造成财物毁损、灭失的;

(六)执行过程中,变卖财物未由合法评估机构估价,或者应当拍卖而未依法拍卖,强行将财物变卖给他人的;

(七)违反法律规定的其他情形。

◆ 涉赔案件伤亡情况

伤亡类型	01. 致人死亡 02. 致人重伤 03. 致人轻伤 04. 致人轻微伤

续表

伤亡人数	
伤残等级	
受害人	（姓名）

050201 法院作为赔偿义务机关自赔案件

◆ 收案信息

本案案号	
收案来源	01. 当事人申请 02. 上级法院指令作出决定
赔偿请求人	（姓名或名称）
申请赔偿方式	01. 损害赔偿 02. 返还财产 03. 恢复原状 04. 消除影响、恢复名誉、赔礼道歉 255. 其他
申请损害赔偿项目❶	01. 人身自由赔偿金 02. 生命健康赔偿金 03. 财产损害赔偿金 04. 精神损害抚慰金 255. 其他损失
申请赔偿数额	
涉赔案件案号	（如宣告无罪等案件案号）
收案日期	
不予立案决定日期	（原为不予受理）
不予登记立案裁定日期	
立案案由❷	01. 违法刑事拘留赔偿 02. 无罪逮捕赔偿

续表

立案案由❷	03. 二审无罪赔偿 04. 重审无罪赔偿 05. 再审无罪赔偿 06. 刑讯逼供致伤、致死赔偿 07. 殴打、虐待或唆使他人以殴打、虐待等行为致伤、致死赔偿 08. 违法使用武器、警械致伤、致死赔偿 09. 刑事违法查封、扣押、冻结、追缴赔偿 10. 错判罚金、没收财产赔偿 11. 违法司法罚款赔偿 12. 违法司法拘留赔偿 13. 违法保全赔偿 14. 错误执行赔偿
登记立案日期❸	

❶ 申请损害赔偿项目

《国家赔偿法》(2013 年)

第三十二条　国家赔偿以支付赔偿金为主要方式。

能够返还财产或者恢复原状的,予以返还财产或者恢复原状。

第三十三条　侵犯公民人身自由的,每日赔偿金按照国家上年度职工日平均工资计算。

第三十四条　侵犯公民生命健康权的,赔偿金按照下列规定计算:

(一)造成身体伤害的,应当支付医疗费、护理费,以及赔偿因误工减少的收入。减少的收入每日的赔偿金按照国家上年度职工日平均工资计算,最高额为国家上年度职工年平均工资的五倍。

(二)造成部分或者全部丧失劳动能力的,应当支付医疗费、护理费、残疾生活辅助具费、康复费等因残疾而增加的必要支出和继续治疗所必需的费用,以及残疾赔偿金。残疾赔偿金根据丧失劳动能力的程度,按照国家规定的伤残等级确定,最高不超过国家上年度职工年平均工资的二十倍。造成全部丧失劳动能力的,对其扶养的无劳动能力的人,还应当支付生活费。

（三）造成死亡的，应当支付死亡赔偿金、丧葬费，总额为国家上年度职工年平均工资的二十倍。对死者生前扶养的无劳动能力的人，还应当支付生活费。

前款第二项、第三项规定的生活费的发放标准，参照当地最低生活保障标准执行。被扶养的人是未成年人的，生活费给付至十八周岁止；其他无劳动能力的人，生活费给付至死亡时止。第三十五条　有本法第三条或者第十七条规定情形之一，致人精神损害的，应当在侵权行为影响的范围内，为受害人消除影响，恢复名誉，赔礼道歉；造成严重后果的，应当支付相应的精神损害抚慰金。

第三十六条　侵犯公民、法人和其他组织的财产权造成损害的，按照下列规定处理：

（一）处罚款、罚金、追缴、没收财产或者违法征收、征用财产的，返还财产；

（二）查封、扣押、冻结财产的，解除对财产的查封、扣押、冻结，造成财产损坏或者灭失的，依照本条第三项、第四项的规定赔偿；

（三）应当返还的财产损坏的，能够恢复原状的恢复原状，不能恢复原状的，按照损害程度给付相应的赔偿金；

（四）应当返还的财产灭失的，给付相应的赔偿金；

（五）财产已经拍卖或者变卖的，给付拍卖或者变卖所得的价款；变卖的价款明显低于财产价值的，应当支付相应的赔偿金；

（六）吊销许可证和执照、责令停产停业的，赔偿停产停业期间必要的经常性费用开支；

（七）返还执行的罚款或者罚金、追缴或者没收的金钱，解除冻结的存款或者汇款的，应当支付银行同期存款利息；

（八）对财产权造成其他损害的，按照直接损失给予赔偿。

最高人民法院《关于民事、行政诉讼中司法赔偿若干问题的解释》（2000年）

第十一条　民事、行政诉讼中司法赔偿的赔偿方式主要为支付赔偿金。包括：支付侵犯人身自由权、生命健康权的赔偿金；财产损坏的，赔偿修复所需费用；财产灭失的，按侵权行为发生时当地市场价格予以赔偿；财产已拍卖的，给付拍卖所得的价款；财产已变卖的，按合法评估机构的估价赔偿；造成其他损害的，赔偿直接损失。

能够返还财产或者恢复原状的，予以返还财产或者恢复原状。包括：解除查封、扣押、冻结；返还财产、恢复原状；退还罚款、罚没财物。

② 立案案由

《国家赔偿法》（2013年）

第十七条　行使侦查、检察、审判职权的机关以及看守所、监狱管理机关及其工作

人员在行使职权时有下列侵犯人身权情形之一的,受害人有取得赔偿的权利:

(一)违反刑事诉讼法的规定对公民采取拘留措施的,或者依照刑事诉讼法规定的条件和程序对公民采取拘留措施,但是拘留时间超过刑事诉讼法规定的时限,其后决定撤销案件、不起诉或者判决宣告无罪终止追究刑事责任的;

(二)对公民采取逮捕措施后,决定撤销案件、不起诉或者判决宣告无罪终止追究刑事责任的;

(三)依照审判监督程序再审改判无罪,原判刑罚已经执行的;

(四)刑讯逼供或者以殴打、虐待等行为或者唆使、放纵他人以殴打、虐待等行为造成公民身体伤害或者死亡的;

(五)违法使用武器、警械造成公民身体伤害或者死亡的。

第十八条　行使侦查、检察、审判职权的机关以及看守所、监狱管理机关及其工作人员在行使职权时有下列侵犯财产权情形之一的,受害人有取得赔偿的权利:

(一)违法对财产采取查封、扣押、冻结、追缴等措施的;

(二)依照审判监督程序再审改判无罪,原判罚金、没收财产已经执行的。

第三十八条　人民法院在民事诉讼、行政诉讼过程中,违法采取对妨害诉讼的强制措施、保全措施或者对判决、裁定及其他生效法律文书执行错误,造成损害的,赔偿请求人要求赔偿的程序,适用本法刑事赔偿程序的规定。

最高人民法院《关于民事、行政诉讼中司法赔偿若干问题的解释》(2000 年)

第五条　人民法院及其工作人员在民事、行政诉讼或者执行过程中,以殴打或者唆使他人以殴打等暴力行为,或者违法使用武器、警械,造成公民身体伤害、死亡的,应当比照国家赔偿法第十五条第(四)项、第(五)项规定予以赔偿。

最高人民法院《关于国家赔偿案件立案工作的规定》(2012 年)

第一条　本规定所称国家赔偿案件,是指国家赔偿法第十七条、第十八条、第二十一条、第三十八条规定的下列案件:

(一)违反刑事诉讼法的规定对公民采取拘留措施的,或者依照刑事诉讼法规定的条件和程序对公民采取拘留措施,但是拘留时间超过刑事诉讼法规定的时限,其后决定撤销案件、不起诉或者判决宣告无罪终止追究刑事责任的;

(二)对公民采取逮捕措施后,决定撤销案件、不起诉或者判决宣告无罪终止追究刑事责任的;

(三)二审改判无罪,以及二审发回重审后作无罪处理的;

（四）依照审判监督程序再审改判无罪，原判刑罚已经执行的；

（五）刑讯逼供或者以殴打、虐待等行为或者唆使、放纵他人以殴打、虐待等行为造成公民身体伤害或者死亡的；

（六）违法使用武器、警械造成公民身体伤害或者死亡的；

（七）在刑事诉讼过程中违法对财产采取查封、扣押、冻结、追缴等措施的；

（八）依照审判监督程序再审改判无罪，原判罚金、没收财产已经执行的；

（九）在民事诉讼、行政诉讼过程中，违法采取对妨害诉讼的强制措施、保全措施或者对判决、裁定及其他生效法律文书执行错误，造成损害的。

最高人民法院《关于国家赔偿案件案由的规定》（2012年）

一、违法刑事拘留赔偿（国家赔偿法第十七条第（一）项）。违反刑事诉讼法的规定对公民采取拘留措施的，或者依照刑事诉讼法规定的条件和程序对公民采取拘留措施，但是拘留时间超过刑事诉讼法规定的时限，其后决定撤销案件、不起诉或者判决宣告无罪终止追究刑事责任的赔偿案件。

二、无罪逮捕赔偿（国家赔偿法第十七条第（二）项）。对公民采取逮捕措施后，决定撤销案件、不起诉或者一审判决宣告无罪终止追究刑事责任的赔偿案件。

三、二审无罪赔偿（国家赔偿法第二十一条第四款）。二审改判无罪的赔偿案件。

四、重审无罪赔偿（国家赔偿法第二十一条第四款）。二审发回重审后作无罪处理的赔偿案件。

五、再审无罪赔偿（国家赔偿法第十七条第（三）项）。依照审判监督程序再审改判无罪，原判刑罚已经执行的赔偿案件。

六、刑讯逼供致伤、致死赔偿（国家赔偿法第十七条第（四）项）。刑讯逼供造成公民身体伤害或者死亡的赔偿案件。

七、殴打、虐待致伤、致死赔偿（国家赔偿法第十七条第（四）项）。以殴打、虐待等行为或者唆使、放纵他人以殴打、虐待等行为造成公民身体伤害或者死亡的赔偿案件。

八、违法使用武器、警械致伤、致死赔偿（国家赔偿法第十七条第（五）项）。违法使用武器、警械造成公民身体伤害或者死亡的赔偿案件。

九、刑事违法查封、扣押、冻结、追缴赔偿（国家赔偿法第十八条第（一）项）。在刑事诉讼过程中，违法对财产采取查封、扣押、冻结、追缴等措施的赔偿案件。

十、错判罚金、没收财产赔偿（国家赔偿法第十八条第（二）项）。依照审判监督程序再审改判无罪，原判罚金、没收财产已经执行的赔偿案件。

十一、违法司法罚款赔偿(国家赔偿法第三十八条)。人民法院在民事诉讼、行政诉讼过程中,违法司法罚款造成损害的赔偿案件。

十二、违法司法拘留赔偿(国家赔偿法第三十八条)。人民法院在民事诉讼、行政诉讼过程中,违法司法拘留造成损害的赔偿案件。

十三、违法保全赔偿(国家赔偿法第三十八条)。人民法院在民事诉讼、行政诉讼过程中,违法采取保全措施造成损害的赔偿案件。

十四、错误执行赔偿(国家赔偿法第三十八条)。人民法院在民事诉讼、行政诉讼过程中,对判决、裁定及其他生效法律文书执行错误造成损害的赔偿案件。

最高人民法院办公厅《关于国家赔偿法实施中若干问题的座谈会纪要》(2012 年)

十四、依照国家赔偿法第十七条第(四)项的规定,行使侦查、检察、审判职权的机关以及看守所、监狱管理机关及其工作人员,有放纵他人虐待、违法不履行或怠于履行法定职责等不作为情形,且与公民在羁押期间死亡或者受到伤害存在因果关系的,受害人有取得赔偿的权利。

人民法院赔偿委员会应当根据赔偿义务机关就前款所述不作为情形对于造成损害结果所起的作用,决定其应当承担赔偿责任的比例和份额。

③ 登记立案日期

最高人民法院办公厅《关于国家赔偿案件立案工作的规定》(2012 年)

第四条　赔偿请求人向作为赔偿义务机关的人民法院提出赔偿申请,收到申请的人民法院经审查认为其申请符合下列条件的,应予立案:

(一)赔偿请求人具备法律规定的主体资格;

(二)本院是赔偿义务机关;

(三)有具体的申请事项和理由;

(四)属于本规定第一条规定的情形。

第九条　人民法院应当在收到申请之日起七日内决定是否立案。

决定立案的,人民法院应当在立案之日起五日内向赔偿请求人送达受理案件通知书。属于人民法院赔偿委员会审理的国家赔偿案件,还应当同时向赔偿义务机关、复议机关送达受理案件通知书、国家赔偿申请书或者《申请赔偿登记表》副本。

经审查不符合立案条件的,人民法院应当在七日内作出不予受理决定,并应当在作出决定之日起十日内送达赔偿请求人。

最高人民法院办公厅《关于国家赔偿法实施中若干问题的座谈会纪要》(2012年)

一、人民法院办理自赔案件,决定准予赔偿请求人撤回赔偿申请,赔偿请求人收到该决定书后,在国家赔偿法第三十九条规定的时效内又向作为赔偿义务机关的人民法院提出赔偿申请,且有证据证明其撤回赔偿的申请确属违背真实意思表示或者有其他正当理由的,人民法院应予受理。

最高人民法院办公厅《关于人民法院赔偿委员会审理国家赔偿案件程序的规定》(2011年)

第三条　赔偿委员会收到赔偿申请,经审查认为符合申请条件的,应当在七日内立案,并通知赔偿请求人、赔偿义务机关和复议机关;认为不符合申请条件的,应当在七日内决定不予受理;立案后发现不符合申请条件的,决定驳回申请。

最高人民法院办公厅《关于刑事赔偿和非刑事司法赔偿案件立案工作的暂行规定(试行)》(2000年)

第六条　人民法院收到当事人的赔偿申请后,应当依法进行审查,符合下列条件的,应予立案:

(一)赔偿请求人应当具备法律规定的主体资格;

(二)本院是赔偿义务机关;

(三)有具体的赔偿请求事项和事实根据;

(四)有依法确认的法律文书或者其他证明材料;

(五)符合法定的请求期间,因不可抗力或者其他障碍未能在法定期间行使请求权或者人民法院决定延长期间的除外。

◆案件办理信息

是否听证	01. 是　02. 否
听证事由❶	01. 案件争议较大 02. 案情疑难、复杂 255. 其他
是否公开听证	01. 是　02. 否
是否协商	01. 是　02. 否
是否达成协议	01. 是　02. 否

❶ 听证事由

最高人民法院办公厅《关于国家赔偿法实施中若干问题的座谈会纪要》(2012年)

九、人民法院办理自赔案件,应当充分听取赔偿请求人的意见。案件争议较大或者案情疑难、复杂的,人民法院可以组织赔偿请求人、原案件承办人以及其他相关人员进行听证。

◆ **结案信息**

结案方式❶	01. 决定赔偿(含部分赔偿) 02. 决定不予赔偿 03. 不予立案(即不予受理) 04. 决定驳回申请(程序性驳回) 05. 准予撤回申请 06. 按撤回申请处理 07. 终结 08. 不予登记立案
是否据协议作出赔偿决定	01. 是　02. 否
终结办理事由	01. 作为赔偿请求人的公民死亡,没有继承人和其他有扶养关系的亲属,或者其继承人和其他有扶养关系的亲属放弃要求赔偿权利 02. 为赔偿请求人的法人或者其他组织终止后,其权利承受人放弃要求赔偿权利 03. 赔偿请求人据以申请赔偿的撤销案件决定、不起诉决定或者宣告无罪的判决被撤销 255. 应当终结审理的其他情形
结案日期	
结案文书	

① 结案方式

《国家赔偿法》(2013 年)

第二十三条　赔偿义务机关应当自收到申请之日起两个月内,作出是否赔偿的决定。赔偿义务机关作出赔偿决定,应当充分听取赔偿请求人的意见,并可以与赔偿请求人就赔偿方式、赔偿项目和赔偿数额依照本法第四章的规定进行协商。

赔偿义务机关决定赔偿的,应当制作赔偿决定书,并自作出决定之日起十日内送达赔偿请求人。

赔偿义务机关决定不予赔偿的,应当自作出决定之日起十日内书面通知赔偿请求人,并说明不予赔偿的理由。

最高人民法院办公厅《关于国家赔偿法实施中若干问题的座谈会纪要》(2012 年)

一、人民法院办理自赔案件,决定准予赔偿请求人撤回赔偿申请,赔偿请求人收到该决定书后,在国家赔偿法第三十九条规定的时效内又向作为赔偿义务机关的人民法院提出赔偿申请,且有证据证明其撤回赔偿的申请确属违背真实意思表示或者有其他正当理由的,人民法院应予受理。

五、人民法院或人民法院赔偿委员会受理国家赔偿案件后,经审查,赔偿义务机关已履行赔偿协议,且给付的数额能够填平补齐赔偿请求人实际损失的,应当决定驳回赔偿请求人提出的赔偿申请。

六、赔偿请求人以赔偿义务机关及其工作人员行使职权侵犯其财产权为由提出赔偿申请,人民法院经审查发现该财产权属尚存在争议的,应当决定不予受理。

已经受理案件的,人民法院或人民法院赔偿委员会应当决定驳回赔偿请求人提出的赔偿申请,并告知其经民事诉讼程序确认财产权属后再行申请赔偿。

七、在涉及普通合伙、合伙企业债权债务清算的民事案件中,部分合伙人以民事诉讼保全措施侵犯其财产权为由提出赔偿申请,人民法院经审查发现该民事案件尚在审理中的,应当决定不予受理。

已经受理案件的,人民法院或人民法院赔偿委员会应当决定驳回赔偿请求人提出的赔偿申请,并告知其在有关债权债务清算案件审理终结并最终确认权利义务关系后再行申请赔偿。

最高人民法院办公厅《关于人民法院办理自赔案件程序的规定》(2013 年)

第十一条　有下列情形之一的,人民法院应当决定终结办理:

(一)作为赔偿请求人的公民死亡,没有继承人和其他有扶养关系的亲属,或者其

继承人和其他有扶养关系的亲属放弃要求赔偿权利的;

(二)作为赔偿请求人的法人或者其他组织终止后,其权利承受人放弃要求赔偿权利的;

(三)赔偿请求人据以申请赔偿的撤销案件决定、不起诉决定或者宣告无罪的判决被撤销的。

050202 赔偿委员会审理赔偿案件

◈ 收案信息

本案案号	
收案来源	当事人申请赔偿
上级法院案号	
赔偿请求人❶	(姓名或名称)
申请赔偿事由❷	01. 赔偿义务机关逾期不作决定 02. 赔偿义务机关决定不予受理 03. 不服赔偿义务机关赔偿决定 04. 赔偿义务机关决定驳回申请 05. 复议机关逾期不作决定 06. 复议机关决定不予受理 07. 不服复议决定 08. 不服复议机关驳回申请决定 09. 对达成协议的赔偿决定反悔
申请赔偿方式	01. 损害赔偿 02. 返还财产 03. 恢复原状 04. 消除影响、恢复名誉、赔礼道歉 255. 其他
申请损害赔偿项目	01. 人身自由赔偿金 02. 生命健康赔偿金 03. 财产损害赔偿金 04. 精神损害抚慰金

续表

申请赔偿数额	
赔偿义务机关	
收案日期	
登记立案日期	
不予立案决定日期	
不予登记立案裁定日期	
立案案由	01. 违法刑事拘留赔偿 02. 无罪逮捕赔偿 03. 二审无罪赔偿 04. 重审无罪赔偿 05. 再审无罪赔偿 06. 刑讯逼供致伤、致死赔偿 07. 殴打、虐待或唆使他人以殴打、虐待等行为致伤、致死赔偿 08. 违法使用武器、警械致伤、致死赔偿 09. 刑事违法查封、扣押、冻结、追缴赔偿 10. 错判罚金、没收财产赔偿 11. 违法司法罚款赔偿 12. 违法司法拘留赔偿 13. 违法保全赔偿 14. 错误执行赔偿

① 赔偿请求人

《国家赔偿法》(2013 年)

第二十四条　赔偿义务机关在规定期限内未作出是否赔偿的决定,赔偿请求人可以自期限届满之日起三十日内向赔偿义务机关的上一级机关申请复议。

赔偿请求人对赔偿的方式、项目、数额有异议的,或者赔偿义务机关作出不予赔偿决定的,赔偿请求人可以自赔偿义务机关作出赔偿或者不予赔偿决定之日起三十日内,向赔偿义务机关的上一级机关申请复议。

赔偿义务机关是人民法院的,赔偿请求人可以依照本条规定向其上一级人民法院赔偿委员会申请作出赔偿决定。

第二十五条第二款　赔偿请求人不服复议决定的,可以在收到复议决定之日起三十日内向复议机关所在地的同级人民法院赔偿委员会申请作出赔偿决定;复议机关逾期不作决定的,赔偿请求人可以自期限届满之日起三十日内向复议机关所在地的同级人民法院赔偿委员会申请作出赔偿决定。

② 申请赔偿事由

《国家赔偿法》(2013 年)

第二十五条　复议机关应当自收到申请之日起两个月内作出决定。

赔偿请求人不服复议决定的,可以在收到复议决定之日起三十日内向复议机关所在地的同级人民法院赔偿委员会申请作出赔偿决定;复议机关逾期不作决定的,赔偿请求人可以自期限届满之日起三十日内向复议机关所在地的同级人民法院赔偿委员会申请作出赔偿决定。

最高人民法院《关于国家赔偿案件立案工作的规定》(2012 年)

第十条第一款　赔偿请求人对复议机关或者作为赔偿义务机关的人民法院作出的决定不予受理的文书不服,依照国家赔偿法第二十四条、第二十五条的规定向人民法院赔偿委员会提出赔偿申请,收到申请的人民法院可以依照本规定第六条、第八条予以审查立案。

最高人民法院《关于国家赔偿法实施中若干问题的座谈会纪要》(2012 年)

四、人民法院办理自赔案件,与赔偿请求人达成协议并作出国家赔偿决定书后,赔偿请求人反悔并依照国家赔偿法第二十四条的规定向上一级人民法院赔偿委员会提出赔偿申请,收到申请的人民法院应当依照《赔偿立案规定》予以审查立案。

人民法院办理自赔案件,与赔偿请求人达成协议,但未在规定期限内作出国家赔偿决定书,赔偿请求人依照国家赔偿法第二十四条的规定向上一级人民法院赔偿委员会提出赔偿申请,收到申请的人民法院应当依照《赔偿立案规定》予以审查立案。

◆ 原赔偿义务机关赔偿决定与复议信息

赔偿申请日期	
赔偿义务机关	

续表

赔偿义务机关原决定	01. 决定赔偿 02. 决定不予赔偿 03. 不予受理 255. 其他
决定日期	
复议决定❶	01. 维持赔偿义务机关决定 02. 驳回申请 03. 撤销原决定并决定不予赔偿 04. 撤销原决定并决定赔偿 05. 逾期未作决定 06. 决定不予赔偿
审定日期	

① 复议决定

《国家赔偿法》(2013 年)

第二十四条　赔偿义务机关在规定期限内未作出是否赔偿的决定,赔偿请求人可以自期限届满之日起三十日内向赔偿义务机关的上一级机关申请复议。

赔偿请求人对赔偿的方式、项目、数额有异议的,或者赔偿义务机关作出不予赔偿决定的,赔偿请求人可以自赔偿义务机关作出赔偿或者不予赔偿决定之日起三十日内,向赔偿义务机关的上一级机关申请复议。

赔偿义务机关是人民法院的,赔偿请求人可以依照本条规定向其上一级人民法院赔偿委员会申请作出赔偿决定。

◆ 案件审理信息

是否协商❶	01. 是　02. 否
是否达成协议❷	01. 是　02. 否
审理方式	01. 书面审理 02. 适用质证程序

续表

质证事由❸	01. 对侵权事实争议较大 02. 对损害后果争议较大 03. 对因果关系争议较大 04. 对是否属于国家赔偿法第十九条规定的国家不承担赔偿责任的情形争议较大 05. 对赔偿方式争议较大 06. 对赔偿项目争议较大 07. 对赔偿数额争议较大 08. 赔偿委员会认为应当质证的其他情形
是否公开质证	01. 是　02. 否
不公开质证事由❹	01. 涉及国家秘密 02. 涉及个人隐私 03. 涉及商业秘密 04. 一方申请不公开且对方同意 255. 法律另有规定
质证参加人	01. 赔偿义务机关 02. 复议机关 03. 赔偿请求人 04. 第三人 05. 证人 06. 鉴定人 07. 勘验人
证据交换日期	
赔偿委员会调查取证事由	01. 依职权 02. 依申请
是否延期举证	01. 是　02. 否
是否全程录音录像	01. 是　02. 否

续表

决定延期质证日期	
延期质证事由❺	01. 赔偿请求人、赔偿义务机关因不可抗拒的事由不能参加质证 02. 赔偿请求人、赔偿义务机关临时提出回避申请,是否回避的决定不能在短时间内作出 03. 需要通知新的证人到场,调取新的证据,重新鉴定、勘验,或者补充调查 04. 其他应当延期的情形
视为放弃质证事由❻	01. 赔偿请求人、赔偿义务机关经通知无正当理由拒不参加 02. 赔偿请求人、赔偿义务机关未经许可中途退出

❶ 是否协商

最高人民法院《关于人民法院赔偿委员会审理国家赔偿案件程序的规定》(2011年)

第九条　赔偿委员会审理赔偿案件,可以组织赔偿义务机关与赔偿请求人就赔偿方式、赔偿项目和赔偿数额依照国家赔偿法第四章的规定进行协商。

❷ 是否达成协议

最高人民法院《关于人民法院赔偿委员会审理国家赔偿案件程序的规定》(2011年)

第十一条　赔偿请求人和赔偿义务机关经协商达成协议的,赔偿委员会审查确认后应当制作国家赔偿决定书。

❸ 质证事由

最高人民法院《关于人民法院赔偿委员会审理国家赔偿案件程序的规定》(2011年)

第十四条　有下列情形之一的,赔偿委员会可以组织赔偿请求人和赔偿义务机关进行质证:

(一)对侵权事实、损害后果及因果关系争议较大的;

(二)对是否属于国家赔偿法第十九条规定的国家不承担赔偿责任的情形争议较大的;

(三)对赔偿方式、赔偿项目或者赔偿数额争议较大的;

(四)赔偿委员会认为应当质证的其他情形。

最高人民法院《关于人民法院赔偿委员会适用质证程序审理国家赔偿案件的规定》(2014年)

第二条　有下列情形之一,经书面审理不能解决的,赔偿委员会可以组织赔偿请求人和赔偿义务机关进行质证:

(一)对侵权事实、损害后果及因果关系有争议的;

(二)对是否属于国家赔偿法第十九条规定的国家不承担赔偿责任的情形有争议的;

(三)对赔偿方式、赔偿项目或者赔偿数额有争议的;

(四)赔偿委员会认为应当质证的其他情形。

④ 不公开质证事由

最高人民法院《关于人民法院赔偿委员会适用质证程序审理国家赔偿案件的规定》(2014年)

第三条　除涉及国家秘密、个人隐私或者法律另有规定的以外,质证应当公开进行。

赔偿请求人或者赔偿义务机关申请不公开质证,对方同意的,赔偿委员会可以不公开质证。

⑤ 延期质证事由

最高人民法院《关于人民法院赔偿委员会适用质证程序审理国家赔偿案件的规定》(2014年)

第二十五条　有下列情形之一的,可以延期质证:

(一)赔偿请求人、赔偿义务机关因不可抗拒的事由不能参加质证的;

(二)赔偿请求人、赔偿义务机关临时提出回避申请,是否回避的决定不能在短时间内作出的;

(三)需要通知新的证人到场,调取新的证据,重新鉴定、勘验,或者补充调查的;

(四)其他应当延期的情形。

⑥ 视为放弃质证事由

最高人民法院《关于人民法院赔偿委员会适用质证程序审理国家赔偿案件的规定》(2014年)

第二十四条　赔偿请求人、赔偿义务机关经通知无正当理由拒不参加质证或者未经许可中途退出质证的,视为放弃质证,赔偿委员会可以综合全案情况和对方意见认定案件事实。

◆ **结案信息**

结案方式❶	01. 维持原决定 02. 撤销原决定并决定赔偿 03. 变更原决定 04. 决定赔偿 05. 根据赔偿协议制作决定并撤销原决定 06. 撤销原决定并驳回申请 07. 决定驳回申请 08. 决定不予立案 09. 撤销原决定并指令复议机关作出决定 10. 撤销原决定并指令赔偿义务法院作出决定 11. 准予撤回申请 12. 按撤回申请处理 13. 终结 14. 不予登记立案 255. 其他 （上述原决定是指赔偿义务机关决定或复议机关决定）
不予立案事由❷	01. 赔偿请求人不具备法律规定的主体资格 02. 被申请的赔偿义务机关、复议机关不是法律规定的赔偿义务机关 03. 不属于国家赔偿范围 04. 无赔偿义务机关、复议机关已经收到赔偿申请的收讫凭证或相应证据 05. 超过法律规定的请求期间 06. 财产权属明显存在争议 07. 请求人以诉讼保全措施侵犯其财产权为由所涉的民事案件尚在审理
终结审理事由❸	01. 赔偿请求人死亡，没有继承人和其他有扶养关系的亲属或者赔偿请求人的继承人和其他有扶养关系的亲属放弃要求赔偿权利

续表

终结审理事由❸	02. 作为赔偿请求人的法人或者其他组织终止后，其权利义务承受人放弃要求赔偿权利 03. 赔偿请求人据以申请赔偿的撤销案件决定、不起诉决定或者无罪判决被撤销 255. 应当终结审理的其他情形
结案日期	
结案文书	

❶ 结案方式

最高人民法院《关于人民法院赔偿委员会审理国家赔偿案件程序的规定》(2011 年)

第三条　赔偿委员会收到赔偿申请，经审查认为符合申请条件的，应当在七日内立案，并通知赔偿请求人、赔偿义务机关和复议机关；认为不符合申请条件的，应当在七日内决定不予受理；立案后发现不符合申请条件的，决定驳回申请。

前款规定的期限，自赔偿委员会收到赔偿申请之日起计算。申请材料不齐全的，赔偿委员会应当在五日内一次性告知赔偿请求人需要补正的全部内容，收到赔偿申请的时间应当自赔偿委员会收到补正材料之日起计算。

第十六条　赔偿委员会作出决定前，赔偿请求人撤回赔偿申请的，赔偿委员会应当依法审查并作出是否准许的决定。

第十八条　有下列情形之一的，赔偿委员会应当决定终结审理：

(一)赔偿请求人死亡，没有继承人和其他有扶养关系的亲属或者赔偿请求人的继承人和其他有扶养关系的亲属放弃要求赔偿权利的；

(二)作为赔偿请求人的法人或者其他组织终止后，其权利义务承受人放弃要求赔偿权利的；

(三)赔偿请求人据以申请赔偿的撤销案件决定、不起诉决定或者无罪判决被撤销的；

(四)应当终结审理的其他情形。

第十九条　赔偿委员会审理赔偿案件应当按照下列情形，分别作出决定：

(一)赔偿义务机关的决定或者复议机关的复议决定认定事实清楚，适用法律正确的，依法予以维持；

（二）赔偿义务机关的决定、复议机关的复议决定认定事实清楚，但适用法律错误的，依法重新决定；

（三）赔偿义务机关的决定、复议机关的复议决定认定事实不清、证据不足的，查清事实后依法重新决定；

（四）赔偿义务机关、复议机关逾期未作决定的，查清事实后依法作出决定。

最高人民法院《关于国家赔偿案件立案工作的规定》（2012 年）

第三条　赔偿委员会收到赔偿申请，经审查认为符合申请条件的，应当在七日内立案，并通知赔偿请求人、赔偿义务机关和复议机关；认为不符合申请条件的，应当在七日内决定不予受理；立案后发现不符合申请条件的，决定驳回申请。

第五条　赔偿请求人对作为赔偿义务机关的人民法院作出的是否赔偿的决定不服，依照国家赔偿法第二十四条的规定向其上一级人民法院赔偿委员会提出赔偿申请，收到申请的人民法院经审查认为其申请符合下列条件的，应予立案：

（一）有赔偿义务机关作出的是否赔偿的决定书；

（二）符合法律规定的请求期间，因不可抗力或者其他障碍未能在法定期间行使请求权的情形除外。

第六条　作为赔偿义务机关的人民法院逾期未作出是否赔偿的决定，赔偿请求人依照国家赔偿法第二十四条的规定向其上一级人民法院赔偿委员会提出赔偿申请，收到申请的人民法院经审查认为其申请符合下列条件的，应予立案：

（一）赔偿请求人具备法律规定的主体资格；

（二）被申请的赔偿义务机关是法律规定的赔偿义务机关；

（三）有具体的申请事项和理由；

（四）属于本规定第一条规定的情形；

（五）有赔偿义务机关已经收到赔偿申请的收讫凭证或者相应证据；

（六）符合法律规定的请求期间，因不可抗力或者其他障碍未能在法定期间行使请求权的情形除外。

第七条　赔偿请求人对行使侦查、检察职权的机关以及看守所、监狱管理机关作出的决定不服，经向其上一级机关申请复议，对复议机关的复议决定仍不服，依照国家赔偿法第二十五条的规定向复议机关所在地的同级人民法院赔偿委员会提出赔偿申请，收到申请的人民法院经审查认为其申请符合下列条件的，应予立案：

（一）有复议机关的复议决定书；

(二)符合法律规定的请求期间,因不可抗力或者其他障碍未能在法定期间行使请求权的情形除外。

第八条 复议机关逾期未作出复议决定,赔偿请求人依照国家赔偿法第二十五条的规定向复议机关所在地的同级人民法院赔偿委员会提出赔偿申请,收到申请的人民法院经审查认为其申请符合下列条件的,应予立案:

(一)赔偿请求人具备法律规定的主体资格;

(二)被申请的赔偿义务机关、复议机关是法律规定的赔偿义务机关、复议机关;

(三)有具体的申请事项和理由;

(四)属于本规定第一条规定的情形;

(五)有赔偿义务机关、复议机关已经收到赔偿申请的收讫凭证或者相应证据;

(六)符合法律规定的请求期间,因不可抗力或者其他障碍未能在法定期间行使请求权的情形除外。

第九条 人民法院应当在收到申请之日起七日内决定是否立案。

决定立案的,人民法院应当在立案之日起五日内向赔偿请求人送达受理案件通知书。属于人民法院赔偿委员会审理的国家赔偿案件,还应当同时向赔偿义务机关、复议机关送达受理案件通知书、国家赔偿申请书或者《申请赔偿登记表》副本。

经审查不符合立案条件的,人民法院应当在七日内作出不予受理决定,并应当在作出决定之日起十日内送达赔偿请求人。

第十条 赔偿请求人对复议机关或者作为赔偿义务机关的人民法院作出的决定不予受理的文书不服,依照国家赔偿法第二十四条、第二十五条的规定向人民法院赔偿委员会提出赔偿申请,收到申请的人民法院可以依照本规定第六条、第八条予以审查立案。

经审查认为原不予受理错误的,人民法院赔偿委员会可以直接审查并作出决定,必要时也可以交由复议机关或者作为赔偿义务机关的人民法院作出决定。

最高人民法院《关于国家赔偿法实施中若干问题的座谈会纪要》(2012 年)

二十一、人民法院赔偿委员会审理国家赔偿案件期间,赔偿请求人与赔偿义务机关达成赔偿协议,人民法院赔偿委员会经审查认为该协议不违反法律规定,应当根据协议内容制作国家赔偿决定书,并撤销原赔偿决定、复议决定。

二十二、人民法院赔偿委员会依照《最高人民法院关于人民法院赔偿委员会审理国家赔偿案件程序的规定》第十九条第二项、第三项规定依法重新作出决定的,应当撤销原赔偿决定、复议决定。

② 不予立案事由

最高人民法院《关于国家赔偿法实施中若干问题的座谈会纪要》(2012 年)

六、赔偿请求人以赔偿义务机关及其工作人员行使职权侵犯其财产权为由提出赔偿申请,人民法院经审查发现该财产权属尚存在争议的,应当决定不予受理。

已经受理案件的,人民法院或人民法院赔偿委员会应当决定驳回赔偿请求人提出的赔偿申请,并告知其经民事诉讼程序确认财产权属后再行申请赔偿。

七、在涉及普通合伙、合伙企业债权债务清算的民事案件中,部分合伙人以民事诉讼保全措施侵犯其财产权为由提出赔偿申请,人民法院经审查发现该民事案件尚在审理中的,应当决定不予受理。

已经受理案件的,人民法院或人民法院赔偿委员会应当决定驳回赔偿请求人提出的赔偿申请,并告知其在有关债权债务清算案件审理终结并最终确认权利义务关系后再行申请赔偿。

③ 终结审理事由

最高人民法院《关于人民法院赔偿委员会审理国家赔偿案件程序的规定》(2011 年)

第十八条　有下列情形之一的,赔偿委员会应当决定终结审理:

(一)赔偿请求人死亡,没有继承人和其他有扶养关系的亲属或者赔偿请求人的继承人和其他有扶养关系的亲属放弃要求赔偿权利的;

(二)作为赔偿请求人的法人或者其他组织终止后,其权利义务承受人放弃要求赔偿权利的;

(三)赔偿请求人据以申请赔偿的撤销案件决定、不起诉决定或者无罪判决被撤销的;

(四)应当终结审理的其他情形。

050203 司法赔偿监督审查案件

◈ 收案信息

本案案号	
收案来源 ❶	01. 申诉 02. 法院依职权监督 03. 检察院提出监督意见

续表

生效决定案号	
生效决定是否已执行	01.是　02.否
申诉主体类型	01.赔偿请求人 02.赔偿义务机关
申诉人	(姓名或名称)
被申诉人	(姓名或名称)
收案日期	

❶ 收案来源

《国家赔偿法》(2013年)

第三十条　赔偿请求人或者赔偿义务机关对赔偿委员会作出的决定,认为确有错误的,可以向上一级人民法院赔偿委员会提出申诉。

赔偿委员会作出的赔偿决定生效后,如发现赔偿决定违反本法规定的,经本院院长决定或者上级人民法院指令,赔偿委员会应当在两个月内重新审查并依法作出决定,上一级人民法院赔偿委员会也可以直接审查并作出决定。

最高人民检察院对各级人民法院赔偿委员会作出的决定,上级人民检察院对下级人民法院赔偿委员会作出的决定,发现违反本法规定的,应当向同级人民法院赔偿委员会提出意见,同级人民法院赔偿委员会应当在两个月内重新审查并依法作出决定。

最高人民法院《关于国家赔偿法实施中若干问题的座谈会纪要》(2012年)

二、人民法院赔偿委员会审理国家赔偿案件,决定准予赔偿请求人撤回赔偿申请,赔偿请求人收到该决定书后又向人民法院赔偿委员会申请作出赔偿决定的,收到申请的人民法院应当依照国家赔偿法第三十条的规定审查处理。

◆ **结案信息**

结案方式❶	01.驳回申诉 02.指令下级法院受理 03.本院决定重新审理 04.指令重新审理

续表

结案方式❶	05. 本院决定直接审理 06. 准许撤回申诉 07. 按撤回申诉处理 08. 确认违法 09. 终结 255. 其他
结案日期	
结案文书	

❶ 结案方式

《国家赔偿法》(1995 年)

第二十条　赔偿义务机关对依法确认有本法第十五条、第十六条规定的情形之一的，应当给予赔偿。

赔偿请求人要求确认有本法第十五条、第十六条规定情形之一的，被要求的机关不予确认的，赔偿请求人有权申诉。

赔偿请求人要求赔偿，应当先向赔偿义务机关提出。

赔偿程序适用本法第十条、第十一条、第十二条的规定。

最高人民检察院《关于适用修改后〈中华人民共和国国家赔偿法〉若干问题的意见》(2011 年)

二、人民检察院在 2010 年 12 月 1 日以前受理但尚未办结的刑事赔偿确认案件，继续办理。办结后，对予以确认的，依法进入赔偿程序，适用修改后国家赔偿法的规定办理；对不服不予确认申诉的，适用修改前国家赔偿法的规定处理。

人民检察院在 2010 年 12 月 1 日以前已经作出决定并发生法律效力的刑事赔偿确认案件，赔偿请求人申诉或者原决定确有错误需要纠正的，适用修改前国家赔偿法的规定处理。

050204 司法赔偿监督上级法院赔偿委员会重审案件

◆ **收案信息**

本案案号	
收案来源	01. 上级法院指令重新审理

续表

收案来源	02. 本院决定直接审理
赔偿监督案件案号	
申诉人	(姓名或名称)
被申诉人	(姓名或名称)
收案日期	

◆ **结案信息**

结案方式❶	01. 维持原决定 02. 撤销原决定并决定赔偿 03. 变更原决定 04. 决定赔偿 05. 根据赔偿协议制作决定并撤销原决定 06. 撤销原决定并驳回申请 07. 决定驳回申请 08. 准予撤回申请 09. 按撤回申请处理 10. 终结 255. 其他
结案日期	
结案文书	

❶ 结案方式

最高人民法院《关于人民法院赔偿委员会审理国家赔偿案件程序的规定》(2011 年)

第三条　赔偿委员会收到赔偿申请,经审查认为符合申请条件的,应当在七日内立案,并通知赔偿请求人、赔偿义务机关和复议机关;认为不符合申请条件的,应当在七日内决定不予受理;立案后发现不符合申请条件的,决定驳回申请。

前款规定的期限自赔偿委员会收到赔偿申请之日起计算。申请材料不齐全的,赔偿委员会应当在五日内一次性告知赔偿请求人需要补正的全部内容,收到赔偿申请的时间应当自赔偿委员会收到补正材料之日起计算。

第十六条　赔偿委员会作出决定前,赔偿请求人撤回赔偿申请的,赔偿委员会应当依法审查并作出是否准许的决定。

第十八条　有下列情形之一的,赔偿委员会应当决定终结审理:

(一)赔偿请求人死亡,没有继承人和其他有扶养关系的亲属或者赔偿请求人的继承人和其他有扶养关系的亲属放弃要求赔偿权利的;

(二)作为赔偿请求人的法人或者其他组织终止后,其权利义务承受人放弃要求赔偿权利的;

(三)赔偿请求人据以申请赔偿的撤销案件决定、不起诉决定或者无罪判决被撤销的;

(四)应当终结审理的其他情形。

第十九条　赔偿委员会审理赔偿案件应当按照下列情形,分别作出决定:

(一)赔偿义务机关的决定或者复议机关的复议决定认定事实清楚,适用法律正确的,依法予以维持;

(二)赔偿义务机关的决定、复议机关的复议决定认定事实清楚,但适用法律错误的,依法重新决定;

(三)赔偿义务机关的决定、复议机关的复议决定认定事实不清、证据不足的,查清事实后依法重新决定;

(四)赔偿义务机关、复议机关逾期未作决定的,查清事实后依法作出决定。

最高人民法院《关于国家赔偿法实施中若干问题的座谈会纪要》(2012年)

五、人民法院或人民法院赔偿委员会受理国家赔偿案件后,经审查,赔偿义务机关已履行赔偿协议,且给付的数额能够填平补齐赔偿请求人实际损失的,应当决定驳回赔偿请求人提出的赔偿申请。

二十一、人民法院赔偿委员会审理国家赔偿案件期间,赔偿请求人与赔偿义务机关达成赔偿协议,人民法院赔偿委员会经审查认为该协议不违反法律规定,应当根据协议内容制作国家赔偿决定书,并撤销原赔偿决定、复议决定。

二十二、人民法院赔偿委员会依照《最高人民法院关于人民法院赔偿委员会审理国家赔偿案件程序的规定》第十九条第二项、第三项规定依法重新作出决定的,应当撤销原赔偿决定、复议决定。

050205 司法赔偿监督本院赔偿委员会重审案件

◆ 收案信息

本案案号	
收案来源	01. 上级法院指令重新审理 02. 本院决定重新审理 03. 上级法院指令受理
赔偿监督案件案号	
申诉人	(姓名或名称)
被申诉人	(姓名或名称)
收案日期	

◆ 结案信息

结案方式❶	01. 维持原决定 02. 撤销原决定并决定赔偿 03. 变更原决定 04. 根据赔偿协议制作决定并撤销原决定 05. 撤销原决定并驳回申请 06. 决定驳回申请 07. 准予撤回申请 08. 按撤回申请处理 09. 终结 255. 其他
结案日期	
结案文书	

❶ 结案方式

最高人民法院《关于人民法院赔偿委员会审理国家赔偿案件程序的规定》(2011年)

第十六条　赔偿委员会作出决定前,赔偿请求人撤回赔偿申请的,赔偿委员会应当依法审查并作出是否准许的决定。

第十八条　有下列情形之一的，赔偿委员会应当决定终结审理：

（一）赔偿请求人死亡，没有继承人和其他有扶养关系的亲属或者赔偿请求人的继承人和其他有扶养关系的亲属放弃要求赔偿权利的；

（二）作为赔偿请求人的法人或者其他组织终止后，其权利义务承受人放弃要求赔偿权利的；

（三）赔偿请求人据以申请赔偿的撤销案件决定、不起诉决定或者无罪判决被撤销的；

（四）应当终结审理的其他情形。

第十九条　赔偿委员会审理赔偿案件应当按照下列情形，分别作出决定：

（一）赔偿义务机关的决定或者复议机关的复议决定认定事实清楚，适用法律正确的，依法予以维持；

（二）赔偿义务机关的决定、复议机关的复议决定认定事实清楚，但适用法律错误的，依法重新决定；

（三）赔偿义务机关的决定、复议机关的复议决定认定事实不清、证据不足的，查清事实后依法重新决定；

（四）赔偿义务机关、复议机关逾期未作决定的，查清事实后依法作出决定。

最高人民法院《关于国家赔偿法实施中若干问题的座谈会纪要》（2012 年）

五、人民法院或人民法院赔偿委员会受理国家赔偿案件后，经审查，赔偿义务机关已履行赔偿协议，且给付的数额能够填平补齐赔偿请求人实际损失的，应当决定驳回赔偿请求人提出的赔偿申请。

二十一、人民法院赔偿委员会审理国家赔偿案件期间，赔偿请求人与赔偿义务机关达成赔偿协议，人民法院赔偿委员会经审查认为该协议不违反法律规定，应当根据协议内容制作国家赔偿决定书，并撤销原赔偿决定、复议决定。

二十二、人民法院赔偿委员会依照《最高人民法院关于人民法院赔偿委员会审理国家赔偿案件程序的规定》第十九条第二项、第三项规定依法重新作出决定的，应当撤销原赔偿决定、复议决定。

050300 其他赔偿案件

◆ **收案信息**

本案案号	
收案来源	下级法院报请
涉及事项	01. 延长审限审批 255. 其他事项
其他事项内容	
报请法院	
收案日期	

◆ **结案信息**

结案方式	01. 不同意报请法院处理意见 02. 同意报请法院处理意见 03. 变更报请法院处理意见 04. 撤回请求 255. 其他
结案日期	
结案文书	

050400 司法救助案件

050401 刑事司法救助案件

◆ **收案信息**

本案案号	
收案来源	01. 申请人申请 02. 法院依职权

续表

申请救助事项	（内容）
涉案案号	（可以有多个）
收案日期	

◈ **结案信息**

结案方式	01. 给予救助 02. 不给予救助 03. 撤回申请 255. 其他
救助情况	（内容）
结案日期	
结案文书	

050402 民事司法救助案件

◈ **收案信息**

本案案号	
收案来源	01. 申请人申请 02. 法院依职权
申请救助事项	（内容）
涉案案号	（可以有多个）
收案日期	

◈ **结案信息**

结案方式	01. 给予救助 02. 不给予救助 03. 撤回申请 255. 其他

续表

救助情况	(内容)
结案日期	
结案文书	

050403 行政司法救助案件

◈ 收案信息

本案案号	
收案来源	01. 申请人申请 02. 法院依职权
申请救助事项	(内容)
涉案案号	(可以有多个)
收案日期	

◈ 结案信息

结案方式	01. 给予救助 02. 不给予救助 03. 撤回申请 255. 其他
救助情况	(内容)
结案日期	
结案文书	

050404 国家赔偿司法救助案件

◈ 收案信息

本案案号	
收案来源	01. 申请人申请 02. 法院依职权

续表

申请救助事项	(内容)
涉案案号	(可以有多个)
收案日期	

◈ **结案信息**

结案方式	01. 给予救助 02. 不给予救助 03. 撤回申请 255. 其他
救助情况	(内容)
结案日期	
结案文书	

050405 执行司法救助案件

◈ **收案信息**

本案案号	
收案来源	01. 申请人申请 02. 法院依职权
申请救助事项	(内容)
涉案案号	(可以有多个)
收案口期	

◈ **结案信息**

结案方式	01. 给予救助 02. 不给予救助 03. 撤回申请 255. 其他

续表

救助情况	(内容)
结案日期	
结案文书	

050406 涉诉信访司法救助案件

◈ **收案信息**

本案案号	
收案来源	01. 申请人申请 02. 法院依职权
申请救助事项	(内容)
涉案案号	(可以有多个)
收案日期	

◈ **结案信息**

结案方式	01. 给予救助 02. 不给予救助 03. 撤回申请 255. 其他
救助情况	(内容)
结案日期	
结案文书	

050500 其他司法救助案件

◈ **收案信息**

本案案号	
收案来源	下级法院报请

续表

涉及事项	(内容)
报请法院	
收案日期	

◈ **结案信息**

结案方式	01. 不同意报请法院处理意见 02. 同意报请法院处理意见 03. 变更报请法院处理意见 04. 撤回请求 255. 其他
结案日期	
结案文书	

060000 区际司法协助案件

060100 认可与执行申请审查案件

060101 认可与执行台湾地区法院裁判审查案件

◈ 收案信息

本案案号	
收案来源	当事人申请
申请人	
被申请人	
裁判形式❶	01. 民事判决书 02. 民事裁定书 03. 民事和解笔录 04. 民事调解笔录 05. 民事支付命令 06. 刑事案件中有关民事赔偿的生效判决 07. 刑事案件中有关民事赔偿的生效裁定 08. 刑事案件中有关民事赔偿的和解笔录 09. 经台湾地区法院核定的乡镇市调解委员会出具的调解文书 255. 其他
裁判作出法院	(台湾地区法院列表)
裁判案号	
裁判案由	
裁判生效日期❷	
收案日期	

续表

审查意见❸	01. 受理 02. 不予受理
审定日期	

❶ 裁判形式

最高人民法院《关于认可和执行台湾地区法院民事判决的规定》(2015 年)

第二条　本规定所称台湾地区法院民事判决，包括台湾地区法院作出的生效民事判决、裁定、和解笔录、调解笔录、支付命令等。

申请认可台湾地区法院在刑事案件中作出的有关民事损害赔偿的生效判决、裁定、和解笔录的，适用本规定。

申请认可由台湾地区乡镇市调解委员会等出具并经台湾地区法院核定，与台湾地区法院生效民事判决具有同等效力的调解文书的，参照适用本规定。

❷ 裁判生效日期

最高人民法院《关于认可和执行台湾地区法院民事判决的规定》(2015 年)

第九条　申请人申请认可台湾地区法院民事判决，应当提供相关证明文件，以证明该判决真实并且已经生效。

申请人可以申请人民法院通过海峡两岸调查取证司法互助途径查明台湾地区法院民事判决的真实性和是否生效以及当事人得到合法传唤的证明文件；人民法院认为必要时，也可以就有关事项依职权通过海峡两岸司法互助途径向台湾地区请求调查取证。

❸ 审查意见

最高人民法院《关于认可和执行台湾地区法院民事判决的规定》(2015 年)

第八条　对于符合本规定第四条和第七条规定条件的申请，人民法院应当在收到申请后七日内立案，并通知申请人和被申请人，同时将申请书送达被申请人；不符合本规定第四条和第七条规定条件的，应当在七日内裁定不予受理，同时说明不予受理的理由；申请人对裁定不服的，可以提起上诉。

第十　条　人民法院受理认可台湾地区法院民事判决的申请后，当事人就同一争议起诉的，不予受理。

一方当事人向人民法院起诉后,另一方当事人向人民法院申请认可的,对于认可的申请不予受理。

第十九条　对人民法院裁定不予认可的台湾地区法院民事判决,申请人再次提出申请的,人民法院不予受理,但申请人可以就同一争议向人民法院起诉。

◈ **结案信息**

结案方式❶	01. 认可 02. 不予认可 03. 准许撤回申请 04. 不予受理 05. 驳回申请 06. 终结 255. 其他
不予认可事由❷	01. 申请认可的民事判决,是在被申请人缺席又未经合法传唤或者在被申请人无诉讼行为能力又未得到适当代理的情况下作出 02. 案件系人民法院专属管辖 03. 案件双方当事人订有有效仲裁协议,且无放弃仲裁管辖情形 04. 案件系人民法院已作出判决或者中国内地的仲裁庭已作出仲裁裁决 05. 香港特别行政区、澳门特别行政区或者外国的法院已就同一争议作出判决且已为人民法院所认可或者承认 06. 台湾地区、香港特别行政区、澳门特别行政区或者外国的仲裁庭已就同一争议作出仲裁裁决且已为人民法院所认可或者承认 07. 认可该民事判决将违反一个中国原则等国家法律的基本原则或者损害社会公共利益的
结案日期	
结案文书	

❶ 结案方式

最高人民法院《关于认可和执行台湾地区法院民事判决的规定》(2015 年)

第三条　申请人同时提出认可和执行台湾地区法院民事判决申请的，人民法院先按照认可程序进行审查，裁定认可后，由人民法院执行机构执行。

申请人直接申请执行的，人民法院应当告知其一并提交认可申请；坚持不申请认可的，裁定驳回其申请。

第十三条　人民法院受理认可台湾地区法院民事判决的申请后，作出裁定前，申请人请求撤回申请的，可以裁定准许。

第十六条　人民法院经审查能够确认台湾地区法院民事判决真实并且已经生效，而且不具有本规定第十五条所列情形的，裁定认可其效力；不能确认该民事判决的真实性或者已经生效的，裁定驳回申请人的申请。

裁定驳回申请的案件，申请人再次申请并符合受理条件的，人民法院应予受理。

❷ 不予认可事由

最高人民法院《关于认可和执行台湾地区法院民事判决的规定》(2015 年)

第十五条　台湾地区法院民事判决具有下列情形之一的，裁定不予认可：

(一)申请认可的民事判决，是在被申请人缺席又未经合法传唤或者在被申请人无诉讼行为能力又未得到适当代理的情况下作出的；

(二)案件系人民法院专属管辖的；

(三)案件双方当事人订有有效仲裁协议，且无放弃仲裁管辖情形的；

(四)案件系人民法院已作出判决或者中国大陆的仲裁庭已作出仲裁裁决的；

(五)香港特别行政区、澳门特别行政区或者外国的法院已就同一争议作出判决且已为人民法院所认可或者承认的；

(六)台湾地区、香港特别行政区、澳门特别行政区或者外国的仲裁庭已就同一争议作出仲裁裁决且已为人民法院所认可或者承认的。

认可该民事判决将违反一个中国原则等国家法律的基本原则或者损害社会公共利益的，人民法院应当裁定不予认可。

060102 认可与执行台湾地区仲裁裁决审查案件

◈ 收案信息

本案案号	
收案来源	当事人申请
申请人	
被申请人	
裁决形式❶	01. 仲裁裁决 02. 仲裁判断 03. 仲裁和解 04. 仲裁调解
是否临时仲裁庭作出	01. 是　02. 否
仲裁组织名称	
仲裁裁决文号	
收案日期	
审查意见❷	01. 受理 02. 不予受理
审定日期	

① 裁决形式

最高人民法院《关于认可和执行台湾地区仲裁裁决的规定》(2015 年)

第二条　本规定所称台湾地区仲裁裁决是指，有关常设仲裁机构及临时仲裁庭在台湾地区按照台湾地区仲裁规定就有关民商事争议作出的仲裁裁决，包括仲裁判断、仲裁和解和仲裁调解。

② 审查意见

最高人民法院《关于认可和执行台湾地区仲裁裁决的规定》(2015 年)

第八条　对于符合本规定第四条和第七条规定条件的申请，人民法院应当在收到申请后七日内立案，并通知申请人和被申请人，同时将申请书送达被申请人；不符合本规定第四条和第七条规定条件的，应当在七日内裁定不予受理，同时说明不予受理的理由；申请人对裁定不服的，可以提起上诉。

第十八条　对人民法院裁定不予认可的台湾地区仲裁裁决，申请人再次提出申请的，人民法院不予受理。但当事人可以根据双方重新达成的仲裁协议申请仲裁，也可以就同一争议向人民法院起诉。

◈ **结案信息**

结案方式❶	01. 认可 02. 不予认可 03. 准许撤回申请 04. 不予受理 05. 驳回申请 06. 终结 255. 其他
不予认可事由❷	01. 仲裁协议一方当事人依对其适用的法律在订立仲裁协议时属于无行为能力的 02. 依当事人约定的准据法或当事人没有约定适用的准据法而依台湾地区仲裁规定，该仲裁协议无效的 03. 当事人之间没有达成书面仲裁协议的 04. 被申请人未接到选任仲裁员或进行仲裁程序的适当通知，或者由于其他不可归责于被申请人的原因而未能陈述意见的 05. 裁决所处理的争议不是提交仲裁的争议，或者不在仲裁协议范围之内；或者裁决载有超出当事人提交仲裁范围的事项的决定且不可分 06. 仲裁庭的组成或者仲裁程序违反当事人的约定，或者在当事人没有约定时与台湾地区仲裁规定不符的 07. 裁决对当事人尚无约束力，或者业经台湾地区法院撤销或者驳回执行申请的 08. 依据国家法律，该争议事项不能以仲裁解决的 09. 认可该仲裁裁决将违反一个中国原则等国家法律的基本原则或损害社会公共利益
结案日期	
结案文书	

① 结案方式

最高人民法院《关于认可和执行台湾地区仲裁裁决的规定》(2015 年)

第三条　申请人同时提出认可和执行台湾地区仲裁裁决申请的,人民法院先按照认可程序进行审查,裁定认可后,由人民法院执行机构执行。

申请人直接申请执行的,人民法院应当告知其一并提交认可申请;坚持不申请认可的,裁定驳回其申请。

第十二条　人民法院受理认可台湾地区仲裁裁决的申请后,作出裁定前,申请人请求撤回申请的,可以裁定准许。

第十三条　人民法院应当尽快审查认可台湾地区仲裁裁决的申请,决定予以认可的,应当在立案之日起两个月内作出裁定;决定不予认可或者驳回申请的,应当在作出决定前按有关规定自立案之日起两个月内上报最高人民法院。

通过海峡两岸司法互助途径送达文书和调查取证的期间,不计入审查期限。

第十五条　人民法院经审查能够确认台湾地区仲裁裁决真实,而且不具有本规定第十四条所列情形的,裁定认可其效力;不能确认该仲裁裁决真实性的,裁定驳回申请。

裁定驳回申请的案件,申请人再次申请并符合受理条件的,人民法院应予受理。

② 不予认可事由

最高人民法院《关于认可和执行台湾地区仲裁裁决的规定》(2015 年)

第十四条　对申请认可和执行的仲裁裁决,被申请人提出证据证明有下列情形之一的,经审查核实,人民法院裁定不予认可:

(一)仲裁协议一方当事人依对其适用的法律在订立仲裁协议时属于无行为能力的;或者依当事人约定的准据法,或当事人没有约定适用的准据法而依台湾地区仲裁规定,该仲裁协议无效的;或者当事人之间没有达成书面仲裁协议的,但申请认可台湾地区仲裁调解的除外;

(二)被申请人未接到选任仲裁员或进行仲裁程序的适当通知,或者由于其他不可归责于被申请人的原因而未能陈述意见的;

(三)裁决所处理的争议不是提交仲裁的争议,或者不在仲裁协议范围之内;或者裁决载有超出当事人提交仲裁范围的事项的决定,但裁决中超出提交仲裁范围的事项的决定与提交仲裁事项的决定可以分开的,裁决中关于提交仲裁事项的决定部分可以予以认可;

（四）仲裁庭的组成或者仲裁程序违反当事人的约定，或者在当事人没有约定时与台湾地区仲裁规定不符的；

（五）裁决对当事人尚无约束力，或者业经台湾地区法院撤销或者驳回执行申请的。

依据国家法律，该争议事项不能以仲裁解决的，或者认可该仲裁裁决将违反一个中国原则等国家法律的基本原则或损害社会公共利益的，人民法院应当裁定不予认可。

060103 认可与执行香港特区法院裁判审查案件

◆ 收案信息

本案案号	
收案来源	当事人申请
申请人	
被申请人	
裁判形式❶	01. 民商事判决书 02. 命令 03. 诉讼费评定证明书 255. 其他
裁判作出法院	（香港特区法院列表）
裁判案号	
裁判案由	
裁判可强制执行日期❷	
收案日期	
审查意见❸	01. 受理 02. 不予受理
审定日期	

❶ 裁判形式

最高人民法院《关于内地与香港特别行政区法院相互认可和执行当事人协议管辖的民商事案件判决的安排》（2008 年）

第二条　本安排所称“具有执行力的终审判决”。

(一)在内地是指:

1. 最高人民法院的判决;

2. 高级人民法院、中级人民法院以及经授权管辖第一审涉外、涉港澳台民商事案件的基层人民法院(名单附后)依法不准上诉或者已经超过法定期限没有上诉的第一审判决,第二审判决和依照审判监督程序由上一级人民法院提审后作出的生效判决。

(二)在香港特别行政区是指终审法院、高等法院上诉法庭以及原讼法庭和区域法院作出的生效判决。

本安排所称判决,在内地包括判决书、裁定书、调解书、支付令;在香港特别行政区包括判决书、命令和诉讼费评定证明书。

当事人向香港特别行政区法院申请认可和执行判决后,内地人民法院对该案件依法再审的,由作出生效判决的上一级人民法院提审。

② 裁判可强制执行日期

最高人民法院《关于内地与香港特别行政区法院相互认可和执行当事人协议管辖的民商事案件判决的安排》(2008 年)

第八条　申请人申请认可和执行内地人民法院或者香港特别行政区法院判决的程序,依据执行地法律的规定。本安排另有规定的除外。

申请人申请认可和执行的期间,双方或者一方当事人是自然人的为一年,双方是法人或者其他组织的为六个月。

前款规定的期限,内地判决到香港特别行政区申请执行的,从判决规定履行期间的最后一日起计算,判决规定分期履行的,从规定的每次履行期间的最后一日起计算;香港特别行政区判决到内地申请执行的,从判决可强制执行之日起计算,该日为判决上注明的判决日期,判决对履行期限另有规定的,从规定的履行期限届满后开始计算。

③ 审查意见

最高人民法院《关于内地与香港特别行政区法院相互认可和执行当事人协议管辖的民商事案件判决的安排》(2008 年)

第九条　对申请认可和执行的判决,原审判决中的债务人提供证据证明有下列情形之一的,受理申请的法院经审查核实,应当裁定不予认可和执行:

(一)根据当事人协议选择的原审法院地的法律,管辖协议属于无效。但选择法院已经判定该管辖协议为有效的除外;

（二）判决已获完全履行；

（三）根据执行地的法律，执行地法院对该案享有专属管辖权；

（四）根据原审法院地的法律，未曾出庭的败诉一方当事人未经合法传唤或者虽经合法传唤但未获依法律规定的答辩时间。但原审法院根据其法律或者有关规定公告送达的，不属于上述情形；

（五）判决是以欺诈方法取得的；

（六）执行地法院就相同诉讼请求作出判决，或者外国、境外地区法院就相同诉讼请求作出判决，或者有关仲裁机构作出仲裁裁决，已经为执行地法院所认可或者执行的。

内地人民法院认为在内地执行香港特别行政区法院判决违反内地社会公共利益，或者香港特别行政区法院认为在香港特别行政区执行内地人民法院判决违反香港特别行政区公共政策的，不予认可和执行。

第十三条第三款　对于根据本安排第九条不予认可和执行的判决，申请人不得再行提起认可和执行的申请，但是可以按照执行地的法律依相同案件事实向执行地法院提起诉讼。

◈ 结案信息

结案方式❶	01. 认可与执行 02. 不予认可与执行 03. 终止认可和执行程序 04. 准予撤回申请 05. 不予受理 06. 终结 255. 其他
不予认可与执行事由❷	01. 根据当事人协议选择的原审法院地法律，管辖协议属于无效 02. 判决已获完全履行 03. 根据执行地的法律，执行地法院对该案享有专属管辖权

续表

不予认可与执行事由❷	04. 根据原审法院地的法律,未曾出庭的败诉一方当事人未经合法传唤或者虽经合法传唤但未获依法律规定的答辩时间 05. 判决是以欺诈方法取得的 06. 执行地法院就相同诉讼请求作出判决,或者外国、境外地区法院就相同诉讼请求作出判决,或者有关仲裁机构作出仲裁裁决,已经为执行地法院所认可或者执行的 07. 违反内地社会公共利益
结案日期	
结案文书	

① 结案方式

最高人民法院《关于内地与香港特别行政区法院相互认可和执行当事人协议管辖的民商事案件判决的安排》(2008 年)

第十条第一款　对于香港特别行政区法院作出的判决,判决确定的债务人已经提出上诉,或者上诉程序尚未完结的,内地人民法院审查核实后,可以中止认可和执行程序。经上诉,维持全部或者部分原判决的,恢复认可和执行程序;完全改变原判决的,终止认可和执行程序。

② 不予认可与执行事由

最高人民法院《关于内地与香港特别行政区法院相互认可和执行当事人协议管辖的民商事案件判决的安排》(2008 年)

第九条　对申请认可和执行的判决,原审判决中的债务人提供证据证明有下列情形之一的,受理申请的法院经审查核实,应当裁定不予认可和执行:

(一)根据当事人协议选择的原审法院地的法律,管辖协议属于无效。但选择法院已经判定该管辖协议为有效的除外;

(二)判决已获完全履行;

(三)根据执行地的法律,执行地法院对该案享有专属管辖权;

(四)根据原审法院地的法律,未曾出庭的败诉一方当事人未经合法传唤或者虽经合法传唤但未获依法律规定的答辩时间。但原审法院根据其法律或者有关规定公告送达的，不属于上述情形；

（五）判决是以欺诈方法取得的；

（六）执行地法院就相同诉讼请求作出判决，或者外国、境外地区法院就相同诉讼请求作出判决，或者有关仲裁机构作出仲裁裁决，已经为执行地法院所认可或者执行的。

内地人民法院认为在内地执行香港特别行政区法院判决违反内地社会公共利益，或者香港特别行政区法院认为在香港特别行政区执行内地人民法院判决违反香港特别行政区公共政策的，不予认可和执行。

060104 认可与执行香港特区仲裁裁决审查案件

◈ 收案信息

本案案号	
收案来源	当事人申请
申请人	
被申请人	
仲裁裁决类型❶	01. 香港特区按香港特区《仲裁条例》作出的裁决 02. 香港特区作出的临时仲裁裁决 03. 国际商会仲裁院在香港作出的仲裁裁决
仲裁组织名称	
收案日期	
审查意见	01. 受理 02. 不予受理
审定日期	

❶ 仲裁裁决类型

最高人民法院《关于香港仲裁裁决在内地执行的有关问题的通知》(2009 年)

当事人向人民法院申请执行在香港特别行政区做出的临时仲裁裁决、国际商会仲裁院等国外仲裁机构在香港特别行政区做出的仲裁裁决的，人民法院应当按照《安排》的规定进行审查。不存在《安排》第七条规定的情形的，该仲裁裁决可以在内地得到执行。

◈ **结案信息**

结案方式	01. 予以执行 02. 不予执行 03. 驳回申请 04. 准许撤回申请 05. 不予受理 06. 终结 255. 其他
不予执行事由❶	01. 仲裁协议当事人依对其适用的法律属于某种无行为能力的情形 02. 仲裁协议依约定的准据法无效;或者未指明以何种法律为准时,依仲裁裁决地的法律是无效的 03. 被申请人未接到指派仲裁员的适当通知,或者因他故未能陈述意见的 04. 裁决所处理的争议不是交付仲裁的标的或者不在仲裁协议条款之内,或者裁决载有关于交付仲裁范围以外事项的决定的 05. 仲裁庭的组成或者仲裁庭程序与当事人之间的协议不符,或者在有关当事人没有这种协议时与仲裁地的法律不符的 06. 裁决对当事人尚无约束力,或者业经仲裁地的法院或者按仲裁地的法律撤销或者停止执行的 07. 依执行地法律,争议事项不能以仲裁解决的 08. 内地执行该仲裁裁决违反内地社会公共利益
结案日期	
结案文书	

❶ 不予执行事由

最高人民法院《关于内地与香港特别行政区相互执行仲裁裁决的安排》(2000 年)

七、在内地或者香港特区申请执行的仲裁裁决,被申请人接到通知后,提出证据证明有下列情形之一的，经审查核实，有关法院可裁定不予执行：

（一）仲裁协议当事人依对其适用的法律属于某种无行为能力的情形；或者该项仲裁协议依约定的准据法无效；或者未指明以何种法律为准时，依仲裁裁决地的法律是无效的；

（二）被申请人未接到指派仲裁员的适当通知，或者因他故未能陈述意见的；

（三）裁决所处理的争议不是交付仲裁的标的或者不在仲裁协议条款之内，或者裁决载有关于交付仲裁范围以外事项的决定的；但交付仲裁事项的决定可与未交付仲裁的事项划分时，裁决中关于交付仲裁事项的决定部分应当予以执行；

（四）仲裁庭的组成或者仲裁庭程序与当事人之间的协议不符，或者在有关当事人没有这种协议时与仲裁地的法律不符的；

（五）裁决对当事人尚无约束力，或者业经仲裁地的法院或者按仲裁地的法律撤销或者停止执行的。

有关法院认定依执行地法律，争议事项不能以仲裁解决的，则可不予执行该裁决。

内地法院认定在内地执行该仲裁裁决违反内地社会公共利益，或者香港特区法院决定在香港特区执行该仲裁裁决违反香港特区的公共政策，则可不予执行该裁决。

060105 认可与执行澳门特区法院裁判审查案件

◆ 收案信息

本案案号	
收案来源❶	当事人申请
申请人	
被申请人	
裁判形式❷	01. 民商事（包括劳动民事）裁判 02. 民商事（包括劳动民事）判决 03. 民商事（包括劳动民事）确认和解的裁定 04. 民商事（包括劳动民事）法官决定或批示 05. 刑事案件中有关民事损害赔偿的判决 06. 刑事案件中有关民事损害赔偿的裁定
裁判作出法院	（澳门特区法院列表）

续表

裁判案号	
裁判案由	
判决日期	
收案日期	
审查意见❸	01. 受理 02. 不予受理
审定日期	

❶ 收案来源

最高人民法院《关于内地与澳门特别行政区相互认可和执行民商事判决的安排》（2006年）

第三条　一方法院作出的具有给付内容的生效判决，当事人可以向对方有管辖权的法院申请认可和执行。

没有给付内容，或者不需要执行，但需要通过司法程序予以认可的判决，当事人可以向对方法院单独申请认可，也可以直接以该判决作为证据在对方法院的诉讼程序中使用。

❷ 裁判形式

最高人民法院《关于内地与澳门特别行政区相互认可和执行民商事判决的安排》（2006年）

第二条第一款　本安排所称"判决"，在内地包括：判决、裁定、决定、调解书、支付令；在澳门特别行政区包括：裁判、判决、确认和解的裁定、法官的决定或者批示。

❸ 审查意见

最高人民法院《关于内地与澳门特别行政区相互认可和执行民商事判决的安排》（2006年）

第十六条　在被请求方法院受理认可和执行判决的申请期间，或者判决已获认可和执行，当事人再行提起相同诉讼的，被请求方法院不予受理。

◆ 结案信息

结案方式❶	01. 全部认可与执行 02. 部分认可与执行 03. 全部不予认可与执行 04. 准许撤回申请 05. 不予受理 06. 终结 255. 其他
不予认可与执行事由❷	01. 根据被请求方的法律，判决所确认的事项属被请求方法院专属管辖 02. 在被请求方法院已存在相同诉讼，该诉讼先于待认可判决的诉讼提起，且被请求方法院具有管辖权 03. 被请求方法院已认可或者执行被请求方法院以外的法院或仲裁机构就相同诉讼作出的判决或仲裁裁决 04. 根据判决作出地的法律规定，败诉的当事人未得到合法传唤，或者无诉讼行为能力人未依法得到代理 05. 根据判决作出地的法律规定，申请认可和执行的判决尚未发生法律效力，或者因再审被裁定中止执行 06. 将违反内地法律的基本原则或者社会公共利益
结案日期	
结案文书	

❶ 结案方式

最高人民法院《关于内地与澳门特别行政区相互认可和执行民商事判决的安排》(2006 年)

第十四条　被请求方法院不能对判决所确认的所有请求予以认可和执行时，可以认可和执行其中的部分请求。

❷ 不予认可与执行事由

最高人民法院《关于内地与澳门特别行政区相互认可和执行民商事判决的安排》(2006年)

第十一条　被请求方法院经审查核实存在下列情形之一的,裁定不予认可:

(一)根据被请求方的法律,判决所确认的事项属被请求方法院专属管辖;

(二)在被请求方法院已存在相同诉讼,该诉讼先于待认可判决的诉讼提起,且被请求方法院具有管辖权;

(三)被请求方法院已认可或者执行被请求方法院以外的法院或仲裁机构就相同诉讼作出的判决或仲裁裁决;

(四)根据判决作出地的法律规定,败诉的当事人未得到合法传唤,或者无诉讼行为能力人未依法得到代理;

(五)根据判决作出地的法律规定,申请认可和执行的判决尚未发生法律效力,或者因再审被裁定中止执行;

(六)在内地认可和执行判决将违反内地法律的基本原则或者社会公共利益;在澳门特别行政区认可和执行判决将违反澳门特别行政区法律的基本原则或者公共秩序。

060106 认可与执行澳门特区仲裁裁决审查案件

◈ 收案信息

本案案号	
收案来源	当事人申请
申请人	
被申请人	
仲裁组织名称或姓名❶	(如果是仲裁员则为仲裁员姓名)
仲裁裁决文号	
收案日期	
审查意见❷	01. 受理 02. 不予受理
审定日期	

❶ 仲裁组织名称或姓名

最高人民法院《关于内地与澳门特别行政区相互认可和执行仲裁裁决的安排》(2008年)

第一条 内地人民法院认可和执行澳门特别行政区仲裁机构及仲裁员按照澳门特别行政区仲裁法规在澳门作出的民商事仲裁裁决,澳门特别行政区法院认可和执行内地仲裁机构依据《中华人民共和国仲裁法》在内地作出的民商事仲裁裁决,适用本安排。

❷ 审查意见

最高人民法院《关于内地与澳门特别行政区相互认可和执行仲裁裁决的安排》(2008年)

第二条 在内地或者澳门特别行政区作出的仲裁裁决,一方当事人不履行的,另一方当事人可以向被申请人住所地、经常居住地或者财产所在地的有关法院申请认可和执行。

内地有权受理认可和执行仲裁裁决申请的法院为中级人民法院。两个或者两个以上中级人民法院均有管辖权的,当事人应当选择向其中一个中级人民法院提出申请。

澳门特别行政区有权受理认可仲裁裁决申请的法院为中级法院,有权执行的法院为初级法院。

◆ 结案信息

结案方式	01. 全部认可与执行 02. 部分认可与执行 03. 全部不予认可与执行 04. 准予撤回申请 05. 不予受理 06. 终结 255. 其他
不予认可事由❶	01. 仲裁协议一方当事人依对其适用的法律在订立仲裁协议时属于无行为能力的

续表

不予认可事由❶	02. 依当事人约定的准据法,或当事人没有约定适用的准据法而依仲裁地法律,该仲裁协议无效 03. 被申请人未接到选任仲裁员或者进行仲裁程序的适当通知,或者因他故未能陈述意见 04. 裁决所处理的争议不是提交仲裁的争议,或者不在仲裁协议范围之内;或者裁决载有超出当事人提交仲裁范围的事项的决定 05. 仲裁庭的组成或者仲裁程序违反了当事人的约定,或者在当事人没有约定时与仲裁地的法律不符 06. 裁决对当事人尚无约束力,或者业经仲裁地的法院撤销或者拒绝执行 07. 有关法院认定,依执行地法律,争议事项不能以仲裁解决的 08. 违反内地法律的基本原则或者社会公共利益
结案日期	
结案文书	

❶ 不予认可事由

最高人民法院《关于内地与澳门特别行政区相互认可和执行仲裁裁决的安排》(2008年)

第七条　对申请认可和执行的仲裁裁决,被申请人提出证据证明有下列情形之一的,经审查核实,有关法院可以裁定不予认可:

(一)仲裁协议一方当事人依对其适用的法律在订立仲裁协议时属于无行为能力的;或者依当事人约定的准据法,或当事人没有约定适用的准据法而依仲裁地法律,该仲裁协议无效的;

(二)被申请人未接到选任仲裁员或者进行仲裁程序的适当通知,或者因他故未能陈述意见的;

(三)裁决所处理的争议不是提交仲裁的争议,或者不在仲裁协议范围之内;或者裁决载有超出当事人提交仲裁范围的事项的决定,但裁决中超出提交仲裁范围的事项的决定与提交仲裁事项的决定可以分开的，裁决中关于提交仲裁事项的决定部分可以予以认可；

（四）仲裁庭的组成或者仲裁程序违反了当事人的约定，或者在当事人没有约定时与仲裁地的法律不符的；

（五）裁决对当事人尚无约束力，或者业经仲裁地的法院撤销或者拒绝执行的。

有关法院认定，依执行地法律，争议事项不能以仲裁解决的，不予认可和执行该裁决。

内地法院认定在内地认可和执行该仲裁裁决违反内地法律的基本原则或者社会公共利益，澳门特别行政区法院认定在澳门特别行政区认可和执行该仲裁裁决违反澳门特别行政区法律的基本原则或者公共秩序，不予认可和执行该裁决。

060107 认可与执行审查复议案件

◈ 收案信息

本案案号	
收案来源	当事人申请
复议事项❶	01. 认可与执行台湾地区法院裁判案件裁定 02. 认可与执行香港特区法院裁判案件裁定 03. 认可与执行澳门特区法院裁判案件裁定
复议申请人	
收案日期	

❶ 复议事项

最高人民法院《关于人民法院认可和执行台湾地区有关法院民事判决的规定》（2015 年）

第十八条　人民法院依据本规定第十五条和第十六条作出的裁定，一经送达即发生法律效力。

当事人对上述裁定不服的，可以自裁定送达之日起十日内向上一级人民法院申请复议。

最高人民法院《关于内地与香港特别行政区法院相互认可和执行当事人协议管辖的民商事案件判决的安排》（2008 年）

第十二条　当事人对认可和执行与否的裁定不服的，在内地可以向上一级人民法院申请复议，在香港特别行政区可以根据其法律规定提出上诉。

最高人民法院《关于内地与澳门特别行政区相互认可和执行民商事判决的安排》(2006年)

第十二条　法院就认可和执行判决的请求作出裁定后,应当及时送达。

当事人对认可与否的裁定不服的,在内地可以向上一级人民法院提请复议,在澳门特别行政区可以根据其法律规定提起上诉;对执行中作出的裁定不服的,可以根据被请求方法律的规定,向上级法院寻求救济。

◈ **结案信息**

结案方式	01. 维持原裁定 02. 撤销原裁定并裁定全部认可与执行 03. 撤销原裁定并裁定全部不予认可与执行 04. 撤销原裁定并裁定部分认可与执行 05. 准予撤回复议申请 06. 按撤回复议申请处理 07. 撤销原裁定并驳回申请 08. 终结 255. 其他
结案日期	
结案文书	

060108 认可与执行审查其他案件

◈ **收案信息**

本案案号	
收案来源❶	下级法院报请
涉及事项❷	01. 不予认可台湾地区裁判 02. 驳回认可与执行台湾地区裁判申请 03. 不予认可或不予认可和执行香港特区仲裁裁决或临时仲裁庭、国际商会仲裁院在香港特区作出的仲裁裁决 04. 不予认可或不予认可和执行澳门特区仲裁裁决

续表

涉及事项	255. 其他事项
报请法院	
收案日期	

① 收案来源

最高人民法院《全国法院涉港澳商事审判工作座谈会纪要》(2008 年)

28. 当事人向人民法院申请执行内地仲裁机构作出的涉港澳仲裁裁决或者申请认可和执行香港特别行政区、澳门特别行政区仲裁机构作出的仲裁裁决或者临时仲裁庭在香港特别行政区、澳门特别行政区作出的仲裁裁决,人民法院经审查认为裁决存在依法不予执行或者不予认可和执行的情形,在作出裁定前,应当报请本辖区所属高级人民法院进行审查;如果高级人民法院同意不予执行或者不予认可和执行,应将其审查意见报最高人民法院,待最高人民法院答复后,方可作出裁定。

最高人民法院《关于认可和执行台湾地区仲裁裁决的规定》(2015 年)

第十三条　人民法院应当尽快审查认可台湾地区仲裁裁决的申请,决定予以认可的,应当在立案之日起两个月内作出裁定;决定不予认可或者驳回申请的,应当在作出决定前按有关规定自立案之日起两个月内上报最高人民法院。

通过海峡两岸司法互助途径送达文书和调查取证的期间,不计入审查期限。

② 涉及事项

最高人民法院《关于认可和执行台湾地区仲裁裁决的规定》(2015 年)

第十三条　人民法院应当尽快审查认可台湾地区仲裁裁决的申请,决定予以认可的,应当在立案之日起两个月内作出裁定;决定不予认可或者驳回申请的,应当在作出决定前按有关规定自立案之日起两个月内上报最高人民法院。

通过海峡两岸司法互助途径送达文书和调查取证的期间,不计入审查期限。

◆ **结案信息**

结案方式	01. 不同意报请法院处理意见 02. 同意报请法院处理意见

续表

结案方式	03. 变更报请法院处理意见 04. 撤回请求 255. 其他
结案日期	
结案文书	

060200 送达文书案件

060201 请求台湾地区送达文书审查案件

◈ 收案信息

本案案号	
收案来源❶	01. 下级法院请求 02. 本院业务部门移送
收到请求日期	
退回日期	
退回事由❷	01. 欠缺相关材料、内容 02. 不需要请求台湾地区协助送达 255. 应当退回的其他情形
其他情形内容	
收案日期	

❶ 收案来源

最高人民法院《关于人民法院办理海峡两岸送达文书和调查取证司法互助案件的规定》(2011 年)

第十条　审理案件的人民法院需要台湾地区协助送达司法文书的,应当填写《〈海峡两岸共同打击犯罪及司法互助协议〉送达文书请求书》附录部分,连同需要送达的司法文书,一式二份,及时送交高级人民法院。

需要台湾地区协助送达的司法文书中有指定开庭日期等类似期限的，一般应当为协助送达程序预留不少于六个月的时间。

②退回事由

最高人民法院《关于人民法院办理海峡两岸送达文书和调查取证司法互助案件的规定》(2011年)

第十一条　高级人民法院收到本院或者下级人民法院《〈海峡两岸共同打击犯罪及司法互助协议〉送达文书请求书》附录部分和需要送达的司法文书后，应当在七个工作日内完成审查。经审查认为可以请求台湾地区协助送达的，高级人民法院联络人应当填写《〈海峡两岸共同打击犯罪及司法互助协议〉送达文书请求书》正文部分，连同附录部分和需要送达的司法文书，立即寄送台湾地区联络人；经审查认为欠缺相关材料、内容或者认为不需要请求台湾地区协助送达的，应当立即告知提出请求的人民法院补充相关材料、内容或者在说明理由后将材料退回。

◆ 涉案案件信息

请台涉案案号	(需要向台湾地区送达文书的案件案号)
涉案案件类型❶	01. 民事案件 02. 行政案件 03. 刑事案件
涉案民事案由	
涉案行政案由(主体类型)	
涉案行政案由(行政行为种类)	
涉案刑事罪名	
当事人案件地位	01. 原告 02. 被告 03. 反诉原告 04. 反诉被告

续表

当事人案件地位	05. 自诉反诉人 06. 上诉人 07. 被上诉人 08. 公诉机关 09. 自诉人 10. 第三人 11. 再审申请人 12. 被申请人 13. 原审原告 14. 原审被告 15. 原审上诉人 16. 原审被上诉人 17. 原审第三人
当事人	(姓名或名称)

① 涉案案件类型

最高人民法院《关于人民法院办理海峡两岸送达文书和调查取证司法互助案件的规定》(2011 年)

第一条　人民法院依照协议,办理海峡两岸民事、刑事、行政诉讼案件中的送达文书和调查取证司法互助业务,适用本规定。

第七条　人民法院向住所地在台湾地区的当事人送达民事和行政诉讼司法文书,可以采用下列方式:

(一)受送达人居住在大陆的,直接送达。受送达人是自然人,本人不在的,可以交其同住成年家属签收;受送达人是法人或者其他组织的,应当由法人的法定代表人、其他组织的主要负责人或者该法人、其他组织负责收件的人签收。

受送达人不在大陆居住,但送达时在大陆的,可以直接送达。

(二)受送达人在大陆有诉讼代理人的,向诉讼代理人送达。但受送达人在授权委托书中明确表明其诉讼代理人无权代为接收的除外。

(三)受送达人有指定代收人的,向代收人送达。

（四）受送达人在大陆有代表机构、分支机构、业务代办人的，向其代表机构或者经受送达人明确授权接受送达的分支机构、业务代办人送达。

（五）通过协议确定的海峡两岸司法互助方式，请求台湾地区送达。

（六）受送达人在台湾地区的地址明确的，可以邮寄送达。

（七）有明确的传真号码、电子信箱地址的，可以通过传真、电子邮件方式向受送达人送达。

采用上述方式均不能送达或者台湾地区当事人下落不明的，可以公告送达。

人民法院需要向住所地在台湾地区的当事人送达刑事司法文书，可以通过协议确定的海峡两岸司法互助方式，请求台湾地区送达。

◈ 请求送达文书基本信息

受送达人	（多个受送达人时为多条记录）
是否为当事人	01. 是　02. 否
送达地址	
需要送达文书种类❶	01. 受理案件通知书 02. 应诉通知书 03. 诉状副本 04. 答辩状副本 05. 举证通知书 06. 证据材料 07. 出庭通知书 08. 传票 09. 判决书 10. 裁定书 11. 调解书 12. 决定书 13. 授权委托书 14. 证明书 255. 其他司法文书 （可多选）

续表

其他司法文书	(名称)
请求送达的文书	文本

❶ 需要送达文书种类

详见《海峡两岸共同打击犯罪及司法互助协议送达文书请求书》(附录)。

◆ 送达情况信息

受送达人	(每个受送达人一条记录)
送达文书种类	01. 受理案件通知书 02. 应诉通知书 03. 诉状副本 04. 答辩状副本 05. 举证通知书 06. 证据材料 07. 出庭通知书 08. 传票 09. 判决书 10. 裁定书 11. 调解书 12. 决定书 13. 授权委托书 14. 证明书 255. 其他司法文书 (可多选)
受托送达司法机构	(台湾地区司法机构列表)
送达方式	01. 直接送达 02. 间接送达 03. 留置送达

续表

送达方式	04. 寄存送达 05. 邮寄送达
送达结果	01. 成功送达 02. 未能成功送达
未能成功送达事由	
送达日期	

◈ **结案信息**

结案方式❶	01. 台湾地区全部完成协助 02. 台湾地区部分完成协助 03. 本院退回请求 04. 视为不能按照司法互助方式送达 05. 台湾地区送还 06. 撤回请求 255. 其他 （前两种可根据每个受送达人的送达情况自动生成）
台湾地区送还事由	
结案日期	
结案文书	

❶ 结案方式

最高人民法院《关于人民法院办理海峡两岸送达文书和调查取证司法互助案件的规定》（2011 年）

第十二条　台湾地区成功送达并将送达证明材料寄送高级人民法院联络人，或者未能成功送达并将相关材料送还，同时出具理由说明给高级人民法院联络人的，高级人民法院应当在收到之日起七个工作日内，完成审查并转送提出请求的人民法院。经审查认为欠缺相关材料或者内容的，高级人民法院联络人应当立即与台湾地区联络人联络并请求补充相关材料或者内容。

自高级人民法院联络人向台湾地区寄送有关司法文书之日起满四个月,如果未能收到送达证明材料或者说明文件,且根据各种情况不足以认定已经送达的,视为不能按照协议确定的海峡两岸司法互助方式送达。

060202 请求香港特区法院送达文书审查案件

◆ 收案信息

本案案号	
收案来源	01. 下级法院请求 02. 本院业务部门移送
收到请求日期	
退回日期	
退回事由	01. 欠缺相关材料、内容 02. 不需要请求香港特区协助送达 255. 应当退回的其他情形
其他情形内容	
收案日期	

◆ 涉案案件信息

涉案案号	(需要向香港特区送达文书的民事案件案号)
涉案民事案由❶	
当事人案件地位	01. 原告 02. 被告 03. 反诉原告 04. 反诉被告 05. 上诉人 06. 被上诉人 07. 第三人 08. 再审申请人 09. 被申请人

续表

当事人案件地位	10. 原审原告 11. 原审被告 12. 原审上诉人 13. 原审被上诉人 14. 原审第三人
当事人	（姓名或名称）

❶ 涉案民事案由

最高人民法院《关于内地与香港特别行政区法院相互委托送达民商事司法文书的安排》(1999 年)

一、内地法院和香港特别行政区法院可以相互委托送达民商事司法文书。

◆ 请求送达文书基本信息

受送达人	（多个受送达人时为多条记录）
是否为当事人	01. 是　02. 否
送达地址❶	
需要送达文书种类❷	01. 起诉状副本 02. 上诉状副本 03. 授权委托书 04. 传票 05. 判决书 06. 调解书 07. 裁定书 08. 决定书 09. 通知书 10. 证明书 11. 送达回证 255. 其他司法文书
其他司法文书	（名称）
请求送达的文书	文本

① 送达地址

最高人民法院《关于内地与香港特别行政区法院相互委托送达民商事司法文书的安排》(1999年)

三、委托方请求送达司法文书,须出具盖有其印章的委托书,并须在委托书中说明委托机关的名称、受送达人的姓名或者名称、详细地址及案件的性质。

委托书应当以中文文本提出。所附司法文书没有中文文本的,应当提供中文译本。以上文件一式两份。受送达人为两人以上的,每人一式两份。

受委托方如果认为委托书与本安排的规定不符,应当通知委托方,并说明对委托书的异议。必要时可以要求委托方补充材料。

② 需要送达文书种类

最高人民法院《关于内地与香港特别行政区法院相互委托送达民商事司法文书的安排》(1999年)

九、本安排中的司法文书在内地包括:起诉状副本、上诉状副本、授权委托书、传票、判决书、调解书、裁定书、决定书、通知书、证明书、送达回证;在香港特别行政区包括:起诉状副本、上诉状副本、传票、状词、誓章、判案书、判决书、裁决书、通知书、法庭命令、送达证明。

上述委托送达的司法文书以互换司法文书样本为准。

◆ **送达情况信息**

受送达人	(每个受送达人一条记录)
送达文书种类	01. 起诉状副本 02. 上诉状副本 03. 授权委托书 04. 传票 05. 判决书 06. 调解书 07. 裁定书 08. 决定书 09. 通知书 10. 证明书 11. 送达回证 255. 其他司法文书

续表

受托送达法院	(香港特区法院列表)
送达方式	
送达结果	01. 成功送达 02. 未能成功送达
未能成功送达事由❶	
送达日期	

❶ 未能成功送达事由

最高人民法院《关于内地与香港特别行政区法院相互委托送达民商事司法文书的安排》(1999年)

五、送达司法文书后,内地人民法院应当出具送达回证;香港特别行政区法院应当出具送达证明书。出具送达回证和证明书,应当加盖法院印章。

受委托方无法送达的,应当在送达回证或者证明书上注明妨碍送达的原因、拒收事由和日期,并及时退回委托书及所附全部文书。

◈ **结案信息**

结案方式❶	01. 香港特区全部完成协助 02. 香港特区部分完成协助 03. 本院退回请求(非因需要补充材料) 04. 视为不能适用安排方式送达 05. 香港特区送还 06. 撤回请求 255. 其他 (前两种可根据每个受送达人的送达情况自动生成)
香港特区送还事由	
结案日期	
结案文书	

❶ 结案方式

最高人民法院《关于涉港澳民商事案件司法文书送达问题若干规定》(2009 年)

第六条　人民法院向在内地没有住所的受送达人送达司法文书,可以按照《最高人民法院关于内地与香港特别行政区法院相互委托送达民商事司法文书的安排》或者《最高人民法院关于内地与澳门特别行政区法院就民商事案件相互委托送达司法文书和调取证据的安排》送达。

按照前款规定方式送达的,自内地的高级人民法院或者最高人民法院将有关司法文书递送香港特别行政区高等法院或者澳门特别行政区终审法院之日起满三个月,如果未能收到送达与否的证明文件且不存在本规定第十二条规定情形的,视为不能适用上述安排中规定的方式送达。

第十二条　受送达人未对人民法院送达的司法文书履行签收手续,但存在以下情形之一的,视为送达:

(一)受送达人向人民法院提及了所送达司法文书的内容;

(二)受送达人已经按照所送达司法文书的内容履行;

(三)其他可以确认已经送达的情形。

060203 请求澳门特区法院送达文书审查案件

◆ 收案信息

本案案号	
收案来源	01. 下级法院请求 02. 本院业务部门移送
收到请求日期	
退回日期	
退回事由	01. 欠缺相关材料、内容 02. 不需要请求澳门特区协助送达 255. 应当退回的其他情形
其他情形内容	
收案日期	

◆ **涉案案件信息**

涉案案号	（需要向澳门特区送达文书的案件案号）
涉案民事案由❶	
当事人案件地位	01. 原告 02. 被告 03. 反诉原告 04. 反诉被告 05. 上诉人 06. 被上诉人 07. 第三人 08. 再审申请人 09. 被申请人 10. 原审原告 11. 原审被告 12. 原审上诉人 13. 原审被上诉人 14. 原审第三人
当事人	（姓名或名称）

❶ 涉案民事案由

最高人民法院《关于内地与澳门特别行政区法院就民商事案件相互委托送达司法文书和调取证据的安排》（2001 年）

第一条　内地人民法院与澳门特别行政区法院就民商事案件（在内地包括劳动争议案件，在澳门特别行政区包括民事劳工案件）相互委托送达司法文书和调取证据，均适用本安排。

◆ **请求送达文书基本信息**

受送达人	（多个受送达人时为多条记录）
是否为当事人	01. 是　02. 否
送达地址	

续表

需要送达文书种类❶	01.起诉状副本 02.上诉状副本 03.反诉状副本 04.答辩状副本 05.授权委托书 06.传票 07.判决书 08.调解书 09.裁定书 11.支付令 12.决定书 13.通知书 14.证明书 15.送达回证 255.其他司法文书 (可多选)
其他司法文书	(名称)
请求送达的文书	文本

❶ 需要送达文书种类

最高人民法院《关于内地与澳门特别行政区法院就民商事案件相互委托送达司法文书和调取证据的安排》(2001年)

第十四条　本安排中的司法文书在内地包括:起诉状副本、上诉状副本、反诉状副本、答辩状副本、授权委托书、传票、判决书、调解书、裁定书、支付令、决定书、通知书、证明书、送达回证以及其他司法文书和所附相关文件;在澳门特别行政区包括:起诉状复本、答辩状复本、反诉状复本、上诉状复本、陈述书、申辩书、声明异议书、反驳书、申请书、撤诉书、认诺书、和解书、财产目录、财产分割表、和解建议书、债权人协议书、传唤书、通知书、法官批示、命令状、法庭许可令状、判决书、合议庭裁判书、送达证明书以及其他司法文书和所附相关文件。

◆ **送达情况信息**

受送达人	(每个受送达人一条记录)
送达文书种类	01. 起诉状副本 02. 上诉状副本 03. 反诉状副本 04. 答辩状副本 05. 授权委托书 06. 传票 07. 判决书 08. 调解书 09. 裁定书 11. 支付令 12. 决定书 13. 通知书 14. 证明书 15. 送达回证 255. 其他司法文书 (可多选)
受托送达法院	(澳门法院列表)
送达方式	
送达结果	01. 成功送达 02. 未能成功送达
未能成功送达事由	
送达日期	

◆ **结案信息**

结案方式❶	01. 澳门特区全部完成协助 02. 澳门特区部分完成协助

续表

结案方式❶	03. 本院退回请求 04. 视为不能适用安排方式送达 05. 澳门特区送还 06. 撤回请求 255. 其他 (前两种可根据每个受送达人的送达情况自动生成)
澳门特区送还事由❷	01. 欠缺相关材料、内容 02. 不予执行
不予执行事由	01. 违反基本法律原则 02. 违反公共秩序
结案日期	
结案文书	

❶ 结案方式

最高人民法院《关于涉港澳民商事案件司法文书送达问题若干规定》(2009 年)

第六条　人民法院向在内地没有住所的受送达人送达司法文书,可以按照《最高人民法院关于内地与香港特别行政区法院相互委托送达民商事司法文书的安排》或者《最高人民法院关于内地与澳门特别行政区法院就民商事案件相互委托送达司法文书和调取证据的安排》送达。

按照前款规定方式送达的,自内地的高级人民法院或者最高人民法院将有关司法文书递送香港特别行政区高等法院或者澳门特别行政区终审法院之日起满三个月,如果未能收到送达与否的证明文件且不存在本规定第十二条规定情形的,视为不能适用上述安排中规定的方式送达。

第十二条　受送达人未对人民法院送达的司法文书履行签收手续,但存在以下情形之一的,视为送达:

(一)受送达人向人民法院提及了所送达司法文书的内容;

(二)受送达人已经按照所送达司法文书的内容履行;

(三)其他可以确认已经送达的情形。

② 澳门特区送还事由

最高人民法院《关于内地与澳门特别行政区法院就民商事案件相互委托送达司法文书和调取证据的安排》(2001 年)

第八条　受委托方法院收到委托书后,不得以其本辖区法律规定对委托方法院审理的该民商事案件享有专属管辖权或不承认对该请求事项提起诉讼的权利为由,不予执行受托事项。

受委托方法院在执行受托事项时,如果该事项不属于法院职权范围,或者内地人民法院认为在内地执行该受托事项将违反其基本法律原则或社会公共利益,或者澳门特别行政区法院认为在澳门特别行政区执行该受托事项将违反其基本法律原则或公共秩序的,可以不予执行,但应当及时向委托方法院书面说明不予执行的原因。

060204 台湾地区请求送达文书审查案件

收案信息

本案案号	
收案来源	01. 台湾地区直接请求 02. 其他联络窗口转送 03. 上级法院转交
台请文书落款日期	
台请文书寄送日期	
台请文书文号	
收到台请义书日期	
案由	01. 协助台湾地区送达民事诉讼司法文书 02. 协助台湾地区送达刑事诉讼司法文书 03. 协助台湾地区送达行政诉讼司法文书
收案日期	

涉案案件信息

台湾地区司法机构	(请求送达文书的司法机构名称)
台请涉案案号	(台湾地区请求送达文书所涉案件案号)
台请涉案案由	
当事人案件地位	(即需要大陆法院送达文书的案件当事人所处法律地位)
当事人	(姓名或名称)

请求协助送达文书基本信息

受送达人	(多个受送达人时为多条记录)
是否为当事人	01. 是　02. 否
送达地址	
需要送达文书种类	01. 判决书 02. 裁定书 03. 调解书 04. 通知书 05. 诉辩状 06. 证据材料 255. 其他司法文书
其他司法文书	(名称)
请求送达的文书	(文本)

结案信息

结案方式❶	01. 全部完成协助 02. 部分完成协助 03. 送还台湾地区 04. 未能完成协助 05. 撤回请求 06. 转交其他联络窗口

续表

结案方式❶	255. 其他 （前两种可根据每个受送达人的送达情况自动生成）
送还事由	01. 欠缺相关材料、内容 02. 违反一个中国原则 03. 违反大陆社会公共利益 255. 其他不宜协助送达的情形
其他不宜协助事由	
未能完成协助原因	
结案日期	
结案文书	

❶ 结案方式

最高人民法院《关于人民法院办理海峡两岸送达文书和调查取证司法互助案件的规定》（2011 年）

第十三条　台湾地区请求人民法院协助送达台湾地区法院的司法文书并通过其联络人将请求书和相关司法文书寄送高级人民法院联络人的，高级人民法院应当在七个工作日内完成审查。经审查认为可以协助送达的，应当立即转送有关下级人民法院送达或者由本院送达；经审查认为欠缺相关材料、内容或者认为不宜协助送达的，高级人民法院联络人应当立即向台湾地区联络人说明情况并告知其补充相关材料、内容或者将材料送还。

具体办理送达文书司法互助案件的人民法院应当在收到高级人民法院转送的材料之日起五个工作日内，以“协助台湾地区送达民事（刑事、行政诉讼）司法文书”案由立案，指定专人办理，并应当自立案之日起十五日内完成协助送达，最迟不得超过两个月。

收到台湾地区送达文书请求时，司法文书中指定的开庭日期或者其他期限逾期的，人民法院亦应予以送达，同时高级人民法院联络人应当及时向台湾地区联络人说明情况。

060205 协助台湾地区送达文书案件

◈ 收案信息

本案案号	(四级法院)
收案来源	01. 上级法院转交 02. 本院审查部门移送
送达文书审查案号	
收案日期	

◈ 送达情况信息

受送达人	(每个受送达人一条记录)
送达文书种类	01. 判决书 02. 裁定书 03. 调解书 04. 通知书 05. 诉辩状 06. 证据材料 255. 其他司法文书
其他司法文书	(名称)
送达方式❶	01. 直接送达 02. 留置送达 03. 转交送达 04. 邮寄送达 05. 向代表机构、分支机构或业务代办人送达 06. 传真送达 07. 电子邮件送达
签收日期	
拒签日期	

续表

留置日期	
交邮日期	
退邮日期	
转交日期	
代为转交的机关	
发送传真日期	
发送电子邮件日期	
送达结果	01. 成功送达 02. 未能成功送达
未能成功送达事由	(录入)
送达日期	

① 送达方式

最高人民法院《关于人民法院办理海峡两岸送达文书和调查取证司法互助案件的规定》(2011 年)

第八条　人民法院协助台湾地区法院送达司法文书,应当采用民事诉讼法、刑事诉讼法、行政诉讼法等法律和相关司法解释规定的送达方式,并应当尽可能采用直接送达方式,但不采用公告送达方式。

《民事诉讼法》(2012 年)

第八十五条　送达诉讼文书,应当直接送交受送达人。受送达人是公民的,本人不在交他的同住成年家属签收;受送达人是法人或者其他组织的,应当由法人的法定代表人、其他组织的主要负责人或者该法人、组织负责收件的人签收;受送达人有诉讼代理人的,可以送交其代理人签收;受送达人已向人民法院指定代收人的,送交代收人签收。

受送达人的同住成年家属,法人或者其他组织的负责收件的人,诉讼代理人或者代收人在送达回证上签收的日期为送达日期。

第八十六条　受送达人或者他的同住成年家属拒绝接收诉讼文书的,送达人可以邀请有关基层组织或者所在单位的代表到场,说明情况,在送达回证上记明拒收事由和日期,由送达人、见证人签名或者盖章,把诉讼文书留在受送达人的住所;也可以把诉讼文书留在受送达人的住所,并采用拍照、录像等方式记录送达过程,即视为送达。

第八十七条　经受送达人同意,人民法院可以采用传真、电子邮件等能够确认其收悉的方式送达诉讼文书,但判决书、裁定书、调解书除外。

采用前款方式送达的,以传真、电子邮件等到达受送达人特定系统的日期为送达日期。

第八十八条　直接送达诉讼文书有困难的,可以委托其他人民法院代为送达,或者邮寄送达。邮寄送达的,以回执上注明的收件日期为送达日期。

第八十九条　受送达人是军人的,通过其所在部队团以上单位的政治机关转交。

第九十条　受送达人被监禁的,通过其所在监所转交。

受送达人被采取强制性教育措施的,通过其所在强制性教育机构转交。

第九十一条　代为转交的机关、单位收到诉讼文书后,必须立即交受送达人签收,以在送达回证上的签收日期,为送达日期。

第二百六十七条第五项　向受送达人在中华人民共和国领域内设立的代表机构或者有权接受送达的分支机构、业务代办人送达。

第二百六十七第第六项　受送达人所在国的法律允许邮寄送达的,可以邮寄送达,自邮寄之日起满三个月,送达回证没有退回,但根据各种情况足以认定已经送达的,期间届满之日视为送达。

《民事诉讼法解释》(2015年)

第五百三十五条　外国人或者外国企业、组织的代表人、主要负责人在中华人民共和国领域内的,人民法院可以向该自然人或者外国企业、组织的代表人、主要负责人送达。

外国企业、组织的主要负责人包括该企业、组织的董事、监事、高级管理人员等。

第五百三十六条　受送达人所在国允许邮寄送达的,人民法院可以邮寄送达。

邮寄送达时应当附有送达回证。受送达人未在送达回证上签收但在邮件回执上签收的,视为送达,签收日期为送达日期。

自邮寄之日起满三个月,如果未收到送达的证明文件,且根据各种情况不足以认定已经送达的,视为不能用邮寄方式送达。

◈ **结案信息**

结案方式	01. 全部完成送达 02. 部分完成送达 03. 未能完成送达 04. 不宜协助 05. 撤回请求 255. 其他
结案日期	
结案文书	（文本）

060206 香港特区法院请求送达文书审查案件

◈ **收案信息**

本案案号	
收案来源	01. 香港特区法院直接请求 02. 其他联络窗口转送 03. 上级法院转交
港请文书落款日期	
港请文书寄送日期	
港请文书文号	
收到港请文书日期	
收案日期	

◈ **涉案案件信息**

香港特区审理法院	
涉案案号	（香港特区法院请求送达文书所涉案件案号）
涉案案由	
当事人案件地位	（即需要内地法院送达文书的案件当事人所处法律地位）
当事人	（姓名或名称）

◆ **请求协助送达文书基本信息**

受送达人	(多个受送达人时为多条记录)
是否为当事人	01. 是　02. 否
送达地址❶	
需要送达文书种类❷	01. 起诉状副本 02. 上诉状副本 03. 传票 04. 状词 05. 誓章 06. 判案书 07. 判决书 08. 裁决书 09. 通知书 10. 法庭命令 11. 送达证明 255. 其他司法文书
其他司法文书	(名称)
请求送达的文书	(文本)

❶ 送达地址

最高人民法院《关于内地与香港特别行政区法院相互委托送达民商事司法文书的安排》(1999 年)

三、委托方请求送达司法文书,须出具盖有其印章的委托书,并须在委托书中说明委托机关的名法称、受送达人的姓名或者名称、详细地址及案件的性质。

委托书应当以中文文本提出。所附司法文书没有中文文本的,应当提供中文译本。以上文件一式两份。受送达人为两人以上的,每人一式两份。

受委托方如果认为委托书与本安排的规定不符,应当通知委托方,并说明对委托书的异议。必要时可以要求委托方补充材料。

② 需要送达文书种类

最高人民法院《关于内地与香港特别行政区法院相互委托送达民商事司法文书的安排》(1999 年)

九、本安排中的司法文书在内地包括:起诉状副本、上诉状副本、授权委托书、传票、判决书、调解书、裁定书、决定书、通知书、证明书、送达回证;在香港特别行政区包括:起诉状副本、上诉状副本、传票、状词、誓章、判案书、判决书、裁决书、通知书、法庭命令、送达证明。

上述委托送达的司法文书以互换司法文书样本为准。

◆ 结案信息

结案方式❶	01. 全部完成协助 02. 部分完成协助 03. 退回香港特区 04. 未能完成协助 05. 视为不能适用安排方式送达 06. 撤回请求 07. 转交其他联络窗口 255. 其他 (前两种可根据每个受送达人的送达情况自动生成)
退回事由	01. 认为违反基本法律原则 02. 认为违反内地社会公共利益
其他情形内容	
未能完成协助原因	
结案日期	
结案文书	

① 结案方式

最高人民法院《关于内地与香港特别行政区法院相互委托送达民商事司法文书的安排》(1999 年)

三、委托方请求送达司法文书,须出具盖有其印章的委托书,并须在委托书中说明委托机关的名称、受送达人的姓名或者名称、详细地址及案件的性质。

委托书应当以中文文本提出。所附司法文书没有中文文本的,应当提供中文译本。以上文件一式两份。受送达人为两人以上的,每人一式两份。

受委托方如果认为委托书与本安排的规定不符,应当通知委托方,并说明对委托书的异议。必要时可以要求委托方补充材料。

最高人民法院《关于涉港澳民商事案件司法文书送达问题若干规定》(2009年)

第六条　人民法院向在内地没有住所的受送达人送达司法文书,可以按照《最高人民法院关于内地与香港特别行政区法院相互委托送达民商事司法文书的安排》或者《最高人民法院关于内地与澳门特别行政区法院就民商事案件相互委托送达司法文书和调取证据的安排》送达。

按照前款规定方式送达的,自内地的高级人民法院或者最高人民法院将有关司法文书递送香港特别行政区高等法院或者澳门特别行政区终审法院之日起满三个月,如果未能收到送达与否的证明文件且不存在本规定第十二条规定情形的,视为不能适用上述安排中规定的方式送达。

060207 协助香港特区法院送达文书案件

◈ 收案信息

本案案号	(四级法院)
收案来源	01. 上级法院转交 02. 本院审查部门移送
送达文书审查案号	
收案日期	

◈ 结案信息

结案方式❶	01. 全部完成协助 02. 部分完成协助 03. 未能完成协助 04. 视为不能适用安排方式送达 05. 撤回请求 255. 其他
结案日期	
结案文书	(文本)

① 结案方式

最高人民法院《关于涉港澳民商事案件司法文书送达问题若干规定》(2009 年)

第六条　人民法院向在内地没有住所的受送达人送达司法文书,可以按照《最高人民法院关于内地与香港特别行政区法院相互委托送达民商事司法文书的安排》或者《最高人民法院关于内地与澳门特别行政区法院就民商事案件相互委托送达司法文书和调取证据的安排》送达。

按照前款规定方式送达的,自内地的高级人民法院或者最高人民法院将有关司法文书递送香港特别行政区高等法院或者澳门特别行政区终审法院之日起满三个月,如果未能收到送达与否的证明文件且不存在本规定第十二条规定情形的,视为不能适用上述安排中规定的方式送达。

060208 澳门特区法院请求送达文书审查案件

◈ 收案信息

本案案号	
收案来源	01. 澳门特区法院直接请求 02. 其他联络窗口转送 03. 上级法院转交
澳请文书落款日期	
澳请文书寄送日期	
澳请文书文号	
收到澳请文书日期	
收案日期	

◈ 涉案案件信息

澳门特区审理法院	
涉案案号	(澳门特区法院请求送达文书所涉案件案号)
涉案案由	
当事人案件地位	(即需要内地法院送达文书的案件当事人所处法律地位)
当事人	(姓名或名称)

◈ 请求协助送达文书基本信息

受送达人	(多个受送达人时为多条记录)
是否为当事人	01. 是　02. 否
送达地址❶	
需要送达文书种类❷	01. 起诉状副本 02. 答辩状副本 03. 反诉状副本 04. 上诉状副本 05. 陈述书 06. 申辩书 07. 声明异议书 08. 反驳书 09. 申请书 10. 撤诉书 11. 认诺书 12. 和解书 13. 财产目录 14. 财产分割表 15. 和解建议书 16. 债权人协议书 17. 传唤书 18. 通知书 19. 法官批示 20. 命令状 21. 法庭许可令状 22. 判决书 23. 合议庭裁判书 24. 送达证明书 255. 其他司法文书

续表

其他司法文书	(名称)
请求送达的文书	(文本)

❶ 送达地址

最高人民法院《关于内地与澳门特别行政区法院就民商事案件相互委托送达司法文书和调取证据的安排》(2006年)

第九条　委托方法院请求送达司法文书,须出具盖有其印章的委托书,并在委托书中说明委托机关的名称、受送达人的姓名或者名称、详细地址及案件性质。如果执行方法院请求按特殊方式送达或者有特别注意的事项的,应当在委托书中注明。

❷ 需要送达文书种类

最高人民法院《关于内地与澳门特别行政区法院就民商事案件相互委托送达司法文书和调取证据的安排》(2006年)

第十四条　本安排中的司法文书在内地包括:起诉状副本、上诉状副本、反诉状副本、答辩状副本、授权委托书、传票、判决书、调解书、裁定书、支付令、决定书、通知书、证明书、送达回证以及其他司法文书和所附相关文件;在澳门特别行政区包括:起诉状复本、答辩状复本、反诉状复本、上诉状复本、陈述书、申辩书、声明异议书、反驳书、申请书、撤诉书、认诺书、和解书、财产目录、财产割表、和解建议书、债权人协议书、传唤书、通知书、法官批示、命令状、法庭许可令状、判决书、合议庭裁判书、送达证明书以及其他司法文书和所附相关文件。

◆ **结案信息**

结案方式❶	01. 全部完成协助 02. 部分完成协助 03. 退回澳门特区 04. 未能完成协助 05. 撤回请求 06. 转交其他联络窗口 255. 其他

续表

结案方式❶	(前两种可根据每个受送达人的送达情况自动生成)
退回事由	01. 认为违反基本法律原则 02. 认为违反内地社会公共利益
其他情形内容	(录入)
未能完成协助原因	
结案日期	
结案文书	

❶ 结案方式

最高人民法院《关于内地与澳门特别行政区法院就民商事案件相互委托送达司法文书和调取证据的安排》(2006年)

第八条　受委托方法院收到委托书后,不得以其本辖区法律规定对委托方法院审理的该民商事案件享有专属管辖权或不承认对该请求事项提起诉讼的权利为由,不予执行受托事项。

受委托方法院在执行受托事项时,如果该事项不属于法院职权范围,或者内地人民法院认为在内地执行该受托事项将违反其基本法律原则或社会公共利益,或者澳门特别行政区法院认为在澳门特别行政区执行该受托事项将违反其基本法律原则或公共秩序的,可以不予执行,但应当及时向委托方法院书面说明不予执行的原因。

060209 协助澳门特区法院送达文书案件

◆ **收案信息**

本案案号	(四级法院)
收案来源	01. 上级法院转交 02. 本院审查部门移送
送达文书审查案号	
收案日期	

◈ **送达情况信息**

受送达人	(每个受送达人一条记录)
送达文书种类	01. 起诉状副本 02. 答辩状副本 03. 反诉状副本 04. 上诉状副本 05. 陈述书 06. 申辩书 07. 声明异议书 08. 反驳书 09. 申请书 10. 撤诉书 11. 认诺书 12. 和解书 13. 财产目录 14. 财产分割表 15. 和解建议书 16. 债权人协议书 17. 传唤书 18. 通知书 19. 法官批示 20. 命令状 21. 法庭许可令状 22. 判决书 23. 合议庭裁判书 24. 送达证明书 255. 其他司法文书
其他司法文书	(名称)

续表

送达方式❶	01. 直接送达 02. 留置送达 03. 转交送达 04. 邮寄送达 05. 向代表机构、分支机构或业务代办人送达 06. 传真送达 07. 电子邮件送达 08. 公告送达 09. 澳门特区要求的特殊方式
签收日期	
拒签日期	
留置日期	
交邮日期	
退邮日期	
转交日期	
代为转交机关	
发送传真日期	
发送电子邮件日期	
送达结果	01. 成功送达 02. 未能成功送达
未能成功送达事由	(录入)
送达日期	

❶ 送达方式

最高人民法院《关于人民法院办理海峡两岸送达文书和调查取证司法互助案件的规定》(2011 年)

第八条　人民法院协助台湾地区法院送达司法文书,应当采用民事诉讼法、刑事诉讼法、行政诉讼法等法律和相关司法解释规定的送达方式,并应当尽可能采用直接送达方式，但不采用公告送达方式。

《民事诉讼法》(2012 年)

第八十五条　送达诉讼文书，应当直接送交受送达人。受送达人是公民的，本人不在交他的同住成年家属签收；受送达人是法人或者其他组织的，应当由法人的法定代表人、其他组织的主要负责人或者该法人、组织负责收件的人签收；受送达人有诉讼代理人的，可以送交其代理人签收；受送达人已向人民法院指定代收人的，送交代收人签收。

受送达人的同住成年家属，法人或者其他组织的负责收件的人，诉讼代理人或者代收人在送达回证上签收的日期为送达日期。

第八十六条　受送达人或者他的同住成年家属拒绝接收诉讼文书的，送达人可以邀请有关基层组织或者所在单位的代表到场，说明情况，在送达回证上记明拒收事由和日期，由送达人、见证人签名或者盖章，把诉讼文书留在受送达人的住所；也可以把诉讼文书留在受送达人的住所，并采用拍照、录像等方式记录送达过程，即视为送达。

第八十七条　经受送达人同意，人民法院可以采用传真、电子邮件等能够确认其收悉的方式送达诉讼文书，但判决书、裁定书、调解书除外。

采用前款方式送达的，以传真、电子邮件等到达受送达人特定系统的日期为送达日期。

第八十八条　直接送达诉讼文书有困难的，可以委托其他人民法院代为送达，或者邮寄送达。邮寄送达的，以回执上注明的收件日期为送达日期。

第八十九条　受送达人是军人的，通过其所在部队团以上单位的政治机关转交。

第九十条　受送达人被监禁的，通过其所在监所转交。

受送达人被采取强制性教育措施的，通过其所在强制性教育机构转交。

第九十一条　代为转交的机关、单位收到诉讼文书后，必须立即交受送达人签收，以在送达回证上的签收日期，为送达日期。

第二百六十七条第五项　向受送达人在中华人民共和国领域内设立的代表机构或者有权接受送达的分支机构、业务代办人送达。

第二百六十七条第六项　受送达人所在国的法律允许邮寄送达的，可以邮寄送达，自邮寄之日起满三个月，送达回证没有退回，但根据各种情况足以认定已经送达的，期间届满之日视为送达。

《民事诉讼法解释》(2015 年)

第五百三十五条　外国人或者外国企业、组织的代表人、主要负责人在中华人民共和国领域内的,人民法院可以向该自然人或者外国企业、组织的代表人、主要负责人送达。

外国企业、组织的主要负责人包括该企业、组织的董事、监事、高级管理人员等。

第五百三十六条　受送达人所在国允许邮寄送达的,人民法院可以邮寄送达。

邮寄送达时应当附有送达回证。受送达人未在送达回证上签收但在邮件回执上签收的,视为送达,签收日期为送达日期。

自邮寄之日起满三个月,如果未收到送达的证明文件,且根据各种情况不足以认定已经送达的,视为不能用邮寄方式送达。

◆ **结案信息**

结案方式❶	01. 全部完成协助 02. 部分完成协助 03. 未能完成协助 04. 不予执行 05. 撤回请求 255. 其他
结案日期	
结案文书	(文本)

❶ 结案方式

最高人民法院《关于内地与澳门特别行政区法院就民商事案件相互委托送达司法文书和调取证据的安排》(2001 年)

第八条　受委托方法院收到委托书后,不得以其本辖区法律规定对委托方法院审理的该民商事案件享有专属管辖权或不承认对该请求事项提起诉讼的权利为由,不予执行受托事项。

受委托方法院在执行受托事项时,如果该事项不属于法院职权范围,或者内地人民法院认为在内地执行该受托事项将违反其基本法律原则或社会公共利益,或者澳门特别行政区法院认为在澳门特别行政区执行该受托事项将违反其基本法律原则或公共秩序的,可以不予执行,但应当及时向委托方法院书面说明不予执行的原因。

060300 调查取证案件

060301 请求台湾地区调查取证审查案件

◆ 收案信息

本案案号	
收案来源❶	01. 本院业务部门移送 02. 下级法院请求
请求调查取证事项❷	01. 取得证言及陈述 02. 提供书证 03. 提供物证 04. 提供视听资料 05. 确定关系人所在地 06. 确认关系人身份 07. 确认关系人前科等情况 08. 协助勘验 09. 协助检查 10. 协助扣押 11. 协助鉴定 12. 协助查询 255. 其他事项
其他事项	
收到请求文书日期	
收案日期	

❶ 收案来源

最高人民法院《关于认可和执行台湾地区法院民事判决的规定》(2015 年)

第九条　申请人申请认可台湾地区法院民事判决,应当提供相关证明文件,以证明该判决真实并且已经生效。

申请人可以申请人民法院通过海峡两岸调查取证司法互助途径查明台湾地区法院民事判决的真实性和是否生效以及当事人得到合法传唤的证明文件;人民法院认为必要时,也可以就有关事项依职权通过海峡两岸司法互助途径向台湾地区请求调查取证。

② 请求调查取证事项

最高人民法院《关于人民法院办理海峡两岸送达文书和调查取证司法互助案件的规定》(2011 年)

第十五条　人民法院办理海峡两岸调查取证司法互助业务,限于与台湾地区法院相互协助调取与诉讼有关的证据,包括取得证言及陈述;提供书证、物证及视听资料;确定关系人所在地或者确认其身份、前科等情况;进行勘验、检查、扣押、鉴定和查询等。

◆ 涉案案件信息

请台涉案案号	(请求台湾地区调查取证的诉讼案件案号)
涉案民事案由	
涉案行政案由(主体类型)	
涉案行政案由(行政行为种类)	
涉案刑事罪名	
当事人案件地位	01. 原告 02. 被告 03. 反诉原告 04. 反诉被告 05. 自诉反诉人 06. 上诉人 07. 被上诉人 08. 公诉机关 09. 自诉人 10. 第三人

续表

当事人案件地位	11. 再审申请人 12. 被申请人 13. 原审原告 14. 原审被告 15. 原审上诉人 16. 原审被上诉人 17. 原审第三人
当事人	(姓名或名称)

◆ **调查取证实施情况信息**

请求调查取证事项	01. 取得证言及陈述 02. 提供书证 03. 提供物证 04. 提供视听资料 05. 确定关系人所在地 06. 确认关系人身份 07. 确认关系人前科等情况 08. 协助勘验 09. 协助检查 10. 协助扣押 11. 协助鉴定 12. 协助查询 255. 其他事项
协助调查取证司法机构	
调查取证结果❶	01. 成功调查取证 02. 调查取证未成功 03. 调查取证部分成功

❶ 调查取证结果

最高人民法院《关于人民法院办理海峡两岸送达文书和调查取证司法互助案件的规定》(2011年)

第十九条　台湾地区成功调查取证并将取得的证据材料寄送最高人民法院联络人,或者未能成功调查取证并将相关材料送还,同时出具理由说明给最高人民法院联络人的,最高人民法院应当在收到之日起七个工作日内完成审查并转送高级人民法院,高级人民法院应当在收到之日起七个工作日内转送提出请求的人民法院。经审查认为欠缺相关材料或者内容的,最高人民法院联络人应当立即与台湾地区联络人联络并请求补充相关材料或者内容。

◆ **结案信息**

结案方式❶	01. 全部完成协助 02. 部分完成协助 03. 未能完成协助 04. 本院退回请求 05. 台湾地区送还 06. 撤回请求 07. 转送其他联络窗口 255. 其他
退回请求事由	01. 欠缺相关材料、内容 02. 不需要台湾地区协助
台湾地区送还事由	01. 不宜协助调查取证 02. 欠缺相关材料、内容 255. 其他应送还的情形
结案日期	
结案文书	(文本)

① 结案方式

最高人民法院《关于人民法院办理海峡两岸送达文书和调查取证司法互助案件的规定》(2011 年)

第十七条　审理案件的人民法院需要台湾地区协助调查取证的,应当填写《〈海峡两岸共同打击犯罪及司法互助协议〉调查取证请求书》附录部分,连同相关材料,一式三份,及时送交高级人民法院。

高级人民法院应当在收到前款所述材料之日起七个工作日内完成初步审查,并将审查意见和《〈海峡两岸共同打击犯罪及司法互助协议〉调查取证请求书》附录部分及相关材料,一式二份,立即转送最高人民法院。

第十八条　最高人民法院收到高级人民法院转送的《〈海峡两岸共同打击犯罪及司法互助协议〉调查取证请求书》附录部分和相关材料以及高级人民法院审查意见后,应当在七个工作日内完成最终审查。经审查认为可以请求台湾地区协助调查取证的,最高人民法院联络人应当填写《〈海峡两岸共同打击犯罪及司法互助协议〉调查取证请求书》正文部分,连同附录部分和相关材料,立即寄送台湾地区联络人;经审查认为欠缺相关材料、内容或者认为不需要请求台湾地区协助调查取证的,应当立即通过高级人民法院告知提出请求的人民法院补充相关材料、内容或者在说明理由后将材料退回。

第十九条　台湾地区成功调查取证并将取得的证据材料寄送最高人民法院联络人,或者未能成功调查取证并将相关材料送还,同时出具理由说明给最高人民法院联络人的,最高人民法院应当在收到之日起七个工作日内完成审查并转送高级人民法院,高级人民法院应当在收到之日起七个工作日内转送提出请求的人民法院。经审查认为欠缺相关材料或者内容的,最高人民法院联络人应当立即与台湾地区联络人联络并请求补充相关材料或者内容。

060302 请求香港特区法院调查取证审查案件

◈ **收案信息**

本案案号	
收案来源	01. 本院业务部门移送 02. 下级法院请求

续表

请求调查取证事项	
收到请求文书日期	
收案日期	

◆ 涉案案件信息

请港涉案案号	(请求香港特区调查取证的诉讼案件案号)
涉案民事案由	
涉案行政案由(主体类型)	
涉案行政案由(行政行为种类)	
涉案刑事罪名	
当事人案件地位	01. 原告 02. 被告 03. 反诉原告 04. 反诉被告 05. 自诉反诉人 06. 上诉人 07. 被上诉人 08. 公诉机关 09. 自诉人 10. 第三人 11. 再审申请人 12. 被申请人 13. 原审原告 14. 原审被告 15. 原审上诉人 16. 原审被上诉人

续表

当事人案件地位	17. 原审第三人
当事人	（姓名或名称）

◆ **调查取证实施情况信息**

请求调查取证事项	
协助调查取证司法机构	（名称）
调查取证结果	01. 成功调查取证 02. 调查取证未成功 03. 调查取证部分成功

◆ **结案信息**

结案方式	01. 全部完成协助 02. 部分完成协助 03. 未能完成协助 04. 本院退回请求 05. 香港特区退还 06. 撤回请求 07. 转送其他联络窗口 255. 其他
退回请求事由	01. 欠缺相关材料、内容 02. 不需要香港特区协助
香港特区退还事由	01. 不宜协助调查取证 02. 欠缺相关材料、内容 255. 其他应退还的情形
结案日期	
结案文书	（文本）

060303 请求澳门特区法院调查取证审查案件

◈ 收案信息

本案案号	
收案来源	01. 下级法院请求 02. 本院审判部门移送
请求调查取证事项❶	01. 代为询问当事人 02. 代问询问证人和鉴定人 03. 代为进行鉴定和司法勘验 04. 调取其他与诉讼有关的证据 255. 其他
收到请求文书日期	
收案日期	

❶ 请求调查取证事项

最高人民法院《关于内地与澳门特别行政区法院就民商事案件相互委托送达司法文书和调取证据的安排》(2001 年)

第十五条　委托方法院请求调取的证据只能是用于与诉讼有关的证据。

第十七条　代为调取证据的范围包括:代为询问当事人、证人和鉴定人,代为进行鉴定和司法勘验,调取其他与诉讼有关的证据。

◈ 涉案案件信息

涉案案号	(请求澳门特区法院调查取证的诉讼案件案号)
涉案民事案由	
涉案刑事罪名	
当事人案件地位	01. 原告 02. 被告 03. 反诉原告 04. 反诉被告 05. 自诉反诉人

续表

当事人案件地位	06. 上诉人 07. 被上诉人 08. 公诉机关 09. 自诉人 10. 第三人 11. 再审申请人 12. 被申请人 13. 原审原告 14. 原审被告 15. 原审上诉人 16. 原审被上诉人 17. 原审第三人
当事人	（姓名或名称）

◈ **调查取证实施情况信息**

请求调查取证事项	01. 代为询问当事人 02. 代问询问证人和鉴定人 03. 代为进行鉴定和司法勘验 04. 调取其他与诉讼有关的证据 255. 其他
协助调查取证法院	（澳门特区法院列表）
调查取证结果	01. 成功调查取证 02. 调查取证未成功 03. 调查取证部分成功
是否派员出席❶	01. 是　02. 否

❶ 是否派员出席

最高人民法院《关于内地与澳门特别行政区法院就民商事案件相互委托送达司法文书和调取证据的安排》(2001 年)

第十八条　如委托方法院提出要求,受委托方法院应当将取证的时间、地点通知委托方法院,以便有关当事人及其诉讼代理人能够出席。

第十九条　受委托方法院在执行委托调取证据时,根据委托方法法院的请求,可以允许委托方法院派司法人员出席。必要时,经受委托方允许,委托方法院的司法人员可以向证人、鉴定人等发问。

◆ **结案信息**

结案方式❶	01. 全部完成协助 02. 部分完成协助 03. 本院退回请求 04. 澳门特区退回 05. 撤回请求 255. 其他
退回请求事由	01. 欠缺相关材料、内容 02. 不需要澳门特区法院协助
澳门特区退回事由	
结案日期	
结案文书	(文本)

❶ 结案方式

最高人民法院《关于内地与澳门特别行政区法院就民商事案件相互委托送达司法文书和调取证据的安排》(2001 年)

第二十条　受委托方法院完成委托调取证据的事项后,应当向委托方法院书面说明。

如果未能按委托方法院的请求全部或部分完成调取证据事项,受委托方法院应当向委托方法院书面说明妨碍调取证据的原因,并及时退回委托书及所附全部文件。

如果当事人、证人根据受委托方的法律规定,拒绝作证或推辞提供证言时,受委托方法院应当以书面通知委托方法院,并退回委托书及所附全部文件。

060304 台湾地区请求调查取证审查案件

◆收案信息

本案案号	
收案来源	01. 台湾地区请求 02. 其他联络窗口转送 03. 上级法院转交
台请文书文号	
台请文书落款日期	
台请文书寄送日期	
收到台请文书日期	
台请调查取证事项❶	01. 取得证言及陈述 02. 取得书证 03. 取得物证 04. 取得视听资料 05. 确认当事人、证人或利害关系人所在 06. 确认当事人、证人或利害关系人身份关系 07. 勘验 08. 鉴定 09. 访视 10. 确认事、物之状态 11. 调查法律、法规或民事习惯 12. 确认案外人出具证明之真实 255. 其他事项
其他事项	
立案案由	01. 协助台湾地区民事诉讼调查取证 02. 协助台湾地区刑事诉讼调查取证 03. 协助台湾地区行政诉讼调查取证
收案日期	

❶ 台请调查取证事项

最高人民法院《关于人民法院办理海峡两岸送达文书和调查取证司法互助案件的规定》(2011 年)

第十五条　人民法院办理海峡两岸调查取证司法互助业务,限于与台湾地区法院相互协助调取与诉讼有关的证据,包括取得证言及陈述;提供书证、物证及视听资料;确定关系人所在地或者确认其身份、前科等情况;进行勘验、检查、扣押、鉴定和查询等。

◆ 涉案案件信息

台湾地区司法机构	
台请涉案案号	(台湾地区请求调查取证所涉案件案号)
台请涉案案由	
当事人案件地位	(即需要大陆法院调查取证的案件当事人所处法律地位)
当事人	(姓名或名称)

◆ 结案信息

结案方式❶	01. 全部完成协助 02. 部分完成协助 03. 未能完成协助 04. 送还台湾地区 05. 不予协助 06. 撤回请求 07. 转交其他联络窗口 255. 其他
送还台湾地区事由	01. 不宜协助 02. 欠缺相关材料、内容 255. 其他应送还情形
其他应送还情形	

续表

不予协助事由❷	01. 违反内地法律和相关规定 02. 损害内地社会公共利益 03. 妨碍内地法院正在进行的诉讼程序 04. 台湾地区调查取证请求书所述的犯罪事实，依照大陆法律规定不认为涉嫌犯罪 05. 请求促使大陆居民至台湾地区作证，但未作出非经大陆主管部门同意不得追诉其进入台湾地区之前任何行为的书面声明
结案日期	
结案文书	

❶ 结案方式

最高人民法院《关于人民法院办理海峡两岸送达文书和调查取证司法互助案件的规定》(2011年)

第二十条　台湾地区请求人民法院协助台湾地区法院调查取证并通过其联络人将请求书和相关材料寄送最高人民法院联络人的，最高人民法院应当在收到之日起七个工作日内完成审查。经审查认为可以协助调查取证的，应当立即转送有关高级人民法院或者由本院办理，高级人民法院应当在收到之日起七个工作日内转送有关下级人民法院办理或者由本院办理；经审查认为欠缺相关材料、内容或者认为不宜协助调查取证的，最高人民法院联络人应当立即向台湾地区联络人说明情况并告知其补充相关材料、内容或者将材料送还。

具体办理调查取证司法互助案件的人民法院应当在收到高级人民法院转送的材料之日起五个工作日内，以“协助台湾地区民事(刑事、行政诉讼)调查取证”案由立案，指定专人办理，并应当自立案之日起一个月内完成协助调查取证，最迟不得超过三个月。因故不能在期限届满前完成的，应当提前函告高级人民法院，并由高级人民法院转报最高人民法院。

❷ 不予协助事由

最高人民法院《关于人民法院办理海峡两岸送达文书和调查取证司法互助案件的规定》(2011年)

第十六条　人民法院协助台湾地区法院调查取证，应当采用民事诉讼法、刑事诉讼法、行政诉讼法等法律和相关司法解释规定的方式。

在不违反法律和相关规定、不损害社会公共利益、不妨碍正在进行的诉讼程序的前提下,人民法院应当尽力协助调查取证,并尽可能依照台湾地区请求的内容和形式予以协助。

台湾地区调查取证请求书所述的犯罪事实,依照大陆法律规定不认为涉嫌犯罪的,人民法院不予协助,但有重大社会危害并经双方业务主管部门同意予以个案协助的除外。台湾地区请求促使大陆居民至台湾地区作证,但未作出非经大陆主管部门同意不得追诉其进入台湾地区之前任何行为的书面声明的,人民法院可以不予协助。

060305 协助台湾地区调查取证案件

◆ 收案信息

本案案号	(四级法院)
调查取证审查案号	
收案来源	01.上级法院转交 02.本院审查部门移送
收案日期	

◆ 调查取证实施情况信息

调查取证日期	(每个调查取证事项、每个调查对象均单独记录)
调查取证对象	(单位名称或个人姓名)
调查取证事项	01.取得证言及陈述 02.取得书证 03.取得物证 04.取得视听资料 05.确认当事人、证人或利害关系人所在 06.确认当事人、证人或利害关系人身份关系 07.勘验 08.鉴定 09.访视

续表

调查取证事项	10. 确认事、物之状态 11. 调查法律、法规或民事习惯 12. 确认案外人出具证明之真实 255. 其他事项
调查取证结果	01. 全部成功 02. 部分成功 03. 不成功
不成功原因	

◈ **结案信息**

结案方式❶	01. 全部完成协助 02. 部分完成协助 03. 未能完成协助 04. 撤回请求 05. 不予协助 255. 其他
不予协助事由❷	01. 违反内地法律和相关规定 02. 损害内地社会公共利益 03. 妨碍内地法院正在进行的诉讼程序 04. 台湾地区调查取证请求书所述的犯罪事实，依照大陆法律规定不认为涉嫌犯罪 05. 请求促使大陆居民至台湾地区作证，但未作出非经大陆主管部门同意不得追诉其进入台湾地区之前任何行为的书面声明
未能完成协助事由	
结案日期	
结案文书	

① 结案方式

最高人民法院《关于人民法院办理海峡两岸送达文书和调查取证司法互助案件的规定》(2011年)

第二十一条 具体办理调查取证司法互助案件的人民法院成功调查取证的,应当在完成调查取证之日起七个工作日内将取得的证据材料一式三份,连同台湾地区提供的材料,并在必要时附具情况说明,送交高级人民法院;未能成功调查取证的,应当出具说明函一式三份,连同台湾地区提供的材料,在确认不能成功调查取证之日起七个工作日内送交高级人民法院。

高级人民法院应当在收到前款所述材料之日起七个工作日内完成初步审查,并将审查意见和前述取得的证据材料或者说明函等,一式二份,连同台湾地区提供的材料,立即转送最高人民法院。

最高人民法院应当在收到之日起七个工作日内完成最终审查,由最高人民法院联络人出具《〈海峡两岸共同打击犯罪及司法互助协议〉调查取证回复书》,必要时连同相关材料,立即寄送台湾地区联络人。

证据材料不适宜制或者难以取得备份的,可不按本条第一款和第二款的规定提供备份材料。

② 不予协助事由

最高人民法院《关于人民法院办理海峡两岸送达文书和调查取证司法互助案件的规定》(2011年)

第十六条 人民法院协助台湾地区法院调查取证,应当采用民事诉讼法、刑事诉讼法、行政诉讼法等法律和相关司法解释规定的方式。

在不违反法律和相关规定、不损害社会公共利益、不妨碍正在进行的诉讼程序的前提下,人民法院应当尽力协助调查取证,并尽可能依照台湾地区请求的内容和形式予以协助。

台湾地区调查取证请求书所述的犯罪事实,依照大陆法律规定不认为涉嫌犯罪的,人民法院不予协助,但有重大社会危害并经双方业务主管部门同意予以个案协助的除外。台湾地区请求促使大陆居民至台湾地区作证,但未作出非经大陆主管部门同意不得追诉其进入台湾地区之前任何行为的书面声明的,人民法院可以不予协助。

060306 香港特区法院请求调查取证审查案件

◈ 收案信息

本案案号	
收案来源	01. 香港特区请求 02. 其他联络窗口转送 03. 上级法院转交
港请文书文号	
港请文书落款日期	
港请文书寄送日期	
收到港请文书日期	
港请调查取证事项	
收案日期	

◈ 涉案案件信息

香港特区司法机构	
港请涉案案号	（香港特区请求调查取证所涉案件案号）
港请涉案案由	
当事人案件地位	（即需要内地法院调查取证的案件当事人所处法律地位）
当事人	（姓名或名称）

◈ 结案信息

结案方式	01. 全部完成协助 02. 部分完成协助 03. 未能完成协助 04. 退还香港特区 05. 不予协助 06. 撤回请求 07. 转交其他联络窗口

续表

结案方式	255. 其他
退还香港特区事由	01. 不宜协助 02. 欠缺相关材料、内容 255. 其他应退还情形
结案日期	
结案文书	

060307 协助香港特区法院调查取证案件

◆ 收案信息

本案案号	(四级法院)
调查取证审查案号	
收案来源	01. 上级法院转交 02. 本院审查部门移送
收案日期	

◆ 调查取证实施情况信息

调查取证日期	(每个调查取证事项、每个调查对象均单独记录)
调查取证对象	(单位名称或个人姓名)
调查取证事项	
调查取证结果	01. 全部成功 02. 部分成功 03. 不成功
不成功原因	

◆ 结案信息

结案方式	01. 全部完成协助 02. 部分完成协助

续表

结案方式	03. 未能完成协助 04. 撤回请求 05. 不予协助 255. 其他
未能完成协助事由	
结案日期	
结案文书	

060308 澳门特区法院请求调查取证审查案件

◆ 收案信息

本案案号	
收案来源	01. 澳门特区法院请求 02. 其他联络窗口转送 03. 上级法院转交
澳请文书文号	
澳请文书落款日期	
澳请文书寄送日期	
收到澳请文书日期	
委托调查事项❶	01. 代为询问当事人 02. 证人和鉴定人 03. 代为进行鉴定和司法勘验 04. 调取其他与诉讼有关的证据 255. 其他
其他事项	
收到请求文书日期	
收案日期	

❶ 委托调查事项

最高人民法院《关于内地与澳门特别行政区法院就民商事案件相互委托送达司法文书和调取证据的安排》(2006 年)

第十七条　代为调取证据的范围包括:代为询问当事人、证人和鉴定人,代为进行鉴定和司法勘验,调取其他与诉讼有关的证据。

◆ 涉案案件信息

澳门特区审理法院	
涉案案号	(澳门特区请求调查取证所涉案件案号)
涉案案由	
当事人案件地位	(即需要内地法院调查取证的案件当事人所处法律地位)
当事人	(姓名或名称)

◆ 结案信息

结案方式❶	01. 全部完成协助 02. 部分完成协助 03. 未能完成协助 04. 退回澳门特区 05. 不予协助 06. 撤回请求 07. 转交其他联络窗口 255. 其他
退回澳门特区事由	01. 不宜协助 02. 欠缺相关材料、内容
不予协助事由❷	01. 认为违反其基本法律原则 02. 认为违反其公共秩序
结案日期	
结案文书	

① 结案方式

最高人民法院《关于内地与澳门特别行政区法院就民商事案件相互委托送达司法文书和调取证据的安排》(2006年)

第二十条　受委托方法院完成委托调取证据的事项后,应当向委托方法院书面说明。

如果未能按委托方法院的请求全部或部分完成调取证据事项,受委托方法院应当向委托方法院书面说明妨碍调取证据的原因,并及时退回委托书及所附全部文件。

如果当事人、证人根据受委托方的法律规定,拒绝作证或推辞提供证言时,受委托方法院应当以书面通知委托方法院,并退回委托书及所附全部文件。

② 不予协助事由

最高人民法院《关于内地与澳门特别行政区法院就民商事案件相互委托送达司法文书和调取证据的安排》(2006年)

第八条第二款　受委托方法院在执行受托事项时,如果该事项不属于法院职权范围,或者内地人民法院认为在内地执行该受托事项将违反其基本法律原则或社会公共利益,或者澳门特别行政区法院认为在澳门特别行政区执行该受托事项将违反其基本法律原则或公共秩序的,可以不予执行,但应当及时向委托方法院书面说明不予执行的原因。

060309 协助澳门特区法院调查取证案件

◆ 收案信息

本案案号	(四级法院)
调查取证审查案号	
收案来源	01.上级法院转交 02.本院审查部门移送
收案日期	

◆ 调查取证实施情况信息

调查取证日期	
调查取证对象	(单位名称或个人姓名)

续表

调查取证事项	01. 代为询问当事人 02. 证人和鉴定人 03. 代为进行鉴定和司法勘验 04. 调取其他与诉讼有关的证据 255. 其他
调查取证结果	01. 全部成功 02. 部分成功 03. 不成功 (每个调查取证事项、每个调查对象均单独记录)
不成功原因	
澳门特区是否派员出席❶	01. 是　02. 否

❶ 澳门特区是否派员出席

最高人民法院《关于内地与澳门特别行政区法院就民商事案件相互委托送达司法文书和调取证据的安排》(2006 年)

第十八条　如委托方法院提出要求,受委托方法院应当将取证的时间、地点通知委托方法院,以便有关当事人及其诉讼代理人能够出席。

第十九条　受委托方法院在执行委托调取证据时,根据委托方法法院的请求,可以允许委托方法院派司法人员出席。必要时,经受委托方允许,委托方法院的司法人员可以向证人、鉴定人等发问。

◆ **结案信息**

结案方式	01. 全部完成协助 02. 部分完成协助 03. 未能完成协助 04. 不予协助 05. 撤回请求 255. 其他

续表

未能完成协助事由	
不予协助事由❶	01. 认为违反其基本法律原则 02. 认为违反其公共秩序、社会公共利益
结案日期	
结案文书	

❶ 不予协助事由

最高人民法院《关于内地与澳门特别行政区法院就民商事案件相互委托送达司法文书和调取证据的安排》(2006年)

第八条第二款　受委托方法院在执行受托事项时，如果该事项不属于法院职权范围，或者内地人民法院认为在内地执行该受托事项将违反其基本法律原则或社会公共利益，或者澳门特别行政区法院认为在澳门特别行政区执行该受托事项将违反其基本法律原则或公共秩序的，可以不予执行，但应当及时向委托方法院书面说明不予执行的原因。

060400 被判刑人移管案件

060401 接收在台湾地区被判刑人案件

◆ **收案信息**

本案案号	
收案来源	01. 有关机关申请 02. 上级法院指定 03. 下级法院报请
被判刑人	(姓名)
申请机关	(名称)
收案日期	

续表

审查意见	01. 立案 02. 不予立案 (仅适用于申请机关申请)
审定日期	

◆ **涉案被判刑人定罪量刑及执行信息**

台湾地区定罪罪名	
台湾地区案件案号	
台湾地区判处刑罚种类	
台湾地区判处刑期(年)	
台湾地区判处刑期(月)	
台湾地区判处刑期(日)	
剩余刑期(年)	
剩余刑期(月)	
剩余刑期(日)	
接收前刑罚执行方式	01. 保外就医 02. 假释 03. 收监执行 255. 其他方式
其他方式	

◆ **刑罚与执行转换信息**

转换后刑罚	01. 有期徒刑 02. 无期徒刑
转换后罪名	(大陆刑法罪名)
转换后刑期(年)	
转换后刑期(月)	

续表

转换后刑期(日)	
转换后执行方式	01. 收监执行 02. 假释 03. 暂予监外执行 255. 其他方式
其他方式	
决定日期	

◈ **结案信息**

结案方式	01. 裁定准予接收 02. 裁定不予接收 03. 撤回申请 04. 报请上级法院审查 05. 退回下级法院 255. 其他
结案日期	
结案文书	

060402 向台湾地区移管被判刑人案件

◈ **收案信息**

本案案号	
收案来源	01. 台湾地区请求 02. 上级法院移交
被判刑人	(姓名)
涉案案号	(大陆法院案件案号)
台湾地区申请机关	(名称)
收案日期	

续表

审查意见	01. 立案 02. 不予立案
审定日期	

◆ **结案信息**

结案方式	01. 同意移管 02. 不同意移管 03. 台湾地区撤回请求 255. 其他
结案日期	
结案文书	

060500 罪赃移交案件

060501 接收台湾地区移交罪赃案件

◆ **收案信息**

本案案号	
收案来源	01. 台湾地区请求 02. 上级法院移交
涉案犯罪人	(姓名)
被害人	(姓名或名称,可以多个)
收案日期	

◆ **被害人及财产损失信息**

被害人	(每一个被害人单独记录)
认定财产损失数额	
身份证号码	

◈ 财产返还情况信息

被害人	(每个被害人一条记录)
返还方式	01. 直接领取 02. 银行汇款途径
代理行	
代理行英文名称	
汇入银行账号	
开户行	
户名	
返还损失数额	
手续费用	
汇率损失	
返还日期	

◈ 结案信息

结案方式	01. 全部移交成功 02. 部分移交成功 03. 未能移交 04. 退还台湾地区 05. 撤回请求 255. 其他
结案日期	
结案文书	

060502 向台湾地区移交罪赃案件

◈ 收案信息

本案案号	
收案来源	01. 下级法院报请 02. 有关单位请求

续表

报请法院案号	(即涉及需要移交罪赃的刑事案件案号)
涉案罪名	
生效法律文书	
收案日期	
审查意见	01. 同意 02. 退回
审定日期	

◆ **被害人及财产损失信息**

被害人	
认定财产损失数额	(每一个被害人单独记录)
身份证号码	
在台户籍地址	

◆ **财产返还情况信息**

被害人	(每个被害人一条记录)
返还方式	01. 直接领取 02. 银行汇款途径
代理行	
代理行英文名称	
汇入银行账号	
开户行	
户名	
返还损失数额	
手续费用	
汇率损失	
返还日期	

◆ **结案信息**

结案方式	01. 全部移交成功 02. 部分移交成功 03. 未能移交 04. 退回请求 05. 撤回请求 06. 台湾地区退还 255. 其他
结案日期	
结案文书	

070000 国际司法协助案件

070100 承认与执行申请审查案件

070101 承认与执行外国法院裁判审查案件

◈ 收案信息

本案案号	
收案来源❶	01. 当事人申请承认 02. 当事人申请承认与执行 03. 外国法院申请承认 04. 外国法院申请承认与执行
申请人	
被申请人	
涉及国别或地区	(参照国标)
裁判作出法院	
裁判案号	
收案日期	
审查意见❷	01. 受理 02. 不予受理
审定日期	

❶ 收案来源

《民事诉讼法》(2012 年)

第二百八十一条　外国法院作出的发生法律效力的判决、裁定,需要中华人民共和国人民法院承认和执行的,可以由当事人直接向中华人民共和国有管辖权的中级人民法院申请承认和执行,也可以由外国法院依照该国与中华人民共和国缔结或者参加的国际条约的规定,或者按照互惠原则,请求人民法院承认和执行。

《民事诉讼法解释》(2015 年)

第五百四十六条　对外国法院作出的发生法律效力的判决、裁定或者外国仲裁裁决,需要中华人民共和国法院执行的,当事人应当先向人民法院申请承认。人民法院经审查,裁定承认后,再根据民事诉讼法第三编的规定予以执行。

当事人仅申请承认而未同时申请执行的,人民法院仅对应否承认进行审查并作出裁定。

❷ 审查意见

《民事诉讼法解释》(2015 年)

第五百四十四条　当事人向中华人民共和国有管辖权的中级人民法院申请承认和执行外国法院作出的发生法律效力的判决、裁定的,如果该法院所在国与中华人民共和国没有缔结或者共同参加国际条约,也没有互惠关系的,裁定驳回申请,但当事人向人民法院申请承认外国法院作出的发生法律效力的离婚判决的除外。

承认和执行申请被裁定驳回的,当事人可以向人民法院起诉。

最高人民法院《关于中国公民申请承认外国法院离婚判决程序问题的规定》(1991 年)

第三条　向人民法院申请承认外国法院的离婚判决,申请人应提出书面申请书,并须附有外国法院离婚判决书正本及经证明无误的中文译本。否则,不予受理。

第六条　人民法院接到申请书,经审查,符合本规定的受理条件的,应当在 7 日内立案;不符合的,应当在 7 日内通知申请人不予受理,并说明理由。

第十八条　人民法院受理离婚诉讼后,原告一方变更请求申请承认外国法院离婚判决,或者被告一方另提出承认外国法院离婚判决申请的,其申请均不受理。

◈ 结案信息

结案方式❶	01. 承认 02. 不予承认 03. 驳回申请 04. 不予受理 05. 准予撤回申请 06. 终结 255. 其他
不予承认事由	01. 违反中华人民共和国法律的基本原则或者国家主权、安全、社会公共利益

续表

不予承认事由	02. 具有双边条约、国际条约规定的其他拒绝承认与执行的情形
承认依据	01. 依照缔结或者参加的国际条约 02. 按照互惠原则
结案日期	
结案文书	

❶ 结案方式

《民事诉讼法》(2012 年)

第二百八十二条　人民法院对申请或者请求承认和执行的外国法院作出的发生法律效力的判决、裁定,依照中华人民共和国缔结或者参加的国际条约,或者按照互惠原则进行审查后,认为不违反中华人民共和国法律的基本原则或者国家主权、安全、社会公共利益的,裁定承认其效力,需要执行的,发出执行令,依照本法的有关规定执行。违反中华人民共和国法律的基本原则或者国家主权、安全、社会公共利益的,不予承认和执行。

最高人民法院《关于中国公民申请承认外国法院离婚判决程序问题的规定》(1991 年)

第十二条　经审查,外国法院的离婚判决具有下列情形之一的,不予承认:

(一)判决尚未发生法律效力;

(二)作出判决的外国法院对案件没有管辖权;

(三)判决是在被告缺席且未得到合法传唤情况下作出的;

(四)该当事人之间的离婚案件,我国法院正在审理或已作出判决,或者第三国法院对该当事人之间作出的离婚案件判决已为我国法院所承认;

(五)判决违反我国法律的基本原则或者危害我国国家主权、安全和社会公共利益。

第十三条　对外国法院的离婚判决的承认,以裁定方式作出。没有第十二条规定的情形的,裁定承认其法律效力;具有第十二条规定的情形之一的,裁定驳回申请人的申请。

第二十一条　申请人的申请为人民法院受理后,申请人可以撤回申请,人民法院以裁定准予撤回。申请人撤回申请后,不得再提出申请,但可以另向人民法院起诉离婚。

070102 承认与执行国外仲裁裁决审查案件

◈ 收案信息

本案案号	
收案来源❶	01. 当事人申请承认 02. 当事人申请承认与执行
申请人	
被申请人	
申请承认仲裁类型❷	01. 国外仲裁机构的仲裁裁决 02. 临时仲裁庭在中国领域外作出的仲裁裁决
涉及国别或地区	(参照国标)
仲裁组织名称	
仲裁裁决文号	
收案日期	
审查意见	01. 受理 02. 不予受理
审定日期	

① 收案来源

《民事诉讼法解释》(2015年)

第五百四十六条　对外国法院作出的发生法律效力的判决、裁定或者外国仲裁裁决,需要中华人民共和国法院执行的,当事人应当先向人民法院申请承认。人民法院经审查,裁定承认后,再根据民事诉讼法第三编的规定予以执行。

② 申请承认仲裁类型

《民事诉讼法》(2012年)

第二百八十三条　国外仲裁机构的裁决,需要中华人民共和国人民法院承认和执行的,应当由当事人直接向被执行人住所地或者其财产所在地的中级人民法院申请,人民法院应当依照中华人民共和国缔结或者参加的国际条约,或者按照互惠原则办理。

《民事诉讼法解释》(2015年)

第五百四十五条　对临时仲裁庭在中华人民共和国领域外作出的仲裁裁决,一方当事人向人民法院申请承认和执行的,人民法院应当依照民事诉讼法第二百八十三条规定处理。

◈ **结案信息**

结案方式	01. 承认 02. 不予承认 03. 驳回申请 04. 不予受理 05. 准予撤回申请 06. 终结 255. 其他
承认依据	01. 依照与中国缔结或者参加的国际条约 02. 按照互惠原则
结案日期	
结案文书	

070103 承认与执行审查其他案件

◈ **收案信息**

本案案号	
收案来源	下级法院报请
涉及事项	
报请法院	
收案日期	

◈ **结案信息**

结案方式	01. 不同意报请法院处理意见 02. 同意报请法院处理意见 03. 变更报请法院处理意见

续表

结案方式	04. 撤回请求 255. 其他
结案日期	
结案文书	

070200 送达文书案件

070201 外国法院请求送达文书审查案件

◈ **收案信息**

本案案号	
收案来源	01. 外部较交 02. 上级法院转交
请求国	(参照国标)
国外文书文号	
上级法院案号	
收案日期	

◈ **涉案案件信息**

案由	
当事人	(姓名或名称)
当事人案件地位	01. 原告 02. 被告 255. 其他

◈ **请求协助送达文书基本信息**

受送达人	
送达地址	
请求送达的文书	(文本)

◈ **结案信息**

结案方式	01. 同意提供协助 02. 拒绝提供协助 03. 撤回请求 255. 其他
拒绝协助事由	
结案日期	
结案文书	

070202 送达外国法院文书案件

◈ **收案信息**

本案案号	
收案来源	01. 上级法院转交 02. 本院审查部门移送
送达文书审查案号	
收案日期	

◈ **送达情况信息**

受送达人	(每个受送达人一条记录)
送达方式	01. 直接送达 02. 邮寄送达 255. 其他方式
送达结果	01. 成功送达 02. 未能成功送达
未能成功送达事由	01. 送达地址不详 02. 送达地址有误 03. 该地址无此人/单位 04. 受送达人已搬迁 05. 受送达人下落不明 255. 其他
送达日期	

◈ **结案信息**

结案方式	01. 完成送达 02. 未能完成送达 03. 撤回请求 255. 其他
结案日期	
结案文书	(文本)

070203 请求外国法院送达文书审查案件

◈ **收案信息**

本案案号	
收案来源	01. 下级法院请求 02. 本院业务部门移送
收案日期	

◈ **涉案案件信息**

涉案案号	
涉案民事案由	
涉案行政案由(主体类型)	
涉案行政案由(行政行为种类)	
涉案刑事罪名	
当事人案件地位	01. 原告 02. 被告 03. 反诉原告 04. 反诉被告 05. 自诉反诉人 06. 上诉人

续表

当事人案件地位	07. 被上诉人 08. 公诉机关 09. 自诉人 10. 第三人 11. 再审申请人 12. 被申请人 13. 原审原告 14. 原审被告 15. 原审上诉人 16. 原审被上诉人 17. 原审第三人
当事人	(姓名或名称)

◆ **请求送达文书基本信息**

受送达人	
送达地址	
需要送达文书种类	01. 诉状副本 02. 应诉通知书 03. 开庭传票 04. 合议庭组成人员通知书 05. 举证通知书 255. 其他司法文书 (可多选)
其他司法文书	(名称)
请求送达的文书	(文本)

◆ **结案信息**

结案方式	01. 成功送达 02. 未能成功送达

续表

结案方式	03. 本院退回请求 04. 外国拒绝协助 05. 撤回请求 255. 其他
结案日期	
结案文书	

070300 调查取证案件

070301 外国法院请求调查取证审查案件

◈ 收案信息

本案案号	
收案来源	01. 外部转交 02. 上级法院转交
国外文书文号	
请求调查取证事项	
收案日期	

◈ 涉案案件信息

外国法院	
外国法院审理案件案号	
涉案案由	
当事人案件地位	01. 原告 02. 被告 255. 其他
当事人	(姓名或名称)

◈ **结案信息**

结案方式	01. 同意提供协助 02. 拒绝提供协助 03. 撤回请求 255. 其他
结案日期	
结案文书	

070302 外国法院请求调查取证实施案件

◈ **收案信息**

本案案号	
调查取证审查案号	
收案来源	01. 上级法院转交 02. 本院审查部门移送
收案日期	

◈ **调查取证实施情况信息**

调查取证日期	(每个调查取证事项、每个调查对象均单独记录)
调查取证对象	(单位名称或个人姓名)
调查取证事项	
调查取证结果	01. 全部成功 02. 部分成功 03. 不成功 255. 其他
部分或不成功原因	

◈ **结案信息**

结案方式	01. 全部成功 02. 部分成功

续表

结案方式	03. 不成功 04. 撤回请求 255. 其他
结案日期	
结案文书	

070303 请求外国法院调查取证审查案件

◈ 收案信息

本案案号	
收案来源	01. 下级法院请求 02. 本院业务部门移送
请求调查取证事项	
收到请求文书日期	
收案日期	

◈ 涉案案件信息

涉案案号	
涉案民事案由	
涉案行政案由(主体类型)	
涉案行政案由(行政行为种类)	
涉案刑事罪名	
当事人案件地位	01. 原告 02. 被告 03. 反诉原告 04. 反诉被告 05. 自诉反诉人

续表

当事人案件地位	06. 上诉人 07. 被上诉人 08. 公诉机关 09. 自诉人 10. 第三人 11. 再审申请人 12. 被申请人 13. 原审原告 14. 原审被告 15. 原审上诉人 16. 原审被上诉人 17. 原审第三人
当事人	(姓名或名称)

◈ 调查取证实施情况信息

调查取证结果	01. 成功调查取证 02. 未成功调查取证

◈ 结案信息

结案方式	01. 成功调查取证 02. 未成功调查取证 03. 拒绝协助 04. 撤回请求 255. 其他
结案日期	
结案文书	(文本)

070400 被判刑人移管案件

070401 接收在外国被判刑人案件

◈ 收案信息

本案案号	
收案来源	01. 有关机关申请 02. 上级法院指定 03. 下级法院报请
被判刑人	(姓名)
请求机关	(名称)
涉及国别或地区	(参照国标)
收案日期	

◈ 涉案被判刑人定罪量刑及执行信息

外国定罪罪名	
外国法院案件案号	
外国判处刑罚种类	
外国判处刑期(年)	
外国判处刑期(月)	
外国判处刑期(日)	
剩余刑期(年)	
剩余刑期(月)	
剩余刑期(日)	
接收前刑罚执行方式	01. 保外就医 02. 假释 03. 收监执行 255. 其他方式
其他方式	

◆ 刑罚与执行转换信息

转换后刑罚	01. 有期徒刑 02. 无期徒刑
转换后罪名	(中国刑法罪名)
转换后刑期(年)	
转换后刑期(月)	
转换后刑期(日)	
转换后执行方式	01. 收监执行 02. 假释 03. 暂予监外执行 255. 其他方式
其他方式	
决定日期	

◆ 结案信息

结案方式	01. 裁定准予接收 02. 裁定不予接收 03. 撤回申请 04. 报请上级法院审查 05. 退回下级法院 255. 其他
结案日期	
结案文书	

070402 向外国移管被判刑人案件

◆ 收案信息

本案案号	
收案来源	01. 外国请求 02. 上级法院转交

续表

被判刑人	(姓名)
请求国	(参照国标)
请求单位	(名称)
收案日期	

◈ **结案信息**

结案方式	01. 同意移管 02. 不同意移管 03. 外国撤回请求 255. 其他
结案日期	
结案文书	

070500 引渡案件

070501 请求外国引渡案件

◈ **收案信息**

本案案号	
收案来源❶	01. 下级法院请求 02. 其他单位移转
报请法院	(法院列表)
其他单位	(名称)
被请求国	(参照国标)
是否有引渡条约	01. 有　02. 无
被请求引渡人❷	(姓名)
涉嫌犯罪	(罪名,可以多个)
收案日期	

① 收案来源

《引渡法》(2000年)

第四十七条　请求外国准予引渡或者引渡过境的,应当由负责办理有关案件的省、自治区或者直辖市的审判、检察、公安、国家安全或者监狱管理机关分别向最高人民法院、最高人民检察院、公安部、国家安全部、司法部提出意见书,并附有关文件和材料及其经证明无误的译文。最高人民法院、最高人民检察院、公安部、国家安全部、司法部分别会同外交部审核同意后,通过外交部向外国提出请求。

② 被请求引渡人

《引渡法》(2000年)

第六条　本法下列用语的含义是:

(一)"被请求引渡人"是指请求国向被请求国请求准予引渡的人;

(二)"被引渡人"是指从被请求国引渡到请求国的人;

(三)"引渡条约"是指中华人民共和国与外国缔结或者共同参加的引渡条约或者载有引渡条款的其他条约。

◆ 量刑承诺信息

涉被请求引渡人	(每一个被请求引渡人单独记录)
量刑承诺内容	(文本)
量刑承诺日期	

◆ 引渡强制措施信息

被请求引渡人	
引渡强制措施类型	01. 引渡拘留 02. 逮捕 03. 监视居住
引渡强制措施执行日期	
引渡强制措施决定机构	(被请求国有关机构)
引渡强制措施执行机构	(被请求国有关机构)

◆ 结案信息

结案方式	01. 报请上级法院审查 02. 审核意见送外交部

续表

结案方式	03. 本国撤销或放弃请求 255. 其他
结案日期	
结案文书	

070502 协助外国引渡案件

◆ 收案信息

本案案号	
收案来源❶	01. 外交部移转 02. 最高人民法院指定 03. 最高人民法院发回重新审查 04. 当事人及其律师提出意见
被请求引渡人	
被引渡人❷	
涉嫌犯罪	（请求国罪名）
请求国	（参照国标）
请求机关	（名称）
请求引渡目的	01. 刑事起诉 02. 执行刑罚
收案日期	

❶ 收案来源

《引渡法》(2000 年)

第十六条　外交部收到请求国提出的引渡请求后，应当对引渡请求书及其所附文件、材料是否符合本法第二章第二节和引渡条约的规定进行审查。

最高人民法院指定的高级人民法院对请求国提出的引渡请求是否符合本法和引渡条约关于引渡条件等规定进行审查并作出裁定。最高人民法院对高级人民法院作出的裁定进行复核。

第十九条　外交部对请求国提出的引渡请求进行审查,认为符合本法第二章第二节和引渡条约的规定的,应当将引渡请求书及其所附文件和材料转交最高人民法院、最高人民检察院。

第二十五条　高级人民法院作出符合引渡条件或者不引渡的裁定后,应当向被请求引渡人宣读,并在作出裁定之日起七日内将裁定书连同有关材料报请最高人民法院复核。

被请求引渡人对高级人民法院作出符合引渡条件的裁定不服的,被请求引渡人及其委托的中国律师可以在人民法院向被请求引渡人宣读裁定之日起十日内,向最高人民法院提出意见。

② 被引渡人

《引渡法》(2000 年)

第四十一条　被引渡人在请求国的刑事诉讼终结或者服刑完毕之前逃回中华人民共和国的,可以根据请求国再次提出的相同的引渡请求准予重新引渡,无需请求国提交本章第二节规定的文件和材料。

◆ 引渡强制措施信息

被请求引渡人	
引渡强制措施类型	01. 引渡拘留 02. 引渡监视居住 03. 引渡逮捕
引渡强制措施决定日期	
引渡强制措施决定机关	
引渡强制措施执行日期	
引渡强制措施执行机关	
引渡强制措施解除事由	01. 最高人民法院核准或作出不引渡裁定 02. 国务院决定不引渡 03. 请求国撤销、放弃引渡请求
引渡强制措施解除日期	

◈ **结案信息**

结案方式❶	01. 裁定符合引渡 02. 裁定不引渡 03. 核准 04. 发回高级人民法院重新审查 05. 变更审查裁定 06. 终止审查 255. 其他
是否一并裁定移交财物	01. 是　02. 否
拒绝引渡事由❷	01. 根据中华人民共和国法律，被请求引渡人具有中华人民共和国国籍的 02. 在收到引渡请求时，中华人民共和国的司法机关对于引渡请求所指的犯罪已经作出生效判决，或者已经终止刑事诉讼程序的 03. 因政治犯罪而请求引渡的，或者中华人民共和国已经给予被请求引渡人受庇护权利的 04. 被请求引渡人可能因其种族、宗教、国籍、性别、政治见解或者身份等方面的原因而被提起刑事诉讼或者执行刑罚，或者被请求引渡人在司法程序中可能由于上述原因受到不公正待遇的 05. 根据中华人民共和国或者请求国法律，引渡请求所指的犯罪纯属军事犯罪的 06. 根据中华人民共和国或者请求国法律，在收到引渡请求时，由于犯罪已过追诉时效期限或者被请求引渡人已被赦免等原因，不应当追究被请求引渡人的刑事责任的 07. 被请求引渡人在请求国曾经遭受或者可能遭受酷刑或者其他残忍、不人道或者有辱人格的待遇或者处罚的 08. 请求国根据缺席判决提出引渡请求的。但请求国承诺在引渡后对被请求引渡人给予在其出庭的情况下进行重新审判机会的除外

续表

拒绝引渡事由❷	09. 中华人民共和国对于引渡请求所指的犯罪具有刑事管辖权，并且对被请求引渡人正在进行刑事诉讼或者准备提起刑事诉讼的 10. 由于被请求引渡人的年龄、健康等原因，根据人道主义原则不宜引渡
结案日期	
结案文书	

❶ 结案方式

《引渡法》(2000年)

第二十四条　高级人民法院经审查后，应当分别作出以下裁定：

(一)认为请求国的引渡请求符合本法和引渡条约规定的，应当作出符合引渡条件的裁定。如果被请求引渡人具有本法第四十二条规定的暂缓引渡情形的，裁定中应当予以说明；

(二)认为请求国的引渡请求不符合本法和引渡条约规定的，应当作出不引渡的裁定。

根据请求国的请求，在不影响中华人民共和国领域内正在进行的其他诉讼，不侵害中华人民共和国领域内任何第三人的合法权益的情况下，可以在作出符合引渡条件的裁定的同时，作出移交与案件有关财物的裁定。

第二十五条　高级人民法院作出符合引渡条件或者不引渡的裁定后，应当向被请求引渡人宣读，并在作出裁定之日起七日内将裁定书连同有关材料报请最高人民法院复核。

被请求引渡人对高级人民法院作出符合引渡条件的裁定不服的，被请求引渡人及其委托的中国律师可以在人民法院向被请求引渡人宣读裁定之日起十日内，向最高人民法院提出意见。

第二十六条　最高人民法院复核高级人民法院的裁定，应当根据下列情形分别处理：

(一)认为高级人民法院作出的裁定符合本法和引渡条约规定的，应当对高级人民法院的裁定予以核准；

（二）认为高级人民法院作出的裁定不符合本法和引渡条约规定的，可以裁定撤销，发回原审人民法院重新审查，也可以直接作出变更的裁定。

❷ 拒绝引度事由

《引渡法》（2000 年）

第八条　外国向中华人民共和国提出的引渡请求，有下列情形之一的，应当拒绝引渡：

（一）根据中华人民共和国法律，被请求引渡人具有中华人民共和国国籍的；

（二）在收到引渡请求时，中华人民共和国的司法机关对于引渡请求所指的犯罪已经作出生效判决，或者已经终止刑事诉讼程序的；

（三）因政治犯罪而请求引渡的，或者中华人民共和国已经给予被请求引渡人受庇护权利的；

（四）被请求引渡人可能因其种族、宗教、国籍、性别、政治见解或者身份等方面的原因而被提起刑事诉讼或者执行刑罚，或者被请求引渡人在司法程序中可能由于上述原因受到不公正待遇的；

（五）根据中华人民共和国或者请求国法律，引渡请求所指的犯罪纯属军事犯罪的；

（六）根据中华人民共和国或者请求国法律，在收到引渡请求时，由于犯罪已过追诉时效期限或者被请求引渡人已被赦免等原因，不应当追究被请求引渡人的刑事责任的；

（七）被请求引渡人在请求国曾经遭受或者可能遭受酷刑或者其他残忍、不人道或者有辱人格的待遇或者处罚的；

（八）请求国根据缺席判决提出引渡请求的。但请求国承诺在引渡后对被请求引渡人给予在其出庭的情况下进行重新审判机会的除外。

第九条　外国向中华人民共和国提出的引渡请求，有下列情形之一的，可以拒绝引渡：

（一）中华人民共和国对于引渡请求所指的犯罪具有刑事管辖权，并且对被请求引渡人正在进行刑事诉讼或者准备提起刑事诉讼的；

（二）由于被请求引渡人的年龄、健康等原因，根据人道主义原则不宜引渡的。

080000 司法制裁案件

080100 司法制裁审查案件

080101 司法拘留案件

◈ **收案信息**

本案案号	
收案来源	本院依职权
涉案案号	
收案日期	

◈ **审查与批准信息**

审查意见	01. 拘留 02. 未予处罚
拘留事由❶	01. 违反法庭规则 02. 哄闹、冲击法庭，侮辱、诽谤、威胁、殴打审判人员，严重扰乱法庭秩序的 03. 伪造、毁灭重要证据，妨碍人民法院审理案件的 04. 以暴力、威胁、贿买方法阻止证人作证或者指使、贿买、胁迫他人作伪证的 05. 隐藏、转移、变卖、毁损已被查封、扣押的财产，或者已被清点并责令其保管的财产，转移已被冻结的财产的 06. 对司法工作人员、诉讼参加人、证人、翻译人员、鉴定人、勘验人、协助执行的人进行侮辱、诽谤、诬陷、殴打或者打击报复的 07. 以暴力、威胁或者其他方法阻碍司法工作人员执行职务的 08. 拒不履行人民法院已经发生法律效力的判决、裁定的

续表

拘留事由❶	09. 当事人之间恶意串通，企图通过诉讼、调解等方式侵害他人合法权益的 10. 被执行人与他人恶意串通，通过诉讼、仲裁、调解等方式逃避履行法律文书确定的义务的 11. 有关单位拒绝或者妨碍人民法院调查取证的 12. 有关单位接到人民法院协助执行通知书后，拒不协助查询、扣押、冻结、划拨、变价财产的 13. 有关单位接到人民法院协助执行通知书后，拒不协助扣留被执行人的收入、办理有关财产权证照转移手续、转交有关票证、证照或者其他财产的 14. 其他拒绝协助执行的 15. 被执行人拒绝报告或者虚假报告的 16. 破产债务人的有关人员违反本法规定，擅自离开住所地的 17. 破产管理人未依照本法规定勤勉尽责，忠实执行职务的 18. 任何单位和个人采取非法拘禁他人或者非法私自扣押他人财产追索债务的 19. 离婚时，一方隐藏、转移、变卖、毁损夫妻共同财产，或伪造债务企图侵占另一方财产的 255. 其他
审定日期	
审批结果	01. 同意 02. 不同意
审批日期	
决定拘留天数❷	
决定书❸	（文本）

❶ 拘留事由

《刑事诉讼法》(2012年)

第一百八十八条　经人民法院通知,证人没有正当理由不出庭作证的,人民法院可以强制其到庭,但是被告人的配偶、父母、子女除外。

证人没有正当理由拒绝出庭或者出庭后拒绝作证的,予以训诫,情节严重的,经院长批准,处以十日以下的拘留。被处罚人对拘留决定不服的,可以向上一级人民法院申请复议。复议期间不停止执行。

《行政诉讼法》(2014年)

第五十九条　诉讼参与人或者其他人有下列行为之一的,人民法院可以根据情节轻重,予以训诫、责令具结悔过或者处一万元以下的罚款、十五日以下的拘留;构成犯罪的,依法追究刑事责任:

(一)有义务协助调查、执行的人,对人民法院的协助调查决定、协助执行通知书,无故推拖、拒绝或者妨碍调查、执行的;

(二)伪造、隐藏、毁灭证据或者提供虚假证明材料,妨碍人民法院审理案件的;

(三)指使、贿买、胁迫他人作伪证或者威胁、阻止证人作证的;

(四)隐藏、转移、变卖、毁损已被查封、扣押、冻结的财产的;

(五)以欺骗、胁迫等非法手段使原告撤诉的;

(六)以暴力、威胁或者其他方法阻碍人民法院工作人员执行职务,或者以哄闹、冲击法庭等方法扰乱人民法院工作秩序的;

(七)对人民法院审判人员或者其他工作人员、诉讼参与人、协助调查和执行的人员恐吓、侮辱、诽谤、诬陷、殴打、围攻或者打击报复的。

人民法院对有前款规定的行为之一的单位,可以对其主要负责人或者直接责任人员依照前款规定予以罚款、拘留;构成犯罪的,依法追究刑事责任。

罚款、拘留须经人民法院院长批准。当事人不服的,可以向上一级人民法院申请复议一次。复议期间不停止执行。

第九十六条　行政机关拒绝履行判决、裁定、调解书的,第一审人民法院可以采取下列措施:

(一)对应当归还的罚款或者应当给付的款额,通知银行从该行政机关的账户内划拨;

(二)在规定期限内不履行的,从期满之日起,对该行政机关负责人按日处五十元至一百元的罚款;

（三）将行政机关拒绝履行的情况予以公告；

（四）向监察机关或者该行政机关的上一级行政机关提出司法建议。接受司法建议的机关，根据有关规定进行处理，并将处理情况告知人民法院；

（五）拒不履行判决、裁定、调解书，社会影响恶劣的，可以对该行政机关直接负责的主管人员和其他直接责任人员予以拘留；情节严重，构成犯罪的，依法追究刑事责任。

《民事诉讼法》（2012 年）

第一百一十条　诉讼参与人和其他人应当遵守法庭规则。

人民法院对违反法庭规则的人，可以予以训诫，责令退出法庭或者予以罚款、拘留。

人民法院对哄闹、冲击法庭，侮辱、诽谤、威胁、殴打审判人员，严重扰乱法庭秩序的人，依法追究刑事责任；情节较轻的，予以罚款、拘留。

第一百一十一条　诉讼参与人或者其他人有下列行为之一的，人民法院可以根据情节轻重予以罚款、拘留；构成犯罪的，依法追究刑事责任：

（一）伪造、毁灭重要证据，妨碍人民法院审理案件的；

（二）以暴力、威胁、贿买方法阻止证人作证或者指使、贿买、胁迫他人作伪证的；

（三）隐藏、转移、变卖、毁损已被查封、扣押的财产，或者已被清点并责令其保管的财产，转移已被冻结的财产的；

（四）对司法工作人员、诉讼参加人、证人、翻译人员、鉴定人、勘验人、协助执行的人，进行侮辱、诽谤、诬陷、殴打或者打击报复的；

（五）以暴力、威胁或者其他方法阻碍司法工作人员执行职务的；

（六）拒不履行人民法院已经发生法律效力的判决、裁定的。

人民法院对有前款规定的行为之一的单位，可以对其主要负责人或者直接责任人员予以罚款、拘留；构成犯罪的，依法追究刑事责任。

第一百一十二条　当事人之间恶意串通，企图通过诉讼、调解等方式侵害他人合法权益的，人民法院应当驳回其请求，并根据情节轻重予以罚款、拘留；构成犯罪的，依法追究刑事责任。

第一百一十三条　被执行人与他人恶意串通，通过诉讼、仲裁、调解等方式逃避履行法律文书确定的义务的，人民法院应当根据情节轻重予以罚款、拘留；构成犯罪的，依法追究刑事责任。

第一百一十四条　有义务协助调查、执行的单位有下列行为之一的，人民法院除责令其履行协助义务外，并可以予以罚款：

(一)有关单位拒绝或者妨碍人民法院调查取证的;

(二)有关单位接到人民法院协助执行通知书后,拒不协助查询、扣押、冻结、划拨、变价财产的;

(三)有关单位接到人民法院协助执行通知书后,拒不协助扣留被执行人的收入、办理有关财产权证照转移手续、转交有关票证、证照或者其他财产的;

(四)其他拒绝协助执行的。

人民法院对有前款规定的行为之一的单位,可以对其主要负责人或者直接责任人员予以罚款;对仍不履行协助义务的,可以予以拘留;并可以向监察机关或者有关机关提出予以纪律处分的司法建议。

第一百一十七条　任何单位和个人采取非法拘禁他人或者非法私自扣押他人财产追索债务的,应当依法追究刑事责任,或者予以拘留、罚款。

第二百四十一条　被执行人未按执行通知履行法律文书确定的义务,应当报告当前以及收到执行通知之日前一年的财产情况。被执行人拒绝报告或者虚假报告的,人民法院可以根据情节轻重对被执行人或者其法定代理人、有关单位的主要负责人或者直接责任人员予以罚款、拘留。

《破产法》(2007 年)

第一百二十九条　债务人的有关人员违反本法规定,擅自离开住所地的,人民法院可以予以训诫、拘留,可以依法并处罚款。

第一百三十条　管理人未依照本法规定勤勉尽责,忠实执行职务的,人民法院可以依法处以罚款;给债权人、债务人或者第三人造成损失的,依法承担赔偿责任。

《婚姻法》(2001 年)

第四十七条　离婚时,一方隐藏、转移、变卖、毁损夫妻共同财产,或伪造债务企图侵占另一方财产的……

人民法院对前款规定的妨害民事诉讼的行为,依照民事诉讼法的规定予以制裁。

❷ 决定拘留天数

《民事诉讼法》(2012 年)

第一百一十五条第二款　拘留的期限,为十五日以下。

❸ 决定书

《民事诉讼法》(2012 年)

第一百一十六条　拘传、罚款、拘留必须经院长批准。

拘传应当发拘传票。

罚款、拘留应当用决定书。对决定不服的,可以向上一级人民法院申请复议一次。复议期间不停止执行。

◆ **拘留执行与解除信息**

拘留执行日期	
拘留场所❶	01. 拘留所 02. 法院指定的场所
拘留解除事由	01. 行为人认错悔改 02. 决定不当被纠正
拘留解除决定日期	
解除拘留决定书	(文本)

❶ 拘留场所

《民事诉讼法》(2012 年)

第一百一十五条第三款　被拘留的人,由人民法院交公安机关看管。在拘留期间,被拘留人承认并改正错误的,人民法院可以决定提前解除拘留。

◆ **结案信息**

结案方式	01. 拘留 02. 未予处罚 03. 提前解除拘留
结案日期	
结案文书	

080102 司法罚款案件

◆ **收案信息**

本案案号	
收案来源	本院依职权
收案日期	

◆ **审查与批准信息**

审查意见	01. 罚款 02. 未予处罚
罚款事由	01. 违反法庭规则 02. 哄闹、冲击法庭,侮辱、诽谤、威胁、殴打审判人员,严重扰乱法庭秩序的 03. 伪造、毁灭重要证据,妨碍人民法院审理案件的 04. 以暴力、威胁、贿买方法阻止证人作证或者指使、贿买、胁迫他人作伪证的 05. 隐藏、转移、变卖、毁损已被查封、扣押的财产,或者已被清点并责令其保管的财产,转移已被冻结的财产的 06. 对司法工作人员、诉讼参加人、证人、翻译人员、鉴定人、勘验人、协助执行的人进行侮辱、诽谤、诬陷、殴打或者打击报复的 07. 以暴力、威胁或者其他方法阻碍司法工作人员执行职务的 08. 拒不履行人民法院已经发生法律效力的判决、裁定的 09. 当事人之间恶意串通,企图通过诉讼、调解等方式侵害他人合法权益的 10. 被执行人与他人恶意串通,通过诉讼、仲裁、调解等方式逃避履行法律文书确定的义务的 11. 有关单位拒绝或者妨碍人民法院调查取证的 12. 有关单位接到人民法院协助执行通知书后,拒不协助查询、扣押、冻结、划拨、变价财产的 13. 有关单位接到人民法院协助执行通知书后,拒不协助扣留被执行人的收入、办理有关财产权证照转移手续、转交有关票证、证照或者其他财产的 14. 其他拒绝协助执行的 15. 被执行人拒绝报告或者虚假报告的

续表

罚款事由	16. 破产债务人的有关人员违反本法规定，擅自离开住所地的 17. 破产管理人未依照本法规定勤勉尽责，忠实执行职务的 18. 任何单位和个人采取非法拘禁他人或者非法私自扣押他人财产追索债务的 19. 离婚时，一方隐藏、转移、变卖、毁损夫妻共同财产，或伪造债务企图侵占另一方财产的 255. 其他
审定日期	
审批结果	01. 同意 02. 不同意
审批日期	
决定罚款数额	
决定书	(文本)

罚款决定解除信息

罚款决定撤销日期	
撤销事由	01. 行为人认错悔改 02. 决定不当被纠正
决定书	(文本)
决定日期	

结案信息

结案方式	01. 罚款 02. 未予处罚 03. 撤销罚款决定
结案日期	
结案文书	

080200 司法制裁复议案件

◈ 收案信息

本案案号	
收案来源	当事人申请
司法制裁审查案号	
收案日期	

◈ 结案信息

结案方式	01. 维持 02. 撤销原决定 03. 变更原决定 04. 撤回复议申请 05. 按撤回复议申请处理 06. 终结
结案日期	
结案文书	(文本)

090000 非诉保全审查案件

090100 非诉财产保全审查案件

◆ **收案信息**

本案案号	
收案来源❶	申请人申请
非诉期间❷	01. 未起诉或提起仲裁期间 02. 仲裁审理期间 03. 上诉后二审法院接收移送案件前 04. 法律文书生效后进入执行程序前 05. 外国法院审理期间 06. 申请认可与执行香港特区法院裁判或仲裁裁决受理前 07. 申请认可与执行澳门特区法院裁判或仲裁裁决受理前 08. 申请认可与执行台湾地区法院裁判或仲裁裁决受理前
申请人	
被申请人	(包括海事请求保全的被请求人)
申请保全数额	
收案日期	(收到申请日期)
海事请求保全申请事项❸	01. 申请扣押船舶 02. 申请扣押船载货物 03. 申请扣押船用燃油 04. 申请扣押船用物料
申请扣押海事请求类型❹	01. 船舶营运造成的财产灭失或者损坏 02. 与船舶营运直接有关的人身伤亡 03. 海难救助

续表

申请扣押海事请求类型❹	04. 船舶对环境、海岸或者有关利益方造成的损害或者损害威胁;为预防、减少或者消除此种损害而采取的措施;为此种损害而支付的赔偿;为恢复环境而实际采取或者准备采取的合理措施的费用;第三方因此种损害而蒙受或者可能蒙受的损失;以及与本项所指的性质类似的损害、费用或者损失 05. 与起浮、清除、回收或者摧毁沉船、残骸、搁浅船、被弃船或者使其无害有关的费用,包括与起浮、清除、回收或者摧毁仍在或者曾在该船上的物件或者使其无害的费用,以及与维护放弃的船舶和维持其船员有关的费用 06. 船舶的使用或者租用的协议 07. 货物运输或者旅客运输的协议 08. 船载货物(包括行李)或者与其有关的灭失或者损坏 09. 共同海损 10. 拖航 11. 引航 12. 为船舶营运、管理、维护、维修提供物资或者服务 13. 船舶的建造、改建、修理、改装或者装备 14. 港口、运河、码头、港湾以及其他水道规费和费用 15. 船员的工资和其他款项,包括应当为船员支付的遣返费和社会保险费 16. 为船舶或者船舶所有人支付的费用 17. 船舶所有人或者光船承租人应当支付或者他人为其支付的船舶保险费(包括互保会费) 18. 船舶所有人或者光船承租人应当支付的或者他人为其支付的与船舶有关的佣金、经纪费或者代理费 19. 有关船舶所有权或者占有的纠纷 20. 船舶共有人之间有关船舶的使用或者收益的纠纷 21. 船舶抵押权或者同样性质的权利 22. 因船舶买卖合同产生的纠纷

续表

审查意见❺	01. 裁定保全 02. 裁定驳回申请
审定日期	
裁定书	（文本）

❶ 收案来源

《民事诉讼法》(2012 年)

第一百条　人民法院对于可能因当事人一方的行为或者其他原因,使判决难以执行或者造成当事人其他损害的案件,根据对方当事人的申请,可以裁定对其财产进行保全、责令其作出一定行为或者禁止其作出一定行为;当事人没有提出申请的,人民法院在必要时也可以裁定采取保全措施。

人民法院采取保全措施,可以责令申请人提供担保,申请人不提供担保的,裁定驳回申请。

人民法院接受申请后,对情况紧急的,必须在四十八小时内作出裁定;裁定采取保全措施的,应当立即开始执行。

第一百零一条　利害关系人因情况紧急,不立即申请保全将会使其合法权益受到难以弥补的损害的,可以在提起诉讼或者申请仲裁前向被保全财产所在地、被申请人住所地或者对案件有管辖权的人民法院申请采取保全措施。申请人应当提供担保,不提供担保的,裁定驳回申请。

人民法院接受申请后,必须在四十八小时内作出裁定;裁定采取保全措施的,应当立即开始执行。

申请人在人民法院采取保全措施后三十日内不依法提起诉讼或者申请仲裁的,人民法院应当解除保全。

《海事诉讼特别程序法》(1999 年)

第十二条　海事请求保全是指海事法院根据海事请求人的申请,为保障其海事请求的实现,对被请求人的财产所采取的强制措施。

《海事诉讼特别程序法解释》(2003 年)

第十三条　当事人在起诉前申请海事请求保全,应当向被保全的财产所在地海事法院提出。

第十八条　海事诉讼特别程序法第十二条规定的被请求人的财产包括船舶、船载货物、船用燃油以及船用物料。对其他财产的海事请求保全适用民事诉讼法有关财产保全的规定。

第二十条　海事诉讼特别程序法第十三条规定的被保全的财产所在地指船舶的所在地或者货物的所在地。当事人在诉讼前对已经卸载但在承运人掌管之下的货物申请海事请求保全,如果货物所在地不在海事法院管辖区域的,可以向卸货港所在地的海事法院提出,也可以向货物所在地的地方人民法院提出。

❷ 非诉期间

《民事诉讼法解释》(2015 年)

第一百六十一条　对当事人不服一审判决提起上诉的案件,在第二审人民法院接到报送的案件之前,当事人有转移、隐匿、出卖或者毁损财产等行为,必须采取保全措施的,由第一审人民法院依当事人申请或者依职权采取。第一审人民法院的保全裁定,应当及时报送第二审人民法院。

第一百六十三条　法律文书生效后,进入执行程序前,债权人因对方当事人转移财产等紧急情况,不申请保全将可能导致生效法律文书不能执行或者难以执行的,可以向执行法院申请采取保全措施。债权人在法律文书指定的履行期间届满后五日内不申请执行的,人民法院应当解除保全。

《海事诉讼特别程序法解释》(2003 年)

第二十一条　诉讼或者仲裁前申请海事请求保全适用海事诉讼特别程序法第十四条的规定。

外国法院已受理相关海事案件或者有关纠纷已经提交仲裁,但涉案财产在中华人民共和国领域内,当事人向财产所在地的海事法院提出海事请求保全申请的,海事法院应当受理。

《行政诉讼法解释》(2000 年)

第九十二条　行政机关或者具体行政行为确定的权利人申请人民法院强制执行前,有充分理由认为被执行人可能逃避执行的,可以申请人民法院采取财产保全措施。后者申请强制执行的,应当提供相应的财产担保。

最高人民法院《关于认可和执行台湾地区法院民事判决的规定》(2015 年)

第十条　人民法院受理认可台湾地区法院民事判决的申请之前或者之后,可以按照民事诉讼法及相关司法解释的规定,根据申请人的申请,裁定采取保全措施。

最高人民法院《关于认可和执行台湾地区仲裁裁决的规定》(2015 年)

第十条　人民法院受理认可台湾地区仲裁裁决的申请之前或者之后,可以按照民事诉讼法及相关司法解释的规定,根据申请人的申请,裁定采取保全措施。

最高人民法院《关于内地与香港特别行政区法院相互认可和执行当事人协议管辖的民商事案件判决的安排》(2008 年)

第十四条　法院受理认可和执行判决的申请之前或者之后,可以按照执行地法律关于财产保全或者禁制资产转移的规定,根据申请人的申请,对被申请人的财产采取保全或强制措施。

最高人民法院《关于内地与澳门特别行政区相互认可和执行民商事判决的安排》(2011 年)

第十五条　法院受理认可和执行判决的申请之前或者之后,可以按照被请求方法律关于财产保全的规定,根据申请人的申请,对被申请人的财产采取保全措施。

最高人民法院《关于内地与澳门特别行政区相互认可和执行仲裁裁决的安排》(2007 年)

第十一条　法院在受理认可和执行仲裁裁决申请之前或者之后,可以依当事人的申请,按照法院地法律规定,对被申请人的财产采取保全措施。

《刑事诉讼法解释》(2013 年)

第一百五十二条　人民法院对可能因被告人的行为或者其他原因,使附带民事判决难以执行的案件,根据附带民事诉讼原告人的申请,可以裁定采取保全措施,查封、扣押或者冻结被告人的财产;附带民事诉讼原告人未提出申请的,必要时,人民法院也可以采取保全措施。

有权提起附带民事诉讼的人因情况紧急,不立即申请保全将会使其合法权益受到难以弥补的损害的,可以在提起附带民事诉讼前,向被保全财产所在地、被申请人居住地或者对案件有管辖权的人民法院申请采取保全措施。申请人在人民法院受理刑事案件后十五日内未提起附带民事诉讼的,人民法院应当解除保全措施。

人民法院采取保全措施,适用民事诉讼法第一百条至第一百零五条的有关规定,但民事诉讼法第一百零一条第三款的规定除外。

③ 海事请求保全申请事项

《海事诉讼特别程序法》(1999 年)

第四十四条　海事请求人为保障其海事请求的实现,可以申请扣押船载货物。

申请扣押的船载货物,应当属于被请求人所有。

《海事诉讼特别程序法解释》(2003 年)

第十八条　海事诉讼特别程序法第十二条规定的被请求人的财产包括船舶、船载货物、船用燃油以及船用物料。

对其他财产的海事请求保全适用民事诉讼法有关财产保全的规定。

第三十九条　二十总吨以下小型船艇的扣押和拍卖,可以依照民事诉讼法规定的扣押和拍卖程序进行。

④ 申请扣押海事请求类型

《海事诉讼特别程序法》(1999 年)

第二十一条　下列海事请求,可以申请扣押船舶:

(一)船舶营运造成的财产灭失或者损坏;

(二)与船舶营运直接有关的人身伤亡;

(三)海难救助;

(四)船舶对环境、海岸或者有关利益方造成的损害或者损害威胁;为预防、减少或者消除此种损害而采取的措施;为此种损害而支付的赔偿;为恢复环境而实际采取或者准备采取的合理措施的费用;第三方因此种损害而蒙受或者可能蒙受的损失;以及与本项所指的性质类似的损害、费用或者损失;

(五)与起浮、清除、回收或者摧毁沉船、残骸、搁浅船、被弃船或者使其无害有关的费用,包括与起浮、清除、回收或者摧毁仍在或者曾在该船上的物件或者使其无害的费用,以及与维护放弃的船舶和维持其船员有关的费用;

(六)船舶的使用或者租用的协议;

(七)货物运输或者旅客运输的协议;

(八)船载货物(包括行李)或者与其有关的灭失或者损坏;

(九)共同海损;

(十)拖航;

(十一)引航;

(十二)为船舶营运、管理、维护、维修提供物资或者服务;

(十三)船舶的建造、改建、修理、改装或者装备;

(十四)港口、运河、码头、港湾以及其他水道规费和费用;

(十五)船员的工资和其他款项,包括应当为船员支付的遣返费和社会保险费;

(十六)为船舶或者船舶所有人支付的费用;

(十七)船舶所有人或者光船承租人应当支付或者他人为其支付的船舶保险费(包括互保会费);

(十八)船舶所有人或者光船承租人应当支付的或者他人为其支付的与船舶有关的佣金、经纪费或者代理费;

(十九)有关船舶所有权或者占有的纠纷;

(二十)船舶共有人之间有关船舶的使用或者收益的纠纷;

(二十一)船舶抵押权或者同样性质的权利;

(二十二)因船舶买卖合同产生的纠纷。

⑤ 审查意见

《民事诉讼法》(2012 年)

第一百条　人民法院对于可能因当事人一方的行为或者其他原因,使判决难以执行或者造成当事人其他损害的案件,根据对方当事人的申请,可以裁定对其财产进行保全、责令其作出一定行为或者禁止其作出一定行为;当事人没有提出申请的,人民法院在必要时也可以裁定采取保全措施。

人民法院采取保全措施,可以责令申请人提供担保,申请人不提供担保的,裁定驳回申请。

人民法院接受申请后,对情况紧急的,必须在四十八小时内作出裁定;裁定采取保全措施的,应当立即开始执行。

《海事诉讼特别程序法》(1999 年)

第十六条　海事法院受理海事请求保全申请,可以责令海事请求人提供担保。海事请求人不提供的,驳回其申请。

第十七条　海事法院接受申请后,应当在四十八小时内作出裁定。裁定采取海事请求保全措施的,应当立即执行;对不符合海事请求保全条件的,裁定驳回其申请。

当事人对裁定不服的,可以在收到裁定书之日起五日内申请复议一次。海事法院应当在收到复议申请之日起五日内作出复议决定。复议期间不停止裁定的执行。

利害关系人对海事请求保全提出异议,海事法院经审查,认为理由成立的,应当解除对其财产的保全。

◈ 海事保全财产拍卖与终止拍卖审查信息

申请事项	01. 拍卖 02. 终止拍卖
申请人类型❶	01. 海事请求人 02. 被申请人 03. 利害关系人
申请人	
申请日期	
申请拍卖财产类型❷	01. 船舶 02. 船载货物 03. 船载油料 04. 船载燃料 05. 留置的货物
审查意见❸	01. 准予拍卖 02. 不准予拍卖 03. 终止拍卖 04. 不准予终止拍卖
审定日期	
裁定书	(文本)

① 申请人类型

《海事诉讼特别程序法》(1999 年)

第二十九条　船舶扣押期间届满,被请求人不提供担保,而且船舶不宜继续扣押的,海事请求人可以在提起诉讼或者申请仲裁后,向扣押船舶的海事法院申请拍卖船舶。

第三十一条　海事请求人提交拍卖船舶申请后,又申请终止拍卖的,是否准许由海事法院裁定。海事法院裁定终止拍卖船舶的,为准备拍卖船舶所发生的费用由海事请求人承担。

第四十七条　船载货物扣押期间届满,被请求人不提供担保,而且货物不宜继续扣押的，海事请求人可以在提起诉讼或者申请仲裁后，向扣押船载货物的海事法院申请拍卖货物。

对无法保管、不易保管或者保管费用可能超过其价值的物品，海事请求人可以申请提前拍卖。

《海事诉讼特别程序法解释》(2003年)

第三十二条　利害关系人请求终止拍卖被扣押船舶的，是否准许，海事法院应当作出裁定；海事法院裁定终止拍卖船舶的，为准备拍卖船舶所发生的费用由利害关系人承担。

第三十三条　拍卖船舶申请人或者利害关系人申请终止拍卖船舶的，应当在公告确定的拍卖船舶日期届满七日前提出。

② 申请拍卖财产类型

《海事诉讼特别程序法解释》(2003年)

第四十条　申请人依据《中华人民共和国海商法》第八十八条规定申请拍卖留置的货物的，参照海事诉讼特别程序法关于拍卖船载货物的规定执行。

③ 审查意见

《海事诉讼特别程序法》(1999年)

第三十条　海事法院收到拍卖船舶的申请后，应当进行审查，作出准予或者不准予拍卖船舶的裁定。

当事人对裁定不服的，可以在收到裁定书之日起五日内申请复议一次。海事法院应当在收到复议申请之日起五日内作出复议决定。复议期间停止裁定的执行。

第三十一条　海事请求人提交拍卖船舶申请后，又申请终止拍卖的，是否准许由海事法院裁定。海事法院裁定终止拍卖船舶的，为准备拍卖船舶所发生的费用由海事请求人承担。

第四十八条　海事法院收到拍卖船载货物的申请后，应当进行审查，在七日内作出准予或者不准予拍卖船载货物的裁定。

当事人对裁定不服的，可以在收到裁定书之日起五日内申请复议一次。海事法院应当在收到复议申请之日起五日内作出复议决定。复议期间停止裁定的执行。

最高人民法院《关于扣押与拍卖船舶适用法律若干问题的规定》(2015年)

第十九条　海事法院裁定终止拍卖船舶的，应当同时裁定终结债权登记受偿程序，当事人已经缴纳的债权登记申请费予以退还。

◆ **结案信息**

结案方式	01. 转为其他案件中的保全 02. 准予撤回申请 03. 按撤回申请处理 04. 裁定驳回申请 05. 解除非诉保全 255. 其他
结案日期	
结案文书	

090200 非诉行为保全审查案件

◆ **收案信息**

本案案号	
收案来源❶	申请人申请
非诉期间❷	01. 未起诉或提起仲裁期间 02. 仲裁审理期间 03. 外国法院审理案件期间
申请人	
被申请人	
申请保全事项❸	01. 请求责令被申请人作出一定行为 02. 请求禁止被申请人作出一定行为
收案日期	
审查意见❹	01. 裁定责令作出一定作为 02. 裁定禁止作出一定行为 03. 裁定驳回申请
行为保全事项❺	01. 中止支付信用证项下款项 02. 中止支付保函项下款项 03. 停止侵犯知识产权 255. 其他

续表

审定日期	
裁定书	（文本）

❶ 收案来源

《民事诉讼法》（2012 年）

第一百条　人民法院对于可能因当事人一方的行为或者其他原因，使判决难以执行或者造成当事人其他损害的案件，根据对方当事人的申请，可以裁定对其财产进行保全、责令其作出一定行为或者禁止其作出一定行为；当事人没有提出申请的，人民法院在必要时也可以裁定采取保全措施。

人民法院采取保全措施，可以责令申请人提供担保，申请人不提供担保的，裁定驳回申请。

人民法院接受申请后，对情况紧急的，必须在四十八小时内作出裁定；裁定采取保全措施的，应当立即开始执行。

《海事诉讼特别程序法》（1999 年）

第五十一条　海事强制令是指海事法院根据海事请求人的申请，为使其合法权益免受侵害，责令被请求人作为或者不作为的强制措施。

最高人民法院《关于审理信用证纠纷案件若干问题的规定》（2006 年）

第十条　人民法院认定存在信用证欺诈的，应当裁定中止支付或者判决终止支付信用证项下款项，但有下列情形之一的除外：

（一）开证行的指定人、授权人已按照开证行的指令善意地进行了付款；

（二）开证行或者其指定人、授权人已对信用证项下票据善意地作出了承兑；

（三）保兑行善意地履行了付款义务；

（四）议付行善意地进行了议付。

第十一条　当事人在起诉前申请中止支付信用证项下款项符合下列条件的，人民法院应予受理：

（一）受理申请的人民法院对该信用证纠纷案件享有管辖权；

（二）申请人提供的证据材料证明存在本规定第八条的情形；

（三）如不采取中止支付信用证项下款项的措施，将会使申请人的合法权益受到难以弥补的损害；

(四)申请人提供了可靠、充分的担保;

(五)不存在本规定第十条的情形。

当事人在诉讼中申请中止支付信用证项下款项的,应当符合前款第(二)、(三)、(四)、(五)项规定的条件。

② 非诉期间

《海事诉讼特别程序法解释》(2003 年)

第四十一条　诉讼或者仲裁前申请海事强制令的,适用海事诉讼特别程序法第五十三条的规定。

外国法院已受理相关海事案件或者有关纠纷已经提交仲裁的,当事人向中华人民共和国的海事法院提出海事强制令申请,并向法院提供可以执行海事强制令的相关证据的,海事法院应当受理。

③ 申请保全事项

《专利法》(2009 年)

第六十六条　专利权人或者利害关系人有证据证明他人正在实施或者即将实施侵犯专利权的行为,如不及时制止将会使其合法权益受到难以弥补的损害的,可以在起诉前向人民法院申请采取责令停止有关行为的措施。

申请人提出申请时,应当提供担保;不提供担保的,驳回申请。

人民法院应当自接受申请之时起四十八小时内作出裁定;有特殊情况需要延长的,可以延长四十八小时。裁定责令停止有关行为的,应当立即执行。当事人对裁定不服的,可以申请复议一次;复议期间不停止裁定的执行。

申请人自人民法院采取责令停止有关行为的措施之日起十五日内不起诉的,人民法院应当解除该措施。

申请有错误的,申请人应当赔偿被申请人因停止有关行为所遭受的损失。

《商标法》(2014 年)

第六十五条　商标注册人或者利害关系人有证据证明他人正在实施或者即将实施侵犯其注册商标专用权的行为,如不及时制止将会使其合法权益受到难以弥补的损害的,可以依法在起诉前向人民法院申请采取责令停止有关行为和财产保全的措施。

《著作权法》(2010 年)

第五十条　著作权人或者与著作权有关的权利人有证据证明他人正在实施或者

即将实施侵犯其权利的行为,如不及时制止将会使其合法权益受到难以弥补的损害的,可以在起诉前向人民法院申请采取责令停止有关行为和财产保全的措施。

人民法院处理前款申请,适用《中华人民共和国民事诉讼法》第九十三条至第九十六条的规定。

④ 审查意见

《海事诉讼特别程序法》(1999 年)

第五十一条　海事强制令是指海事法院根据海事请求人的申请,为使其合法权益免受侵害,责令被请求人作为或者不作为的强制措施。

第五十五条　海事法院受理海事强制令申请,可以责令海事请求人提供担保。海事请求人不提供的,驳回其申请。

第五十七条　海事法院接受申请后,应当在四十八小时内作出裁定。裁定作出海事强制令的,应当立即执行;对不符合海事强制令条件的,裁定驳回其申请。

最高人民法院《关于审理信用证纠纷案件若干问题的规定》(2006 年)

第十二条　人民法院接受中止支付信用证项下款项申请后,必须在四十八小时内作出裁定;裁定中止支付的,应当立即开始执行。

人民法院作出中止支付信用证项下款项的裁定,应当列明申请人、被申请人和第三人。

⑤ 行为保全事项

最高人民法院《关于审理信用证纠纷案件若干问题的规定》(2006 年)

第十一条　当事人在起诉前申请中止支付信用证项下款项符合下列条件的,人民法院应予受理:

(一)受理申请的人民法院对该信用证纠纷案件享有管辖权;

(二)申请人提供的证据材料证明存在本规定第八条的情形;

(三)如不采取中止支付信用证项下款项的措施,将会使申请人的合法权益受到难以弥补的损害;

(四)申请人提供了可靠、充分的担保;

(五)不存在本规定第十条的情形。

当事人在诉讼中申请中止支付信用证项下款项的,应当符合前款第(二)、(三)、(四)、(五)项规定的条件。

◆ **结案信息**

结案方式	01. 转为其他案件中的保全 02. 准予撤回申请 03. 按撤回申请处理 04. 裁定驳回申请 05. 解除非诉保全 255. 其他
结案日期	
结案文书	

090300 非诉行为保全复议案件

◆ **收案信息**

本案案号	
收案来源	当事人申请
复议申请人	
申请复议事项❶	01. 裁定中止支付信用证项下款项裁定 02. 裁定中止支付保函项下款项裁定
收案日期	

❶ 申请复议事项

最高人民法院《关于审理信用证纠纷案件若干问题的规定》(2006 年)

第十三条　当事人对人民法院作出中止支付信用证项下款项的裁定有异议的,可以在裁定书送达之日起十日内向上一级人民法院申请复议。上一级人民法院应当自收到复议申请之日起十日内作出裁定。

复议期间,不停止原裁定的执行。

◆ **结案信息**

结案方式	01. 维持 02. 裁定驳回复议申请

续表

结案方式	03. 撤销原裁定并驳回中止支付申请 04. 准予撤回复议申请 05. 按撤回复议申请处理 255. 其他
结案日期	
结案文书	

090400 非诉证据保全审查案件

◆ 收案信息

本案案号	
收案来源❶	申请人申请
非诉期间❷	01. 未起诉或提起仲裁期间 02. 仲裁审理期间 03. 外国法院审理案件期间
申请人	
被申请人	
收案日期	
审查意见❸	01. 裁定保全 02. 裁定驳回申请
审定日期	
裁定书	

① 收案来源

《民事诉讼法》(2012 年)

第八十一条第二款　因情况紧急,在证据可能灭失或者以后难以取得的情况下,利害关系人可以在提起诉讼或者申请仲裁前向证据所在地、被申请人住所地或者对案件有管辖权的人民法院申请保全证据。

第八十一条第三款　证据保全的其他程序,参照适用本法第九章保全的有关规定。

《海事诉讼特别程序法》(1999 年)

第六十二条　海事证据保全是指海事法院根据海事请求人的申请,对有关海事请求的证据予以提取、保存或者封存的强制措施。

②非诉期间

《海事诉讼特别程序法解释》(2003 年)

第四十七条　诉讼前申请海事证据保全,适用海事诉讼特别程序法第六十四条的规定。

外国法院已受理相关海事案件或者有关纠纷已经提交仲裁,当事人向中华人民共和国的海事法院提出海事证据保全申请,并提供被保全的证据在中华人民共和国领域内的相关证据的,海事法院应当受理。

③审查意见

《海事诉讼特别程序法》(1999 年)

第六十六条　海事法院受理海事证据保全申请,可以责令海事请求人提供担保。海事请求人不提供的,驳回其申请。

第六十八条　海事法院接受申请后,应当在四十八小时内作出裁定。裁定采取海事证据保全措施的,应当立即执行;对不符合海事证据保全条件的,裁定驳回其申请。

◆ **结案信息**

结案方式	01. 转为其他案件中的保全 02. 准予撤回申请 03. 按撤回申请处理 04. 裁定驳回申请 05. 解除非诉保全 255. 其他
结案日期	
结案文书	

100000 执行类案件

基础信息

信息采集的案件范围
十、执行类案件
（一）执行实施类案件
01. 首次执行案件
02. 恢复执行案件
03. 财产保全执行案件
（二）执行审查类案件
01. 执行异议案件
02. 执行复议案件
03. 执行监督案件
04. 执行协调案件

执行突发事件信息

突发事件类型❶	01. 群体上访 02. 当事人自残 03. 群众围堵执行现场 04. 以暴力或暴力相威胁抗拒执行 255. 其他
突发事件等级❷	01. 特别重大 02. 重大 03. 较大 04. 一般
报告日期❸	

续表

应急预案启动事由❹	01. 涉执上访人员在15人以上 02. 涉执上访人员有无理取闹、缠诉领导、冲击机关等严重影响国家机关办公秩序行为 03. 涉执上访人员有自残行为 04. 当事人及相关人员携带易燃、易爆物品及管制刀具等凶器上访 05. 当事人及相关人员聚众围堵,可能导致执行现场失控 06. 当事人及相关人员在执行现场使用暴力或以暴力相威胁抗拒执行 255. 其他严重影响社会稳定或危害执行人员安全
致人伤亡情况	01. 死亡 02. 重伤 03. 轻伤 04. 轻微伤 05. 无
伤亡人数	
财产损失数额	
专项调查呈报日期❺	
专项调查报告	(文书)

① 突发事件类型

最高人民法院《关于人民法院预防和处理执行突发事件的若干规定(试行)》(2009年)

第一条　本规定所称执行突发事件,是指在执行工作中突然发生,造成或可能危及执行人员及其他人员人身财产安全,严重干扰执行工作秩序,需要采取应急处理措施予以应对的群体上访、当事人自残、群众围堵执行现场、以暴力或暴力相威胁抗拒执行等事件。

② 突发事件等级

最高人民法院《关于人民法院预防和处理执行突发事件的若干规定(试行)》(2009年)

第二条　按照危害程度、影响范围等因素,执行突发事件分为特别重大、重大、较大和一般四级。

特别重大的执行突发事件是指严重影响社会稳定、造成人员死亡或3人以上伤残的事件。

除特别重大执行突发事件外,分级标准由各高级人民法院根据辖区实际自行制定。

③ 报告日期

最高人民法院《关于人民法院预防和处理执行突发事件的若干规定(试行)》(2009年)

第十二条 执行人员在执行过程中,发现有执行突发事件苗头,应当及时向执行突发事件应急处理工作机构报告。执行法院必须启动应急处理预案,采取有效措施全力化解执行突发事件危机。

④ 应急预案启动事由

最高人民法院《关于人民法院预防和处理执行突发事件的若干规定(试行)》(2009年)

第十四条 发生下列情形,必须启动执行突发事件应急处理预案:

(一)涉执上访人员在15人以上的;

(二)涉执上访人员有无理取闹、缠诉领导、冲击机关等严重影响国家机关办公秩序行为的;

(三)涉执上访人员有自残行为的;

(四)当事人及相关人员携带易燃、易爆物品及管制刀具等凶器上访的;

(五)当事人及相关人员聚众围堵,可能导致执行现场失控的;

(六)当事人及相关人员在执行现场使用暴力或以暴力相威胁抗拒执行的;

(七)其他严重影响社会稳定或危害执行人员安全的。

⑤ 专项调查呈报日期

最高人民法院《关于人民法院预防和处理执行突发事件的若干规定(试行)》(2009年)

第十九条 执行突发事件发生后,执行法院必须就该事件进行专项调查,形成书面报告材料,在5个工作日内逐级上报至高级人民法院。对特别重大执行突发事件,高级人民法院应当立即组织调查,并在3个工作日内书面报告最高人民法院。

听证信息

听证事项❶	01. 终结本次执行程序 02. 参与分配

续表

听证事项❶	255. 其他事项
其他事项内容	
听证日期❷	

❶ 听证事项

最高人民法院《关于人民法院执行公开的若干规定》(2006 年)

第十一条　人民法院在办理参与分配的执行案件时,应当将被执行人财产的处理方案、分配原则和分配方案以及相关法律规定告知申请参与分配的债权人。必要时,应当组织各方当事人举行听证会。

最高人民法院《关于执行案件立案、结案若干问题的意见》(2014 年)

第十六条第三款　依据本条第一款第(二)、(四)、(五)、(六)项规定的情形裁定终结本次执行程序前,应当告知申请执行人可以在指定的期限内提出异议。申请执行人提出异议的,应当另行组成合议庭组织当事人就被执行人是否有财产可供执行进行听证;申请执行人提供被执行人财产线索的,人民法院应当就其提供的线索重新调查核实,发现被执行人有财产可供执行的,应当继续执行;经听证认定被执行人确无财产可供执行,申请执行人亦不能提供被执行人有可供执行财产的,可以裁定终结本次执行程序。

❷ 听证日期

最高人民法院《关于人民法院办理执行案件若干期限的规定》(2006 年)

第十条　对执行异议的审查需进行听证的,合议庭应当在决定听证后 10 日内组织异议人、申请执行人、被执行人及其他利害关系人进行听证。

承办人应当在听证结束后 5 日内提出审查处理意见。

最高人民法院《关于人民法院执行公开的若干规定》(2006 年)

第十二条　人民法院对案外人异议、不予执行的申请以及变更、追加被执行主体等重大执行事项,一般应当公开听证进行审查;案情简单,事实清楚,没有必要听证的,人民法院可以直接审查。审查结果应当依法制作裁定书送达各方当事人。

妨碍执行强制措施信息

强制措施类型❶	01. 拘传 02. 罚款 03. 拘留
采取强制措施事由❷	01. 违反限制消费令 02. 必须到法院接受询问，但经两次传票传唤，无正当理由拒不到场 03. 有义务协助调查、执行的人，对人民法院的协助调查决定、协助执行通知书，无故推拖、拒绝或者妨碍调查、执行 04. 以暴力、威胁或者其他方法阻碍人民法院工作人员执行职务，或者以哄闹、冲击法庭等方法扰乱人民法院工作秩序 05. 对人民法院审判人员或者其他工作人员、诉讼参与人、协助调查和执行的人员恐吓、侮辱、诽谤、诬陷、殴打、围攻或者打击报复 06. 拒不履行判决、裁定、调解书，社会影响恶劣的 07. 隐藏、转移、变卖、毁损已被查封、扣押、冻结的财产 08. 伪造、隐藏、毁灭或者拒绝交出有关被执行人履行能力的重要证据，妨碍人民法院查明被执行人财产状况 09. 擅自解冻已被人民法院冻结的财产 10. 接到人民法院协助执行通知书后，给当事人通风报信，协助其转移、隐匿财产的 11. 在法律文书发生法律效力后隐藏、转移、变卖、毁损财产或者无偿转让财产、以明显不合理的价格交易财产、放弃到期债权、无偿为他人提供担保等，致使人民法院无法执行 12. 隐藏、转移、毁损或者未经人民法院允许处分已向人民法院提供担保的财产

续表

采取强制措施事由❷	13. 有履行能力而拒不按照人民法院执行通知履行生效法律文书确定的义务 14. 有义务协助执行的个人接到人民法院协助执行通知书后,拒不协助执行 15. 被执行人或者其他人对已执行的标的有妨害行为 255. 其他
行为人❸	01. 被执行人 02. 被执行人的法定代表人或负责人 03. 直接责任人 255. 其他
决定日期	
决定书	(文本)

❶ 强制措施类型

最高人民法院《关于人民法院执行工作若干问题的规定(试行)》(1998 年)

97. 对必须到人民法院接受询问的被执行人或被执行人的法定代表人或负责人,经两次传票传唤,无正当理由拒不到场的,人民法院可以对其进行拘传。

100. 被执行人或其他人有下列拒不履行生效法律文书或者妨害执行行为之一的,人民法院可以依照民事诉讼法第一百零二条的规定处理:

(1)隐藏、转移、变卖、毁损向人民法院提供执行担保的财产的;

(2)案外人与被执行人恶意串通转移被执行人财产的;

(3)故意撕毁人民法院执行公告、封条的;

(4)伪造、隐藏、毁灭有关被执行人履行能力的重要证据,妨碍人民法院查明被执行人财产状况的;

(5)指使、贿买、胁迫他人对被执行人的财产状况和履行义务的能力问题作伪证的;

(6)妨碍人民法院依法搜查的;

(7)以暴力、威胁或其他方法妨碍或抗拒执行的;

(8)哄闹、冲击执行现场的;

(9)对人民法院执行人员或协助执行人员进行侮辱、诽谤、诬陷、围攻、威胁、殴打或者打击报复的;

(10)毁损、抢夺执行案件材料、执行公务车辆、其他执行器械、执行人员服装和执行公务证件的。

❷ 采取强制措施事由

最高人民法院《关于限制被执行人高消费及有关消费的若干规定》(2015 年)

第十一条　被执行人违反限制消费令进行消费的行为属于拒不履行人民法院已经发生法律效力的判决、裁定的行为,经查证属实的,依照《中华人民共和国民事诉讼法》第一百一十一条的规定,予以拘留、罚款;情节严重,构成犯罪的,追究其刑事责任。

有关单位在收到人民法院协助执行通知书后,仍允许被执行人进行高消费及非生活或者经营必需的有关消费的,人民法院可以依照《中华人民共和国民事诉讼法》第一百一十四条的规定,追究其法律责任。

《行政诉讼法》(2014 年)

第五十九条　诉讼参与人或者其他人有下列行为之一的,人民法院可以根据情节轻重,予以训诫、责令具结悔过或者处一万元以下的罚款、十五日以下的拘留;构成犯罪的,依法追究刑事责任:

(一)有义务协助调查、执行的人,对人民法院的协助调查决定、协助执行通知书,无故推拖、拒绝或者妨碍调查、执行的;

(二)伪造、隐藏、毁灭证据或者提供虚假证明材料,妨碍人民法院审理案件的;

(三)指使、贿买、胁迫他人作伪证或者威胁、阻止证人作证的;

(四)隐藏、转移、变卖、毁损已被查封、扣押、冻结的财产的;

(五)以欺骗、胁迫等非法手段使原告撤诉的;

(六)以暴力、威胁或者其他方法阻碍人民法院工作人员执行职务,或者以哄闹、冲击法庭等方法扰乱人民法院工作秩序的;

(七)对人民法院审判人员或者其他工作人员、诉讼参与人、协助调查和执行的人员恐吓、侮辱、诽谤、诬陷、殴打、围攻或者打击报复的。

人民法院对有前款规定的行为之一的单位,可以对其主要负责人或者直接责任人员依照前款规定予以罚款、拘留;构成犯罪的,依法追究刑事责任。

罚款、拘留须经人民法院院长批准。当事人不服的,可以向上一级人民法院申请复议一次。复议期间不停止执行。

第九十六条　行政机关拒绝履行判决、裁定、调解书的,第一审人民法院可以采取下列措施:

(一)对应当归还的罚款或者应当给付的款额,通知银行从该行政机关的账户内划拨;

(二)在规定期限内不履行的,从期满之日起,对该行政机关负责人按日处五十元至一百元的罚款;

(三)将行政机关拒绝履行的情况予以公告;

(四)向监察机关或者该行政机关的上一级行政机关提出司法建议。接受司法建议的机关,根据有关规定进行处理,并将处理情况告知人民法院;

(五)拒不履行判决、裁定、调解书,社会影响恶劣的,可以对该行政机关直接负责的主管人员和其他直接责任人员予以拘留;情节严重,构成犯罪的,依法追究刑事责任。

《民事诉讼法解释》(2015 年)

第一百八十八条　民事诉讼法第一百一十一条第一款第六项规定的拒不履行人民法院已经发生法律效力的判决、裁定的行为,包括:

(一)在法律文书发生法律效力后隐藏、转移、变卖、毁损财产或者无偿转让财产、以明显不合理的价格交易财产、放弃到期债权、无偿为他人提供担保等,致使人民法院无法执行的;

(二)隐藏、转移、毁损或者未经人民法院允许处分已向人民法院提供担保的财产的;

(三)违反人民法院限制高消费令进行消费的;

(四)有履行能力而拒不按照人民法院执行通知履行生效法律文书确定的义务的;

(五)有义务协助执行的个人接到人民法院协助执行通知书后,拒不协助执行的。

第一百八十九条　诉讼参与人或者其他人有下列行为之一的,人民法院可以适用民事诉讼法第一百一十一条的规定处理:

(一)冒充他人提起诉讼或者参加诉讼的;

(二)证人签署保证书后作虚假证言,妨碍人民法院审理案件的;

(三)伪造、隐藏、毁灭或者拒绝交出有关被执行人履行能力的重要证据,妨碍人民法院查明被执行人财产状况的;

(四)擅自解冻已被人民法院冻结的财产的;

(五)接到人民法院协助执行通知书后,给当事人通风报信,协助其转移、隐匿财产的。

第五百二十一条　在执行终结六个月内,被执行人或者其他人对已执行的标的有妨害行为的，人民法院可以依申请排除妨害，并可以依照民事诉讼法第一百一十一条规定进行处罚。因妨害行为给执行债权人或者其他人造成损失的，受害人可以另行起诉。

③ 行为人

最高人民法院《关于人民法院执行工作若干问题的规定(试行)》(1998年)

97. 对必须到人民法院接受询问的被执行人或被执行人的法定代表人或负责人，经两次传票传唤，无正当理由拒不到场的，人民法院可以对其进行拘传。

100100 执行实施类案件

基础信息

◆ 当事人信息

信息采集的案件范围
十、执行类案件
(一)执行实施类案件
01. 首次执行案件
02. 恢复执行案件
03. 财产保全执行案件

当事人	(姓名或名称)
案件地位	01. 申请执行人 02. 被执行人 03. 异议人 04. 申请复议人 05. 利害关系人 06. 案外人 07. 申请人 08. 被申请人 09. 第三人

◆财产报告信息

信息采集的案件范围
十、执行类案件
(一)执行实施类案件
01. 首次执行案件
02. 恢复执行案件

• 财产报告令信息

财产报告令发出日期❶	
财产报告期间届满日期	
财产报告令	(文书)

① 财产报告令发出日期

《执行程序解释》(2009年)

第三十一条　人民法院依照民事诉讼法第二百一十七条规定责令被执行人报告财产情况的,应当向其发出报告财产令。报告财产令中应当写明报告财产的范围、报告财产的期间、拒绝报告或者虚假报告的法律后果等内容。

• 财产报告信息

财产报告日期❶	
财产补充报告日期❷	
报告财产类型❸	01. 货币现金 02. 存款 03. 有价证券 04. 土地使用权 05. 房产 06. 交通运输工具 07. 机器设备 08. 产品、原材料 09. 债权

续表

报告财产类型	10. 股权份额 11. 股票 12. 基金 13. 知识产权 14. 古玩字画 255. 其他财产
其他财产名称	
财产编号	（案号＋两位类型编号＋两位自然数序号）
银行账号	
银行存款数额	
证照类型❹	01. 房产证 02. 土地证 03. 林权证 04. 专利证 05. 商标证 06. 车辆登记证 07. 土地承包证 255. 其他证照
财产登记证书号码	（不动产、交通运输工具、知识产权）
财产名称	
财产数量	
财产估值	
机器设备名称	
设备折旧价值	
产品、原材料品名	
数量	

续表

有价证券种类	01. 国库券 02. 企业债券 255. 其他有价证券
有价证券数量	
有价证券单价	
股权份额	
股权所在企业	
基金名称	
基金份额	
债权数额	
债务人	
股票代码	
股票数量	
单股价格	
股票银行账号	

① 财产报告日期

《民事诉讼法》(2012 年)

第二百四十一条　被执行人未按执行通知履行法律文书确定的义务,应当报告当前以及收到执行通知之日前一年的财产情况。被执行人拒绝报告或者虚假报告的,人民法院可以根据情节轻重对被执行人或者其法定代理人、有关单位的主要负责人或者直接责任人员予以罚款、拘留。

② 财产补充报告日期

《执行程序解释》(2009 年)

第三十三条　被执行人报告财产后,其财产情况发生变动,影响申请执行人债权实现的,应当自财产变动之日起十日内向人民法院补充报告。

③ 报告财产类型

《执行程序解释》(2009 年)

第三十二条　被执行人依照民事诉讼法第二百一十七条的规定,应当书面报告下列财产情况:

(一)收入、银行存款、现金、有价证券;

(二)土地使用权、房屋等不动产;

(三)交通运输工具、机器设备、产品、原材料等动产;

(四)债权、股权、投资权益、基金、知识产权等财产性权利;

(五)其他应当报告的财产。

被执行人自收到执行通知之日前一年至当前财产发生变动的,应当对该变动情况进行报告。

被执行人在报告财产期间履行全部债务的,人民法院应当裁定终结报告程序。

④ 证照类型

《民事诉讼法》(2012 年)

第二百五十一条　在执行中,需要办理有关财产权证照转移手续的,人民法院可以向有关单位发出协助执行通知书,有关单位必须办理。

- **财产报告终结信息**

财产报告终结日期❶	
裁定书	

① 财产报告终结日期

《执行程序解释》(2009 年)

第三十二条　被执行人依照民事诉讼法第二百一十七条的规定,应当书面报告下列财产情况:

(一)收入、银行存款、现金、有价证券;

(二)土地使用权、房屋等不动产;

(三)交通运输工具、机器设备、产品、原材料等动产;

(四)债权、股权、投资权益、基金、知识产权等财产性权利;

(五)其他应当报告的财产。

被执行人自收到执行通知之日前一年至当前财产发生变动的,应当对该变动情况进行报告。

被执行人在报告财产期间履行全部债务的,人民法院应当裁定终结报告程序。

◆ **财产查明信息**

信息采集的案件范围
十、执行类案件
(一)执行实施类案件
01. 首次执行案件
02. 恢复执行案件

● **财产查明线索信息**

财产线索来源	01. 申请执行人提供 02. 被执行人财产报告 03. 悬赏公告 255. 其他
线索提供日期	
线索提供人	

● **财产调查信息**

财产调查方式❶	01. 网络查控 02. 搜查 03. 执行人员直接调查核实 255. 其他
财产调查日期❷	
查得财产类型❸	01. 货币现金 02. 存款 03. 有价证券 04. 土地使用权 05. 房产 06. 交通运输工具

续表

查得财产类型❸	07. 机器设备 08. 产品、原材料 09. 债权 10. 股权份额 11. 股票 12. 基金 13. 知识产权 14. 古玩字画 255. 其他财产
其他财产名称	
财产编号	（案号+两位类型编号+两位自然数序号）
银行账号	
银行存款数额	
证照类型❹	01. 房产证 02. 土地证 03. 林权证 04. 专利证 05. 商标证 06. 车辆登记证 07. 土地承包证 255. 其他证照
财产登记证书号码	（不动产、交通运输工具、知识产权）
财产名称	
财产数量	
财产估值	
机器设备名称	
设备折旧价值	
产品、原材料品名	

续表

数量	
有价证券种类	01. 国库券 02. 企业债券 255. 其他有价证券
有价证券数量	
有价证券单价	
股权份额	
股权所在企业	
基金名称	
基金份额	
债权数额	
债务人	
股票代码	
股票数量	
单股价格	
股票银行账号	

① 财产调查方式

《民事诉讼法》(2012 年)

第二百四十八条　被执行人不履行法律文书确定的义务,并隐匿财产的,人民法院有权发出搜查令,对被执行人及其住所或者财产隐匿地进行搜查。

采取前款措施,由院长签发搜查令。

第四百九十六条　在执行中,被执行人隐匿财产、会计账簿等资料的,人民法院除可依照民事诉讼法第一百一十一条第一款第六项规定对其处理外,还应责令被执行人交出隐匿的财产、会计账簿等资料。被执行人拒不交出的,人民法院可以采取搜查措施。

② 财产调查日期

《民事诉讼法解释》(2015 年)

第四百八十五条　人民法院有权查询被执行人的身份信息与财产信息,掌握相关信息的单位和个人必须按照协助执行通知书办理。

最高人民法院《关于人民法院办理执行案件若干期限的规定》(2006 年)

第六条　申请执行人提供了明确、具体的财产状况或财产线索的，承办人应当在申请执行人提供财产状况或财产线索后 5 日内进行查证、核实。情况紧急的，应当立即予以核查。

申请执行人无法提供被执行人财产状况或财产线索，或者提供财产状况或财产线索确有困难，需人民法院进行调查的，承办人应当在申请执行人提出调查申请后 10 日内启动调查程序。

根据案件具体情况，承办人一般应当在 1 个月内完成对被执行人收入、银行存款、有价证券、不动产、车辆、机器设备、知识产权、对外投资权益及收益、到期债权等资产状况的调查。

③ 查得财产类型

《执行程序解释》(2009 年)

第三十二条　被执行人依照民事诉讼法第二百一十七条的规定，应当书面报告下列财产情况：

(一)收入、银行存款、现金、有价证券；

(二)土地使用权、房屋等不动产；

(三)交通运输工具、机器设备、产品、原材料等动产；

(四)债权、股权、投资权益、基金、知识产权等财产性权利；

(五)其他应当报告的财产。

被执行人自收到执行通知之日前一年至当前财产发生变动的，应当对该变动情况进行报告。

被执行人在报告财产期间履行全部债务的，人民法院应当裁定终结报告程序。

④ 证照类型

《民事诉讼法》(2012 年)

第二百五十一条　在执行中，需要办理有关财产权证照转移手续的，人民法院可以向有关单位发出协助执行通知书，有关单位必须办理。

◆ **网络查控信息**

信息采集的案件范围
十、执行类案件
(一)执行实施类案件

续表

01. 首次执行案件
02. 恢复执行案件
03. 财产保全执行案件

- **网络查控基本信息**

查控文书发出日期	
协助查控单位种类	01. 工商银行 02. 农业银行 03. 交通银行 04. 建设银行 05. 中国银行 06. 邮政储蓄 07. 人民银行 08. 其他银行业金融机构 09. 工商行政管理部门 10. 不动产登记部门 11. 公安 12. 边防 13. 海关 14. 知识产权管理部门 15. 证券交易机构 255. 其他
查控回复日期❶	

❶ 查控回复日期

最高人民法院《关于网络查询、冻结被执行人存款的规定》(2013 年)

第四条　人民法院向金融机构传输的法律文书,应当加盖电子印章。

作为协助执行人的金融机构完成查询、冻结等事项后,应当及时通过网络向人民法院回复加盖电子印章的查询、冻结等结果。

人民法院出具的电子法律文书、金融机构出具的电子查询、冻结等结果，与纸质法律文书及反馈结果具有同等效力。

金融机构异议审查信息

金融机构异议日期❶	
审查意见❷	01. 继续执行查控 02. 退回查控
审定日期	
回复金融机构日期	

① 金融机构异议日期

最高人民法院《关于网络查询、冻结被执行人存款的规定》(2013 年)

第六条　金融机构认为人民法院通过网络执行查控系统采取的查控措施违反相关法律、行政法规规定的，应当向人民法院书面提出异议。人民法院应当在 15 日内审查完毕并书面回复。

第十条　人民法院与工商行政管理、证券监管、土地房产管理等协助执行单位已建立网络执行查控机制，通过网络执行查控系统对被执行人股权、股票、证券账户资金、房地产等其他财产采取查控措施的，参照本规定执行。

② 审查意见

最高人民法院《关于网络查询、冻结被执行人存款的规定》(2013 年)

第六条　金融机构认为人民法院通过网络执行查控系统采取的查控措施违反相关法律、行政法规规定的，应当向人民法院书面提出异议。人民法院应当在 15 日内审查完毕并书面回复。

中止与恢复执行信息

信息采集的案件范围
十、执行类案件
（一）执行实施类案件
01. 首次执行案件
02. 恢复执行案件
03. 财产保全执行案件

中止执行信息

中止执行事由❶	01. 申请人表示可以延期执行 02. 案外人对执行标的提出确有理由的异议 03. 公民死亡,需要等待继承人继承权利或者承担义务 04. 法人或者其他组织终止,尚未确定权利义务承受人 05. 因作为被执行人的企业法人符合破产法规定情形而移交被执行人住所地人民法院进行破产审查 06. 执行的标的物是其他法院或仲裁机构正在审理的案件争议标的物 07. 另一方当事人申请撤销仲裁裁决 08. 被执行人向人民法院提出不予执行请求并提供适当担保 09. 执行依据被提起再审 10. 被执行人无确切住所,长期下落不明,又无财产可供执行 11. 共有人提起析产诉讼或者申请执行人代位提起析产诉讼 12. 当事人达成执行和解并申请中止执行的 255. 人民法院认为应当中止执行的情形
中止执行日期	

❶ 中止执行事由

《民事诉讼法》(2012 年)

第二百五十六条　有下列情形之一的,人民法院应当裁定中止执行:

(一)申请人表示可以延期执行的;

(二)案外人对执行标的提出确有理由的异议的;

(三)作为一方当事人的公民死亡,需要等待继承人继承权利或者承担义务的;

(四)作为一方当事人的法人或者其他组织终止,尚未确定权利义务承受人的;

(五)人民法院认为应当中止执行的其他情形。

中止的情形消失后,恢复执行。

《刑事诉讼法解释》(2013 年)

第四百四十三条　执行财产刑过程中,具有下列情形之一的,人民法院应当裁定中止执行:

（一）执行标的物系人民法院或者仲裁机构正在审理案件的争议标的物，需等待该案件审理完毕确定权属的；

（二）案外人对执行标的物提出异议的；

（三）应当中止执行的其他情形。

中止执行的原因消除后，应当恢复执行。

最高人民法院《关于人民法院执行工作若干问题的规定（试行）》（1998 年）

102. 有下列情形之一的，人民法院应当依照民事诉讼法第二百三十四条第一款第五项的规定裁定中止执行：

（1）人民法院已受理以被执行人为债务人的破产申请的；

（2）被执行人确无财产可供执行的；

（3）执行的标的物是其他法院或仲裁机构正在审理的案件争议标的物，需要等待该案件审理完毕确定权属的；

（4）一方当事人申请执行仲裁裁决，另一方当事人申请撤销仲裁裁决的；

（5）仲裁裁决的被申请执行人依据民事诉讼法第二百一十七条第二款的规定向人民法院提出不予执行请求，并提供适当担保的。

《民事诉讼法解释》（2015 年）

第五百一十三条　在执行中，作为被执行人的企业法人符合企业破产法第二条第一款规定情形的，执行法院经申请执行人之一或者被执行人同意，应当裁定中止对该被执行人的执行，将执行案件相关材料移送被执行人住所地人民法院。

《仲裁法》（1995 年）

第六十四条　一方当事人申请执行裁决，另一方当事人申请撤销裁决的，人民法院应当裁定中止执行。

人民法院裁定撤销裁决的，应当裁定终结执行。撤销裁决的申请被裁定驳回的，人民法院应当裁定恢复执行。

最高人民法院《关于内地与澳门特别行政区相互认可和执行仲裁裁决的安排》（2006 年）

第九条　一方当事人向一地法院申请执行仲裁裁决，另一方当事人向另一地法院申请撤销该仲裁裁决，被执行人申请中止执行且提供充分担保的，执行法院应当中止执行。

根据经认可的撤销仲裁裁决的判决、裁定，执行法院应当终结执行程序；撤销仲裁裁决申请被驳回的，执行法院应当恢复执行。

当事人申请中止执行的，应当向执行法院提供其他法院已经受理申请撤销仲裁裁决案件的法律文书。

最高人民法院《关于人民法院民事执行中查封、扣押、冻结财产的规定》(2004年)

第十四条　对被执行人与其他人共有的财产,人民法院可以查封、扣押、冻结,并及时通知共有人。

共有人协议分割共有财产,并经债权人认可的,人民法院可以认定有效。查封、扣押、冻结的效力及于协议分割后被执行人享有份额内的财产;对其他共有人享有份额内的财产的查封、扣押、冻结,人民法院应当裁定予以解除。

共有人提起析产诉讼或者申请执行人代位提起析产诉讼的,人民法院应当准许。诉讼期间中止对该财产的执行。

- **执行中移送破产审查信息**

移送破产审查日期	
受移送法院	
破产案件案号	
答复日期	

- **恢复执行信息**

恢复执行方式❶	01. 依申请 02. 依职权
恢复执行申请日期	
恢复执行日期	

❶ 恢复执行方式

最高人民法院《关于人民法院执行工作若干问题的规定(试行)》(1998年)

104. 中止执行的情形消失后,执行法院可以根据当事人的申请或依职权恢复执行。

恢复执行应当书面通知当事人。

◆ **暂缓与恢复执行信息**

信息采集的案件范围
十、执行类案件
(一)执行实施类案件
01. 首次执行案件
02. 恢复执行案件

暂缓执行信息

暂缓执行事由❶	01. 上级法院发现据以执行的生效法律文书确有错误等待审判监督程序处理 02. 上级法院申诉案件复查期间决定暂缓执行 03. 被执行人提供担保 04. 上级法院执行监督 255. 其他
暂缓执行期限起始日期	
暂缓执行期限届满日期	
暂缓执行决定日期	

❶ 暂缓执行事由

《民事诉讼法》(2012 年)

第二百三十一条　在执行中,被执行人向人民法院提供担保,并经申请执行人同意的,人民法院可以决定暂缓执行及暂缓执行的期限。被执行人逾期仍不履行的,人民法院有权执行被执行人的担保财产或者担保人的财产。

《民事诉讼法解释》(2015 年)

第四百六十九条　人民法院依照民事诉讼法第二百三十一条规定决定暂缓执行的,如果担保是有期限的,暂缓执行的期限应当与担保期限一致,但最长不得超过一年。被执行人或者担保人对担保的财产在暂缓执行期间有转移、隐藏、变卖、毁损等行为的,人民法院可以恢复强制执行。

最高人民法院《关于人民法院执行工作若干问题的规定(试行)》(1998 年)

130. 上级法院发现下级法院在执行中作出的裁定、决定、通知或具体执行行为不当或有错误的,应当及时指令下级法院纠正,并可以通知有关法院暂缓执行。

下级法院收到上级法院的指令后必须立即纠正。如果认为上级法院的指令有错误,可以在收到该指令后五日内请求上级法院复议。

上级法院认为请求复议的理由不成立,而下级法院仍不纠正的,上级法院可直接作出裁定或决定予以纠正,送达有关法院及当事人,并可直接向有关单位发出协助执行通知书。

133. 上级法院在监督、指导、协调下级法院执行案件中,发现据以执行的生效法律文书确有错误的,应当书面通知下级法院暂缓执行,并按照审判监督程序处理。

134. 上级法院在申诉案件复查期间,决定对生效法律文书暂缓执行的,有关审判庭应当将暂缓执行的通知抄送执行机构。

135. 上级法院通知暂缓执行的,应同时指定暂缓执行的期限。暂缓执行的期限一般不得超过三个月。有特殊情况需要延长的,应报经院长批准,并及时通知下级法院。

暂缓执行的原因消除后,应当及时通知执行法院恢复执行。期满后上级法院未通知继续暂缓执行的,执行法院可以恢复执行。

- **恢复执行信息**

恢复执行方式	01. 依申请 02. 依职权
恢复执行申请日期	
恢复执行事由	01. 暂缓执行期限届满 02. 被执行人或担保人对担保的财产有转移、隐藏、变卖、毁损等行为 03. 暂缓执行原因消除 255. 其他
恢复执行日期	

- **停止与继续执行信息**

信息采集的案件范围
十、执行类案件
(一)执行实施类案件
01. 首次执行案件
02. 恢复执行案件
03. 财产保全执行案件

停止执行信息

停止执行申请日期	
申请人类型❶	01. 执行当事人 02. 利害关系人 03. 异议的案外人
申请人	
审查结果	01. 停止执行 02. 继续执行
裁定日期	
裁定书	
上级法院批准结果	
上级法院批准日期	

❶ 申请人类型

《执行程序解释》(2009 年)

第十条　执行异议审查和复议期间,不停止执行。

被执行人、利害关系人提供充分、有效的担保请求停止相应处分措施的,人民法院可以准许;申请执行人提供充分、有效的担保请求继续执行的,应当继续执行。

第十六条　案外人异议审查期间,人民法院不得对执行标的进行处分。

案外人向人民法院提供充分、有效的担保请求解除对异议标的的查封、扣押、冻结的,人民法院可以准许;申请执行人提供充分、有效的担保请求继续执行的,应当继续执行。

第二十条　案外人依照民事诉讼法第二百零四条规定提起诉讼的,诉讼期间,不停止执行。

案外人的诉讼请求确有理由或者提供充分、有效的担保请求停止执行的,可以裁定停止对执行标的进行处分;申请执行人提供充分、有效的担保请求继续执行的,应当继续执行。

案外人请求停止执行、请求解除查封、扣押、冻结或者申请执行人请求继续执行有错误,给对方造成损失的,应当予以赔偿。

最高人民法院《关于人民法院执行工作若干问题的规定(试行)》(1998年)

74. 对案外人提出的异议一时难以确定是否成立,案外人已提供确实有效的担保的,可以解除查封、扣押措施。申请执行人提供确实有效的担保的,可以继续执行。因提供担保而解除查封扣押或继续执行有错误,给对方造成损失的,应裁定以担保的财产予以赔偿。

75. 执行上级人民法院的法律文书遇有本规定72条规定的情形的,或执行的财产是上级人民法院裁定保全的财产时遇有本规定73条、74条规定的情形的,需报经上级人民法院批准。

- **继续执行信息**

继续执行申请日期	
申请人	
审查结果	01. 继续执行 02. 驳回申请
裁定日期	
裁定书	
上级法院批准结果	
上级法院批准日期	

◆ **执行追加与变更信息**

信息采集的案件范围
十、执行案件
(一)执行实施类案件
01. 首次执行案件
02. 恢复执行案件

- **申请执行人变更信息**

原申请执行人	
新申请执行人	

续表

变更事由	01. 申请执行人死亡 02. 申请执行人的法人或其他组织分立、撤销或合并 03. 申请执行人名称变更 04. 债权转让 255. 其他
裁定日期	
裁定书	

• **被执行人追加与变更信息**

追加被执行人	
变更前被执行人	
变更后被执行人	
被执行人追加与变更事由❶	01. 被执行人死亡、分立、撤销、合并 02. 个人合伙组织或合伙型联营企业为被执行人且无能力履行义务 03. 企业法人因其作为被执行人的分支机构不能清偿债务 04. 作为被执行人的法人或其他组织名称变更 05. 开办单位注册资金不实或抽逃出资 06. 上级主管部门或开办单位因被执行人被撤销、注销或歇业后无偿接受被执行人的财产导致被执行人不能清偿债务 07. 因违反协助执行义务或擅自处分查封、扣押、冻结财产而承担责任 08. 无法人资格的私营独资企业业主因作为被执行人的该独资企业不能清偿债务 09. 法人或公民需对不能履行义务的其他组织依法承担义务 255. 其他应当追加或变更执行主体的情形
裁定日期	
裁定书	

❶ 被执行人追加与变更事由

《民事诉讼法解释》(2015年)

第四百七十二条　依照民事诉讼法第二百三十二条规定,执行中作为被执行人的法人或者其他组织分立、合并的,人民法院可以裁定变更后的法人或者其他组织为被执行人;被注销的,如果依照有关实体法的规定有权利义务承受人的,可以裁定该权利义务承受人为被执行人。

第四百七十三条　其他组织在执行中不能履行法律文书确定的义务的,人民法院可以裁定执行对该其他组织依法承担义务的法人或者公民个人的财产。

第四百七十四条　在执行中,作为被执行人的法人或者其他组织名称变更的,人民法院可以裁定变更后的法人或者其他组织为被执行人。

第四百七十五条　作为被执行人的公民死亡,其遗产继承人没有放弃继承的,人民法院可以裁定变更被执行人,由该继承人在遗产的范围内偿还债务。继承人放弃继承的,人民法院可以直接执行被执行人的遗产。

最高人民法院《关于人民法院执行工作若干问题的规定(试行)》(1998年)

33. 金融机构擅自解冻被人民法院冻结的款项,致冻结款项被转移的,人民法院有权责令其限期追回已转移的款项。在限期内未能追回的,应当裁定该金融机构在转移的款项范围内以自己的财产向申请执行人承担责任。

37. 有关单位收到人民法院协助执行被执行人收入的通知后,擅自向被执行人或其他人支付的,人民法院有权责令其限期追回;逾期未追回的,应当裁定其在支付的数额内向申请执行人承担责任。

44. 被执行人或其他人擅自处分已被查封、扣押、冻结财产的,人民法院有权责令责任人限期追回财产或承担相应的赔偿责任。

56. 有关企业收到人民法院发出的协助冻结通知后,擅自向被执行人支付股息或红利,或擅自为被执行人办理已冻结股权的转移手续,造成已转移的财产无法追回的,应当在所支付的股息或红利或转移的股权价值范围内向申请执行人承担责任。

58. 有关单位或公民持有法律文书指定交付的财物或票证,在接到人民法院协助执行通知书或通知书后,协同被执行人转移财物或票证的,人民法院有权责令其限期追回;逾期未追回的,应当裁定其承担赔偿责任。

61. 被执行人不能清偿债务,但对本案以外的第三人享有到期债权的,人民法院可以依申请执行人或被执行人的申请,向第三人发出履行到期债务的通知(以下简称履行通知)。履行通知必须直接送达第三人。

履行通知应当包含下列内容:

(1)第三人直接向申请执行人履行其对被执行人所负的债务,不得向被执行人清偿;

(2)第三人应当在收到履行通知后的十五日内向申请执行人履行债务;

(3)第三人对履行到期债权有异议的,应当在收到履行通知后的十五日内向执行法院提出;

(4)第三人违背上述义务的法律后果。

65. 第三人在履行通知指定的期限内没有提出异议,而又不履行的,执行法院有权裁定对其强制执行。此裁定同时送达第三人和被执行人。

67. 第三人收到人民法院要求其履行到期债务的通知后,擅自向被执行人履行,造成已向被执行人履行的财产不能追回的,除在已履行的财产范围内与被执行人承担连带清偿责任外,可以追究其妨害执行的责任。

76. 被执行人为无法人资格的私营独资企业,无能力履行法律文书确定的义务的,人民法院可以裁定执行该独资企业业主的其他财产。

77. 被执行人为个人合伙组织或合伙型联营企业,无能力履行生效法律文书确定的义务的,人民法院可以裁定追加该合伙组织的合伙人或参加该联营企业的法人为被执行人。

78. 被执行人为企业法人的分支机构不能清偿债务时,可以裁定企业法人为被执行人。企业法人直接经营管理的财产仍不能清偿债务的,人民法院可以裁定执行该企业法人其他分支机构的财产。

79. 被执行人按法定程序分立为两个或多个具有法人资格的企业,分立后存续的企业按照分立协议确定的比例承担债务;不符合法定程序分立的,裁定由分立后存续的企业按照其从被执行企业分得的资产占原企业总资产的比例对申请执行人承担责任。

80. 被执行人无财产清偿债务,如果其开办单位对其开办时投入的注册资金不实或抽逃注册资金,可以裁定变更或追加其开办单位为被执行人,在注册资金不实或抽逃注册资金的范围内,对申请执行人承担责任。

81. 被执行人被撤销、注销或歇业后,上级主管部门或开办单位无偿接受被执行人的财产,致使被执行人无遗留财产清偿债务或遗留财产不足清偿的,可以裁定由上级主管部门或开办单位在所接受的财产范围内承担责任。

82. 被执行人的开办单位已经在注册资金范围内或接受财产的范围内向其他债权人承担了全部责任的,人民法院不得裁定开办单位重复承担责任。

执行财产追加信息

被执行财产追加事由❶	01. 无法人资格的私营独资企业业主因作为被执行人的该独资企业不能清偿债务 02. 企业法人因分支机构不能清偿债务而被追加为被执行人后,其直接管理财产仍不能清偿债务的 03. 执行担保财产 255. 其他
裁定日期	
裁定书	

❶ 被执行财产追加事由

最高人民法院《关于人民法院执行工作若干问题的规定(试行)》(1998年)

74. 对案外人提出的异议一时难以确定是否成立,案外人已提供确实有效的担保的,可以解除查封、扣押措施。申请执行人提供确实有效的担保的,可以继续执行。因提供担保而解除查封扣押或继续执行有错误,给对方造成损失的,应裁定以担保的财产予以赔偿。

76. 被执行人为无法人资格的私营独资企业,无能力履行法律文书确定的义务的,人民法院可以裁定执行该独资企业业主的其他财产。

78. 被执行人为企业法人的分支机构不能清偿债务时,可以裁定企业法人为被执行人。企业法人直接经营管理的财产仍不能清偿债务的,人民法院可以裁定执行该企业法人其他分支机构的财产。

85. 人民法院在审理案件期间,保证人为被执行人提供保证,人民法院据此未对被执行人的财产采取保全措施或解除保全措施的,案件审结后如果被执行人无财产可供执行或其财产不足清偿债务时,即使生效法律文书中未确定保证人承担责任,人民法院有权裁定执行保证人在保证责任范围内的财产。

《民事诉讼法解释》(2015年)

第四百七十一条　被执行人在人民法院决定暂缓执行的期限届满后仍不履行义

务的,人民法院可以直接执行担保财产,或者裁定执行担保人的财产,但执行担保人的财产以担保人应当履行义务部分的财产为限。

◈ **强制执行信息**

信息采集的案件范围
十、执行类案件
(一)执行实施类案件
01. 首次执行案件
02. 恢复执行案件

◈ **强制执行措施类型信息**

强制执行措施类别	01. 财产查控类措施 02. 财产处分类措施 03. 行为限制类措施 04. 行为执行类措施
财产查控类措施❶	01. 查封 02. 扣押 03. 冻结 04. 扣留 05. 提取 06. 禁止转让知识产权 255. 其他
是否轮候	01. 是　02. 否
财产处分类措施❷	01. 拍卖 02. 变卖 03. 扣划 04. 交有关单位收购 05. 直接作价抵债 06. 强制转让 07. 折价赔偿 255. 其他

续表

财产编号	
行为限制类措施❸	01. 限制出境 02. 信用惩戒 03. 限制消费 255. 其他
被限制人❹	
行为执行类措施❺	01. 强制迁出房屋或退出土地 02. 强制交付财物或票证 03. 强制或委托他人完成特定行为 255. 其他

❶ 财产查控类措施

《民事诉讼法》(2012 年)

第二百四十二条　被执行人未按执行通知履行法律文书确定的义务,人民法院有权向有关单位查询被执行人的存款、债券、股票、基金份额等财产情况。人民法院有权根据不同情形扣押、冻结、划拨、变价被执行人的财产。人民法院查询、扣押、冻结、划拨、变价的财产不得超出被执行人应当履行义务的范围。

人民法院决定扣押、冻结、划拨、变价财产,应当作出裁定,并发出协助执行通知书,有关单位必须办理。

第二百四十三条　被执行人未按执行通知履行法律文书确定的义务,人民法院有权扣留、提取被执行人应当履行义务部分的收入。但应当保留被执行人及其所扶养家属的生活必需费用。

人民法院扣留、提取收入时,应当作出裁定,并发出协助执行通知书,被执行人所在单位、银行、信用合作社和其他有储蓄业务的单位必须办理。

采取前款措施,人民法院应当作出裁定。

第二百四十四条　被执行人未按执行通知履行法律文书确定的义务,人民法院有权查封、扣押、冻结、拍卖、变卖被执行人应当履行义务部分的财产。但应当保留被执行人及其所扶养家属的生活必需品。

采取前款措施,人民法院应当作出裁定。

《海事诉讼特别程序法》(1999 年)

第十五条　除海事法院及其上级人民法院外,地方人民法院对当事人提出的船舶保全申请应不予受理;地方人民法院为执行生效法律文书需要扣押和拍卖船舶的,应当委托船籍港所在地或者船舶所在地的海事法院执行。

最高人民法院《关于人民法院执行工作若干问题的规定(试行)》(1998 年)

35. 作为被执行人的公民,其收入转为储蓄存款的,应当责令其交出存单。拒不交出的,人民法院应当作出提取其存款的裁定,向金融机构发出协助执行通知书,并附生效法律文书,由金融机构提取被执行人的存款交人民法院或存入人民法院指定的账户。

36. 被执行人在有关单位的收入尚未支取的,人民法院应当作出裁定,向该单位发出协助执行通知书,由其协助扣留或提取。

41. 对动产的查封,应当采取加贴封条的方式。不便加贴封条的,应当张贴公告。

对有产权证照的动产或不动产的查封,应当向有关管理机关发出协助执行通知书,要求其不得办理查封财产的转移过户手续,同时可以责令被执行人将有关财产权证照交人民法院保管。必要时也可以采取加贴封条或张贴公告的方法查封。

既未向有关管理机关发出协助执行通知书,也未采取加贴封条或张贴公告的办法查封的,不得对抗其他人民法院的查封。

50. 被执行人不履行生效法律文书确定的义务,人民法院有权裁定禁止被执行人转让其专利权、注册商标专用权、著作权(财产权部分)等知识产权。上述权利有登记主管部门的,应当同时向有关部门发出协助执行通知书,要求其不得办理财产权转移手续,必要时可以责令被执行人将产权或使用权证照交人民法院保存。

对前款财产权,可以采取拍卖、变卖等执行措施。

51. 对被执行人从有关企业中应得的已到期的股息或红利等收益,人民法院有权裁定禁止被执行人提取和有关企业向被执行人支付,并要求有关企业直接向申请执行人支付。

对被执行人预期从有关企业中应得的股息或红利等收益,人民法院可以采取冻结措施,禁止到期后被执行人提取和有关企业向被执行人支付。到期后人民法院可从有关企业中提取,并出具提取收据。

53. 对被执行人在有限责任公司、其他法人企业中的投资权益或股权,人民法院可以采取冻结措施。

冻结投资权益或股权的,应当通知有关企业不得办理被冻结投资权益或股权的转移手续,不得向被执行人支付股息或红利。被冻结的投资权益或股权,被执行人不得自行转让。

❷ 财产处分类措施

《民事诉讼法》(2012 年)

第二百四十二条　被执行人未按执行通知履行法律文书确定的义务,人民法院有权向有关单位查询被执行人的存款、债券、股票、基金份额等财产情况。人民法院有权根据不同情形扣押、冻结、划拨、变价被执行人的财产。人民法院查询、扣押、冻结、划拨、变价的财产不得超出被执行人应当履行义务的范围。

人民法院决定扣押、冻结、划拨、变价财产,应当作出裁定,并发出协助执行通知书,有关单位必须办理。

第二百四十四条　被执行人未按执行通知履行法律文书确定的义务,人民法院有权查封、扣押、冻结、拍卖、变卖被执行人应当履行义务部分的财产。但应当保留被执行人及其所扶养家属的生活必需品。

采取前款措施,人民法院应当作出裁定。

第二百四十七条　财产被查封、扣押后,执行员应当责令被执行人在指定期间履行法律文书确定的义务。被执行人逾期不履行的,人民法院应当拍卖被查封、扣押的财产;不适于拍卖或者当事人双方同意不进行拍卖的,人民法院可以委托有关单位变卖或者自行变卖。国家禁止自由买卖的物品,交有关单位按照国家规定的价格收购。

《海事诉讼特别程序法》(1999 年)

第十五条　除海事法院及其上级人民法院外,地方人民法院对当事人提出的船舶保全申请应不予受理;地方人民法院为执行生效法律文书需要扣押和拍卖船舶的,应当委托船籍港所在地或者船舶所在地的海事法院执行。

《民事诉讼法解释》(2015 年)

第四百八十六条　对被执行的财产,人民法院非经查封、扣押、冻结不得处分。对银行存款等各类可以直接扣划的财产,人民法院的扣划裁定同时具有冻结的法律效力。

第四百九十条　人民法院在执行中需要变卖被执行人财产的,可以交有关单位变卖,也可以由人民法院直接变卖。

对变卖的财产,人民法院或者其工作人员不得买受。

第四百九十一条　经申请执行人和被执行人同意,且不损害其他债权人合法权益和社会公共利益的,人民法院可以不经拍卖、变卖,直接将被执行人的财产作价交申请执行人抵偿债务。对剩余债务,被执行人应当继续清偿。

第四百九十二条　被执行人的财产无法拍卖或者变卖的,经申请执行人同意,且不损害其他债权人合法权益和社会公共利益的,人民法院可以将该项财产作价后交付申请执行人抵偿债务,或者交付申请执行人管理;申请执行人拒绝接收或者管理的,退回被执行人。

第四百九十四条　执行标的物为特定物的,应当执行原物。原物确已毁损或者灭失的,经双方当事人同意,可以折价赔偿。

双方当事人对折价赔偿不能协商一致的,人民法院应当终结执行程序。申请执行人可以另行起诉。

最高人民法院《关于人民法院民事执行中拍卖、变卖财产的规定》(2005年)

第十九条　拍卖时无人竞买或者竞买人的最高应价低于保留价,到场的申请执行人或者其他执行债权人申请或者同意以该次拍卖所定的保留价接受拍卖财产的,应当将该财产交其抵债。

有两个以上执行债权人申请以拍卖财产抵债的,由法定受偿顺位在先的债权人优先承受;受偿顺位相同的,以抽签方式决定承受人。承受人应受清偿的债权额低于抵债财产的价额的,人民法院应当责令其在指定的期间内补交差额。

第二十三条　拍卖成交或者以流拍的财产抵债的,人民法院应当作出裁定,并于价款或者需要补交的差价全额交付后十日内,送达买受人或者承受人。

第二十六条　拍卖时无人竞买或者竞买人的最高应价低于保留价,到场的申请执行人或者其他执行债权人不申请以该次拍卖所定的保留价抵债的,应当在六十日内再行拍卖。

第二十七条　对于第二次拍卖仍流拍的动产,人民法院可以依照本规定第十九条的规定将其作价交申请执行人或者其他执行债权人抵债。申请执行人或者其他执行债权人拒绝接受或者依法不能交付其抵债的,人民法院应当解除查封、扣押,并将该动产退还被执行人。

第二十八条　对于第二次拍卖仍流拍的不动产或者其他财产权,人民法院可以依照本规定第十九条的规定将其作价交申请执行人或者其他执行债权人抵债。申请执行人或者其他执行债权人拒绝接受或者依法不能交付其抵债的,应当在六十日内进行第三次拍卖。

第三次拍卖流拍且申请执行人或者其他执行债权人拒绝接受或者依法不能接受

该不动产或者其他财产权抵债的,人民法院应当于第三次拍卖终结之日起七日内发出变卖公告。自公告之日起六十日内没有买受人愿意以第三次拍卖的保留价买受该财产,且申请执行人、其他执行债权人仍不表示接受该财产抵债的,应当解除查封、冻结,将该财产退还被执行人,但对该财产可以采取其他执行措施的除外。

第三十四条　对查封、扣押、冻结的财产,当事人双方及有关权利人同意变卖的,可以变卖。

金银及其制品、当地市场有公开交易价格的动产、易腐烂变质的物品、季节性商品、保管困难或者保管费用过高的物品,人民法院可以决定变卖。

最高人民法院《关于人民法院执行工作若干问题的规定(试行)》(1998年)

50. 被执行人不履行生效法律文书确定的义务,人民法院有权裁定禁止被执行人转让其专利权、注册商标专用权、著作权(财产权部分)等知识产权。上述权利有登记主管部门的,应当同时向有关部门发出协助执行通知书,要求其不得办理财产权转移手续,必要时可以责令被执行人将产权或使用权证照交人民法院保存。

对前款财产权,可以采取拍卖、变卖等执行措施。

52. 对被执行人在其他股份有限公司中持有的股份凭证(股票),人民法院可以扣押,并强制被执行人按照公司法的有关规定转让,也可以直接采取拍卖、变卖的方式进行处分,或直接将股票抵偿给债权人,用于清偿被执行人的债务。

54. 被执行人在其独资开办的法人企业中拥有的投资权益被冻结后,人民法院可以直接裁定予以转让,以转让所得清偿其对申请执行人的债务。

对被执行人在有限责任公司中被冻结的投资权益或股权,人民法院可以依据《中华人民共和国公司法》第三十五条、第三十六条的规定,征得全体股东过半数同意后,予以拍卖、变卖或以其他方式转让。不同意转让的股东,应当购买该转让的投资权益或股权,不购买的,视为同意转让,不影响执行。

人民法院也可允许并监督被执行人自行转让其投资权益或股权,将转让所得收益用于清偿对申请执行人的债务。

55. 对被执行人在中外合资、合作经营企业中的投资权益或股权,在征得合资或合作他方的同意和对外经济贸易主管机关的批准后,可以对冻结的投资权益或股权予以转让。

如果被执行人除在中外合资、合作企业中的股权以外别无其他财产可供执行,其他股东又不同意转让的,可以直接强制转让被执行人的股权,但应当保护合资他方的优先购买权。

③ 行为限制类措施

《民事诉讼法》(2012 年)

第二百五十五条 被执行人不履行法律文书确定的义务的,人民法院可以对其采取或者通知有关单位协助采取限制出境,在征信系统记录、通过媒体公布不履行义务信息以及法律规定的其他措施。

《执行程序解释》(2009 年)

第三十六条 依照民事诉讼法第二百三十一条规定对被执行人限制出境的,应当由申请执行人向执行法院提出书面申请;必要时,执行法院可以依职权决定。

第三十七条 被执行人为单位的,可以对其法定代表人、主要负责人或者影响债务履行的直接责任人员限制出境。

被执行人为无民事行为能力人或者限制民事行为能力人的,可以对其法定代理人限制出境。

第三十九条 依照民事诉讼法第二百三十一条的规定,执行法院可以依职权或者依申请执行人的申请,将被执行人不履行法律文书确定义务的信息,通过报纸、广播、电视、互联网等媒体公布。

媒体公布的有关费用,由被执行人负担;申请执行人申请在媒体公布的,应当垫付有关费用。

最高人民法院《关于限制被执行人高消费及有关消费的若干规定》(2015 年)

第一条 被执行人未按执行通知书指定的期间履行生效法律文书确定的给付义务的,人民法院可以采取限制消费措施,限制其高消费及非生活或者经营必需的有关消费。

④ 被限制人

《执行程序解释》(2009 年)

第三十七条 被执行人为单位的,可以对其法定代表人、主要负责人或者影响债务履行的直接责任人员限制出境。

被执行人为无民事行为能力人或者限制民事行为能力人的,可以对其法定代理人限制出境。

⑤ 行为执行类措施

《民事诉讼法》(2012 年)

第二百四十九条 法律文书指定交付的财物或者票证,由执行员传唤双方当事人当面交付,或者由执行员转交,并由被交付人签收。

有关单位持有该项财物或者票证的,应当根据人民法院的协助执行通知书转交,并由被交付人签收。

有关公民持有该项财物或者票证的,人民法院通知其交出。拒不交出的,强制执行。

第二百五十条　强制迁出房屋或者强制退出土地,由院长签发公告,责令被执行人在指定期间履行。被执行人逾期不履行的,由执行员强制执行。

强制执行时,被执行人是公民的,应当通知被执行人或者他的成年家属到场;被执行人是法人或者其他组织的,应当通知其法定代表人或者主要负责人到场。拒不到场的,不影响执行。被执行人是公民的,其工作单位或者房屋、土地所在地的基层组织应当派人参加。执行员应当将强制执行情况记入笔录,由在场人签名或者盖章。

强制迁出房屋被搬出的财物,由人民法院派人运至指定处所,交给被执行人。被执行人是公民的,也可以交给他的成年家属。因拒绝接收而造成的损失,由被执行人承担。

第二百五十二条　对判决、裁定和其他法律文书指定的行为,被执行人未按执行通知履行的,人民法院可以强制执行或者委托有关单位或者其他人完成,费用由被执行人承担。

第四百九十五条　他人持有法律文书指定交付的财物或者票证,人民法院依照民事诉讼法第二百四十九条第二款、第三款规定发出协助执行通知后,拒不转交的,可以强制执行,并可依照民事诉讼法第一百一十四条、第一百一十五条规定处理。

他人持有期间财物或者票证毁损、灭失的,参照本解释第四百九十四条规定处理。

他人主张合法持有财物或者票证的,可以根据民事诉讼法第二百二十七条规定提出执行异议。

最高人民法院《关于人民法院执行工作若干问题的规定(试行)》(1998 年)

57.生效法律文书确定被执行人交付特定标的物的,应当执行原物。原物被隐匿或非法转移的,人民法院有权责令其交出。原物确已变质、损坏或灭失的,应当裁定折价赔偿或按标的物的价值强制执行被执行人的其他财产。

60.被执行人拒不履行生效法律文书中指定的行为的,人民法院可以强制其履行。

对于可以替代履行的行为,可以委托有关单位或他人完成,因完成上述行为发生的费用由被执行人承担。

对于只能由被执行人完成的行为,经教育,被执行人仍拒不履行的,人民法院应当按照妨害执行行为的有关规定处理。

《民事诉讼法解释》(2015 年)

第五百零三条 被执行人不履行生效法律文书确定的行为义务,该义务可由他人完成的,人民法院可以选定代履行人;法律、行政法规对履行该行为义务有资格限制的,应当从有资格的人中选定。必要时,可以通过招标的方式确定代履行人。

申请执行人可以在符合条件的人中推荐代履行人,也可以申请自己代为履行,是否准许,由人民法院决定。

第五百零五条 被执行人不履行法律文书指定的行为,且该项行为只能由被执行人完成的,人民法院可以依照民事诉讼法第一百一十一条第一款第六项规定处理。

被执行人在人民法院确定的履行期间内仍不履行的,人民法院可以依照民事诉讼法第一百一十一条第一款第六项规定再次处理。

- **强制执行措施续行信息**

续行申请日期	
续行措施种类	01. 查封 02. 扣押 03. 冻结
措施续行日期	
措施续行期限起始日期	
措施续行期限届满日期	

- **财产保管信息**

财产编号	
财产保管人类型❶	01. 人民法院 02. 被执行人 03. 申请执行人 04. 担保物权人 05. 为被执行人的利益占有财产的第三人 06. 人民法院指定的案外人
财产保管人	
财产移交保管日期	

❶ 财产保管人类型

最高人民法院《关于人民法院民事执行中查封、扣押、冻结财产的规定》(2004 年)

第十二条　查封、扣押的财产不宜由人民法院保管的,人民法院可以指定被执行人负责保管;不宜由被执行人保管的,可以委托第三人或者申请执行人保管。

由人民法院指定被执行人保管的财产,如果继续使用对该财产的价值无重大影响,可以允许被执行人继续使用;由人民法院保管或者委托第三人、申请执行人保管的,保管人不得使用。

- **协助强制执行信息**

协助义务人	(名称或姓名)
协助执行义务人类型	01. 工商银行 02. 农业银行 03. 交通银行 04. 建设银行 05. 中国银行 06. 邮政储蓄 07. 人民银行 08. 其他银行业金融机构 09. 工商行政管理部门 10. 不动产登记部门 11. 公安 12. 边防 13. 海关 14. 知识产权管理部门 15. 证券交易机构 255. 其他
协助执行情况	01. 完成协助 02. 拒绝协助
协助执行日期	

· 强制执行措施解除信息

解除启动方式	01. 依申请 02. 依职权
解除强制措施种类	01. 查封 02. 扣押 03. 冻结
解除事由❶	01. 被执行人履行法律文书确定的全部债务 02. 被执行人提供充分、有效的担保 03. 案外人提供充分、有效的担保 04. 申请执行人同意 05. 共有物分割 06. 第三人对执行财产继续履行并支付全部价款 07. 第三人解除与被执行人有关执行财产的买卖合同 08. 查封、扣押、冻结财产超标 09. 查封、扣押、冻结案外人财产 10. 申请执行人撤回执行申请或者放弃债权 11. 查封、扣押、冻结的财产流拍或者变卖不成，申请执行人和其他执行债权人又不同意接受抵债 12. 人民法院裁定以物抵债 13. 异议裁定中止执行后申请执行人未起诉 14. 终结执行 15. 裁定不予执行 16. 执行行为异议成立 255. 人民法院认为应当解除的其他情形
解除日期	
裁定书	(文书)

❶ 解除事由

《执行程序解释》(2009 年)

第十六条　案外人异议审查期间，人民法院不得对执行标的进行处分。

案外人向人民法院提供充分、有效的担保请求解除对异议标的的查封、扣押、冻结的,人民法院可以准许;申请执行人提供充分、有效的担保请求继续执行的,应当继续执行。

第二十三条 人民法院依照民事诉讼法第二百零四条规定裁定对异议标的中止执行后,申请执行人自裁定送达之日起十五日内未提起诉讼的人民法院应当裁定解除已经采取的执行措施。

第三十八条 在限制出境期间,被执行人履行法律文书确定的全部债务的,执行法院应当及时解除限制出境措施;被执行人提供充分、有效的担保或者申请执行人同意的,可以解除限制出境措施。

最高人民法院《关于限制被执行人高消费及有关消费的若干规定》(2015 年)

第九条 在限制高消费期间,被执行人提供确实有效的担保或者经申请执行人同意的,人民法院可以解除限制消费令;被执行人履行完毕生效法律文书确定的义务的,人民法院应当在本规定第六条通知或者公告的范围内及时以通知或者公告解除限制消费令。

最高人民法院《关于人民法院执行工作若干问题的规定(试行)》(1998 年)

45. 被执行人的财产经查封、扣押后,在人民法院指定的期间内履行义务的,人民法院应当及时解除查封、扣押措施。

最高人民法院《关于人民法院民事执行中查封、扣押、冻结财产的规定》(2004 年)

第十四条 对被执行人与其他人共有的财产,人民法院可以查封、扣押、冻结,并及时通知共有人。

共有人协议分割共有财产,并经债权人认可的,人民法院可以认定有效。查封、扣押、冻结的效力及于协议分割后被执行人享有份额内的财产;对其他共有人享有份额内的财产的查封、扣押、冻结,人民法院应当裁定予以解除。

共有人提起析产诉讼或者申请执行人代位提起析产诉讼的,人民法院应当准许。诉讼期间中止对该财产的执行。

第十六条 被执行人将其财产出卖给第三人,第三人已经支付部分价款并实际占有该财产,但根据合同约定被执行人保留所有权的,人民法院可以查封、扣押、冻结;第三人要求继续履行合同的,应当由第三人在合理期限内向人民法院交付全部余款后,裁定解除查封、扣押、冻结。

第十八条 被执行人购买第三人的财产,已经支付部分价款并实际占有该财产,但第三人依合同约定保留所有权,申请执行人已向第三人支付剩余价款或者第三人书面同意剩余价款从该财产变价款中优先支付的，人民法院可以查封、扣押、冻结。

第三人依法解除合同的，人民法院应当准许，已经采取的查封、扣押、冻结措施应当解除，但人民法院可以依据申请执行人的申请，执行被执行人因支付价款而形成的对该第三人的债权。

第二十一条　查封、扣押、冻结被执行人的财产，以其价额足以清偿法律文书确定的债权额及执行费用为限，不得明显超标的额查封、扣押、冻结。

发现超标的额查封、扣押、冻结的，人民法院应当根据被执行人的申请或者依职权，及时解除对超标的额部分财产的查封、扣押、冻结，但该财产为不可分物且被执行人无其他可供执行的财产或者其他财产不足以清偿债务的除外。

第三十一条　有下列情形之一的，人民法院应当作出解除查封、扣押、冻结裁定，并送达申请执行人、被执行人或者案外人：

（一）查封、扣押、冻结案外人财产的；

（二）申请执行人撤回执行申请或者放弃债权的；

（三）查封、扣押、冻结的财产流拍或者变卖不成，申请执行人和其他执行债权人又不同意接受抵债的；

（四）债务已经清偿的；

（五）被执行人提供担保且申请执行人同意解除查封、扣押、冻结的；

（六）人民法院认为应当解除查封、扣押、冻结的其他情形。

解除以登记方式实施的查封、扣押、冻结的，应当向登记机关发出协助执行通知书。

最高人民法院《关于人民法院民事执行中拍卖、变卖财产的规定》

第二十七条　对于第二次拍卖仍流拍的动产，人民法院可以依照本规定第十九条的规定将其作价交申请执行人或者其他执行债权人抵债。申请执行人或者其他执行债权人拒绝接受或者依法不能交付其抵债的，人民法院应当解除查封、扣押，并将该动产退还被执行人。

第二十八条　对于第二次拍卖仍流拍的不动产或者其他财产权，人民法院可以依照本规定第十九条的规定将其作价交申请执行人或者其他执行债权人抵债。申请执行人或者其他执行债权人拒绝接受或者依法不能交付其抵债的，应当在六十日内进行第三次拍卖。

第三次拍卖流拍且申请执行人或者其他执行债权人拒绝接受或者依法不能

接受该不动产或者其他财产权抵债的,人民法院应当于第三次拍卖终结之日起七日内发出变卖公告。自公告之日起六十日内没有买受人愿意以第三次拍卖的保留价买受该财产,且申请执行人、其他执行债权人仍不表示接受该财产抵债的,应当解除查封、冻结,将该财产退还被执行人,但对该财产可以采取其他执行措施的除外。

第三十五条　当事人双方及有关权利人对变卖财产的价格有约定的,按照其约定价格变卖;无约定价格但有市价的,变卖价格不得低于市价;无市价但价值较大、价格不易确定的,应当委托评估机构进行评估,并按照评估价格进行变卖。

按照评估价格变卖不成的,可以降低价格变卖,但最低的变卖价不得低于评估价的二分之一。

变卖的财产无人应买的,适用本规定第十九条的规定将该财产交申请执行人或者其他执行债权人抵债;申请执行人或者其他执行债权人拒绝接受或者依法不能交付其抵债的,人民法院应当解除查封、扣押,并将该财产退还被执行人。

强制执行结果信息

财产编号	
查控类措施期限起始日期	
查控类措施期限届满日期❶	
强制措施执行日期	
证照转移登记日期	
执行所得财产价值	

❶ 查控类措施期限届满日期

《民事诉讼法解释》(2015年)

第四百八十七条　人民法院冻结被执行人的银行存款的期限不得超过一年,查封、扣押动产的期限不得超过两年,查封不动产、冻结其他财产权的期限不得超过三年。

申请执行人申请延长期限的,人民法院应当在查封、扣押、冻结期限届满前办理续行查封、扣押、冻结手续,续行期限不得超过前款规定的期限。

人民法院也可以依职权办理续行查封、扣押、冻结手续。

失信人信用惩戒信息

信用惩戒启动方式❶	01. 申请执行人申请 02. 法院依职权
信用惩戒事由❷	01. 以伪造证据、暴力、威胁等方法妨碍、抗拒执行 02. 以虚假诉讼、虚假仲裁或者以隐匿、转移财产等方法规避执行 03. 违反财产报告制度 04. 违反限制消费令 05. 被执行人无正当理由拒不履行执行和解协议 255. 其他有履行能力而拒不履行生效法律文书确定义务
申请惩戒日期	
审查意见	01. 决定纳入失信被执行人名单 02. 驳回申请
审定日期	
决定书	
申请纠正日期	
申请人	
审查意见❸	01. 纠正 02. 撤销 03. 驳回申请
审定日期	
决定书	
失信名单屏蔽启动方式	01. 被执行人申请 02. 法院依职权
失信名单屏蔽事由❹	01. 全部履行了生效法律文书确定义务 02. 执行和解并履行完毕 03. 法院裁定终结执行
屏蔽日期	

① 信用惩戒启动方式

《民事诉讼法解释》(2015年)

第五百一十八条　被执行人不履行法律文书确定的义务的,人民法院除对被执行人予以处罚外,还可以根据情节将其纳入失信被执行人名单,将被执行人不履行或者不完全履行义务的信息向其所在单位、征信机构以及其他相关机构通报。

最高人民法院《关于公布失信被执行人名单信息的若干规定》(2013年)

第二条　人民法院向被执行人发出的《执行通知书》中,应当载明有关纳入失信被执行人名单的风险提示内容。

申请执行人认为被执行人存在本规定第一条所列失信行为之一的,可以向人民法院提出申请将该被执行人纳入失信被执行人名单,人民法院经审查后作出决定。人民法院认为被执行人存在本规定第一条所列失信行为之一的,也可以依职权作出将该被执行人纳入失信被执行人名单的决定。

人民法院决定将被执行人纳入失信被执行人名单的,应当制作决定书,决定书自作出之日起生效。决定书应当按照民事诉讼法规定的法律文书送达方式送达当事人。

② 信用惩戒事由

最高人民法院《关于公布失信被执行人名单信息的若干规定》(2013年)

第一条　被执行人具有履行能力而不履行生效法律文书确定的义务,并具有下列情形之一的,人民法院应当将其纳入失信被执行人名单,依法对其进行信用惩戒:

(一)以伪造证据、暴力、威胁等方法妨碍、抗拒执行的;

(二)以虚假诉讼、虚假仲裁或者以隐匿、转移财产等方法规避执行的;

(三)违反财产报告制度的;

(四)违反限制高消费令的;

(五)被执行人无正当理由拒不履行执行和解协议的;

(六)其他有履行能力而拒不履行生效法律文书确定义务的。

③ 审查意见

最高人民法院《关于公布失信被执行人名单信息的若干规定》(2013年)

第三条　被执行人认为将其纳入失信被执行人名单错误的,可以向人民法院申请纠正。被执行人是自然人的,一般应由被执行人本人到人民法院提出并说明理由;被执行人是法人或者其他组织的,一般应由被执行人的法定代表人或者负责人本人到人民法院提出并说明理由。人民法院经审查认为理由成立的，应当作出决定予以纠正。

④ 失信名单屏蔽事由

最高人民法院《关于公布失信被执行人名单信息的若干规定》(2013 年)

第七条　失信被执行人符合下列情形之一的，人民法院应当将其有关信息从失信被执行人名单库中删除：

(一)全部履行了生效法律文书确定义务的；

(二)与申请执行人达成执行和解协议并经申请执行人确认履行完毕的；

(三)人民法院依法裁定终结执行的。

- **限制消费信息**

限制消费启动方式❶	01. 申请执行人申请 02. 法院依职权决定
限制消费令	(文书)
限制期间起始日期	
限制期间届满日期	
限制消费项目❷	
协执通知送达日期	
协助执行义务人	
公告日期	
公告费用❸	
申请消费日期	
申请消费项目	
审查意见❹	01. 批准消费 02. 不予批准
审定日期	

① 限制消费启动方式

最高人民法院《关于限制被执行人高消费及有关消费的若干规定》(2015 年)

第四条　限制消费措施一般由申请执行人提出书面申请，经人民法院审查决定；必要时人民法院可以依职权决定。

② 限制消费项目

最高人民法院《关于限制被执行人高消费及有关消费的若干规定》(2015 年)

第五条　人民法院决定采取限制消费措施的,应当向被执行人发出限制消费令。限制高消费令由人民法院院长签发。限制消费令应当载明限制消费的期间、项目、法律后果等内容。

③ 公告费用

最高人民法院《关于限制被执行人高消费及有关消费的若干规定》(2015 年)

第六条　人民法院决定采取限制消费措施的,可以根据案件需要和被执行人的情况向有义务协助调查、执行的单位送达协助执行通知书,也可以在相关媒体上进行公告。

第七条　限制消费令的公告费用由被执行人负担;申请执行人申请在媒体公告的,应当垫付公告费用。

④ 审查意见

最高人民法院《关于限制被执行人高消费及有关消费的若干规定》(2015 年)

第八条　被限制消费的被执行人因生活或者经营必需而进行本规定禁止的消费活动的,应当向人民法院提出申请,获批准后方可进行。

- **财产拍卖/变卖/以物抵债信息**

财产编号	
机构确定方式❶	01. 当事人协商 02. 机构名册中随机选择 03. 法院依职权决定
评估机构	
评估价值	
评估费用	
评估结果异议日期	
异议处理结果	
重新评估申请日期	
审查意见❷	01. 重新评估 02. 驳回申请

续表

审定日期	
拍卖组织形式❸	01. 法院自行组织 02. 委托拍卖机构
拍卖机构	
拍卖公告日期❹	
拍卖公告载体	
保证金数额❺	
拍卖保留价❻	
拍卖通知日期	
被通知人❼	01. 当事人 02. 担保物权人 03. 优先购买权人 04. 其他优先权人
撤回拍卖委托日期	
撤回拍卖委托事由❽	01. 据以执行的生效法律文书被撤销 02. 撤回执行申请 03. 被执行人全部履行法律文书确定的金钱债务 04. 当事人达成执行和解协议且不需要拍卖财产 05. 案外人对拍卖财产提出确有理由的异议 06. 发现拍卖机构与竞买人恶意串通 255. 其他应当撤回拍卖委托的情形
拍卖停止日期	
拍卖停止事由❾	01. 被执行人履行全部债务 02. 决定暂缓执行 03. 裁定中止执行
拍卖恢复日期	
拍卖日期	
拍卖结果	01. 拍成 02. 流拍

续表

流拍原因⑩	01. 无人竞买 02. 竞买最高价低于保留价
裁定日期⑪	
拍卖成交价	
买受人	
价款支付日期	
财产移交日期	
裁定书	(文书)
权属转移日期⑫	
保证金退还数额⑬	
保证金补缴数额	
变卖组织形式	01. 法院直接变卖 02. 委托有关单位变卖
变卖日期	
裁定日期⑭	
变卖价值	
买受人	
变卖费用⑮	
以物抵债债权人⑯	(可以多个)
以物抵债数额	
裁定日期	

① 机构确定方式

最高人民法院《关于人民法院民事执行中拍卖、变卖财产的规定》(2004年)

第五条　评估机构由当事人协商一致后经人民法院审查确定;协商不成的,从负责执行的人民法院或者被执行人财产所在地的人民法院确定的评估机构名册中,采取随机的方式确定;当事人双方申请通过公开招标方式确定评估机构的,人民法院应当准许。

第七条　拍卖机构由当事人协商一致后经人民法院审查确定;协商不成的,从负责执行的人民法院或者被执行人财产所在地的人民法院确定的拍卖机构名册中,采取随机的方式确定;当事人双方申请通过公开招标方式确定拍卖机构的,人民法院应当准许。

② 审查意见

最高人民法院《关于人民法院民事执行中拍卖、变卖财产的规定》(2004 年)

第六条　人民法院收到评估机构作出的评估报告后,应当在五日内将评估报告发送当事人及其他利害关系人。当事人或者其他利害关系人对评估报告有异议的,可以在收到评估报告后十日内以书面形式向人民法院提出。

当事人或者其他利害关系人有证据证明评估机构、评估人员不具备相应的评估资质或者评估程序严重违法而申请重新评估的,人民法院应当准许。

③ 拍卖组织形式

最高人民法院《关于人民法院执行工作若干问题的规定(试行)》(1998 年)

46. 人民法院对查封、扣押的被执行人财产进行变价时,应当委托拍卖机构进行拍卖。

财产无法委托拍卖、不适于拍卖或当事人双方同意不需要拍卖的,人民法院可以交由有关单位变卖或自行组织变卖。

48. 被执行人申请对人民法院查封的财产自行变卖的,人民法院可以准许,但应当监督其按照合理价格在指定的期限内进行,并控制变卖的价款。

④ 拍卖公告日期

最高人民法院《关于人民法院民事执行中拍卖、变卖财产的规定》(2004 年)

第十一条　拍卖应当先期公告。

拍卖动产的,应当在拍卖七日前公告;拍卖不动产或者其他财产权的,应当在拍卖十五日前公告。

第十二条　拍卖公告的范围及媒体由当事人双方协商确定;协商不成的,由人民法院确定。拍卖财产具有专业属性的,应当同时在专业性报纸上进行公告。

当事人申请在其他新闻媒体上公告或者要求扩大公告范围的,应当准许,但该部分的公告费用由其自行承担。

⑤ 保证金数额

最高人民法院《关于人民法院民事执行中拍卖、变卖财产的规定》(2004 年)

第十三条　拍卖不动产、其他财产权或者价值较高的动产的,竞买人应当于拍卖前向人民法院预交保证金。申请执行人参加竞买的,可以不预交保证金。保证金的数额由人民法院确定,但不得低于评估价或者市价的百分之五。

应当预交保证金而未交纳的,不得参加竞买。拍卖成交后,买受人预交的保证金充抵价款,其他竞买人预交的保证金应当在三日内退还;拍卖未成交的,保证金应当于三日内退还竞买人。

⑥ 拍卖保留价

最高人民法院《关于人民法院民事执行中拍卖、变卖财产的规定》(2004 年)

第八条　拍卖应当确定保留价。

拍卖保留价由人民法院参照评估价确定;未作评估的,参照市价确定,并应当征询有关当事人的意见。

人民法院确定的保留价,第一次拍卖时,不得低于评估价或者市价的百分之八十;如果出现流拍,再行拍卖时,可以酌情降低保留价,但每次降低的数额不得超过前次保留价的百分之二十。

第九条　保留价确定后,依据本次拍卖保留价计算,拍卖所得价款在清偿优先债权和强制执行费用后无剩余可能的,应当在实施拍卖前将有关情况通知申请执行人。申请执行人于收到通知后五日内申请继续拍卖的,人民法院应当准许,但应当重新确定保留价;重新确定的保留价应当大于该优先债权及强制执行费用的总额。

依照前款规定流拍的,拍卖费用由申请执行人负担。

⑦ 被通知人

最高人民法院《关于人民法院民事执行中拍卖、变卖财产的规定》(2004 年)

第十四条　人民法院应当在拍卖五日前以书面或者其他能够确认收悉的适当方式,通知当事人和已知的担保物权人、优先购买权人或者其他优先权人于拍卖日到场。

优先购买权人经通知未到场的,视为放弃优先购买权。

⑧ 撤回拍卖委托事由

最高人民法院《关于人民法院民事执行中拍卖、变卖财产的规定》(2004 年)

第二十条　在拍卖开始前,有下列情形之一的,人民法院应当撤回拍卖委托:

(一)据以执行的生效法律文书被撤销的;

(二)申请执行人及其他执行债权人撤回执行申请的;

(三)被执行人全部履行了法律文书确定的金钱债务的;

（四）当事人达成了执行和解协议，不需要拍卖财产的；

（五）案外人对拍卖财产提出确有理由的异议的；

（六）拍卖机构与竞买人恶意串通的；

（七）其他应当撤回拍卖委托的情形。

⑨ 拍卖停止事由

最高人民法院《关于人民法院民事执行中拍卖、变卖财产的规定》（2004 年）

第二十一条　人民法院委托拍卖后，遇有依法应当暂缓执行或者中止执行的情形的，应当决定暂缓执行或者裁定中止执行，并及时通知拍卖机构和当事人。拍卖机构收到通知后，应当立即停止拍卖，并通知竞买人。

暂缓执行期限届满或者中止执行的事由消失后，需要继续拍卖的，人民法院应当在十五日内通知拍卖机构恢复拍卖。

第二十二条　被执行人在拍卖日之前向人民法院提交足额金钱清偿债务，要求停止拍卖的，人民法院应当准许，但被执行人应当负担因拍卖支出的必要费用。

⑩ 流拍原因

最高人民法院《关于人民法院民事执行中拍卖、变卖财产的规定》（2004 年）

第十九条第一款　拍卖时无人竞买或者竞买人的最高应价低于保留价，到场的申请执行人或者其他执行债权人申请或者同意以该次拍卖所定的保留价接受拍卖财产的，应当将该财产交其抵债。

⑪ 裁定日期

最高人民法院《关于人民法院民事执行中拍卖、变卖财产的规定》（2004 年）

第三十条　人民法院裁定拍卖成交或者以流拍的财产抵债后，除有依法不能移交的情形外，应当于裁定送达后十五日内，将拍卖的财产移交买受人或者承受人。被执行人或者第三人占有拍卖财产应当移交而拒不移交的，强制执行。

⑫ 权属移转日期

最高人民法院《关于人民法院民事执行中拍卖、变卖财产的规定》（2004 年）

第二十九条　动产拍卖成交或者抵债后，其所有权自该动产交付时起转移给买受人或者承受人。

不动产、有登记的特定动产或者其他财产权拍卖成交或者抵债后，该不动产、特定动产的所有权、其他财产权自拍卖成交或者抵债裁定送达买受人或者承受人时起转移。

⑬ 保证金退还数额

最高人民法院《关于人民法院民事执行中拍卖、变卖财产的规定》(2004年)

第二十五条　拍卖成交或者以流拍的财产抵债后,买受人逾期未支付价款或者承受人逾期未补交差价而使拍卖、抵债的目的难以实现的,人民法院可以裁定重新拍卖。重新拍卖时,原买受人不得参加竞买。

重新拍卖的价款低于原拍卖价款造成的差价、费用损失及原拍卖中的佣金,由原买受人承担。人民法院可以直接从其预交的保证金中扣除。扣除后保证金有剩余的,应当退还原买受人;保证金数额不足的,可以责令原买受人补交;拒不补交的,强制执行。

⑭ 裁定日期

最高人民法院《关于人民法院民事执行中拍卖、变卖财产的规定》(2004年)

第二十三条　拍卖成交或者以流拍的财产抵债的,人民法院应当作出裁定,并于价款或者需要补交的差价全额交付后十日内,送达买受人或者承受人。

⑮ 变卖费用

最高人民法院《关于人民法院执行工作若干问题的规定(试行)》(1998年)

49. 拍卖、变卖被执行人的财产成交后,必须即时钱物两清。

委托拍卖、组织变卖被执行人财产所发生的实际费用,从所得价款中优先扣除。所得价款超出执行标的数额和执行费用的部分,应当退还被执行人。

⑯ 以物抵债债权人

最高人民法院《关于人民法院民事执行中拍卖、变卖财产的规定》(2004年)

第十九条第二款　有两个以上执行债权人申请以拍卖财产抵债的,由法定受偿顺位在先的债权人优先承受;受偿顺位相同的,以抽签方式决定承受人。承受人应受清偿的债权额低于抵债财产的价额的,人民法院应当责令其在指定的期间内补交差额。

◆ 自动履行信息

信息采集的案件范围
十、执行类案件
(一)执行实施类案件
01. 首次执行案件
02. 恢复执行案件

续表

自动履行标的种类	01. 金钱 02. 动产交付 03. 不动产权属移转 04. 其他财产权利移转 05. 履行特定行为 255. 其他
其他履行标的内容	
自动履行金钱数额	
自动履行日期	

◈ 执行和解信息

信息采集的案件范围
十、执行类案件
（一）执行实施类案件
01. 首次执行案件
02. 恢复执行案件

执行和解日期	
履行义务主体	
和解执行标的物	
和解执行数额	
和解义务履行届满日期	
和解协议内容	

◈ 司法赔偿决定执行信息

信息采集的案件范围
十、执行类案件
（一）执行实施类案件
01. 首次执行案件

赔偿金申请支付日期	
执行障碍事由	01.赔偿义务机关拒绝申请支付 02.赔偿义务机关拖延申请支付 03.赔偿请求人因申诉拒领 04.赔偿费用未列入财政预算 05.赔偿费用超过财政预算 06.财政部门收到支付申请后15日内未完成审核 07.财政部门以未追偿为由拒付赔偿金 255.其他
赔偿金支付日期❶	
赔偿金支付数额	
是否善后工作	01.是　02.否
其他善后工作方式	01.恢复工作 02.补发工资 03.解决社保、医保 04.解决低保 05.解决住房 06.解决赔偿请求人或家属就业 07.协助办理经营、运营手续 255.其他
是否追责追偿	01.是　02.否
追偿数额	
被追偿人	
追究其他责任	01.党纪责任 02.行政责任 03.刑事责任
责任人	

❶ 赔偿金支付日期

《国家赔偿法》(2013 年)

第三十七条　赔偿费用列入各级财政预算。

赔偿请求人凭生效的判决书、复议决定书、赔偿决定书或者调解书,向赔偿义务机关申请支付赔偿金。

赔偿义务机关应当自收到支付赔偿金申请之日起七日内,依照预算管理权限向有关的财政部门提出支付申请。财政部门应当自收到支付申请之日起十五日内支付赔偿金。

赔偿费用预算与支付管理的具体办法由国务院规定。

◆ 终结本次执行程序异议审查信息

信息采集的案件范围
十、执行类案件
(一)执行实施类案件
01. 首次执行案件
02. 恢复执行案件

申请执行人异议日期	
审查意见❶	01. 继续执行 02. 裁定终结本次执行程序
审定日期	

❶ 审查意见

最高人民法院《关于执行案件立案、结案若干问题的意见》(2014 年)

第十六条第三款　依据本条第一款第(二)、(四)、(五)、(六)项规定的情形裁定终结本次执行程序前,应当告知申请执行人可以在指定的期限内提出异议。申请执行人提出异议的,应当另行组成合议庭组织当事人就被执行人是否有财产可供执行进行听证;申请执行人提供被执行人财产线索的,人民法院应当就其提供的线索重新调查核实,发现被执行人有财产可供执行的,应当继续执行;经听证认定被执行人确无财产可供执行,申请执行人亦不能提供被执行人有可供执行财产的,可以裁定终结本次执行程序。

参与分配信息

信息采集的案件范围
十、执行类案件
(一)执行实施类案件
01. 首次执行案件
02. 恢复执行案件

参与分配基本信息

参与分配依据类型❶	01. 人民法院作出刑事财产刑或附带民事赔偿生效判决、裁定、调解书 02. 人民法院作出具有执行内容的民事案件生效判决书、裁定书、调解书、支付令 03. 人民法院作出具有执行内容的行政案件生效判决书、裁定书、调解书 04. 人民法院作出具有执行内容的行政赔偿案件生效判决书、裁定书、调解书 05. 经人民法院裁定认可的香港特区法院裁判 06. 经人民法院裁定认可的澳门特区法院裁判 07. 经人民法院裁定认可的台湾地区法院裁判 08. 香港特区仲裁裁决 09. 经人民法院裁定认可的澳门特区仲裁裁决 10. 经人民法院裁定认可的台湾地区仲裁裁决 11. 经人民法院裁定承认的外国法院裁判 12. 经人民法院裁定承认的国外仲裁裁决 13. 国内仲裁裁决 14. 具有强制执行力的公证债权文书 15. 经人民法院裁定准予强制执行的非诉行政行为 16. 先予执行裁定 17. 司法罚款决定 255. 其他

续表

参与分配申请日期❷	
参与分配申请人	
申请参与分配债权数额	
是否组织听证	01. 是　02. 否
主持分配法院❸	
分配方案制作日期	
分配方案	（文书）
分配日期	
申请执行人	
分得财产数额❹	

❶ 参与分配依据类型

最高人民法院《关于内地与香港特别行政区相互执行仲裁裁决的安排》（2000 年）

六、有关法院接到申请人申请后，应当按执行地法律程序处理及执行。

最高人民法院《关于认可和执行台湾地区仲裁裁决的规定》（2015 年）

第三条　申请人同时提出认可和执行台湾地区仲裁裁决申请的，人民法院先按照认可程序进行审查，裁定认可后，由人民法院执行机构执行。

申请人直接申请执行的，人民法院应当告知其一并提交认可申请；坚持不申请认可的，裁定驳回其申请。

《仲裁法》（1995 年）

第六十二条　当事人应当履行裁决。一方当事人不履行的，另一方当事人可以依照民事诉讼法的有关规定向人民法院申请执行。受申请的人民法院应当执行。

《劳动争议调解仲裁法》（2008 年）

第五十一条　当事人对发生法律效力的调解书、裁决书，应当依照规定的期限履行。一方当事人逾期不履行的，另一方当事人可以依照民事诉讼法的有关规定向人民法院申请执行。受理申请的人民法院应当依法执行。

② 参与分配申请日期

《民事诉讼法解释》(2015年)

第五百零八条　被执行人为公民或者其他组织,在执行程序开始后,被执行人的其他已经取得执行依据的债权人发现被执行人的财产不能清偿所有债权的,可以向人民法院申请参与分配。

对人民法院查封、扣押、冻结的财产有优先权、担保物权的债权人,可以直接申请参与分配,主张优先受偿权。

最高人民法院《关于人民法院执行工作若干问题的规定(试行)》(1998年)

88. 多份生效法律文书确定金钱给付内容的多个债权人分别对同一被执行人申请执行,各债权人对执行标的物均无担保物权的,按照执行法院采取执行措施的先后顺序受偿。

多个债权人的债权种类不同的,基于所有权和担保物权而享有的债权,优先于金钱债权受偿。有多个担保物权的,按照各担保物权成立的先后顺序清偿。

一份生效法律文书确定金钱给付内容的多个债权人对同一被执行人申请执行,执行的财产不足清偿全部债务的,各债权人对执行标的物均无担保物权的,按照各债权比例受偿。

90. 被执行人为公民或其他组织,其全部或主要财产已被一个人民法院因执行确定金钱给付的生效法律文书而查封、扣押或冻结,无其他财产可供执行或其他财产不足清偿全部债务的,在被执行人的财产被执行完毕前,对该被执行人已经取得金钱债权执行依据的其他债权人可以申请对该被执行人的财产参与分配。

③ 主持分配法院

最高人民法院《关于人民法院执行工作若干问题的规定(试行)》(1998年)

91. 对参与被执行人财产的具体分配,应当由首先查封、扣押或冻结的法院主持进行。

首先查封、扣押、冻结的法院所采取的执行措施如系为执行财产保全裁定,具体分配应当在该院案件审理终结后进行。

④ 分得财产数额

《民事诉讼法解释》(2015年)

第五百一十条　参与分配执行中,执行所得价款扣除执行费用,并清偿应当优先受偿的债权后，对于普通债权，原则上按照其占全部申请参与分配债权数额的比例受偿。清偿后的剩余债务，被执行人应当继续清偿。债权人发现被执行人有其他财产的，可以随时请求人民法院执行。

参与分配依据信息

参与分配依据主文	
参与分配依据案号	（包括认可、承认与执行审查案件的案号）
仲裁机构	（名称）
仲裁裁决文号	
公证机构	（名称）
公证文书文号	

执行分配方案异议信息

异议被通知人	
异议送达日期	
反对意见提出日期❶	
提出反对意见人	
反对意见送达日期	
反对意见被通知人	
执行分配方案异议诉讼案号	

❶ 反对意见提出日期

《执行程序解释》（2009年）

第二十六条　债权人或者被执行人对分配方案提出书面异议的，执行法院应当通知未提出异议的债权人或被执行人。

未提出异议的债权人、被执行人收到通知之日起十五日内未提出反对意见的，执行法院依异议人的意见对分配方案审查修正后进行分配；提出反对意见的，应当通知异议人。异议人可以自收到通知之日起十五日内，以提出反对意见的债权人、被执行人为被告，向执行法院提起诉讼；异议人逾期未提起诉讼的，执行法院依原分配方案进行分配。

◆ 执行到位信息

信息采集的案件范围
十、执行类案件
(一)执行实施类案件
01. 首次执行案件
02. 恢复执行案件

金钱债权到位数额	
放弃金钱债权数额	
迟延履行利息❶	
迟延履行金❷	
执行到位总额	
财产交付到位情况	01. 全部　02. 部分
行为履行到位情况	01. 全部　02. 部分
财产性权利到位情况	01. 全部　02. 部分

① 迟延履行利息

《民事诉讼法》(2012 年)

第二百五十三条　被执行人未按判决、裁定和其他法律文书指定的期间履行给付金钱义务的,应当加倍支付迟延履行期间的债务利息。被执行人未按判决、裁定和其他法律文书指定的期间履行其他义务的,应当支付迟延履行金。

② 迟延履行金

《民事诉讼法解释》(2015 年)

第五百零六条　被执行人迟延履行的,迟延履行期间的利息或者迟延履行金自判决、裁定和其他法律文书指定的履行期间届满之日起计算。

第五百零七条　被执行人未按判决、裁定和其他法律文书指定的期间履行非金钱给付义务的,无论是否已给申请执行人造成损失,都应当支付迟延履行金。已经造成损失的,双倍补偿申请执行人已经受到的损失;没有造成损失的,迟延履行金可以由人民法院根据具体案件情况决定。

◆ 执行款管理信息

信息采集的案件范围	
十、执行类案件	
(一)执行实施类案件	
01. 首次执行案件	
02. 恢复执行案件	

执行人员收取款项日期	
财务部门收取款项日期	
支付形式	01. 票据 02. 现金 03. 转账
专款账户到账数额	
到账日期	
支付人	
专款账户支出数额	
收款人账号	
收款人	
支出日期	

100101 首次执行案件

◆ 收案信息

本案案号	
收案来源❶	01. 申请执行人申请 02. 审判庭移交执行 03. 其他法院委托执行 04. 上级法院指定执行

续表

收案来源❶	05. 本院提级执行 06. 本院裁定执行回转
申请执行依据❷	01. 人民法院作出刑事财产刑或附带民事赔偿生效判决、裁定、调解书(含有关涉案财物的退还、收缴、发放等判项) 02. 人民法院作出具有执行内容的民事案件生效判决书、裁定书、调解书、支付令 03. 人民法院作出具有执行内容的行政案件生效判决书、裁定书、调解书 04. 人民法院作出具有执行内容的行政赔偿案件生效判决书、裁定书、调解书 05. 人民法院或赔偿委员会作出的生效赔偿决定 06. 经人民法院裁定认可的香港特区法院裁判 07. 经人民法院裁定认可的澳门特区法院裁判 08. 经人民法院裁定认可的台湾地区法院裁判 09. 香港特区仲裁裁决 10. 经人民法院裁定认可的澳门特区仲裁裁决 11. 经人民法院裁定认可的台湾地区仲裁裁决 12. 经人民法院裁定承认的外国法院裁判 13. 经人民法院裁定承认的国外仲裁裁决 14. 国内仲裁裁决 15. 具有强制执行力的公证债权文书 16. 经人民法院裁定准予强制执行的非诉行政行为 17. 先予执行裁定 18. 司法罚款决定 19. 司法拘留决定 255. 其他 (财产保全单独作为一类型,故不在此列)

续表

申请执行标的种类	01. 金钱 02. 动产 03. 不动产 04. 财产性权利 05. 行为
申请执行标的数额	
申请迟延履行利息	（申请数额）
申请迟延履行金	（申请数额）
申请执行总额	（标的＋迟延履行利息或迟延履行金）
收案日期	
不予立案裁定日期	
不予登记立案裁定日期	
登记立案日期	

❶ 收案来源

《民事诉讼法》(2012 年)

第二百二十六条　人民法院自收到申请执行书之日起超过六个月未执行的，申请执行人可以向上一级人民法院申请执行。上一级人民法院经审查，可以责令原人民法院在一定期限内执行，也可以决定由本院执行或者指令其他人民法院执行。

第二百二十九条　被执行人或者被执行的财产在外地的，可以委托当地人民法院代为执行。受委托人民法院收到委托函件后，必须在十五日内开始执行，不得拒绝。执行完毕后，应当将执行结果及时函复委托人民法院；在三十日内如果还未执行完毕，也应当将执行情况函告委托人民法院。

受委托人民法院自收到委托函件之日起十五日内不执行的，委托人民法院可以请求受委托人民法院的上级人民法院指令受委托人民法院执行。

第二百三十三条　执行完毕后，据以执行的判决、裁定和其他法律文书确有错误，被人民法院撤销的，对已被执行的财产，人民法院应当作出裁定，责令取得财产的人返还；拒不返还的，强制执行。

第二百三十六条　发生法律效力的民事判决、裁定，当事人必须履行。一方拒绝履行的,对方当事人可以向人民法院申请执行,也可以由审判员移送执行员执行。

调解书和其他应当由人民法院执行的法律文书,当事人必须履行。一方拒绝履行的,对方当事人可以向人民法院申请执行。

第二百三十七条　对依法设立的仲裁机构的裁决,一方当事人不履行的,对方当事人可以向有管辖权的人民法院申请执行。受申请的人民法院应当执行。

裁定书应当送达双方当事人和仲裁机构。

仲裁裁决被人民法院裁定不予执行的,当事人可以根据双方达成的书面仲裁协议重新申请仲裁,也可以向人民法院起诉。

第二百三十八条　对公证机关依法赋予强制执行效力的债权文书,一方当事人不履行的,对方当事人可以向有管辖权的人民法院申请执行,受申请的人民法院应当执行。

公证债权文书确有错误的,人民法院裁定不予执行,并将裁定书送达双方当事人和公证机关。

第二百四十条　执行员接到申请执行书或者移交执行书,应当向被执行人发出执行通知,并可以立即采取强制执行措施。

第二百八十三条　国外仲裁机构的裁决,需要中华人民共和国人民法院承认和执行的,应当由当事人直接向被执行人住所地或者其财产所在地的中级人民法院申请,人民法院应当依照中华人民共和国缔结或者参加的国际条约,或者按照互惠原则办理。

《行政诉讼法》(2014 年)

第六十六条　公民、法人或者其他组织对具体行政行为在法定期限内不提起诉讼又不履行的,行政机关可以申请人民法院强制执行,或者依法强制执行。

最高人民法院《关于人民法院执行工作若干问题的规定(试行)》(1998 年)

17. 基层人民法院和中级人民法院管辖的执行案件,因特殊情况需要由上级人民法院执行的,可以报请上级人民法院执行。

19. 生效法律文书的执行,一般应当由当事人依法提出申请。

发生法律效力的具有给付赡养费、扶养费、抚育费内容的法律文书、民事制裁决定书,以及刑事附带民事判决、裁定、调解书,由审判庭移送执行机构执行。

109. 在执行中或执行完毕后,据以执行的法律文书被人民法院或其他有关机关撤销或变更的,原执行机构应当依照民事诉讼法第二百一十四条的规定,依当事人申请或依职权,按照新的生效法律文书,作出执行回转的裁定,责令原申请执行人返还已取得的财产及其孳息。拒不返还的,强制执行。

110. 执行回转时,已执行的标的物系特定物的,应当退还原物。不能退还原物的,可以折价抵偿。

最高人民法院《关于执行权合理配置和科学运行的若干意见》(2011 年)

15. 诉前、申请执行前的财产保全申请由立案机构进行审查并作出裁定;裁定保全的,移交执行局执行。

16. 诉中财产保全、先予执行的申请由相关审判机构审查并作出裁定;裁定财产保全或者先予执行的,移交执行局执行。

18. 具有执行内容的财产刑和非刑罚制裁措施的执行由执行局负责。

19. 境外法院、仲裁机构作出的生效法律文书的执行申请,由审判机构负责审查;依法裁定准予执行或者发出执行令的,移交执行局执行。

最高人民法院《关于规范集中清理执行积案结案标准的通知》(2009 年)

4. 委托执行的案件,受托法院可以按照新收执行案件办理,委托法院不得作结案处理。待受托法院将案件依法结案后,委托法院的案件一并依法结案。

最高人民法院《关于高级人民法院统一管理执行工作若干问题的规定》(2000 年)

八、高级人民法院对本院及下级人民法院的执行案件,认为需要指定执行的,可以裁定指定执行。

高级人民法院对最高人民法院函示指定执行的案件,应当裁定指定执行。

九、高级人民法院对下级人民法院的下列案件可以裁定提级执行:

1. 高级人民法院指令下级人民法院限期执结,逾期未执结需要提级执行的;

2. 下级人民法院报请高级人民法院提级执行,高级人民法院认为应当提级执行的;

3. 疑难、重大和复杂的案件,高级人民法院认为应当提级执行的。

高级人民法院对最高人民法院函示提级执行的案件,应当裁定提级执行。

《民事诉讼法解释》(2015 年)

第四百七十六条　法律规定由人民法院执行的其他法律文书执行完毕后,该法律文书被有关机关或者组织依法撤销的,经当事人申请,适用民事诉讼法第二百三十三条规定。

《刑事诉讼法解释》(2013 年)

第四百四十五条　财产刑全部或者部分被撤销的,已经执行的财产应当全部或者部分返还被执行人;无法返还的,应当依法赔偿。

② 申请执行依据

最高人民法院《关于人民法院执行工作若干问题的规定(试行)》(1998 年)

2. 执行机构负责执行下列生效法律文书：

(1)人民法院民事、行政判决、裁定、调解书，民事制裁决定、支付令，以及刑事附带民事判决、裁定、调解书；

(2)依法应由人民法院执行的行政处罚决定、行政处理决定；

(3)我国仲裁机构作出的仲裁裁决和调解书；

人民法院依据《中华人民共和国仲裁法》有关规定作出的财产保全和证据保全裁定；

(4)公证机关依法赋予强制执行效力的关于追偿债款、物品的债权文书；

(5)经人民法院裁定承认其效力的外国法院作出的判决、裁定，以及国外仲裁机构作出的仲裁裁决；

(6)法律规定由人民法院执行的其他法律文书。

《刑事诉讼法》(2012 年)

第二百六十条　被判处罚金的罪犯，期满不缴纳的，人民法院应当强制缴纳；如果由于遭遇不能抗拒的灾祸缴纳确实有困难的，可以裁定减少或者免除。

第二百六十一条　没收财产的判决，无论附加适用或者独立适用，都由人民法院执行；在必要的时候，可以会同公安机关执行。

《刑事诉讼法解释》(2013 年)

第四百三十八条　财产刑和附带民事裁判由第一审人民法院负责裁判执行的机构执行。

最高人民法院《关于财产刑执行问题的若干规定》(2010 年 2 月 10 日起施行，2015 年 1 月 19 日起失效)

第一条　财产刑由第一审人民法院负责裁判执行的机构执行。

被执行的财产在异地的，第一审人民法院可以委托财产所在地的同级人民法院代为执行。

《民事诉讼法解释》(2015 年)

第四百六十二条　发生法律效力的实现担保物权裁定、确认调解协议裁定、支付令，由作出裁定、支付令的人民法院或者与其同级的被执行财产所在地的人民法院执行。

认定财产无主的判决，由作出判决的人民法院将无主财产收归国家或者集体所有。

最高人民法院《关于内地与香港特别行政区法院相互认可和执行当事人协议管辖的民商事案件判决的安排》(2008 年)

第十一条　根据本安排而获认可的判决与执行地法院的判决效力相同。

最高人民法院《关于内地与澳门特别行政区相互认可和执行民商事判决的安排》(2006 年)

第十三条　经裁定予以认可的判决,与被请求方法院的判决具有同等效力。判决有给付内容的,当事人可以向该方有管辖权的法院申请执行。

最高人民法院《关于认可和执行台湾地区法院民事判决的规定》(2015 年)

第十七条　经人民法院裁定认可的台湾地区法院民事判决,与人民法院作出的生效判决具有同等效力。

最高人民法院《关于内地与香港特别行政区相互执行仲裁裁决的安排》(2000 年)

六、有关法院接到申请人申请后,应当按执行地法律程序处理及执行。

最高人民法院《关于认可和执行台湾地区仲裁裁决的规定》(2015 年)

第三条　申请人同时提出认可和执行台湾地区仲裁裁决申请的,人民法院先按照认可程序进行审查,裁定认可后,由人民法院执行机构执行。

申请人直接申请执行的,人民法院应当告知其一并提交认可申请;坚持不申请认可的,裁定驳回其申请。

《仲裁法》(1995 年)

第六十二条　当事人应当履行裁决。一方当事人不履行的,另一方当事人可以依照民事诉讼法的有关规定向人民法院申请执行。受申请的人民法院应当执行。

《劳动争议调解仲裁法》(2008 年)

第五十一条　当事人对发生法律效力的调解书、裁决书,应当依照规定的期限履行。一方当事人逾期不履行的,另一方当事人可以依照民事诉讼法的有关规定向人民法院申请执行。受理申请的人民法院应当依法执行。

◆ **执行依据信息**

执行依据主文	
义务履行届满日期	
执行依据案件案号	(包括认可、承认与执行审查案件案号)
仲裁机构	(名称)
仲裁裁决文号	
公证机构	(名称)
公证文书文号	

关联案件信息

委托执行案号	
指定执行案号	(包括其他执行案件)
提级执行案号	
执行回转裁定案号	

结案信息

结案方式❶	01. 不予执行 02. 驳回申请 03. 执行完毕 04. 终结执行 05. 终结本次执行程序 06. 销案 07. 不予立案(原不予受理) 08. 不予登记立案
终结执行事由❷	01. 申请执行人撤销申请 02. 因达成执行和解协议申请撤回执行申请 03. 执行依据被撤销 04. 案件被上级法院指定执行 05. 案件被上级法院提级执行 06. 委托其他法院执行 07. 作为被执行人的公民死亡,无遗产可供执行,又无义务承担人 08. 追索赡养费、扶养费、抚育费案件的权利人死亡的 09. 作为被执行人的公民因生活困难无力偿还借款,无收入来源,又丧失劳动能力的 10. 作为被执行人的企业法人或其他组织被撤销、注销、吊销营业执照或者歇业、终止后既无财产可供执行,又无义务承受人,也没有能够依法追加变更执行主体的

续表

终结执行事由❷	11. 依照刑法第五十三条规定免除罚金的 12. 被执行人被人民法院裁定宣告破产的 13. 行政执行标的灭失的 14. 对特定的执行标的物折价赔偿不能协商一致 255. 其他应当终结执行的情形
不予执行事由❸	01. 当事人在合同中没有订有仲裁条款或者事后没有达成书面仲裁协议 02. 裁决的事项不属于仲裁协议的范围或者仲裁机构无权仲裁 03. 仲裁庭的组成或者仲裁的程序违反法定程序 04. 裁决所根据的证据是伪造的 05. 对方当事人向仲裁机构隐瞒了足以影响公正裁决的证据 06. 仲裁员在仲裁该案时有贪污受贿、徇私舞弊、枉法裁决的行为 07. 公证债权文书属于不得赋予强制执行效力的债权文书的 08. 被执行人一方未亲自或者未委托代理人到场公证等严重违反法律规定的公证程序的 09. 公证债权文书的内容与事实不符或者违反法律强制性规定 10. 公证债权文书未载明被执行人不履行义务或者不完全履行义务时同意接受强制执行
终结本次执行事由❹	01. 被执行人确无财产可供执行,申请执行人书面同意人民法院终结本次执行程序 02. 因被执行人无财产而中止执行满两年,经查证被执行人确无财产可供执行

续表

终结本次执行事由❹	03. 申请执行人明确表示提供不出被执行人的财产或财产线索,并在人民法院穷尽财产调查措施之后,对人民法院认定被执行人无财产可供执行书面表示认可 04. 被执行人的财产无法拍卖变卖,或者动产经两次拍卖、不动产或其他财产权经三次拍卖仍然流拍,申请执行人拒绝接受或者依法不能交付其抵债,经人民法院穷尽财产调查措施,被执行人确无其他财产可供执行的 05. 经人民法院穷尽财产调查措施,被执行人确无财产可供执行或虽有财产但不宜强制执行,当事人达成分期履行和解协议,且未履行完毕 06. 被执行人确无财产可供执行,申请执行人属于特困群体,执行法院已经给予其适当救助
销案事由❺	01. 执行管辖异议成立将案件移送有管辖权法院 02. 执行管辖权异议成立,申请执行人撤回申请 03. 发现其他有管辖权法院已经立案 04. 经高级人民法院同意退回委托
结案日期	
结案文书	

❶ 结案方式

最高人民法院《关于执行案件立案、结案若干问题的意见》(2014 年)

第十四条　除执行财产保全裁定、恢复执行的案件外,其他执行实施类案件的结案方式包括:

(一)执行完毕;

(二)终结本次执行程序;

(三)终结执行;

(四)销案;

(五)不予执行;

（六）驳回申请。

第十五条　生效法律文书确定的执行内容，经被执行人自动履行、人民法院强制执行，已全部执行完毕，或者是当事人达成执行和解协议，且执行和解协议履行完毕，可以以“执行完毕”方式结案。

执行完毕应当制作结案通知书并发送当事人。双方当事人书面认可执行完毕或口头认可执行完毕并记入笔录的，无须制作结案通知书。

执行和解协议应当附卷，没有签订书面执行和解协议的，应当将口头和解协议的内容作成笔录，经当事人签字后附卷。

第十九条　执行实施案件立案后，被执行人对仲裁裁决或公证债权文书提出不予执行申请，经人民法院审查，裁定不予执行的，以“不予执行”方式结案。

第二十条　执行实施案件立案后，经审查发现不符合《最高人民法院关于人民法院执行工作若干问题的规定（试行）》第18条规定的受理条件，裁定驳回申请的，以“驳回申请”方式结案。

第二十三条　下列案件不得作结案处理：

（一）人民法院裁定中止执行的；

（二）人民法院决定暂缓执行的；

（三）执行和解协议未全部履行完毕，且不符合本意见第十六条、第十七条规定终结本次执行程序、终结执行条件的。

最高人民法院《关于规范集中清理执行积案结案标准的通知》（2009年）

三、对有财产可供执行的案件，应依法按规定结案；对无财产可供执行的案件，可按下列条件和方式结案。

1. 符合法律或司法解释规定的终结执行情形的，可依法结案。仲裁裁决、公证债权文书被裁定不予执行的，可依法结案。

2. 被执行人可供执行的财产执行完毕后，申请执行人书面表示放弃剩余债权的，可依法结案。

3. 案件执行标的款全部执行到执行款专户，因申请执行人下落不明无法领取或不愿领取，执行法院已依法予以提存的，可以作结案处理。

4. 委托执行的案件，受托法院可以按照新收执行案件办理，委托法院不得作结案处理。待受托法院将案件依法结案后，委托法院的案件一并依法结案。

5. 中止执行的案件，不得作结案处理。

6. 提级执行或指定执行的案件,提级执行的法院或被指定执行的法院应当按照新收执行案件办理,原执行法院可作销案处理,不得作结案处理。

7. 因重复立案移送管辖的案件,原执行法院应作销案处理,不得作结案处理。

8. 无财产可供执行的案件,执行程序在一定期间无法继续进行,且有下列情形之一的,经合议庭评议,可裁定终结本次执行程序后结案:

(1)被执行人确无财产可供执行,申请执行人书面同意人民法院终结本次执行程序的;

(2)因被执行人无财产而中止执行满两年,经查证被执行人确无财产可供执行的;

(3)申请执行人明确表示提供不出被执行人的财产或财产线索,并在人民法院穷尽财产调查措施之后对人民法院认定被执行人无财产可供执行书面表示认可的;

(4)被执行人的财产无法拍卖变卖,或者动产经两次拍卖、不动产或其他财产权经三次拍卖仍然流拍,申请执行人拒绝接受或者依法不能交付其抵债,经人民法院穷尽财产调查措施,被执行人确无其他财产可供执行的;

(5)作为被执行人的企业法人被撤销、注销、吊销营业执照或者歇业后既无财产可供执行,又无义务承受人,也没有能够依法追加变更执行主体的;

(6)经人民法院穷尽财产调查措施,被执行人确无财产可供执行或虽有财产但不宜强制执行,当事人达成分期履行和解协议的;

(7)被执行人确无财产可供执行,申请执行人属于特困群体,执行法院已经给予其适当救助资金的。

最高人民法院《关于委托执行若干问题的规定》(2011 年)

第二条　案件委托执行后,受托法院应当依法立案,委托法院应当在收到受托法院的立案通知书后作委托结案处理。

委托异地法院协助查询、冻结、查封、调查或者送达法律文书等有关事项的,受托法院不作为委托执行案件立案办理,但应当积极予以协助。

第九条第三款　委托执行案件退回后,受托法院已立案的,应当作销案处理。委托法院在案件退回原因消除之后可以再行委托。确因委托不当被退回的,委托法院应当决定撤销委托并恢复案件执行,报所在的高级人民法院备案。

第十五条　本规定施行之后,其他有关委托执行的司法解释不再适用。

《民事诉讼法》(2012 年)

第二百三十七条第二款　被申请人提出证据证明仲裁裁决有下列情形之一的,经人民法院组成合议庭审查核实,裁定不予执行:

(一)当事人在合同中没有订有仲裁条款或者事后没有达成书面仲裁协议的;

(二)裁决的事项不属于仲裁协议的范围或者仲裁机构无权仲裁的;

(三)仲裁庭的组成或者仲裁的程序违反法定程序的;

(四)裁决所根据的证据是伪造的;

(五)对方当事人向仲裁机构隐瞒了足以影响公正裁决的证据的;

(六)仲裁员在仲裁该案时有贪污受贿,徇私舞弊,枉法裁决行为的。

人民法院认定执行该裁决违背社会公共利益的,裁定不予执行。

第二百三十八条　对公证机关依法赋予强制执行效力的债权文书,一方当事人不履行的,对方当事人可以向有管辖权的人民法院申请执行,受申请的人民法院应当执行。

公证债权文书确有错误的,人民法院裁定不予执行,并将裁定书送达双方当事人和公证机关。

第二百五十七条　有下列情形之一的,人民法院裁定终结执行:

(一)申请人撤销申请的;

(二)据以执行的法律文书被撤销的;

(三)作为被执行人的公民死亡,无遗产可供执行,又无义务承担人的;

(四)追索赡养费、扶养费、抚育费案件的权利人死亡的;

(五)作为被执行人的公民因生活困难无力偿还借款,无收入来源,又丧失劳动能力的;

(六)人民法院认为应当终结执行的其他情形。

第二百七十四条　对中华人民共和国涉外仲裁机构作出的裁决,被申请人提出证据证明仲裁裁决有下列情形之一的,经人民法院组成合议庭审查核实,裁定不予执行:

(一)当事人在合同中没有订有仲裁条款或者事后没有达成书面仲裁协议的;

(二)被申请人没有得到指定仲裁员或者进行仲裁程序的通知,或者由于其他不属于被申请人负责的原因未能陈述意见的;

(三)仲裁庭的组成或者仲裁的程序与仲裁规则不符的;

(四)裁决的事项不属于仲裁协议的范围或者仲裁机构无权仲裁的。

人民法院认定执行该裁决违背社会公共利益的,裁定不予执行。

最高人民法院《关于人民法院执行工作若干问题的规定(试行)》(1998 年)

18. 人民法院受理执行案件应当符合下列条件:

(1)申请或移送执行的法律文书已经生效;

(2)申请执行人是生效法律文书确定的权利人或其继承人、权利承受人;

(3)申请执行人在法定期限内提出申请;

(4)申请执行的法律文书有给付内容,且执行标的和被执行人明确;

(5)义务人在生效法律文书确定的期限内未履行义务;

(6)属于受申请执行的人民法院管辖。

人民法院对符合上述条件的申请,应当在七日内予以立案;不符合上述条件之一的,应当在七日内裁定不予受理。

《民事诉讼法解释》(2015 年)

第五百一十九条　经过财产调查未发现可供执行的财产,在申请执行人签字确认或者执行法院组成合议庭审查核实并经院长批准后,可以裁定终结本次执行程序。

依照前款规定终结执行后,申请执行人发现被执行人有可供执行财产的,可以再次申请执行。再次申请不受申请执行时效期间的限制。

《执行程序解释》(2009 年)

第二条　对两个以上人民法院都有管辖权的执行案件,人民法院在立案前发现其他有管辖权的人民法院已经立案的,不得重复立案。

立案后发现其他有管辖权的人民法院已经立案的,应当撤销案件;已经采取执行措施的,应当将控制的财产交先立案的执行法院处理。

② 终结执行事由

最高人民法院《关于人民法院执行工作若干问题的规定(试行)》(1998 年)

87. 当事人之间达成的和解协议合法有效并已履行完毕的,人民法院作执行结案处理。

105. 在执行中,被执行人被人民法院裁定宣告破产的,执行法院应当依照民事诉讼法第二百三十五条第六项的规定,裁定终结执行。

122. 受托法院认为受托执行的案件应当中止、终结执行的，应提供有关证据材料，函告委托法院作出裁定。受托法院提供的证据材料确实、充分的，委托法院应当及时作出中止或终结执行的裁定。

最高人民法院《关于执行案件立案、结案若干问题的意见》(2014年)

第十七条　有下列情形之一的，可以以“终结执行”方式结案：

（一）申请人撤销申请或者是当事人双方达成执行和解协议，申请执行人撤回执行申请的；

（二）据以执行的法律文书被撤销的；

（三）作为被执行人的公民死亡，无遗产可供执行，又无义务承担人的；

（四）追索赡养费、扶养费、抚育费案件的权利人死亡的；

（五）作为被执行人的公民因生活困难无力偿还借款，无收入来源，又丧失劳动能力的；

（六）作为被执行人的企业法人或其他组织被撤销、注销、吊销营业执照或者歇业、终止后既无财产可供执行，又无义务承受人，也没有能够依法追加变更执行主体的；

（七）依照刑法第五十三条规定免除罚金的；

（八）被执行人被人民法院裁定宣告破产的；

（九）行政执行标的灭失的；

（十）案件被上级人民法院裁定提级执行的；

（十一）案件被上级人民法院裁定指定由其他法院执行的；

（十二）按照《最高人民法院关于委托执行若干问题的规定》，办理了委托执行手续，且收到受托法院立案通知书的；

（十三）人民法院认为应当终结执行的其他情形。

前款除第（十）项、第（十一）项、第（十二）项规定的情形外，终结执行的，应当制作裁定书，送达当事人。

《民事诉讼法》(2012年)

第二百五十七条　有下列情形之一的，人民法院裁定终结执行：

（一）申请人撤销申请的；

（二）据以执行的法律文书被撤销的；

（三）作为被执行人的公民死亡，无遗产可供执行，又无义务承担人的；

（四）追索赡养费、扶养费、抚育费案件的权利人死亡的；

(五)作为被执行人的公民因生活困难无力偿还借款,无收入来源,又丧失劳动能力的;

(六)人民法院认为应当终结执行的其他情形。

《民事诉讼法解释》(2015年)

第四百九十四条　执行标的物为特定物的,应当执行原物。原物确已毁损或者灭失的,经双方当事人同意,可以折价赔偿。

双方当事人对折价赔偿不能协商一致的,人民法院应当终结执行程序。申请执行人可以另行起诉。

第五百一十五条　被执行人住所地人民法院裁定受理破产案件的,执行法院应当解除对被执行人财产的保全措施。被执行人住所地人民法院裁定宣告被执行人破产的,执行法院应当裁定终结对该被执行人的执行。

被执行人住所地人民法院不受理破产案件的,执行法院应当恢复执行。

《刑事诉讼法解释》(2015年)

第四百四十四条　执行财产刑过程中,具有下列情形之一的,人民法院应当裁定终结执行:

(一)据以执行的判决、裁定被撤销的;

(二)被执行人死亡或者被执行死刑,且无财产可供执行的;

(三)被判处罚金的单位终止,且无财产可供执行的;

(四)依照刑法第五十三条规定免除罚金的;

(五)应当终结执行的其他情形。

《行政强制法》(2012年)

第四十条　有下列情形之一的,终结执行:

(一)公民死亡,无遗产可供执行,又无义务承受人的;

(二)法人或者其他组织终止,无财产可供执行,又无义务承受人的;

(三)执行标的灭失的;

(四)据以执行的行政决定被撤销的;

(五)行政机关认为需要终结执行的其他情形。

最高人民法院《关于财产刑执行问题的若干规定》(2010年2月10日起施行,2015年1月9日起失效)

第九条　具有下列情形之一的,人民法院应当裁定终结执行:

（一）据以执行的刑事判决、裁定被撤销的；

（二）被执行人死亡或者被执行死刑，且无财产可供执行的；

（三）被判处罚金的单位终止，且无财产可供执行的；

（四）依照刑法第五十三条规定免除罚金的；

（五）其他应当终结执行的情形。

人民法院裁定终结执行后，发现被执行人有隐匿、转移财产情形的，应当追缴。

最高人民法院《关于认可和执行台湾地区仲裁裁决的规定》（2015年）

第十七条　一方当事人向人民法院申请认可或者执行台湾地区仲裁裁决，另一方当事人向台湾地区法院起诉撤销该仲裁裁决，被申请人申请中止认可或者执行并且提供充分担保的，人民法院应当中止认可或者执行程序。

申请中止认可或者执行的，应当向人民法院提供台湾地区法院已经受理撤销仲裁裁决案件的法律文书。

台湾地区法院撤销该仲裁裁决的，人民法院应当裁定不予认可或者裁定终结执行；台湾地区法院驳回撤销仲裁裁决请求的，人民法院应当恢复认可或者执行程序。

最高人民法院《关于内地与澳门特别行政区相互认可和执行仲裁裁决的安排》（2007年）

第九条　一方当事人向一地法院申请执行仲裁裁决，另一方当事人向另一地法院申请撤销该仲裁裁决，被执行人申请中止执行且提供充分担保的，执行法院应当中止执行。

根据经认可的撤销仲裁裁决的判决、裁定，执行法院应当终结执行程序；撤销仲裁裁决申请被驳回的，执行法院应当恢复执行。

当事人申请中止执行的，应当向执行法院提供其他法院已经受理申请撤销仲裁裁决案件的法律文书。

最高人民法院《关于委托执行若干问题的规定》（2011年）

第二条　案件委托执行后，受托法院应当依法立案，委托法院应当在收到受托法院的立案通知书后作委托结案处理。

最高人民法院《关于加强和改进委托执行工作的若干规定》（2000年）

9. 委托执行后，遇有下列情况，由受托法院依照法律和司法解释的规定处理：

（1）需要变更或追加被执行主体的；

（2）因执行担保需要暂缓执行的；

(3)当事人之间达成执行和解协议的;

(4)案外人对非属据以执行的生效法律文书指定交付的执行标的物提出异议的。

10. 案外人对据以执行的生效法律文书指定交付的财物和票证提出异议的,受托法院应当及时将案外人的书面异议转交委托法院处理。委托法院应当及时作出中止执行或驳回异议的裁定,并通知受托法院。

③ 不予执行事由

《民事诉讼法》(2012 年)

第二百三十七条　对依法设立的仲裁机构的裁决,一方当事人不履行的,对方当事人可以向有管辖权的人民法院申请执行。受申请的人民法院应当执行。

被申请人提出证据证明仲裁裁决有下列情形之一的,经人民法院组成合议庭审查核实,裁定不予执行:

(一)当事人在合同中没有订有仲裁条款或者事后没有达成书面仲裁协议的;

(二)裁决的事项不属于仲裁协议的范围或者仲裁机构无权仲裁的;

(三)仲裁庭的组成或者仲裁的程序违反法定程序的;

(四)裁决所根据的证据是伪造的;

(五)对方当事人向仲裁机构隐瞒了足以影响公正裁决的证据的;

(六)仲裁员在仲裁该案时有贪污受贿,徇私舞弊,枉法裁决行为的。

人民法院认定执行该裁决违背社会公共利益的,裁定不予执行。

第二百三十八条　对公证机关依法赋予强制执行效力的债权文书,一方当事人不履行的,对方当事人可以向有管辖权的人民法院申请执行,受申请的人民法院应当执行。

公证债权文书确有错误的,人民法院裁定不予执行,并将裁定书送达双方当事人和公证机关。

《民事诉讼法解释》(2015 年)

第四百八十条　有下列情形之一的,可以认定为民事诉讼法第二百三十八条第二款规定的公证债权文书确有错误:

(一)公证债权文书属于不得赋予强制执行效力的债权文书的;

(二)被执行人一方未亲自或者未委托代理人到场公证等严重违反法律规定的公证程序的;

（三）公证债权文书的内容与事实不符或者违反法律强制性规定的；

（四）公证债权文书未载明被执行人不履行义务或者不完全履行义务时同意接受强制执行的。

人民法院认定执行该公证债权文书违背社会公共利益的，裁定不予执行。

公证债权文书被裁定不予执行后，当事人、公证事项的利害关系人可以就债权争议提起诉讼。

④ 终结本次执行事由

最高人民法院《关于执行案件立案、结案若干问题的意见》（2014年）

第十六条第一款　有下列情形之一的，可以以“终结本次执行程序”方式结案：

（一）被执行人确无财产可供执行，申请执行人书面同意人民法院终结本次执行程序的；

（二）因被执行人无财产而中止执行满两年，经查证被执行人确无财产可供执行的；

（三）申请执行人明确表示提供不出被执行人的财产或财产线索，并在人民法院穷尽财产调查措施之后，对人民法院认定被执行人无财产可供执行书面表示认可的；

（四）被执行人的财产无法拍卖变卖，或者动产经两次拍卖、不动产或其他财产权经三次拍卖仍然流拍，申请执行人拒绝接受或者依法不能交付其抵债，经人民法院穷尽财产调查措施，被执行人确无其他财产可供执行的；

（五）经人民法院穷尽财产调查措施，被执行人确无财产可供执行或虽有财产但不宜强制执行，当事人达成分期履行和解协议，且未履行完毕的；

（六）被执行人确无财产可供执行，申请执行人属于特困群体，执行法院已经给予其适当救助的。

⑤ 销案事由

最高人民法院《关于执行案件立案、结案若干问题的意见》（2014年）

第十八条　执行实施案件立案后，有下列情形之一的，可以以“销案”方式结案：

（一）被执行人提出管辖异议，经审查异议成立，将案件移送有管辖权的法院或申请执行人撤回申请的；

（二）发现其他有管辖权的人民法院已经立案在先的；

(三)受托法院报经高级人民法院同意退回委托的。

最高人民法院《关于委托执行若干问题的规定》(2011年)

第九条第二款　委托执行案件退回后,受托法院已立案的,应当作销案处理。委托法院在案件退回原因消除之后可以再行委托。确因委托不当被退回的,委托法院应当决定撤销委托并恢复案件执行,报所在的高级人民法院备案。

100102 恢复执行案件

◆ 收案信息

本案案号	
收案来源	01. 申请执行人申请 02. 法院依职权
首次执行案件案号	
恢复执行事由❶	01. 申请执行人因受欺诈、胁迫与被执行人达成和解协议,申请恢复执行原生效法律文书的 02. 一方当事人不履行或不完全履行执行和解协议,对方当事人申请恢复执行原生效法律文书的 03. 执行实施案件以裁定终结本次执行程序方式报结后,如发现被执行人有财产可供执行,申请执行人申请或者人民法院依职权恢复执行的 04. 执行实施案件因委托执行结案后,确因委托不当被已立案的受托法院退回委托的 05. 依照民事诉讼法第二百五十七条的规定而终结执行的案件,申请执行的条件具备时,申请执行人申请恢复执行的
申请执行标的数额	
申请迟延履行利息	(申请数额)
申请迟延履行金	(申请数额)
收案日期	
登记立案日期	

❶ 恢复执行事由

最高人民法院《关于执行案件立案、结案若干问题的意见》(2014 年)

第六条　下列案件,人民法院应当按照恢复执行案件予以立案:

(一)申请执行人因受欺诈、胁迫与被执行人达成和解协议,申请恢复执行原生效法律文书的;

(二)一方当事人不履行或不完全履行执行和解协议,对方当事人申请恢复执行原生效法律文书的;

(三)执行实施案件以裁定终结本次执行程序方式报结后,如发现被执行人有财产可供执行,申请执行人申请或者人民法院依职权恢复执行的;

(四)执行实施案件因委托执行结案后,确因委托不当被已立案的受托法院退回委托的;

(五)依照民事诉讼法第二百五十七条的规定而终结执行的案件,申请执行的条件具备时,申请执行人申请恢复执行的。

《民事诉讼法解释》(2015 年)

第四百六十六条　申请执行人与被执行人达成和解协议后请求中止执行或者撤回执行申请的,人民法院可以裁定中止执行或者终结执行。

第四百六十七条　一方当事人不履行或者不完全履行在执行中双方自愿达成的和解协议,对方当事人申请执行原生效法律文书的,人民法院应当恢复执行,但和解协议已履行的部分应当扣除。和解协议已经履行完毕的,人民法院不予恢复执行。

只适合于执行和解协议达成后当事人撤回申请,原执行案件以终结执行结案,如果是执行和解后未撤回申请的,只能算是中止执行,恢复执行不另立案件。还有一种是达成分期履行和解协议且未履行完毕

第五百二十条　因撤销申请而终结执行后,当事人在民事诉讼法第二百三十九条规定的申请执行时效期间内再次申请执行的,人民法院应当受理。

最高人民法院《关于委托执行若干问题的规定》(2011 年)

第八条　受托法院如发现委托执行的手续、材料不全,可以要求委托法院补办。委托法院应当在 30 日内完成补办事项,在上述期限内未完成的,应当作出书面说明。委托法院既不补办又不说明原因的,视为撤回委托,受托法院可以将委托材料退回委托法院。

第九条　受托法院退回委托的,应当层报所在辖区高级人民法院审批。高级人民法院同意退回后,受托法院应当在15日内将有关委托手续和案卷材料退回委托法院,并作出书面说明。

委托执行案件退回后,受托法院已立案的,应当作销案处理。委托法院在案件退回原因消除之后可以再行委托。确因委托不当被退回的,委托法院应当决定撤销委托并恢复案件执行,报所在的高级人民法院备案。

《民事诉讼法》(2012年)

第二百三十条　在执行中,双方当事人自行和解达成协议的,执行员应当将协议内容记入笔录,由双方当事人签名或者盖章。

申请执行人因受欺诈、胁迫与被执行人达成和解协议,或者当事人不履行和解协议的,人民法院可以根据当事人的申请,恢复对原生效法律文书的执行。

◈ **结案信息**

结案方式❶	01. 执行完毕 02. 终结执行 03. 裁定终结本次执行程序
终结执行事由	01. 申请执行人撤销申请 02. 因达成执行和解协议申请撤回执行申请 03. 执行依据被撤销 04. 案件被上级法院指定执行 05. 案件被上级法院提级执行 06. 委托其他法院执行 07. 作为被执行人的公民死亡,无遗产可供执行,又无义务承担人 08. 追索赡养费、扶养费、抚育费案件的权利人死亡的 09. 作为被执行人的公民因生活困难无力偿还借款,无收入来源,又丧失劳动能力的 10. 作为被执行人的企业法人或其他组织被撤销、注销、吊销营业执照或者歇业、终止后既无财产可供执行,又无义务承受人,也没有能够依法追加变更执行主体的

续表

终结执行事由	11. 依照刑法第五十三条规定免除罚金的 12. 被执行人被人民法院裁定宣告破产的 13. 行政执行标的灭失的 14. 对特定的执行标的物折价赔偿不能协商一致 255. 其他应当终结执行的情形
终结本次执行事由	01. 被执行人确无财产可供执行，申请执行人书面同意人民法院终结本次执行程序 02. 因被执行人无财产而中止执行满两年，经查证被执行人确无财产可供执行 03. 申请执行人明确表示提供不出被执行人的财产或财产线索，并在人民法院穷尽财产调查措施之后，对人民法院认定被执行人无财产可供执行书面表示认可 04. 被执行人的财产无法拍卖变卖，或者动产经两次拍卖、不动产或其他财产权经三次拍卖仍然流拍，申请执行人拒绝接受或者依法不能交付其抵债，经人民法院穷尽财产调查措施，被执行人确无其他财产可供执行的 05. 经人民法院穷尽财产调查措施，被执行人确无财产可供执行或虽有财产但不宜强制执行，当事人达成分期履行和解协议，且未履行完毕 06. 被执行人确无财产可供执行，申请执行人属于特困群体，执行法院已经给予其适当救助
结案日期	
结案文书	

❶ 结案方式

最高人民法院《关于执行案件立案、结案若干问题的意见》（2014 年）

第二十二条　恢复执行案件的结案方式包括：

（一）执行完毕；

(二)终结本次执行程序;

(三)终结执行。

最高人民法院《关于人民法院执行工作若干问题的规定(试行)》(1998 年)

108. 执行结案的方式为:

(1)生效法律文书确定的内容全部执行完毕;

(2)裁定终结执行;

(3)裁定不予执行;

(4)当事人之间达成执行和解协议并已履行完毕。

100103 财产保全执行案件

◈ 收案信息

本案案号	
收案来源	其他部门移交
涉财产保全案件案号	
裁定类型	01. 财产保全裁定 02. 担保财产保全裁定(含变更担保财产情形) 03. 解除财产保全裁定
收案日期	

◈ 保全财产措施信息

保全措施种类❶	01. 查封 02. 扣押 03. 冻结 04. 扣划 05. 拍卖 06. 变卖 07. 提存 08. 限制支取 09. 限制办理权利转移登记 255. 其他

续表

财产种类❷	01. 现金 02. 存款 03. 基金 04. 股票 05. 期货 06. 有价证券 07. 土地使用权 08. 房屋所有权 09. 交通运输工具 10. 机器设备 11. 产品、原材料 12. 股权 13. 知识产权 255. 其他
其他财产名称	
保全目的	01. 保全财产 02. 保全担保财产

❶ 保全措施种类

《民事诉讼法》(2012 年)

第一百零三条　财产保全采取查封、扣押、冻结或者法律规定的其他方法。人民法院保全财产后,应当立即通知被保全财产的人。

财产已被查封、冻结的,不得重复查封、冻结。

《民事诉讼法解释》(2015 年)

第一百五十三条　人民法院对季节性商品、鲜活、易腐烂变质以及其他不宜长期保存的物品采取保全措施时,可以责令当事人及时处理,由人民法院保存价款;必要时,人民法院可予以变卖,保存价款。

第一百五十四条　人民法院在财产保全中采取查封、扣押、冻结财产措施时,应当妥善保管被查封、扣押、冻结的财产。不宜由人民法院保管的,人民法院可以指定被保全人负责保管;不宜由被保全人保管的,可以委托他人或者申请保全人保管。

查封、扣押、冻结担保物权人占有的担保财产,一般由担保物权人保管;由人民法院保管的,质权、留置权不因采取保全措施而消灭。

第一百五十五条　由人民法院指定被保全人保管的财产,如果继续使用对该财产的价值无重大影响,可以允许被保全人继续使用;由人民法院保管或者委托他人、申请保全人保管的财产,人民法院和其他保管人不得使用。

第一百五十八条　人民法院对债务人到期应得的收益,可以采取财产保全措施,限制其支取,通知有关单位协助执行。

第一百五十九条　债务人的财产不能满足保全请求,但对他人有到期债权的,人民法院可以依债权人的申请裁定该他人不得对本案债务人清偿。该他人要求偿付的,由人民法院提存财物或者价款。

第一百六十四条　对申请保全人或者他人提供的担保财产,人民法院应当依法办理查封、扣押、冻结等手续。

❷ 财产种类

《民事诉讼法》(2012 年)

第一百零二条　保全限于请求的范围,或者与本案有关的财物。

《民事诉讼法解释》(2015 年)

第一百六十七条　财产保全的被保全人提供其他等值担保财产且有利于执行的,人民法院可以裁定变更保全标的物为被保全人提供的担保财产。

◆ 海事请求保全拍卖信息

• 拍卖通知公告信息

拍卖公告日期❶	
公告期间起始日期	
公告期间届满日期	
拍卖通知对象❷	01. 被拍卖船舶登记国的登记机关 02. 已知的船舶优先权人 03. 已知的船舶抵押权人 04. 已知的船舶所有权人
通知日期	

❶ 拍卖公告日期

《海事诉讼特别程序法》(1999 年)

第三十二条　海事法院裁定拍卖船舶,应当通过报纸或者其他新闻媒体发布公告。拍卖外籍船舶的,应当通过对外发行的报纸或者其他新闻媒体发布公告。

公告包括以下内容:

(一)被拍卖船舶的名称和国籍;

(二)拍卖船舶的理由和依据;

(三)拍卖船舶委员会的组成;

(四)拍卖船舶的时间和地点;

(五)被拍卖船舶的展示时间和地点;

(六)参加竞买应当办理的手续;

(七)办理债权登记事项;

(八)需要公告的其他事项。

拍卖船舶的公告期间不少于三十日。

❷ 拍卖通知对象

《海事诉讼特别程序法》(1999 年)

第三十三条　海事法院应当在拍卖船舶三十日前,向被拍卖船舶登记国的登记机关和已知的船舶优先权人、抵押权人和船舶所有人发出通知。

通知内容包括被拍卖船舶的名称、拍卖船舶的时间和地点、拍卖船舶的理由和依据以及债权登记等。

通知方式包括书面方式和能够确认收悉的其他适当方式。

- **拍卖成交信息**

评估价格	
竞买人❶	(多人)
保证金数额	(每人一个记录)
拍卖成交价格	
买受人	
价款支付日期❷	可以多个
支付数额	(每次支付数额单独记录)

❶ 竞买人

《海事诉讼特别程序法》(1999年)

第三十五条　竞买人应当在规定的期限内向拍卖船舶委员会登记。登记时应当交验本人、企业法定代表人或者其他组织负责人身份证明和委托代理人的授权委托书,并交纳一定数额的买船保证金。

❷ 价款支付日期

《海事诉讼特别程序法》(1999年)

第三十七条　买受人在签署拍卖成交确认书后,应当立即交付不低于百分之二十的船舶价款,其余价款在成交之日起七日内付清,但拍卖船舶委员会与买受人另有约定的除外。

- **拍卖组织信息**

拍卖组织成员类型❶	01. 法院执行人员 02. 拍卖师 03. 验船师
成员	(姓名)

❶ 拍卖组织成员类型

《海事诉讼特别程序法》(1999年)

第三十四条　拍卖船舶由拍卖船舶委员会实施。拍卖船舶委员会由海事法院指定的本院执行人员和聘请的拍卖师、验船师三人或者五人组成。

拍卖船舶委员会组织对船舶鉴定、估价;组织和主持拍卖;与竞买人签订拍卖成交确认书;办理船舶移交手续。

拍卖船舶委员会对海事法院负责,受海事法院监督。

第四十九条　拍卖船载货物由海事法院指定的本院执行人员和聘请的拍卖师组成的拍卖组织实施,或者由海事法院委托的机构实施。

- **拍卖标的物交接信息**

移交日期❶	
所有权移转日期❷	
扣押解除日期	
公告日期❸	

❶ 移交日期

《海事诉讼特别程序法》(1999 年)

第三十八条　买受人付清全部价款后,原船舶所有人应当在指定的期限内于船舶停泊地以船舶现状向买受人移交船舶。拍卖船舶委员会组织和监督船舶的移交,并在船舶移交后与买受人签署船舶移交完毕确认书。

移交船舶完毕,海事法院发布解除扣押船舶命令。

❷ 所有权移转日期

《海商法》(1993 年)

第九条第一款　船舶所有权的取得、转让和消灭,应当向船舶登记机关登记;未经登记的,不得对抗第三人。

❸ 公告日期

《海事诉讼特别程序法》(1999 年)

第三十九条　船舶移交后,海事法院应当通过报纸或者其他新闻媒体发布公告,公布船舶已经公开拍卖并移交给买受人。

◆ 结案信息

结案方式❶	01. 保全完毕 02. 部分保全 03. 无标的物可实施保全 04. 解除保全 05. 其他部门撤回 255. 其他
结案日期	
结案文书	

❶ 结案方式

最高人民法院《关于执行案件立案、结案若干问题的意见》(2014 年)

第二十一条　执行财产保全裁定案件的结案方式包括:

(一)保全完毕,即保全事项全部实施完毕;

(二)部分保全,即因未查询到足额财产,致使保全事项未能全部实施完毕;

(三)无标的物可实施保全,即未查到财产可供保全。

100200 执行审查类案件

100201 执行异议案件

◆ 收案信息

本案案号	
收案来源❶	01. 执行实施案件的当事人提出异议 02. 执行实施案件的案外人提出异议 03. 执行实施案件的当事人提出不予执行申请
异议或申请人类型	01. 申请执行人 02. 被执行人 03. 执行实施案件的案外人
异议或申请事项❷	01. 执行行为异议 02. 案外人异议 03. 执行管辖权异议 04. 申请追加、变更被执行人 05. 申请变更申请执行人 06. 被执行人以债权消灭、超过申请执行期间或者其他阻止执行的实体事由提出阻止执行 07. 被执行人对仲裁裁决提出不予执行申请 08. 被执行人对公证机关赋予强制执行效力的公证债权文书提出不予执行申请 255. 其他依法可以申请执行异议
收案日期	
审查意见❸	01. 立案 02. 不予受理
审定日期	

① 收案来源

《民事诉讼法》(2012 年)

第二百二十五条 当事人、利害关系人认为执行行为违反法律规定的,可以向负责执行的人民法院提出书面异议。当事人、利害关系人提出书面异议的,人民法院应当自收到书面异议之日起十五日内审查,理由成立的,裁定撤销或者改正;理由不成立的,裁定驳回。当事人、利害关系人对裁定不服的,可以自裁定送达之日起十日内向上一级人民法院申请复议。

最高人民法院《关于人民法院办理执行异议和复议案件若干问题的规定》(2015 年)

第三条 执行法院收到执行异议后三日内既不立案又不作出不予受理裁定,或者受理后无正当理由超过法定期限不作出异议裁定的,异议人可以向上一级人民法院提出异议。上一级人民法院审查后认为理由成立的,应当指令执行法院在三日内立案或者在十五日内作出异议裁定。

② 异议或申请事项

最高人民法院《关于人民法院办理执行异议和复议案件若干问题的规定》(2015 年)

第五条 有下列情形之一的,当事人以外的公民、法人和其他组织,可以作为利害关系人提出执行行为异议:

(一)认为人民法院的执行行为违法,妨碍其轮候查封、扣押、冻结的债权受偿的;

(二)认为人民法院的拍卖措施违法,妨碍其参与公平竞价的;

(三)认为人民法院的拍卖、变卖或者以物抵债措施违法,侵害其对执行标的的优先购买权的;

(四)认为人民法院要求协助执行的事项超出其协助范围或者违反法律规定的;

(五)认为其他合法权益受到人民法院违法执行行为侵害的。

第七条 当事人、利害关系人认为执行过程中或者执行保全、先予执行裁定过程中的下列行为违法提出异议的,人民法院应当依照民事诉讼法第二百二十五条规定进行审查:

(一)查封、扣押、冻结、拍卖、变卖、以物抵债、暂缓执行、中止执行、终结执行等执行措施;

(二)执行的期间、顺序等应当遵守的法定程序;

(三)人民法院作出的侵害当事人、利害关系人合法权益的其他行为。

被执行人以债权消灭、丧失强制执行效力等执行依据生效之后的实体事由提出排除执行异议的,人民法院应当参照民事诉讼法第二百二十五条规定进行审查。

除本规定第十九条规定的情形外,被执行人以执行依据生效之前的实体事由提出排除执行异议的,人民法院应当告知其依法申请再审或者通过其他程序解决。

第八条　案外人基于实体权利既对执行标的提出排除执行异议又作为利害关系人提出执行行为异议的,人民法院应当依照民事诉讼法第二百二十七条规定进行审查。

案外人既基于实体权利对执行标的提出排除执行异议又作为利害关系人提出与实体权利无关的执行行为异议的,人民法院应当分别依照民事诉讼法第二百二十七条和第二百二十五条规定进行审查。

最高人民法院《关于执行案件立案、结案若干问题的意见》(2014 年)

第九条　下列案件,人民法院应当按照执行异议案件予以立案:

(一)当事人、利害关系人认为人民法院的执行行为违反法律规定,提出书面异议的;

(二)执行过程中,案外人对执行标的提出书面异议的;

(三)人民法院受理执行申请后,当事人对管辖权提出异议的;

(四)申请执行人申请追加、变更被执行人的;

(五)被执行人以债权消灭、超过申请执行期间或者其他阻止执行的实体事由提出阻止执行的;

(六)被执行人对仲裁裁决或者公证机关赋予强制执行效力的公证债权文书申请不予执行的;

(七)其他依法可以申请执行异议的。

《民事诉讼法》(2012 年)

第二百二十五条　当事人、利害关系人认为执行行为违反法律规定的,可以向负责执行的人民法院提出书面异议。当事人、利害关系人提出书面异议的,人民法院应当自收到书面异议之日起十五日内审查,理由成立的,裁定撤销或者改正;理由不成立的,裁定驳回。当事人、利害关系人对裁定不服的,可以自裁定送达之日起十日内向上一级人民法院申请复议。

第二百二十七条　执行过程中,案外人对执行标的提出书面异议的,人民法院应当自收到书面异议之日起十五日内审查,理由成立的,裁定中止对该标的的执行;理由不成立的,裁定驳回。案外人、当事人对裁定不服,认为原判决、裁定错误的,依照审判监督程序办理;与原判决、裁定无关的,可以自裁定送达之日起十五日内向人民法院提起诉讼。

《民事诉讼法解释》(2015 年)

第四百七十九条　在执行中,被执行人通过仲裁程序将人民法院查封、扣押、冻结的财产确权或者分割给案外人的,不影响人民法院执行程序的进行。

案外人不服的,可以根据民事诉讼法第二百二十七条规定提出异议。

第四百八十三条　申请执行人超过申请执行时效期间向人民法院申请强制执行的,人民法院应予受理。被执行人对申请执行时效期间提出异议,人民法院经审查异议成立的,裁定不予执行。

被执行人履行全部或者部分义务后,又以不知道申请执行时效期间届满为由请求执行回转的,人民法院不予支持。

第五百零一条　人民法院执行被执行人对他人的到期债权,可以作出冻结债权的裁定,并通知该他人向申请执行人履行。

该他人对到期债权有异议,申请执行人请求对异议部分强制执行的,人民法院不予支持。利害关系人对到期债权有异议的,人民法院应当按照民事诉讼法第二百二十七条规定处理。

对生效法律文书确定的到期债权,该他人予以否认的,人民法院不予支持。

《刑事诉讼法解释》(2013 年)

第四百四十条　执行财产刑和附带民事裁判过程中,案外人对被执行财产提出权属异议的,人民法院应当参照民事诉讼有关执行异议的规定进行审查并作出处理。

最高人民法院《关于人民法院执行工作若干问题的规定(试行)》(1998 年)

70. 案外人对执行标的主张权利的,可以向执行法院提出异议。

案外人异议一般应当以书面形式提出,并提供相应的证据。以书面形式提出确有困难的,可以允许以口头形式提出。

71. 对案外人提出的异议,执行法院应当依照民事诉讼法第二百零八条的规定进行审查。

审查期间可以对财产采取查封、扣押、冻结等保全措施,但不得进行处分。正在实施的处分措施应当停止。

经审查认为案外人的异议理由不成立的,裁定驳回其异议,继续执行。

72. 案外人提出异议的执行标的物是法律文书指定交付的特定物,经审查认为案外人的异议成立的,报经院长批准,裁定对生效法律文书中该项内容中止执行。

73. 执行标的物不属生效法律文书指定交付的特定物,经审查认为案外人的异议成立的,报经院长批准,停止对该标的物的执行。已经采取的执行措施应当裁定立即解除或撤销,并将该标的物交还案外人。

75. 执行上级人民法院的法律文书遇有本规定72条规定的情形的,或执行的财产是上级人民法院裁定保全的财产时遇有本规定73条、74条规定的情形的,需报经上级人民法院批准。

120. 对执行担保和执行和解的情况以及案外人对非属法律文书指定交付的执行标的物提出的异议,受托法院可以按照有关法律规定处理,并及时通知委托法院。

《执行程序解释》(2009年)

第三条　人民法院受理执行申请后,当事人对管辖权有异议的,应当自收到执行通知书之日起十日内提出。

人民法院对当事人提出的异议,应当审查。异议成立的,应当撤销执行案件,并告知当事人向有管辖权的人民法院申请执行;异议不成立的,裁定驳回。当事人对裁定不服的,可以向上一级人民法院申请复议。

管辖权异议审查和复议期间,不停止执行。

第十五条　案外人对执行标的主张所有权或者有其他足以阻止执行标的转让、交付的实体权利的,可以依照民事诉讼法第二百零四条的规定,向执行法院提出异议。

③ 审查意见

最高人民法院《关于人民法院办理执行异议和复议案件若干问题的规定》(2015年)

第二条　执行异议符合民事诉讼法第二百二十五条或者第二百二十七条规定条件的,人民法院应当在三日内立案,并在立案后三日内通知异议人和相关当事人。不符合受理条件的,裁定不予受理;立案后发现不符合受理条件的,裁定驳回申请。

执行异议申请材料不齐备的,人民法院应当一次性告知异议人在三日内补足,逾期未补足的,不予受理。

异议人对不予受理或者驳回申请裁定不服的,可以自裁定送达之日起十日内向上一级人民法院申请复议。上一级人民法院审查后认为符合受理条件的,应当裁定撤销原裁定,指令执行法院立案或者对执行异议进行审查。

第十五条　当事人、利害关系人对同一执行行为有多个异议事由,但未在异议审查过程中一并提出,撤回异议或者被裁定驳回异议后,再次就该执行行为提出异议的,人民法院不予受理。

案外人撤回异议或者被裁定驳回异议后，再次就同一执行标的提出异议的，人民法院不予受理。

◆ **结案信息**

结案方式❶	01. 准予撤回异议或申请 02. 驳回异议或申请 03. 异议成立并撤销相关执行行为、中止对执行标的的执行、不予执行、追加变更当事人 04. 异议部分成立并部分撤销并变更执行行为、部分不予执行、部分追加变更当事人 05. 异议成立或部分成立但不撤销、变更执行行为 06. 终结审查 255. 其他
结案日期	
结案文书	

❶ 结案方式

最高人民法院《关于执行案件立案、结案若干问题的意见》(2014 年)

第二十四条　执行异议案件的结案方式包括：

(一)准予撤回异议或申请，即异议人撤回异议或申请的；

(二)驳回异议或申请，即异议不成立或者案外人虽然对执行标的享有实体权利但不能阻止执行的；

(三)撤销相关执行行为、中止对执行标的的执行、不予执行、追加变更当事人，即异议成立的；

(四)部分撤销并变更执行行为、部分不予执行、部分追加变更当事人，即异议部分成立的；

(五)不能撤销、变更执行行为，即异议成立或部分成立，但不能撤销、变更执行行为的；

(六)移送其他人民法院管辖，即管辖权异议成立的。

执行异议案件应当制作裁定书，并送达当事人。法律、司法解释规定对执行异议案件可以口头裁定的，应当记入笔录。

《民事诉讼法解释》(2015 年)

第四百六十五条　案外人对执行标的提出的异议,经审查,按照下列情形分别处理:

(一)案外人对执行标的不享有足以排除强制执行的权益的,裁定驳回其异议;

(二)案外人对执行标的享有足以排除强制执行的权益的,裁定中止执行。

驳回案外人执行异议裁定送达案外人之日起十五日内,人民法院不得对执行标的进行处分。

第四百七十七条　仲裁机构裁决的事项,部分有民事诉讼法第二百三十七条第二款、第三款规定情形的,人民法院应当裁定对该部分不予执行。

应当不予执行部分与其他部分不可分的,人民法院应当裁定不予执行仲裁裁决。

最高人民法院《关于人民法院执行异议和复议案件若干问题的规定》(2015 年)

第十七条　人民法院对执行行为异议,应当按照下列情形,分别处理:

(一)异议不成立的,裁定驳回异议;

(二)异议成立的,裁定撤销相关执行行为;

(三)异议部分成立的,裁定变更相关执行行为;

(四)异议成立或者部分成立,但执行行为无撤销、变更内容的,裁定异议成立或者相应部分异议成立。

100202 执行复议案件

◈ 收案信息

本案案号	
收案来源❶	01. 依当事人申请 02. 依下级法院请求
复议事项❷	01. 不服执行行为异议裁定 02. 不服追加、变更当事人裁定 03. 不服执行罚款决定 04. 不服执行拘留决定 05. 不服执行管辖权异议裁定 06. 不服不予执行裁定 07. 不服驳回不予执行裁定 08. 不服上级法院监督意见
原裁(决)定案号	

续表

复议申请人	(有可能是下级法院)
收案日期❸	

❶ 收案来源

最高人民法院《关于执行案件督办工作的规定(试行)》(2006年)

第三条　上级法院应当在受理反映下级法院执行问题的申诉后十日内,对符合督办条件的案件制作督办函,并附相关材料函转下级法院。遇有特殊情况,上级法院可要求下级法院立即进行汇报,或派员实地进行督办。

下级法院在接到上级法院的督办函后,应指定专人办理。

第四条　下级法院应当在上级法院指定的期限内,将案件办理情况或者处理意见向督办法院作出书面报告。

第五条　对于上级法院督办的执行案件,被督办法院应当按照上一级法院的要求,及时制作案件督办函,并附案件相关材料函转至执行法院,被督办法院负责在上一级法院限定的期限届满前,将督办案件办理情况书面报告上一级法院,并附相关材料。

第六条　下级法院逾期未报告工作情况或案件处理结果的,上级法院根据情况可以进行催报,也可以直接调卷审查,指定其他法院办理,或者提级执行。

第七条　上级法院收到下级法院的书面报告后,认为下级法院的处理意见不当的,应当提出书面意见函告下级法院,下级法院应当按照上级法院的意见办理。

第八条　下级法院认为上级法院的处理意见错误,可以按照有关规定提请上级法院复议。

对下级法院提请复议的案件,上级法院应当另行组成合议庭进行审查。经审查认为原处理意见错误的,应当纠正;认为原处理意见正确的,应当拟函督促下级法院按照原处理意见办理。

❷ 复议事项

最高人民法院《关于执行案件立案、结案若干问题的意见》(2014年)

第十条　下列案件,人民法院应当按照执行复议案件予以立案:

(一)当事人、利害关系人不服人民法院针对本意见第九条第(一)项、第(三)项、第(五)项作出的裁定,向上一级人民法院申请复议的;

(二)除因夫妻共同债务、出资人未依法出资、股权转让引起的追加和对一人公司

股东的追加外,当事人、利害关系人不服人民法院针对本意见第九条第(四)项作出的裁定,向上一级人民法院申请复议的;

(三)当事人不服人民法院针对本意见第九条第(六)项作出的不予执行公证债权文书、驳回不予执行公证债权文书申请、不予执行仲裁裁决、驳回不予执行仲裁裁决申请的裁定,向上一级人民法院申请复议的;

(四)其他依法可以申请复议的。

《民事诉讼法》(2012 年)

第二百二十五条　当事人、利害关系人认为执行行为违反法律规定的,可以向负责执行的人民法院提出书面异议。当事人、利害关系人提出书面异议的,人民法院应当自收到书面异议之日起十五日内审查,理由成立的,裁定撤销或者改正;理由不成立的,裁定驳回。当事人、利害关系人对裁定不服的,可以自裁定送达之日起十日内向上一级人民法院申请复议。

最高人民法院《关于人民法院执行公开的若干规定》(2006 年)

第九条　人民法院采取拘留、罚款、拘传等强制措施的,应当依法向被采取强制措施的人出示有关手续,并说明对其采取强制措施的理由和法律依据。采取强制措施后,应当将情况告知其他当事人。

采取拘留或罚款措施的,应当在决定书中告知被拘留或者被罚款的人享有向上级人民法院申请复议的权利。

最高人民法院《关于人民法院办理执行异议和复议案件若干问题的规定》(2015 年)

第九条　被限制出境的人认为对其限制出境错误的,可以自收到限制出境决定之日起十日内向上一级人民法院申请复议。上一级人民法院应当自收到复议申请之日起十五日内作出决定。复议期间,不停止原决定的执行。

③ 收案日期

《执行程序解释》(2009 年)

第七条　当事人、利害关系人申请复议的书面材料,可以通过执行法院转交,也可以直接向执行法院的上一级人民法院提交。

执行法院收到复议申请后,应当在五日内将复议所需的案卷材料报送上一级人民法院;上一级人民法院收到复议申请后,应当通知执行法院在五日内报送复议所需的案卷材料。

◈ **结案信息**

结案方式❶	01. 维持 02. 变更原裁定 03. 撤销原决定 04. 变更原决定 05. 撤销原裁定并裁定中止对执行标的的执行 06. 撤销原裁定并撤销执行行为 07. 撤销原裁定并裁定继续执行 08. 撤销原裁定并裁定不予执行 09. 撤销原裁定并裁定准予执行 10. 撤销原裁定并裁定不予追加变更当事人 11. 撤销原裁定并裁定追加变更当事人 12. 裁定撤销执行案件 13. 裁定发回重新审查 14. 准予撤回申请 15. 撤销原裁定并指定执行 16. 纠正原处理意见 17. 督促按原处理意见办理 18. 终结审查 255. 其他
结案日期	
结案文书	

❶ 结案方式

最高人民法院《关于执行案件立案、结案若干问题的意见》(2009 年)

第二十五条　执行复议案件的结案方式包括：

(一)准许撤回申请,即申请复议人撤回复议申请的；

(二)驳回复议申请,维持异议裁定,即异议裁定认定事实清楚,适用法律正确,复议理由不成立的；

(三)撤销或变更异议裁定,即异议裁定认定事实错误或者适用法律错误,复议理

由成立的;

(四)查清事实后作出裁定,即异议裁定认定事实不清,证据不足的;

(五)撤销异议裁定,发回重新审查,即异议裁定遗漏异议请求或者异议裁定错误对案外人异议适用执行行为异议审查程序的。

人民法院对重新审查的案件作出裁定后,当事人申请复议的,上级人民法院不得再次发回重新审查。

执行复议案件应当制作裁定书,并送达当事人。法律、司法解释规定对执行复议案件可以口头裁定的,应当记入笔录。

最高人民法院《关于人民法院办理执行异议和复议案件若干问题的规定》

第十条　当事人不服驳回不予执行公证债权文书申请的裁定的,可以自收到裁定之日起十日内向上一级人民法院申请复议。上一级人民法院应当自收到复议申请之日起三十日内审查,理由成立的,裁定撤销原裁定,不予执行该公证债权文书;理由不成立的,裁定驳回复议申请。复议期间,不停止执行。

第二十三条　上一级人民法院对不服异议裁定的复议申请审查后,应当按照下列情形,分别处理:

(一)异议裁定认定事实清楚,适用法律正确,结果应予维持的,裁定驳回复议申请,维持异议裁定;

(二)异议裁定认定事实错误,或者适用法律错误,结果应予纠正的,裁定撤销或者变更异议裁定;

(三)异议裁定认定基本事实不清、证据不足的,裁定撤销异议裁定,发回作出裁定的人民法院重新审查,或者查清事实后作出相应裁定;

(四)异议裁定遗漏异议请求或者存在其他严重违反法定程序的情形,裁定撤销异议裁定,发回作出裁定的人民法院重新审查;

(五)异议裁定对应当适用民事诉讼法第二百二十七条规定审查处理的异议,错误适用民事诉讼法第二百二十五条规定审查处理的,裁定撤销异议裁定,发回作出裁定的人民法院重新作出裁定。

除依照本条第一款第三、四、五项发回重新审查或者重新作出裁定的情形外,裁定撤销或者变更异议裁定且执行行为可撤销、变更的,应当同时撤销或者变更该裁定维持的执行行为。

人民法院对发回重新审查的案件作出裁定后,当事人、利害关系人申请复议的,上一级人民法院复议后不得再次发回重新审查。

100203 执行监督案件

◆ 收案信息

本案案号	
收案来源❶	01. 依职权 02. 依当事人申请
监督事项❷	01. 下级法院应当依法作出不予执行裁定而不制作 02. 下级法院在规定期限内未能执行结案，应当作出裁定、决定、通知而不制作的 03. 下级法院在规定期限内未能执行结案，应当依法实施具体执行行为而不实施的 04. 执行行为不当或错误 05. 有可供执行财产或有条件执行的案件超六个月未执行完结 06. 对法律文书确定的行为义务超六个月未依法采取相应执行措施 07. 在上级法院责令限期执行期间内无正当理由仍未执行完结 08. 下级法院长期未能执结 255. 其他应当予以监督的情形
被督办法院❸	
执行法院	
收案日期	

❶ 收案来源

最高人民法院《关于执行案件立案、结案若干问题的意见》(2014 年)

第十一条　上级人民法院对下级人民法院，最高人民法院对地方各级人民法院依法进行监督的案件，应当按照执行监督案件予以立案。

最高人民法院《关于执行案件督办工作的规定(试行)》(2006年)

第三条 上级法院应当在受理反映下级法院执行问题的申诉后十日内,对符合督办条件的案件制作督办函,并附相关材料函转下级法院。遇有特殊情况,上级法院可要求下级法院立即进行汇报,或派员实地进行督办。

下级法院在接到上级法院的督办函后,应指定专人办理。

第四条 下级法院应当在上级法院指定的期限内,将案件办理情况或者处理意见向督办法院作出书面报告。

第五条 对于上级法院督办的执行案件,被督办法院应当按照上一级法院的要求,及时制作案件督办函,并附案件相关材料函转至执行法院,被督办法院负责在上一级法院限定的期限届满前,将督办案件办理情况书面报告上一级法院,并附相关材料。

第六条 下级法院逾期未报告工作情况或案件处理结果的,上级法院根据情况可以进行催报,也可以直接调卷审查,指定其他法院办理,或者提级执行。

第七条 上级法院收到下级法院的书面报告后,认为下级法院的处理意见不当的,应当提出书面意见函告下级法院,下级法院应当按照上级法院的意见办理。

第八条 下级法院认为上级法院的处理意见错误,可以按照有关规定提请上级法院复议。

对下级法院提请复议的案件,上级法院应当另行组成合议庭进行审查。经审查认为原处理意见错误的,应当纠正:认为原处理意见正确的,应当拟函督促下级法院按照原处理意见办理。

最高人民法院《关于委托执行若干问题的规定》(2011年)

第十一条 受托法院未能在6个月内将受托案件执结的,申请执行人有权请求受托法院的上一级人民法院提级执行或者指定执行,上一级人民法院应当立案审查,发现受托法院无正当理由不予执行的,应当限期执行或者作出裁定提级执行或者指定执行。

② 监督事项

《执行程序解释》(2009年)

第十一条 依照民事诉讼法第二百零三条的规定,有下列情形之一的,上一级人民法院可以根据申请执行人的申请,责令执行法院限期执行或者变更执行法院:

(一)债权人申请执行时被执行人有可供执行的财产,执行法院自收到申请执行书之日起超过六个月对该财产未执行完结的；

（二）执行过程中发现被执行人可供执行的财产，执行法院自发现财产之日起超过六个月对该财产未执行完结的；

（三）对法律文书确定的行为义务的执行，执行法院自收到申请执行书之日起超过六个月未依法采取相应执行措施的；

（四）其他有条件执行超过六个月未执行的。

第十二条　上一级人民法院依照民事诉讼法第二百零三条规定责令执行法院限期执行的，应当向其发出督促执行令，并将有关情况书面通知申请执行人。

上一级人民法院决定由本院执行或者指令本辖区其他人民法院执行的，应当作出裁定，送达当事人并通知有关人民法院。

第十三条　上一级人民法院责令执行法院限期执行，执行法院在指定期间内无正当理由仍未执行完结的，上一级人民法院应当裁定由本院执行或者指令本辖区其他人民法院执行。

最高人民法院《关于人民法院执行工作若干问题的规定（试行）》（1998 年）

130. 上级法院发现下级法院在执行中作出的裁定、决定、通知或具体执行行为不当或有错误的，应当及时指令下级法院纠正，并可以通知有关法院暂缓执行。

下级法院收到上级法院的指令后必须立即纠正。如果认为上级法院的指令有错误，可以在收到该指令后五日内请求上级法院复议。

上级法院认为请求复议的理由不成立，而下级法院仍不纠正的，上级法院可直接作出裁定或决定予以纠正，送达有关法院及当事人，并可直接向有关单位发出协助执行通知书。

131. 上级法院发现下级法院执行的非诉讼生效法律文书有不予执行事由，应当依法作出不予执行裁定而不制作的，可以责令下级法院在指定时限内作出裁定，必要时可直接裁定不予执行。

132. 上级法院发现下级法院的执行案件（包括受委托执行的案件）在规定的期限内未能执行结案的，应当作出裁定、决定、通知而不制作的，或应当依法实施具体执行行为而不实施的，应当督促下级法院限期执行，及时作出有关裁定等法律文书，或采取相应措施。

对下级法院长期未能执结的案件，确有必要的，上级法院可以决定由本院执行或与下级法院共同执行，也可以指定本辖区其他法院执行。

最高人民法院《关于委托执行若干问题的规定》(2011年)

第十一条 受托法院未能在6个月内将受托案件执结的,申请执行人有权请求受托法院的上一级人民法院提级执行或者指定执行,上一级人民法院应当立案审查,发现受托法院无正当理由不予执行的,应当限期执行或者作出裁定提级执行或者指定执行。

《民事诉讼法》(2012年)

第二百二十六条 人民法院自收到申请执行书之日起超过六个月未执行的,申请执行人可以向上一级人民法院申请执行。上一级人民法院经审查,可以责令原人民法院在一定期限内执行,也可以决定由本院执行或者指令其他人民法院执行。

最高人民法院《关于执行案件督办工作的规定(试行)》(2006年)

第一条 最高人民法院对地方各级人民法院执行案件进行监督。高级人民法院、中级人民法院对本辖区内人民法院执行案件进行监督。

第二条 当事人反映下级法院有消极执行或者案件长期不能执结,上级法院认为情况属实的,应当督促下级法院及时采取执行措施,或者在指定期限内办结。

③ 被督办法院

最高人民法院《关于执行案件督办工作的规定(试行)》(2006年)

第四条 下级法院应当在上级法院指定的期限内,将案件办理情况或者处理意见向督办法院作出书面报告。

第五条 对于上级法院督办的执行案件,被督办法院应当按照上一级法院的要求,及时制作案件督办函,并附案件相关材料函转至执行法院,被督办法院负责在上一级法院限定的期限届满前,将督办案件办理情况书面报告上一级法院,并附相关材料。

第七条 上级法院收到下级法院的书面报告后,认为下级法院的处理意见不当的,应当提出书面意见函告下级法院,下级法院应当按照上级法院的意见办理。

◆ 结案信息

<table>
<tr><td rowspan="4">结案方式❶</td><td>01. 准许撤回监督申请</td></tr>
<tr><td>02. 驳回监督申请</td></tr>
<tr><td>03. 责令执行法院限期改正</td></tr>
<tr><td>04. 撤销执行法院裁定并直接改正</td></tr>
</table>

续表

结案方式❶	05. 本院提级执行 06. 指定其他法院执行 07. 对不予执行申请直接作出裁定 08. 终结审查 255. 其他
结案日期	
结案文书	

❶ 结案方式

最高人民法院《关于执行案件立案、结案若干问题的意见》(2014 年)

第二十六条　执行监督案件的结案方式包括:

(一)准许撤回申请,即当事人撤回监督申请的;

(二)驳回申请,即监督申请不成立的;

(三)限期改正,即监督申请成立,指定执行法院在一定期限内改正的;

(四)撤销并改正,即监督申请成立,撤销执行法院的裁定直接改正的;

(五)提级执行,即监督申请成立,上级人民法院决定提级自行执行的;

(六)指定执行,即监督申请成立,上级人民法院决定指定其他法院执行的;

(七)其他,即其他可以报结的情形。

《执行程序解释》(2009 年)

第十二条　上一级人民法院依照民事诉讼法第二百零三条规定责令执行法院限期执行的,应当向其发出督促执行令,并将有关情况书面通知申请执行人。

上一级人民法院决定由本院执行或者指令本辖区其他人民法院执行的,应当作出裁定,送达当事人并通知有关人民法院。

最高人民法院《关于人民法院执行工作若干问题的规定(试行)》(1998 年)

132. 上级法院发现下级法院的执行案件(包括受委托执行的案件)在规定的期限内未能执行结案的,应当作出裁定、决定、通知而不制作的,或应当依法实施具体执行行为而不实施的,应当督促下级法院限期执行,及时作出有关裁定等法律文书,或采取相应措施。

对下级法院长期未能执结的案件,确有必要的,上级法院可以决定由本院执行或与下级法院共同执行,也可以指定本辖区其他法院执行。

最高人民法院《关于高级人民法院统一管理执行工作若干问题的规定》(2000年)

五、高级人民法院有权对下级人民法院的违法、错误的执行裁定、执行行为函告下级法院自行纠正或直接下达裁定、决定予以纠正。

八、高级人民法院对本院及下级人民法院的执行案件,认为需要指定执行的,可以裁定指定执行。

高级人民法院对最高人民法院函示指定执行的案件,应当裁定指定执行。

九、高级人民法院对下级人民法院的下列案件可以裁定提级执行:

1. 高级人民法院指令下级人民法院限期执结,逾期未执结需要提级执行的;

2. 下级人民法院报请高级人民法院提级执行,高级人民法院认为应当提级执行的;

3. 疑难、重大和复杂的案件,高级人民法院认为应当提级执行的。

高级人民法院对最高人民法院函示提级执行的案件,应当裁定提级执行。

100204 执行协调案件

◈ 收案信息

本案案号	
收案来源	下级法院报请
协调事项❶	01. 下级法院之间不同执行案件发生争议 02. 执行与破产之间对执行标的的争议 03. 执行与强制清算之间对执行标的的争议 04. 执行与审判程序之间对执行标的的争议 05. 法院与公安、检察等机关之间的执行争议 06. 受理内地仲裁机构涉港澳仲裁裁决执行申请的下级法院对其他下级法院拟撤销或不予撤销该裁决裁定存在异议 07. 受理申请撤销内地仲裁机构涉港澳仲裁裁决的下级法院拟撤销其他下级法院已裁定予以执行的该项裁决 08. 下级法院在执行中发现两地法院或与仲裁机构就同一法律关系作出不同裁判内容的法律文书

续表

协调事项❶	255. 其他需要协调处理的事项
争议法院	(可以多个)
涉执行实施类案件案号	
涉审判案件案号	
涉其他机关	(公安、检察机关等)
其他机关文号	
报请协调法院	
收案日期	

❶ 协调事项

最高人民法院《关于执行案件立案、结案若干问题的意见》(2014年)

第十三条　下列案件,人民法院应当按照执行协调案件予以立案:

(一)不同法院因执行程序、执行与破产、强制清算、审判等程序之间对执行标的产生争议,经自行协调无法达一致意见,向共同上级人民法院报请协调处理的;

(二)对跨高级人民法院辖区的法院与公安、检察等机关之间的执行争议案件,执行法院报请所属高级人民法院与有关公安、检察等机关所在地的高级人民法院商有关机关协调解决或者报请最高人民法院协调处理的;

(三)当事人对内地仲裁机构作出的涉港澳仲裁裁决分别向不同人民法院申请撤销及执行,受理执行申请的人民法院对受理撤销申请的人民法院作出的决定撤销或者不予撤销的裁定存在异议,亦不能直接作出与该裁定相矛盾的执行或者不予执行的裁定,报请共同上级人民法院解决的;

(四)当事人对内地仲裁机构作出的涉港澳仲裁裁决向人民法院申请执行且人民法院已经作出应予执行的裁定后,一方当事人向人民法院申请撤销该裁决,受理撤销申请的人民法院认为裁决应予撤销且该人民法院与受理执行申请的人民法院非同一人民法院时,报请共同上级人民法院解决的;

(五)跨省、自治区、直辖市的执行争议案件报请最高人民法院协调处理的;

(六)其他依法报请协调的。

最高人民法院《关于人民法院执行工作若干问题的规定(试行)》(1998年)

125. 两个或两个以上人民法院在执行相关案件中发生争议的,应当协商解决。协商不成的,逐级报请上级法院,直至报请共同的上级法院协调处理。

执行争议经高级人民法院协商不成的,由有关的高级人民法院书面报请最高人民法院协调处理。

126. 执行中发现两地法院或人民法院与仲裁机构就同一法律关系作出不同裁判内容的法律文书的,各有关法院应当立即停止执行,报请共同的上级法院处理。

127. 上级法院协调处理有关执行争议案件,认为必要时,可以决定将有关款项划到本院指定的账户。

128. 上级法院协调下级法院之间的执行争议所作出的处理决定,有关法院必须执行。

最高人民法院《关于执行权合理配置和科学运行的若干意见》(2011年)

20. 不同法院因执行程序,执行与破产、强制清算、审判等程序之间对执行标的产生争议,经自行协调无法达成一致意见的,由争议法院的共同上级法院执行局中的协调指导部门处理。

最高人民法院《关于高级人民法院统一管理执行工作若干问题的规定》(2000年)

六、高级人民法院负责协调处理本辖区内跨中级人民法院辖区的法院与法院之间的执行争议案件。对跨高级人民法院辖区的法院与法院之间的执行争议案件,由争议双方所在地的两地高级人民法院协商处理;协商不成的,按有关规定报请最高人民法院协调处理。

七、对跨高级人民法院辖区的法院与公安、检察等机关之间的执行争议案件,由执行法院所在地的高级人民法院与有关公安、检察等机关所在地的高级人民法院商有关机关协调解决,必要时可报请最高人民法院协调处理。

最高人民法院《全国法院涉港澳商事审判工作座谈会纪要》(2008年)

27. 当事人对内地仲裁机构作出的涉港澳仲裁裁决分别向不同人民法院申请撤销及执行的,受理执行申请的人民法院应当按照《最高人民法院关于适用〈中华人民共和国仲裁法〉若干问题的解释》第二十五条的规定中止执行。受理执行申请的人民法院如果对于受理撤销申请的人民法院作出的决定撤销或者不予撤销的裁定存在异议,亦不能直接作出与该裁定相矛盾的执行或者不予执行的裁定,而应报请它们的共同上级人民法院解决。

当事人对内地仲裁机构作出的涉港澳仲裁裁决向人民法院申请执行且人民法院已经作出应予执行的裁定后，如果一方当事人向人民法院申请撤销该裁决，受理撤销申请的人民法院认为裁决应予撤销且该人民法院与受理执行申请的人民法院非同一人民法院时，不应直接作出撤销仲裁裁决的裁定，而应报请它们的共同上级人民法院解决。

◈ **结案信息**

结案方式❶	01. 撤回协调请求 02. 协调解决（即达成一致意见） 03. 协调不成报请上级处理 04. 直接作出决定或裁定
结案日期	
结案文书	

❶ 结案方式

最高人民法院《关于执行案件立案、结案若干问题的意见》（2014年）

第二十八条　执行协调案件的结案方式包括：

（一）撤回协调请求，即执行争议法院自行协商一致，撤回协调请求的；

（二）协调解决，即经过协调，执行争议法院达成一致协调意见，将协调意见记入笔录或者向执行争议法院发出协调意见函的。

最高人民法院《关于进一步规范跨省、自治区、直辖市执行案件协调工作的通知》（2006年）

一、跨省执行争议案件需要报请最高人民法院协调处理的，应当在上报前，经过争议各方高级人民法院执行局（庭）负责人之间面对面协商；对重大疑难案件，必要时，应当经过院领导出面协商。

八、跨省执行争议案件经最高人民法院协调达成一致处理意见的，形成协调纪要。相关高级人民法院应当负责协调意见的落实；协调不成的，由最高人民法院作出处理意见。必要时，最高人民法院可以作出决定或者裁定，并直接向有关部门发出协助执行通知书。

100300 其他执行案件

◆ **收案信息**

本案案号	
事项类型❶	01. 管辖权争议报请指定 02. 因特殊情况需要上级法院执行而报请 03. 具体适用法律问题的请示 04. 拟不予执行内地仲裁机构的涉外仲裁裁决 05. 拟不予执行内地仲裁机构的涉港仲裁裁决 06. 拟不予执行内地仲裁机构的涉澳仲裁裁决 07. 下级法院拟停止执行 08. 下级法院拟继续执行 255. 其他事项
其他事项内容	
管辖权争议法院	(多个)
报请法院	
涉案案件案号	
收案日期	(多个争议法院都报请时,以最早收到的报请日期为准)

❶ 事项类型

最高人民法院《关于执行案件立案、结案若干问题的意见》(2014年)

第十二条　下列案件,人民法院应当按照执行请示案件予以立案:

(一)当事人向人民法院申请执行内地仲裁机构作出的涉港澳仲裁裁决或者香港特别行政区、澳门特别行政区仲裁机构作出的仲裁裁决或者临时仲裁庭在香港特别行政区、澳门特别行政区作出的仲裁裁决,人民法院经审查认为裁决存在依法不予执行的情形,在作出裁定前,报请所属高级人民法院进行审查的,以及高级人民法院同意不予执行,报请最高人民法院的;

(二)下级人民法院依法向上级人民法院请示的。

最高人民法院《关于人民法院执行工作若干问题的规定(试行)》(1998年)

16. 人民法院之间因执行管辖权发生争议的,由双方协商解决;协商不成的,报请双方共同的上级人民法院指定管辖。

17. 基层人民法院和中级人民法院管辖的执行案件,因特殊情况需要由上级人民法院执行的,可以报请上级人民法院执行。

75. 执行上级人民法院的法律文书遇有本规定 72 条规定的情形的,或执行的财产是上级人民法院裁定保全的财产时遇有本规定 73 条、74 条规定的情形的,需报经上级人民法院批准。

◈ 结案信息

结案方式	01. 裁定指定原执行法院管辖 02. 裁定指定其他法院管辖 03. 裁定本院提级执行 04. 不同意报请法院处理意见 05. 同意报请法院处理意见 06. 变更报请法院处理意见 07. 撤回请求 08. 销案
指定执行法院	
结案日期	
结案文书	

注:

1. 本业务标准虽依据法律、法规、司法解释及最高人民法院规范性文件并结合审判工作情况而制定,但不作为具体案件的裁判依据。

2. 在标准施行过程中,若因法律、法规、司法解释或规范性文件立、改、废而不宜适用的,由相关高级人民法院及时向最高人民法院报请修订。

图书在版编目(CIP)数据

人民法院案件信息业务标准(2015)依据与说明/沈德咏，胡云腾编.—北京:法律出版社,2015.9(2016.5 重印)
ISBN 978-7-5118-8456-5

Ⅰ.①人… Ⅱ.①沈… ②胡… Ⅲ.①法院—工作—标准—中国 Ⅳ.①D926.2-65

中国版本图书馆 CIP 数据核字(2015)第 218228 号

人民法院案件信息业务标准(2015)依据与说明
沈德咏 主 编
胡云腾 副主编

编辑统筹 政务分社
策划编辑 张瑞珍
责任编辑 张瑞珍 崔 丽
装帧设计 乔智炜

出版 法律出版社
总发行 中国法律图书有限公司
经销 新华书店
印刷 三河市龙大印装有限公司
责任印制 吕亚莉

开本 720 毫米×960 毫米 1/16
印张 49.75
字数 860千
版本 2015 年 10 月第 1 版
印次 2016 年 5 月第 6 次印刷

法律出版社/北京市丰台区莲花池西里 7 号(100073)
网址/www.lawpress.com.cn
电子邮件/info@lawpress.com.cn
销售热线/010-63939792/9779
咨询电话/010-63939796

中国法律图书有限公司/北京市丰台区莲花池西里 7 号(100073)
全国各地中法图分、子公司电话:
北京分公司/010-62534456
上海公司/021-62071010/1636
深圳公司/0755-83072995
西安分公司/029-85388843
重庆公司/023-65382816/2908
第一法律书店/010-63939781/9782

书号:ISBN 978-7-5118-8456-5 **定价**:98.00 元
(如有缺页或倒装,中国法律图书有限公司负责退换)